마음·뇌·교육 **MBE** 융합과학

세계 최고 전문가들의

학 습 과 학 특 강

Mind, Brain, & Education

Neuroscience Implications for the Classroom

마음•뇌•교육 MBE 융합과학

세계 최고 전문가들의

학 습 과 학 특 강

데이비드 A. 수자 엮음 | 이찬승 • 김미선 옮김

교육을바꾸는사람들

차례

서문 / 데이비드 A. 수자 9

1강 마음·뇌·교육 융합과학의 탄생 / 데이비드 A. 수자 19

인지심리학과 신경과학과 교육학은 어떻게 만나게 되었는가?

저자 소개 43 참고 문헌 44

2강 신경영상기술과 교육신경과학의 발전 / 마이클 I. 포스너 47

신경영상기술은 어떻게 발전했고, 교육학에 어떤 결정적 역할을 했는가?

저자 소개 71 참고 문헌 72

3강 신경과학이 교수학습에 미치는 영향 / 주디 윌리스 75

신경전문의이자 교사로서 나는 왜 학습과학 전도사가 되었는가?

저자 소개 107 참고 문헌 108

4강 감정과 직관이 학습에서 하는 역할 / 메리 헬렌 이모르디노-양, 매티어스 파에스 111

감정은 어떻게 학습에 영향을 미치며, 효과적인 사회성·감성 교육은 무엇인가?

저자 소개 133 참고 문헌 134

5강 말하는 뇌 / 다이앤 L. 윌리엄스 135

언어발달에 관한 잘못된 통념은 무엇이며, 뇌는 어떻게 말하기를 배우는가?

저자 소개 162 참고 문헌 163

6강 읽는 뇌 / 존 가브리엘리, 조애나 A. 크리스토둘루, 트리샤 오룰린, 마리애나 D. 애디 169

뇌는 어떻게 읽기를 배우며, 난독증의 원인과 해법은 무엇인가?

저자 소개 196 참고 문헌 198

7강 읽는 뇌 만들기 / 도나 코흐 205

아동의 뇌는 어떻게 읽기를 배우며, 효과적인 전략은 무엇인가?

저자 소개 229 참고 문헌 230

8강 수학하는 뇌 / 키스 데블린 239

뇌는 어떻게 수학적 능력을 습득했는가?

저자 소개 261 참고 문헌 262

9강 간단한 셈을 수행하는 뇌 / 스타니슬라스 드앤 263

아동의 수 개념은 어떻게 발달하며, 산술능력 향상의 효과적 방안은 무엇인가?

저자 소개 290 참고 문헌 291

10강 복잡한 계산을 하는 뇌 / 대니얼 안사리 293

뇌는 어떻게 수와 양을 표상하며, 발달적 난산증의 원인과 해법은 무엇인가?

저자 소개 321 참고 문헌 322

11강 창의적-예술적 뇌 / 매리얼 M. 하디먼 327

예술은 창의성을 어떻게 향상시키며, 뇌 친화적 교수모형은 무엇인가?

저자 소개 354 참고 문헌 355

12강 교육신경과학의 미래 / 커트 W. 피셔, 케이티 하이키넨 357

교육신경과학은 앞으로 교육계에 어떤 변화를 가져올 것인가?

저자 소개 385 참고 문헌 386

용어 풀이 390

찾아보기 393

엮은이 소개 397

도표 목록

도표 P-1 심리학, 신경과학, 교육학이 결합된 교육신경과학 11
도표 P-2 뇌의 바깥 부위 명칭 17
도표 P-3 횡단면에서 볼 수 있는 뇌의 주요 영역 17
도표 2-1 읽기와 관련이 있는 뇌 영역 명칭 55
도표 2-2 전전두피질의 전대상회영역 57
도표 4-1 어떻게 감정과 인지가 결합하여 학습과 기억 같은 사고작용을 일으키는가 119
도표 5-1 좌반구에서 궁상속이라는 신경다발이 베르니케영역과 브로카영역을 연결하고 있는 모습 146
도표 9-1 수 처리에 필수적인 인간의 두정엽내구와 원숭이의 두정엽내구 273
도표 9-2 수 처리의 삼중부호모형 277
도표 10-1 두정피질의 영역 298
도표 10-2 좌측 각회 및 상변연회 298
도표 10-3 좌우의 두정엽내구 300
도표 10-4 어린 시절에는 전두엽이 활성화되다가 나이를 먹으면서 점차 두정피질이 활성화되는 발달적 전환 308
도표 11-1 뇌 친화적 교수모형 341
도표 12-1 덧셈과 곱셈 분야의 발달그물망과 범위 368
도표 12-2 교육에서의 연구와 수업의 순환 371
도표 12-3 최적 수준과 작동 수준에서의 발달 패턴: 급성장 대 연속성장 376

표 목록

표 2-1 '단어처리 내부코드이론(Theory of Internal Codes in Word Processing)'에 근거한 단어 처리과정 결과 51
표 2-2 신경영상기술을 통해 밝혀진 신경망 56
표 2-3 원인별로 뇌가 변화를 보이는 데 필요한 시간 60
표 6-1 기능성 신경영상 촬영법 176

서문

데이비드 A. 수자

지금 여러분은 교육사에서 중요한 연구 중 하나로 기록될 책을 손에 들고 있다. 이 책은 교육신경과학(Educational Neuroscience)이라는 새로운 연구 분야가 만들어지는 데 중추적인 역할을 한 학자들을 한 자리에 모은 최초의 책이기 때문이다. 이 연구 분야가 태어나는 과정은 그리 순탄치 않았다. 수십 년에 걸쳐 불꽃 튀는 논쟁이 벌어진 힘든 과정을 거쳤다. 관련성이 깊은데도 그 관련성에 대해 쉽게 공감대를 이끌어내지 못하고 어떤 연구 분야에서 나왔는지도 확인하기 힘들었다. 연구 초창기에는 이 분야를 어떻게 불러야 할지 명칭조차 정하기 어려웠다. 이런 우여곡절을 겪으면서도 마침내 교육신경과학이 탄생할 수 있었던 것은 바로 이 책에 참여한 선구적인 연구자들 덕분이다. 단언컨대, 앞으로의 수업지도 방식은 이전에 행해지던 것과는 분명 다를 것이다.

지난 수백 년 동안 의술은 기술의 차원에서 시행되었다. 의사들은 질병이 어떻게 하면 나을 수 있는지 정확한 원리를 모르면서도, 자기 나름대로 창의적인 방식을 고안해 어떻게든 나을 것이라는 희망을 품고서 의술을 펼쳐왔다. 그들은 대개 이전의 경험이나 동료들의 조언을 바탕으로 환자를 치료하고 특정 약초나 물약을 처방했다. 하지만 그렇게 처방한 약이 사람에 따라 왜 약효가 다르게 나타나는지를 알지 못했을 뿐만 아니라 그 치료법이 왜 효과가 있는지도 알지 못했다. 그저 이것저것 시도하다 운이 좋으면 치료가 되는 식이었다.

그러다 1928년 알렉산더 플레밍(Alexander Fleming)이 페니실린을 발견하면서 새로운 차원이 열렸다. 물론 페니실린을 대량 생산하기까지는 그 후로도 십 년이 넘게 걸렸지만, 의사들에게 페니실린은 폐렴, 뇌막염, 매독과 같은 세균성 질병을 치료할 수 있는 최초의 약이었다. 게다가 페니실린이 박테리아의 번식을 중단시키는 원리가 밝혀지면서, 의사들은 이제 전문적인 의학지식을 바탕으로 의술을 펼칠 수 있게 되었다. 그럴듯한 믿음과 추측에 의존하던 의술이 드디어 과학의 영역으로 가는 문턱을 넘게 된 것이다.

오늘날 이와 비슷한 상황이 교육에서도 벌어지고 있다. 교사들은 지난 수백 년 동안 뇌의 학습원리를 거의 모르는 상태에서 학생들을 가르쳐왔다. 뇌의 구조나 기능에 대한 과학적인 증거나 믿을 만한 근거가 거의 없었기 때문이다. 의술이 지금처럼 발달하지 않았던 때에 의사들이 오로지 자신의 경험과 추측에 근거해 의술을 시행했던 것처럼, 학습에 대한 과학적인 원리가 밝혀지지 않았던 과거에는 교육자들 각자의 경험과 추측에 근거해 아이들을 가르칠 수밖에 없었다. 하지만 이제는 신경영상기술이 발달하면서 살아있는 사람의 뇌가 어떻게 작동하는지 직접 관찰할 수 있게 되었고, 뇌의 메커니즘과 신경망에 대해 훨씬 잘 이해하게 되었다. 물론 아직도 뇌는 여전히 많은 비밀을 감추고 있는 복잡하고 불가사의한 기관이다. 하지만 이제 그 비밀의 장막이 서서히 걷히면서 교수 및 학습 과정에 대한 많은 시사점을 주고 있다.

1990년대에 접어들면서 전 세계 교육자들은 뇌에 대한 정보가 급속도로 확산되고 있음을 깨달았다. 또한 뇌의 학습원리에 관한 수많은 논문과 책, 비디오, 강연 등의 자료를 통해 이러한 지식이 교육현장에 여러 가지 시사점을 준다는 사실을 알게 되었다. 그리고 겉으로 드러나지 않았을지 몰라도, 몇몇 연구자들과 현장 교사들을 중심으로 심리학, 신경과학, 교육학을 아우르는 과학적인 연구 분야를 만들기 위한 노력이 꾸준히 이어졌다. 이렇게 노력한 결과 교육신경과학이라는 학문이 만들어지게 된 것이다(도표 P-1 참조).

도표 P-1 심리학, 신경과학, 교육학이 결합된 교육신경과학

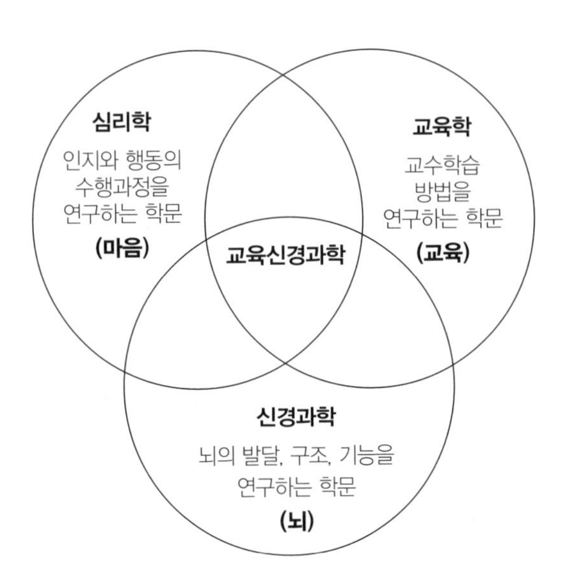

심리학, 신경과학, 교육학을 접목한다는 생각이 흥미로워 보이기는 하지만 한편으로는 그 실효성에 대해 여러 가지 의심과 궁금증이 쏟아지고 있다. 뇌에 대한 여러 연구결과 중에서 어떤 연구를 교육에 적용할 수 있을까? 그것이 학생들에게 도움이 될까? 뇌과학 연구를 정확하게 해석해서 적용했는지를 어떻게 확신할 수 있을까? 과연 그런 지식이 학교와 교실을 변화시키는 데 실질적인 도움이 될까?

하지만 이런 새로운 교육 분야가 생긴 것은 당연히 축하할 일이며 특히 교육자들이 기뻐해야 한다. 그 이유는 앞으로 이 책을 읽는 동안 알게 될 것이다. 이 책에는 교육신경과학을 개척한 주요 연구자들의 뇌 연구결과와 향후 교수학습에 미치게 될 영향이 소개되어 있다. 구체적으로 다음과 같은 질문을 살펴볼 것이다.

- 교육자들은 언제, 어떤 방식으로 뇌과학에 관심을 갖게 되었을까?
- 신경영상기법을 통해 어떻게 뇌의 학습방식을 이해할 수 있을까?
- 뇌과학이 교수학습에 영향을 미쳤다면 이는 어떤 방식으로 이루어져 왔을까?
- 감정은 어떤 방식으로 학습에 영향을 미칠까?
- 아이들은 어떤 경로로 말을 배울까?
- 읽기를 배우는 과정에는 어떤 신경망이 관여할까?
- 수 감각이 타고나는 것이라면, 교사가 학생에게 셈하기와 수학을 가르칠 때 이 점을 어떻게 활용할 수 있을까?
- 수와 양은 뇌에서 어떻게 표상될까?

- 창의성이란 무엇이며, 교육을 통해 창의성을 발달시킬 수 있을까?
- 예술활동은 뇌 발달에 어떻게 도움이 될까?
- 교육신경과학의 미래는 어떻게 펼쳐질까?

현재 교육신경과학의 연구주제는 엄청나게 많기 때문에 그 주제를 모두 다룬다면 이 책은 아마 지금보다 열 배는 더 두꺼워질 것이다. 그래서 이 책에서는 현재 교육현장에 영향을 미치고 있거나, 머지않아 그렇게 될 가능성이 높은 연구 영역에 우선적으로 초점을 두기로 했다.

먼저 지금까지 이 새로운 분야가 어떻게 발달해왔는지 그 배경을 살펴보고자 한다. 1강에서는 1980~1990년대 뇌 연구가 폭발적으로 증가함에 따라 나를 비롯한 몇몇 교육자들이 왜 이 새로운 분야에 뛰어들었으며, 그 과정이 어떻게 진행되었는지를 설명할 것이다. 교육신경과학이라는 새로운 학문 영역을 개척하는 과정에서 학자들 간에 논란이 많았지만, 우리의 확고한 의지는 마침내 결실을 이루어냈다.

1980~1990년대 뇌 연구가 폭발적으로 증가하게 된 주된 이유는 신경영상기술이 발달하면서 살아있는 사람의 뇌를 직접 관찰할 수 있게 되었기 때문이다. 2강에서는 이러한 영상기술을 사용한 선구자들 가운데 한 명인 마이클 I. 포스너(Michael I. Posner)가 신경영상기술의 발달이 신경과학 연구에 어떻게 기여했는지를 설명한다. 이렇게 밝혀진 신경과학 연구결과 중 일부는 이미 교육현장에서 사용되고 있다.

3강에서는 신경과 전문의이자 교사인 주디 윌리스(Judy Willis)가 학교 수업현장에서 이미 적용하고 있는 교수법과 교사들이 생각해봐야 할 여러 수업전략을 함께 제시한다.

학교에서 학생들은 지식을 습득하며 지적으로 성장할 뿐만 아니라 친구들과의 관계 속에서 사회성과 감성을 발달시킨다. 몇몇 교사들은 감성능력이 학습에 영향을 미친다는 것을 잘 알고 있으면서도 이를 교수전략에 적용할 수 있는 방법에 대해서는 아직 확실히 알지 못한다. 이와 관련해 4강에서 메리 헬렌 이모르디노-양(Mary Helen Immordino-Yang)과 매티어스 파에스(Matthias Faeth)는 감정이 학습에 미치는 영향에 대한 신경과학 연구를 다섯 가지 측면에서 기술하고, 효과적인 학습전략 세 가지를 함께 제시한다.

아동이 습득하게 되는 초기 학습능력 중에는 말하기와 읽기가 있다. 이에 관해 5강에서 다이앤 L. 윌리엄스(Diane L. Williams)는 말하기를 습득하는 과정에 관여하는 대뇌 신경망에 대해 설명하고, 언어학습에 대해 널리 퍼져 있는 잘못된 미신을 파헤치며, 이런 연구결과들이 교수학습 과정에 어떤 시사점을 주는지에 대해 논한다.

읽기는 뇌가 학습과정을 수행할 때 가장 핵심적인 능력 중의 하나이기 때문에 그동안 많은 신경과학자와 인지심리학자가 이 분야의 연구에 주목해왔다. 따라서 이 주제에 대해서는 두 장에 걸쳐 소개하고자 한다. 6강에서 존 가브리엘리(John Gabrieli)와 연구진은 아동의 뇌가 어떻게 읽기능력을 습득하는지, 읽기에 문제가 있는 아동의 뇌는 어떻게 다른지, 읽기를 신경과학적으로 바라보는 것이 교육에서 어떤 역할을 하게 될지에 관해 주요 연구결과들을 검토한다.

이어서 7강에서 도나 코흐(Donna Coch)는 학생들의 뇌가 읽기능력을 습득하는 복잡한 과정에 대해 다룬다. 전체 읽기과정 중에서 알파벳 원리, 의미론, 내용 이해력을 습득하는 과정에 대해서도 언급하지만, 그보다는 시각 및 청각 정보처리 시스템이 읽기과정에 어떻게 관여하는지에 더 초점을 두고 있다.

읽기과정에 대한 연구처럼 신경과학 연구자들의 관심이 집중되고 있는 또 하나의 영역은 뇌가 어떻게 양을 표상하는지, 셈을 하거나 수학문제를 풀 때 어떤 신경망이 활성화되는지에 대한 연구이다. 이와 관련해 이 분야의 유명한 세 연구자가 통찰력 있는 분석을 제시할 것이다. 8강에서 키스 데블린(Keith Devlin)은 끊임없이 패턴을 찾아내는 뇌의 뛰어난 능력을 설명하면서, 이를 통해 기초연산을 풀기 어려워하는 사람들이 가진 문제점을 알 수 있다고 말한다. 또한 최신 신경과학 연구를 기반으로 수학교수법에 관해 교육자들에게 몇 가지 제안을 한다.

수리능력과 관련해 9강에서 스타니슬라스 드앤(Stanislas Dehaene)은 수 인식에 관여하는 세 가지 신경망이 신경영상연구를 통해 밝혀지게 된 과정을 설명하고, 이러한 발견을 통해 학생들의 산술 및 수학학습을 어떻게 도울 수 있을지 제안한다.

수학학습에 있어 또 한 가지 중요한 관심 분야는 수리능력을 습득하는 과정에서 학생들 간에 편차가 있다는 점이다. 이와 관련해 10강에서 대니얼 안사리(Daniel Ansari)는 뇌가 어떻게 계산과정을 처리하는지에 대해 살펴보고, 계산과정 처리에 어려움이 있는 학생과 그렇지 않은 학생의 뇌가 기능과 구조에서 어떻게 다른지를 논한다. 또한 이러한 연구결과를 통해 교육자들이 어떤 점에 주목해서 학생들을 가르쳐야 할지에 대해 여러 방법을 제안한다.

한편 창의성에 대한 관심도 뜨겁다. 창의성이란 무엇일까? 과연 교육을 통해 창의성을 발달시킬 수 있을까? 예술수업이 다른 과목을 배우는 데 도움이 될까? 현재 너무나 많은 학교에서 예술수업을 부가적인 활동으로 여기고 있고, 예산이 부족하면 예술수업부터 줄이려 하기 때문에 이런 질문에 대해 한번쯤 생각해보는 것은 매우 중요하다. 11강에서 매리얼 M. 하디먼(Mariale M. Hardiman)은 이 중요한 질문에 대해 자세하게 다루면서, 과목과 학년에 관계없이 활용할 수 있는 예술활동 방안을 제시한다.

이 책의 저자들은 관련 주제를 다루면서 뇌의 특정 부위를 언급하는 경우가 많아, 독자들이 글을 이해하는 데 도움이 될 수 있도록 뇌의 부위를 보여주는 그림 두 장을 실었다(도표 P-2와 P-3 참조). 또한 책의 마지막 부분 <용어 풀이>에서는 저자들이 사용한 용어 중에서 독자들이 생소하게 느낄 수 있는 것들의 의미를 설명하였다.

학습과정에 대해 신경과학이 밝혀낸 놀라운 연구결과를 토대로 교육신경과학은 앞으로 어떻게 발전하게 될까? 이 질문에 대해 12강에서 커트 W. 피셔(Kurt W. Fischer)와 케이티 하이키넨(Katie Heikkinen)은 교육신경과학을 통해 새로운 희망이 싹트기 위해서는 교육을 바라보는 새로운 관점이 필요하다고 제안한다.

이 책을 통해 독자들은 교육신경과학이라는 새로운 분야가 현재 어디쯤에 있으며, 어디를 향해 가고 있는지 알 수 있을 것이다. 이 책의

도표 P-2 뇌의 바깥 부위 명칭

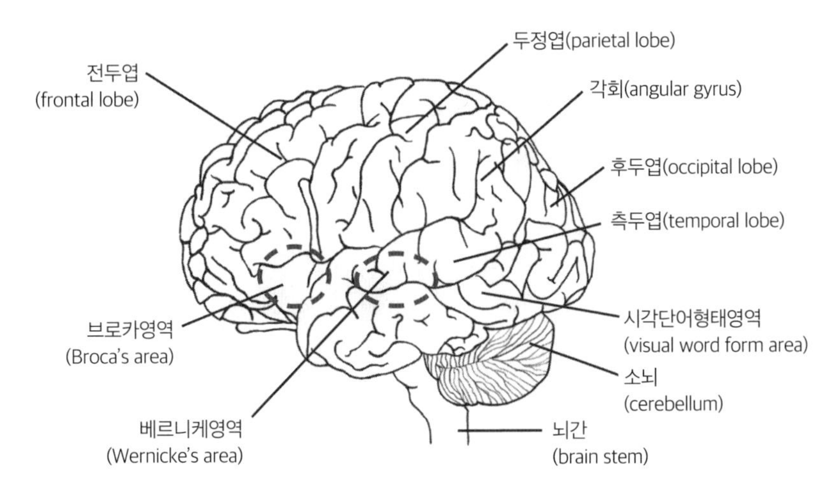

도표 P-3 횡단면에서 볼 수 있는 뇌의 주요 영역

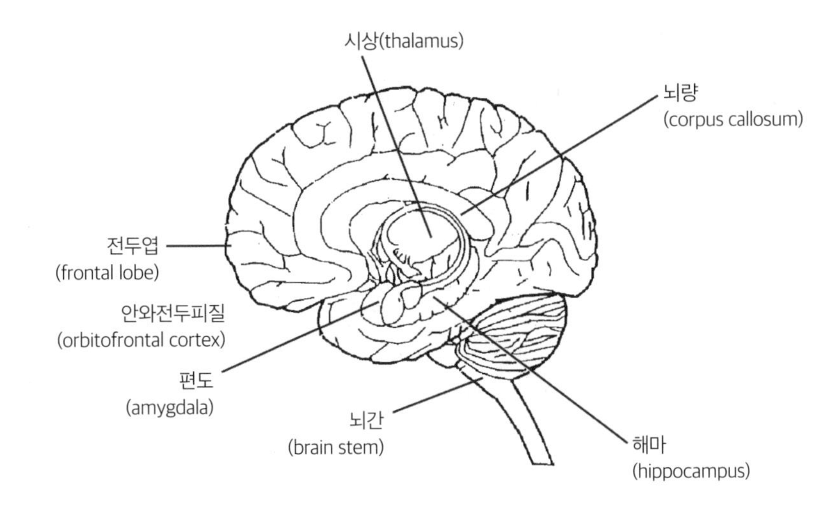

저자들이야말로 교육신경과학이 만들어지고 이만큼 성장하는 데 중요한 역할을 해온 사람들이기 때문이다. 그들의 끊임없는 연구와 발견 덕에 이제 교육자들은 학생들에게 실제 효과적인 교수법을 찾아 적용할 수 있게 되었다.

1

마음·뇌·교육 융합과학의 탄생

인지심리학 및 신경과학과 교육학은 어떻게 만나게 되었는가?

데이비드 A. 수자 (David A. Sousa)

1강은 교육자들이 뇌 연구에 관심을 갖고 그러한 연구결과를 학교와 교실에 적용하기까지 어떤 과정을 거쳐왔는지 살펴본다. 미국 정부가 1990년대를 '뇌의 10년'으로 공포하고 뇌과학 분야에 국가적 관심을 쏟으면서, 학계는 물론 대중매체를 통해서도 뇌과학 연구들이 주목받기 시작했다. 뇌과학적 지식이 교사들의 교수학습을 향상시키는 데 기여할 수 있다는 사실이 알려지면서 '교육신경과학' 혹은 '마음·뇌·교육 융합과학'이라 불리는 새로운 학문이 탄생했다. 데이비드 A. 수자 박사는 이 신생 학문의 태동에 직접 관여한 학자로서 교육신경과학 분야의 세계적인 전문가다.

교육신경과학(educational neuroscience)이라는 학문 분야가 언제부터 시작되었는지 정확히 말하기는 어렵다. 어느 시점에 갑자기 탄생했다기보다는 뇌 연구가 최소 40년 이상 축적되면서 이러한 연구결과를 교육현장에 적용할지 말지를 두고 논쟁하는 과정에서 서서히 탄생했다고 보는 편이 옳을 것이다. 신경과학을 교육에 적용하는 문제를 두고 왜 의견이 나뉘었는지를 이해하기 위해서는, 우선 신경영상기법이 발전하면서 인지심리학과 신경과학에 혁신적인 변화가 일어난 과정을 살펴볼 필요가 있다.

신경과학의 발달

사실 심리학자들은 1세기 이상 뇌에 대해 연구해왔다. 오래전 행동심리학자들은 특정 자극에 대한 사람들의 반응을 관찰해 뇌의 기능을 추측했고(개를 대상으로 실험한 파블로프의 조건반사 실험을 기억하는가), 인지심리학자들은 아이들이 어떤 스킬을 언제, 어떻게 습득하는지를 관찰해 뇌의 성장과 발달에 대한 이론을 만들었다. 또한 신경과학자들은 뇌졸중, 뇌병변, 뇌출혈처럼 뇌에 일종의 외상을 경험한 이후 환자들의 행동이 어떻게 변했는지를 관찰하여 특정 부위의 뇌기능을 추정했다.

하지만 당시에는 뇌를 실제로 들여다보려면 사람이 죽은 다음에 부검해서 관찰해야만 했다. 부검을 하면 뇌 구조물의 위치나 크기에 대해서는 알 수 있었지만, 그 부위가 실제 어떤 기능을 담당하는지는 전혀 알 수 없었다. 신경과 의사 역시 환자의 뇌에서 어느 부위가 손상되었는지 알아보려면 환자가 사망해서 검시가 가능할 때까지 기다려야 했다. 당시에 보편화되어 있던 엑스레이(X-rays) 사진은 뼈나 치아처럼 단단한 조직만을 보여주었고, 정상 뇌세포에 좋지 않은 영향을 미쳤기 때문에 뇌를 연구하는 데 활발하게 사용되지 못했다.

그러다 1970년대 초반, 런던 EMI연구소의 고드프리 하운스필드(Godfrey Hounsfield)와 매사추세츠 터프츠대학의 앨런 코맥(Allan Cormack)이 새로운 영상기법을 독자적으로 개발했다. 컴퓨터단층촬영(computerized axial tomography, CAT 또는 CT)이라고 하는 이 새로운 영상기법은 저출력 엑스레이를 이용해 인체조직의 변화를 탐지한다. 마침내 살아있는 인간의 뇌 구조를 볼 수 있게 된 것이다. 하운스필드와 코맥은 이러한 공로로 1979년 노벨의학상을 공동 수상하기도 했다. 몇 년 후 뉴욕 스토니브룩대학의 폴 로터버(Paul Lauterbur)가 인체조직의 변화를 보여주는 또 다른 기술인 자기공명영상(magnetic resonance imaging, MRI) 기기를 개발하였고, 영국 노팅엄대학의 피터 맨스필드(Peter Mansfield)가 그 성능을 개선하였다. MRI 기술을 발견한 공로로 로터버와 맨스필드는 2003년 노벨의학상을 공동 수상했다.

CT와 MRI는 뇌의 외상 부위를 의학적으로 진단하는 데 획기적인 도구였다. 하지만 이러한 도구를 이용해서는 뇌의 '구조'만 볼 수 있었다. 신경과학자들은 뇌가 어떤 '기능'을 담당하는지 연구할 수 있는 기술이 필요했다. 그 후 1970년대 후반에 이르러서야 뇌의 기능을 보여주는 최초의 기술인 양전자방출단층촬영(positron emission tomography, PET)이 세인트루이스 워싱턴대학 의과대학의 미셸 터-포고시안(Michel Ter-Pogossian)과 마이클 펠프스(Michael Phelps) 외 여러 연구진의 노력으로 개발되었다.

PET는 어느 특정 순간에 뇌의 어느 부위가 더 많이 활성화되는지 혹은 덜 활성화되는지를 보여준다. 하지만 PET를 촬영하기 위해서는 체내에 방사성 물질을 주입해야 하기 때문에 일반인을 대상으로 한 실험연구에 PET를 적용하기에는 여러 가지 제약이 있었다. 이후 1990년대 초반에 이르러 체내에 특정 약물이나 자극을 가하지 않는 신경영상기법인 기능성자기공명영상(functional magnetic resonance imaging, fMRI)이 오가와 세이지(小川誠二)에 의해 개발되었다. 또한 그 무렵 미국 조지 부시 대통령이 1990년대를 "뇌의 10년(Decade of the Brain)"으로 공포함에 따라 뇌과학 분야에 연방정부의 연구기금이 대규모로 투입되면서 신경영상기술의 발전이 가속화되었으며, 관련 분야의 연구가 폭발적으로 늘어났다.

그 이후 전문 학술지는 물론 각종 대중매체를 통해 뇌과학 연구들이 꾸준히 쏟아져 나왔다. 뇌과학 관련기사가 거의 매주 주요 뉴스에 오르내렸다. 교육자들은 뇌과학 연구결과가 학교와 교실현장에 어떤 영향을 미치게 될지를 살피기 시작했다. 그것이 벌집을 헤집는 일이 될 줄 그때는 미처 짐작하지 못했다.

교육자들, 논쟁 속으로 뛰어들다

교육자들과 교육컨설턴트들이 뇌과학에서 밝혀진 사실들을 교육학 전반에 퍼뜨리는 일에 뛰어든 데는 각자 나름의 이유가 있다. 내 경우에는 일단 과학교사로서 과학이라는 학문을 좋아했고, 어떻게 하면 잘 가르칠 수 있을지에 대한 고민과 열정을 가지고 있었기에 가능했다. 내가 좋아하고 아끼는 두 분야, 교육학과 신경과학이 서로 융합하는 과정을 지켜보는 일은 정말 짜릿했고, 이로 인해 내 인생과 교직생활이 엄청나게 달라졌다. 나는 운 좋게도 교육신경과학이 처음 만들어지던 때부터 조금씩 발전해가는 과정에 계속 관여해왔다. 그렇기 때문에 내가 그동안 경험했던 일들을 설명하다 보면 교육신경과학이라는 분야가 발달해온 과정이 어떠했는지, 그리고 그 과정에 어떤 걸림돌이 있었는지 알 수 있으리라 생각한다.

| 1980년대 교원 전문성 개발을 위한 노력 |

1980년대 초반 나는 뉴저지의 한 평범한 학구에서 유치원부터 초·중등 교육과정의 과학교과 장학사로 근무하고 있었다. 어느 날 새로 부임한 교육감이 교원 전문성과 학업성취 향상을 위해 교사연수 프로그램을 장기적인 안목으로 개선해야 할 것 같다고 말했다. 당시 나는 그 일 외에도 새로 맡은 업무들이 많았지만, 교사들의 역량을 강화할 수 있는 교사연수 프로그램을 개선하는 일에 다른 어떤 일보다도 주력했다.

나는 전국의 교육학회를 다니며 최근 논의되고 있는 이슈 중에서 교사연수 프로그램을 만드는 데 기본적인 틀이 될 만한 이론들이 있는지 살펴보기 시작했다. 그 당시 이미 학계에서는 학생 개인의 학습양식(learning style)에 주목하려는 움직임이 일고 있었다. 이러한 움직임은 1960년대 로저 스페리(Roger Sperry)의 '분할 뇌(split-brain)' 환자 연구에서 시작되었다(훗날 마이클 가짜니가(Michael Gazzaniga)도 분할 뇌 연구를 했다). 분할 뇌 환자란 중증 간질을 치료하기 위해 대뇌 양쪽 반구를 연결하는 신경섬유를 절단한 환자를 말한다. 스페리는 수술 후 증상이 호전되어가는 분할 뇌 환자를 관찰한 결과, 뇌의 각 반구가 서로 전혀 다른 기능을 수행한다는 사실을 발견했다(Sperry, 1966). 스페리는 이 공로로 1981년 노벨의학상을 수상했다.

이처럼 각각의 뇌 부위가 서로 다른 기능을 담당한다는 사실이 1970년대 후반부터 1980년대에 걸쳐 널리 알려지면서 교육자들은 이를 근거로 학생마다 학습하는 방식이 다른 이유를 설명하고자 했다. 세인트존스대학의 교육학자 리타 던(Rita Dunn)과 켄 던(Ken Dunn) 부부는 학습양식을 20가지로 세분하는 모형을 개발했다(1978). 또한 버니스 매카시(Bernice McCarthy)의 4MAT모형(뇌의 자연스런 학습 사이클에 기반을 둔 학습이론으로, 사람마다 배우는 방식의 차이와 다양성을 이해하도록 설계된 모형-옮긴이)이나 수전 코발릭(Susan Kovalik)의 주제중심 통합교수(integrated thematic instruction)모형도 뇌 연구와의 연관성을 내세웠다. 비록 당시에는 이런 교수모형들을 설명하는 인지이론이나 연구결과가 거의 없었지만, 교육자들은 학생들이 서로 다른 방식으로 학습한다는 것을 경험적으로 이미 알고 있었기 때문에 이런 교수모형에 많은 관심을 기울였다.

당시 여러 교육학회에서 활발하게 강연활동을 펼친 강연자 중 매들린 헌터(Madeline Hunter)라는 심리학자가 있다. 헌터는 로스앤젤레스 아동병원과 소년원에서 심리상담 입무를 해왔다. 그녀는 하루 종일 아이들과 지낼 수 있는 그 일을 좋아했지만, 얼마 지나지 않아 캘리포니아대학의 교수이자 캘리포니아대학 부속학교의 교장으로 부임했다. 헌터는 학회 강연을 통해 교사들은 학생들을 잘 가르치기 위해 그렇게 힘들게 노력하면서, 왜 행동심리학과 인지심리학에서 나온 최신 연구를 수업전략에 반영하지 않는지 정말 놀라울 따름이라는 발언을 종종 했다.

전직 화학교사로서 나는 내가 열렬히 사랑하는 두 분야, 과학과 교육의 결합을 외치는 헌터의 강연에 무척 흥분했다. 1985년 교육학회에서는 헌터 박사가 기조연설을 마친 기회를 틈타 몇 분간 직접 이야기를 나누기도 했다. 헌터는 내게 인지심리학과 신경과학을 공부해서 그 내용을 교사연수 프로그램의 일부로 도입해 학구의 교사들과 공유하는 것이 어떻겠냐고 조언했다. 그녀는 교사들이 신경과학 내용을 이해하기만 하면 그것을 교육현장에 어떻게 적용할지는 교사들 스스로 찾을 수 있을 것이라고 확신했다. 또한 앞으로 연구가 더욱 발전함에 따라 뇌의 정보처리 및 학습 과정에 대한 비밀이 조금씩 밝혀질 것이라고 믿었다. 교사들이 과학적 지식을 이용해 학습과정을 향상시킬 수 있는 전략을 만들 수 있는 시대가 된 것이다. 헌터는 입버릇처럼 이렇게 말했다. “교사는 더 이상 ‘알아듣는 소수에게만 배움을 베푸는 사람’이 아닙니다.” 이제 교직은 교수경험과 과학지식을 바탕으로 학급 전체의 학업향상을 돕는 전문직이어야 한다는 뜻이다(Hunter, 1982).

물론 이러한 주장을 비판하는 사람들도 있지만, 헌터의 주장은 전 세계 교사연수 프로그램의 성격을 바꾸는 데 지대한 영향을 미쳤다. 오늘날 주와 연방정부 주관의 수많은 교사연수 프로그램들은 과학적 연구를 기반으로 시행되고 있다. 물론 과학이 발전함에 따라 뇌의 작동원리에 대해 더 많은 것이 밝혀지리라는 헌터의 생각은 이후 신경영상기술이 비약적으로 발전하면서 더욱 지지를 받았다.

| 뇌에 대해 높아진 관심 |

과학적인 원리를 교수법에 적용해야 한다고 주장한 사람은 헌터만이 아니었다. 마이클 I. 포스너(Michael I. Posner)나 마이클 가짜니가(Michael Gazzaniga) 같은 연구자들도 1970년대부터 신경과학과 심리학을 통합한 연구를 진행해왔다. 또한 1983년에는 레슬리 하트(Leslie Hart)가 『Human Brain and Human Learning(인간의 뇌, 인간의 학습)』을 출간해 세간에 큰 영향을 미쳤다. 그는 이 책에서 장갑을 디자인하려면 손의 생김새를 알아야 하듯, 아이들을 가르치려면 뇌가 학습하는 원리를 알아야 한다고 역설했다. 이어서 그는 교실이 학습이 일어나는 장소가 되게 하려면, 학습이 일어나는 신체기관인 뇌를 이해하고 뇌의 학습방식에 맞게 가르쳐야 한다고 주장했다(Hart, 1983).

같은 해에 하버드대학 심리학자 하워드 가드너(Howard Gardner)는 『지능이란 무엇인가(Frames of Mind: The Theory of Multiple Intelligences)』(1983)에서 인간의 지능에는 최소한 일곱 가지(현재는 아홉 가지) 유형이 있으며, 사람마다 각 유형의 지능을 지닌 정도에 차이가 있다고 주장했다. 또한 예일대학의 로버트 스턴버그(Robert Sternberg)는 지능을 세 가지 유형으로 구분하는 '삼원지능이론(triarchic theory of intelligence)'을 주장했다(1985). 가드너와 스턴버그의 지능이론은 신경과학과 직접적인 연관성은 없지만, 지능에 대한 기존의 생각을 흔들어놓았다. 그들은 인간의 능력이 여러 가지 방식으로 나타날 수 있다는 사실을 보여주었고, 지능을 하나의 개념으로 생각했던 오래된 관념을 뒤집었다. 또한 그들의 연구 덕분에 교육자들과 학부모들이 뇌의 작동방식에 관심을 기울이게 되었고, 교육자들은 이러한 새로운 정보를 교수법에 적용해야 할지를 두고 고민하기 시작했다.

다른 교육자들과 마찬가지로 나 역시 1980년대 후반을 거치면서 뇌과학 지식이 교육현장에 미치는 영향이 크다는 것을 깨닫기 시작했다. 하지만 그렇게 되려면 교사들이 뇌의 학습원리에 대한 최신 정보들을 알고 있어야 하는데, 그것이 쉽지가 않았다. 교사들이나 교육행정가들에게 뇌가 학습하는 과정에 대해 아는 대로 말해보라고 하면 거의 대부분 이반 파블로프(Ivan Pavlov), 장 피아제(Jean Piaget), 존 듀이(John Dewey) 정도를 언급했으며, 뇌가 과제에 집중하는 시간이나 반복연습의 중요성 등 몇 가지 이론만을 알고 있을 뿐이었다. 기존의 지식 외에 뇌에 대한 최신 정보를 아는 대로 말해보라고 하면 대개 어색

한 침묵이 흐르곤 했다.

1994년 뉴저지에서 몇 년간 교육감으로 근무하던 나는 신경과학이 교육학에 주는 긍정적인 영향을 전국적으로 전파해온 교육자 집단에 합류했고 이제 좀 더 많은 사람들에게 전파해야겠다고 생각했다. 당시 뇌에 대한 지식을 강조했던 교육자 집단에는 조프리 케인(Geoffrey Caine), 르네트 케인(Renate Caine), 에릭 젠슨(Eric Jensen), 로버트 실베스터(Robert Sylwester), 패트리샤 울프(Patricia Wolfe) 같은 존경받는 교육자들이 함께하고 있었다.

처음에 우리는 지금껏 주장해온 내용을 사람들에게 명확히 전달할 수 있는 짧은 명칭을 정하는 일로 무척 애를 먹었다. 일단 우리의 사명은 교사들이 학생들을 가르칠 때 뇌과학 지식을 바탕으로 한 교수전략을 사용하도록 교사들을 독려하는 것이었다. 뇌과학 지식에 근거한 교수법을 사용한다는 의미를 살려 '뇌기반 교육(brain-based education)'이라는 명칭을 사용하기도 했다. 처음에는 이 명칭이 매력적으로 들렸지만 얼마 지나지 않아 '어차피 모든 학습이 뇌를 기반으로 하는 것 아닌가? 더 좋은 이름이 없을까?' 하는 생각이 들었다. 몇몇 교육자들은 '뇌기반'이라는 표현보다 '뇌맞춤(brain-compatible)'이나 '뇌 친화적(brain-friendly)'이라는 표현을 더 선호하기도 했다. 고민 끝에 나는 결국 우리가 주장하는 내용을 함축하는 용어로 '뇌과학 지식을 교수전략으로 바꾸기(translating brain research into classroom practice)'라는 명칭으로 정했고 이를 널리 퍼뜨리고자 했다.

뇌과학을 통해 무엇을 알 수 있을까

1990년대에 나온 뇌에 대한 연구들은 대부분 교수나 학습과는 별로 상관이 없었다. 연구의 초점이 뇌의 외상이나 질병, 발달문제를 이해하는 데 있었기 때문이다. 하지만 뇌에 대한 정보들이 많아지면서 '정보의 바다'가 커지게 되자 교육학에 영향을 미칠 수 있는 부분들이 '작은 섬'처럼 발견되었다. 이런 섬들은 시간이 지나면서 점점 더 많이 발견되었는데 당시에 발견된 주요 정보들은 다음과 같다.

1. 운동은 학습과 기억을 향상시킨다

몸을 움직일 때 뇌가 더 활발하게 움직인다는 연구결과가 나오면서, 수업시간에 '조용히 앉아서 듣기만 하는' 전형적인 교실환경이 문제점으로 부각되었다. 몸을 움직이면 '연료를 실은' 혈액이 뇌로 공급되며, 정보가 (오래된 생존전략의 하나인) 장기기억(long-term memory)영역으로 더 많이 이동하게 되므로 새로 배운 내용을 이전에 배운 내용과 연결하는 데도 도움이 된다(Scholey et al., 1999). 뿐만 아니라 운동은 뇌의 회백질(gray matter)과 신경세포의 수를 증가시키고, 인지적 처리 및 감정조절 능력을 향상시킨다는 사실이 밝혀졌다. 교사들은 이런 연구결과를 접하면서 학생들이 수업시간에 가급적 자리에서 일어나 몸을 움직일 수 있도록 장려했고, 고부담시험(high-stakes testing) 때문에 쉬는시간이나 체육시간을 없애버리는 행태를 바로잡는 데 일조했다.

2. 감정은 학습에 많은 영향을 끼친다

초등학교 교사들은 학생들의 감정표현을 다루는 데 익숙한 반면, 중등학교 교사들은 정해진 수업시간에 가급적 많은 내용을 전달하려고만 한다. 그러다 보니 진도 빼기에만 급급할 뿐 학생들의 정서발달에는 거의 신경쓰지 못한다. 하지만 대니얼 골먼(Daniel Goleman)은 저서 『감성지능(Emotional Intelligence)』(1995)을 통해 감정이 지닌 엄청난 힘에 대해 설명하면서, 자신이 어떤 감정을 느낄 때 어떤 행동을 하는지를 깨닫는 것이 매우 중요하다고 강조한다. 골먼의 책이 대중들에게 선풍적인 인기를 끌자 중등학교 교사들도 감정이 학습에 미치는 영향에 대해 관심을 갖기 시작했다. 교사들은 감정, 특히 스트레스가 유발하는 생리적인 변화에 대해 반드시 알아야 한다. 또한 학생들이 (폭력이나 무기 때문에) 신체적인 위협을 느끼거나, (교사가 자신을 도와주려고 애쓴다는 사실을 깨닫지 못해) 마음이 불안하다면 수업에 제대로 집중할 수 없다는 점을 명심해야 한다.

3. 뇌의 발달과정을 통해 아동과 청소년의 행동 특징을 이해할 수 있다

교사와 학부모는 10대 청소년들의 행동이 예측할 수 없고 아슬아슬하다고 느끼는 경우가 많다. 청소년들이 감정을 폭발하거나 신체적 폭력을 행사함으로써 상황에 대처하는 경우를 흔히 볼 수 있는데 이런 행동을 호르몬 변화의 탓으로 돌리곤 한다. 신경영상기기로 뇌의 발달과정을 관찰한 종단연구에 따르면, 감정을 담당하는 뇌 부위는 10~12세 무렵이면 완전히 발달하지만, 이성적 사고와 감정통제를 담당하는 뇌 부위는 22~24세에 이르러야 성숙한다고 한다(Giedd et al., 1999). 이런 연구결과는 아동과 청소년의 비행을 두둔하려는 것이 아니라 그들의 행동 특징을 제대로 보여주려는 것이다. 또한 아이들에게 "철 좀 들어라!"하고 잔소리를 하는 것보다 더 효과적인 개입방식이 있을 수 있다는 사실을 보여준다.

4. 학교의 사회 · 문화적 환경은 학습에 영향을 미친다

학교는 공부와 시험에 치중한 나머지 사회 · 문화적 환경이 학생들에게 미치는 영향에 대해서는 무관심한 편이다. 인간은 사회적 존재이며 학생들은 또래나 교사들과 끊임없이 상호작용한다. 그런데 학생들은 또래나 교사들에게 얼마나 존중받고 있다고 느낄까? 또래문화에 얼마나 동조하고 있을까? 또래집단에서 인정을 받기 위해 어떤 위험한 행동까지 감수할까? 이런 궁금증을 해소하기 위해 연구자들은 신경영상기법을 이용해서 '사회적 맥락 속에서 사건의 의미를 평가하고 감정반응을 결정할 때 뇌의 어떤 부위가 관여하는지'를 밝혀냈다(Heatherton et al., 2006; Zahn et al., 2007). 이 연구결과를 토대로 만들어진 새로운 학문 분야가 바로 '사회인지신경과학(social cognitive neuroscience)'이다. 사회심리학과 인지신경과학을 통합하는 이 학문 분야는 신경영상기법을 이용해 인간의 사회적 행동을 설명한다. 학교문화는 대개 의사소통의 자유, 학생에 대한 기대 수준, 노력에 대한 인정과 칭찬, 의사결정 과정에 대한 참여도, 돌봄의 문화 수준에 따라 만들어진다. 학교문화를 형성하는 이러한 요소들은 학생들의 자아존중감에도 영향을 미친다. 따라서 교육자들은 긍정적인 학교문화가 형성될 수 있도록 세심한 주의를 기울일 필요가 있다. 학교에 대한 반감이 클 때 발생하는 학교폭력의 여러 사례를 목격하고 있는 현실이 안타까울 따름이다.

5. 뇌는 새로운 신경세포를 만든다

오랫동안 과학자들은 신경세포가 재생되지 않는 유일한 체세포라고 믿었다. 사람이 나이가 들면 신경세포의 수가 점점 줄어들기 때문이다. 하지만 1990년대 후반, 장기기억을 담당하는 뇌 부위인 해마(hippocampus)에서 신경세포가 새로 만들어진다는 사실이 입증되면서 연구자들은 뇌에서 새로운 신경세포가 만들어질 수 있다고 믿게 되었다(Kempermann & Gage, 1999). 이렇게 신경세포가 새롭게 자라는 과정을 신경생성(neurogenesis)이라고 한다. 이후 연구를 통해 신경생성이 감정, 기억, 학습과 밀접하게 연관되어 있다는 사실이 밝혀졌다. 또한 충분한 영양섭취와 규칙적인 운동, 스트레스 조절을 통해 신경세포의 성장을 촉진할 수 있다는 사실이 증명되었다(Kempermann, Wiskott, & Gage, 2004). 이러한 연구결과를 접한 교사들은 학생들에게 뇌가 어떻게 성장하는지, 신경세포가 꾸준히 새로 만들어지면서 뇌를 건강하게 유지할 수 있는 방법은 무엇인지를 가르치기 시작했다.

6. 신경망은 스스로 재구성된다

이전에는 신경망이 매우 천천히 변하며 중년이 지나면 그 속도가 더욱 느려진다고 생각했다. 하지만 2000년대 초반, 주변 환경으로부터 여러 가지 자극을 받으면 뇌가 엄청나게 빠른 속도로 신경망을 재구성한다는 새로운 연구결과가 밝혀졌는데, 이를 신경가소성(neuroplasticity)이라고 한다. 이 발견을 계기로 연구자들은 읽기장애(대부분 난독증(dyslexia)) 진단을 받은 아동의 뇌 신경망을 영상기기로 관찰하여, 마침내 읽기장애 아동의 대뇌 신경망을 정상 아동의 신경망과 비슷하게 재구성하는 컴퓨터 프로그램과 프로토콜을 만들었다(Shaywitz, 2003; Simos et al., 2002). 뇌과학 연구결과가 교육학에 이렇게 멋지게 적용될 수 있다는 것이 그저 놀랍기만 하다(Sousa, 2005). 게다가 뇌세포는 평생 새롭게 생성된다고 하니 성인들에게도 기쁜 일이 아닐 수 없다.

7. 수업내용이 오래 기억되도록 할 수 있다

"당신이 가르친 내용을 학생들이 얼마나 오래 기억하길 바랍니까?" 라고 물으면 그 답은 항상 똑같을 것이다. "영원히!" 하지만 현실은 전혀 그렇지 않다는 것을 교사라면 누구나 알고 있다. 어째서 학생들은, 특히 고등학생들은 교사가 가르친 내용을 금방 잊어버리는 것일까? 기억체계에 대한 광범위한 연구를 통해 밝혀진 다음 두 가지 사실이 이 질문을 해결하는 데 도움이 될 것이다(Squire & Kandel, 1999). 첫째, 단기기억(short-term memory)은 두 가지 단계로 구성된다. 제일 처음 뇌에 들어온 정보는 뇌의 특정 영역에 2~3초 정도 머물며 '즉시기억(immediate memory)'으로 처리되고, 좀 더 오랜 시간 동안 의식적으로 처리할 정보는 '작업기억(working memory)'으로 처리된다. 정보는 수행하던 작업이 끝나면 작업기억에서 사라진다. 교사가 두어 달 전에 가르쳐준 내용을 학생들이 기억하지 못하는 것은 바로 이런 이유 때문이다. 둘째, 어떤 정보를 장기기억으로 저장할지를 결정할 때 뇌는 '이해(sense)와 의미(meaning)'를 기준으로 판단한다. 교사들은 보통 수업내용을 이해시키는 데까지는 열심히 노력하지만, 배움을 학생들의 삶에 연계시켜 의미를 부여하려고 노력하지는 않는다. 위의 두 가지 연구결과를 통해 학생들이 수업내용을 오래 기억할 수 있는 교수전략이 필요하다는 것과, 학생들 자신의 삶과의 연관성을 느낄 수 있는 교육과정을 계획해야 한다는 점을 알 수 있다(Sousa, 2006).

8. 수면은 기억을 위해 중요하다

부모들은 늘 자녀에게 잠을 충분히 자라고 말한다. 이렇게 잔소리를 하는 이유는 뇌를 포함해 몸이 충분히 쉬어야 기분 좋은 하루를 보낼 수 있기 때문이다. 하지만 연구에 따르면 뇌는 잠을 자는 동안 믿을 수 없을 정도로 활발하게 움직이면서 신경망을 만들고, 기억하고, 학습하고, 복잡한 정보들을 간추려내는 과정을 거친다(Schacter, 1996). 수면이 부족하면 뇌가 여러 종류의 기억을 처리하는 데 문제가 생긴다. 연구에 따르면, 수면이 부족한 학생들은 충분한 수면을 취한 학생들보다 성적이 저조하거나 우울증을 앓는 경우가 더 많았다(Wolfson & Carskadon, 1998). 중·고등학생과 교사의 평균 수면시간은 고작 5~6시간으로, 수면이 상당히 부족한 상태로 학교에 온다. 교사가 위의 연구결과에 대해 알고 있다면 잠을 충분히 자는 것이 얼마나 중요한지 학생들에게 분명하게 말해줄 수 있을 것이다. 10대 청소년에게는 대략 9시간의 수면이 필요하다. 잠을 충분히 잔 학생은 그날 학교에서 배우는 내용을 빠짐없이 기억하고 더 쉽게 익힐 수 있다.

수백 년 동안 유능한 교사들은 학생들을 가르칠 때 어떤 전략을 사용하고 어떻게 적용해야 하는지를 경험으로 터득해왔다. 하지만 그런 전략들이 왜 어떤 경우에는 효과적이고 다른 경우에는 효과적이지 않은지 그 이유를 알지 못했다. 인지신경과학 연구가 보여주는 것은 바로 그 '왜'에 해당하는 내용이다. 어떤 전략이 '왜 효과적인지'를 아는 교사들은 좀 더 능수능란하게 수업전략을 구사할 수 있을 것이다.

뇌기반 교육 전파

1990년대 신경과학자들은 뇌의 원리에 대한 새로운 증거를 찾는 데는 열심이었지만, 뇌가 작동하는 원리를 교육에 적용하려는 생각은 별로 하지 않았다. 한 신경과학자는 내게 이렇게 말했다. "제 일은 뇌 안에서 무슨 일이 일어나는지 알아내는 것입니다. 제가 발견한 내용이 교육에 적용될 수 있는지는 잘 모르겠습니다. 그건 교육자인 당신이 할 일이겠죠." 이것이 우리가 신경과학 연구를 열심히 추적해온 이유이다. 우리는 신경과학에서 교육학에 적용될 만한 내용을 찾아 그에 관한 글을 쓰고, 전 세계를 돌아다니며 다른 교육자들에게 그 내용을 전파했다.

1990년대 내내 거의 모든 지역학회와 전국 규모의 교육학회에는 뇌과학에 관한 워크숍이 한 세션 이상 들어 있었다. 나는 그 학회들을 두루 돌면서 교육신경과학에 대한 강연을 했고, 대부분의 교사가 이 내용에 관심을 갖고 있다는 사실을 알게 되었다. 그러는 동안 미국, 캐나다 등의 여러 학구에서도 교직원들에게 신경과학이 교육학에 주는 시사점에 대해 알리려는 움직임이 활발하게 일고 있었다. 또한 이와 관련된 주제의 논문들이 전문 학술지에 게재되기 시작했다. ASCD(Association for Supervision and Curriculum Development)의 대중적인 학술지 「에듀케이셔널 리더십(Educational Leadership)」의 론 브랜트(Ron Brandt)는 이런 연구 분야가 생긴 것은 교육계의 중요한 발전이라며 관련 주제에 대한 연구를 계속 해줄 것을 장려했다. 이후 신경과학 지식을 교수법에 적용한 저서들이 출판시장에 쏟아져 나왔다. 이처럼 신경과학과 교육학을 접목하려는 활동이 활발해지면서 점차 심리학자들도 이 연구 분야에 주목하기 시작했고, 이내 이 새로운 학문 분야에 대해 자신들의 견해를 밝히기 시작했다.

뇌기반 교육에 쏟아진 비판론

일부 심리학자들은 신경과학이 교육학에 적용될 수는 있지만 신중해야 한다고 충고했다. 반면 어떤 심리학자들은 교사들이 과학적인 방식으로 사고하지 않기 때문에 어떤 연구결과를 교육에 적용해야 할지 판단할 자격이 없다고 주장했다. 그들은 교사들이 자신의 교수방식에 대한 성찰이 부족할 뿐만 아니라 자신의 수업전략이 성공했는지 실패했는지 기록해두지도 않는다고 비판했다. 또한 뇌의 학습원리를 밝혀내는 데 교육자들의 역할이 중요하기는 하지만, 교사들은 교실환경에서 어떻게 실험을 통제해야 믿을 만한 결과가 나오는지를 모르기 때문에 과학적 방법을 적용하는 과정에서 대부분 실패한다고 주장했다. 그렇기 때문에 교육현장에서 수집되는 정보는 대부분 일화들이고, 기록이 남아 있다 해도 엉성한 경우가 많아서 교육자들이 수행한 연구는 전문성이 떨어진다는 것이었다. 인지심리학자들은 어떤 연구결과가 교육에 적용될 수 있을지를 평가하고 결정하는 것이 자신들의 일이라고 느꼈고, 그들만이 신경과학자와 교육자들 사이에 가교 역할을 할 수 있다고 생각했다.

비판에 가장 앞장선 사람들 중 한 사람은 존 브루어(John Bruer)였다. 1990년대 후반에 그는 여러 편의 논문에서 신경과학과 교육학을 연결하려는 시도를 비판했다. 그러면서 교육자들이 신경과학을 이해하려고 굳이 노력할 필요가 없다고 주장했는데, 그 말 속에는 교사들이 그만큼 똑똑하지 않다는 뜻이 내포되어 있었다. 그는 교육자들이 연구지침과 적용방안을 찾으려면 신경과학이 아니라 인지심리학으로 고개를 돌려야 한다고 말했다. 또한 신경과학을 적용한 실용적인 교수법이 하나라도 나오려면 최소한 25년은 걸릴 것이라고 주장했다. 다행히 브루어의 예측은 완전히 빗나갔다. 2006년에 그는 신경과학에만 관심을 기울이게 되면 인지심리학에 대한 관심이 떨어질 수 있다며 다소 온건한 입장을 취했다. 이후 뇌 연구결과들이 엄청나게 쏟아져 나오면서 그가 비판적으로 주장했던 내용들은 거의 힘을 잃었다.

과학적 연구 분야라면, 특히 교육신경과학처럼 새로 만들어진 연구 분야라면 끊임없이 의심하고 질문을 던지는 전문가 집단의 감시를 받아야 한다. 예전부터 이런 건강한 회의주의는 과학적 사고를 키우면서 학문을 발전시키는 데 기여했다. 하지만 일부 연구자들은 의도적으로 논란이 될 수 있는 쟁점을 골라 비판하면서, 교육자들이 신경과학에 대해 잘못된 정보를 퍼뜨리고 있다고 주장했다. 성별에 따른 뇌의 차이, 대뇌 좌우 반구의 전문화, 뇌 발달에서 결정적 시기 등은 심리학자들이 '신경과학에 대한 잘못된 통념(neuromyth)'이라고 주장하는 단골 주제들이다. 심지어 그들은 교육신경과학 분야에서 교육에 실제로 적용될 수 있는 연구결과는 하나도 나오지 않을 것이라고 주장했다.

2000년대 이전만 해도 이런 주장을 하는 심리학자들 가운데 최신 신경과학의 연구결과를 잘 알고 있는 사람은 없었다. 사실 신경과학자들은 성별에 따라 뇌의 구조와 기능이 다르다는 사실을 당연하게 받아들이고 있었다. 대뇌 반구의 각 부위에 따라 전문화된 기능이 있다는 데에도 반론을 제기하는 사람이 없었다. 또한 아동의 뇌가 발달하는 동안 신경망 성장이 두드러지는 결정적 시기가 있다는 증거도 이미 많이 나와 있었다. 문제는 이런 요인들이 아이들의 학습에 어느 정도 영향을 미치는지를 명확하게 설명하지 못하는 데에 있었다.

물론 비평가들이 주장한 대로 신경과학을 잘 모르는 교육자들이 연구결과를 확대해석해 잘못 적용하는 경우도 있었다. "여자아이들은 수학을 못해."라든가 "그 사람은 좌뇌형 인간이라 창의적이지 못해."와 같은 말은 교육신경과학을 연구하는 우리의 명분을 약화시키고 비평가들에게 공격의 빌미를 제공했다. 게다가 모차르트 음악을 들으면 머리가 좋아진다는 '모차르트 효과'(Rauscher, Shaw, & Ky, 1993)나 수분 섭취가 두뇌활동을 돕는다며 '책상에 물병 두기' 운동이 유행하는 등 잘못 해석된 연구결과들이 퍼지기도 했으니, 신경과학 연구를 교육학에 적용하는 데 신중했던 연구자들에게까지 불똥이 튀는 게 어찌 보면 당연한 일일지 모른다. 이런저런 비판에도 불구하고 일부 신경과학자와 인지심리학자, 교육자들은 신경과학의 연구결과가 교육학에 지금까지 어떤 영향을 미쳤고 앞으로 어떤 영향을 미칠지에 대해 진지하게 논의해야 할 지점이 세 분야에 공통적으로 있다는 사실을 점차 인식하고 있다.

논쟁이 가라앉다

21세기에 들어 세계 유수의 대학들이 신경과학과 교육학이 접목된 교육 프로그램을 도입하고 연구소를 설립해 본격적인 연구를 추진하게 되면서, 교육신경과학을 둘러싼 크고 작은 논쟁들이 잠잠해졌다. 이런 교육 프로그램을 지원한 학교에는 코넬대학, 다트머스대학, 하버드대학, 서던캘리포니아대학, 텍사스대학 알링턴캠퍼스, 워싱턴대학이 있으며, 미국교육학회 뇌·학습 연구분과(American Educational Research Association Special Interest Group on the Brain and Learning), 다나재단(Dana Foundation), 국제마음뇌교육학회(International Mind, Brain, and Education Society, IMBES), 경제협력개발기구(Organization for Economic Cooperation and Development, OECD), 신경과학회(Society for Neuroscience) 등 다양한 전문가협회도 프로그램 지원에 참여했다. 또한 미국국립연구협회(U.S. National Research Council)에서는 『학습과학: 뇌, 마음, 경험 그리고 교육(How People Learn)』(Bransford, Brown, & Cocking, 2003)이라는 저서를 출간하였다.

신경과학이 교육학에 적용될 가능성에 대한 관심은 세계적으로 급증했다. 오스트레일리아, 캐나다, 일본, 프랑스, 인도, 이탈리아, 멕시코, 네덜란드, 영국 등에서는 관련 연구소와 연구집단이 형성되었다. 현재 전 세계를 돌며 정기적으로 개최되는 러닝브레인유럽(Learning Brain Europe) 같은 몇몇 국제학술회의는 교수와 학습에 영향을 미치는 뇌 연구 분야에 중점을 두고 있다.

또한 신경과학, 교육학, 심리학이 접목될 수 있는 합일점을 만드는 데 크게 기여한 논문(Tokuhama-Espinosa, 2008)이 있는데, 그 주제는 '교육신경과학' 즉 '마음·뇌·교육 융합과학 (mind, brain, and education science)'이라 불리는 새로운 학문의 기준을 개발하는 것이었다. 이를 위해 2,200건 이상의 관련 문헌을 검토해 종합적으로 분석했고 신경과학, 심리학, 교육학에서 공인된 20명의 전문가 위원단을 구성해 '교육신경과학'이라고 하는 이 새로운 학문 분야의 기준을 무엇으로 할지 조사했다. 또한 전문가 위원단을 통해 뇌와 학습에 대해 알려진 수십 가지 생각을 '공인된 이론, 타당한 이론, 논리적 추론, 대중적 오해(앞서 언급한 '신경과학에 대한 잘못된 통념')'로 분류했다. 물론 각 사안에 따라 위원들이 매긴 등급은 편차가 있었지만, 문헌분석 결과와 일치하는 부분을 중심으로 추려서 뇌의 학습방식을 설명하는 22가지 '학습원리'를 도출할 수 있었다.

하지만 여러 교육신경과학 연구논문에서 밝히고 있듯이, 아직은 교육신경과학에 대한 명확한 정의와 기준이 합의되지 않은 상태이다. 앞으로 그 기준이 좀 더 명확해지면, 그동안 신경과학을 자의적으로 해석해 주장해왔던 사람일지라도 교육현장 개선에 진정으로 도움이 되는 연구결과에 점점 집중하게 될 것이라 생각한다.

2000년 이후 교육신경과학은 제 길을 꿋꿋하게 걸어왔고, 앞으로도 더욱 발전할 것으로 보인다. 분명한 것은 이 분야에 관심을 보이는 교사들이 예전보다 훨씬 많아졌다는 사실이다. 결국 교사란 궁극적으로 '뇌를 변화시키는 사람들'이다. 그들은 매일 뇌를 변화시키는 일을 하고 있는 것이다. 신경과학자들이 뇌의 내부에서 어떤 일이 벌어지는지 계속 연구하는 한, 인지심리학자들이 학습 및 행동을 설명하기 위해 계속 노력하는 한, 교육자들이 계속해서 연구결과를 교수법 개선에 적용하는 한, 이 새로운 분야는 단지 독립적인 학문으로 성장하는데 그치지 않고 우리 아이들에게 훨씬 질 높은 교육경험을 선사할 것이다.

저자 소개

데이비드 A. 수자(David A. Sousa)

교육신경과학 분야의 세계적인 컨설턴트로 미국, 캐나다, 유럽, 오스트레일리아, 뉴질랜드, 아시아 등 세계 각지에서 20만 명 이상의 교육자들에게 교육신경과학에 대한 강연을 해왔다. 특히, 수자 박사는 뇌 연구결과를 교수 및 학습 전략으로 적용할 수 있는 구체적인 방법들을 제시했다. 뉴저지고등학교에서 과학교사로 근무했고, 장학사, 교육행정직을 거쳤으며, 시튼홀대학에서 교육학 겸임교수로, 럿거스대학에서 객원강사로 재직했다. 이후 과학서적을 편집하는 한편, 여러 학술지를 통해 교원능력 개발, 과학교육, 교육연구에 대한 논문을 수십 편 이상 발표해왔다. 뇌와 학습원리에 대한 12권의 저서를 출판했으며 이 책들은 프랑스어, 스페인어, 중국어, 아랍어 등 각국의 언어로 출판되었다. 전미교원능력개발위원회(National Staff Development Council)의 의장을 역임했으며, 교육신경과학 연구, 교원능력개발, 과학교육에 헌신한 공로로 수많은 상을 받았다.

참고 문헌

Bransford, J. D., Brown, A. L., & Cocking, R. R. (Eds.). (2003). *How people learn: Brain, mind, experience and school.* Washington, DC: National Academies Press.

Bruer, J. T. (1999, May). In search of …brain-based education. *Phi Delta Kappan*, 80, 645–657.

Bruer, J. T. (2006, Summer). Points of view: On the implications of neuroscience research for science teaching and learning: Are there any? *CBE-Life Sciences Education*, 5, 104–110.

Dunn, R., & Dunn, K. (1978). *Teaching students through their individual learning styles: A practical approach.* Reston, VA: Reston Publishing Company.

Gardner, H. (1983). *Frames of mind: The theory of multiple intelligences.* New York: Basic Books.

Giedd, J. N., Blumenthal, J., Jeries, N. O., Castellanos, F. X., Liu, H., Zijdenbos, A., et al. (1999, September). Brain development during childhood and adolescence: A longitudinal MRI study. *Nature Neuroscience*, 2, 861–863.

Goleman, D. (1995). *Emotional intelligence: Why it can matter more than IQ.* New York: Bantam.

Hart, L. (1983). *Human brain and human learning.* New York: Longman.

Heatherton, T. F., Wyland, C. L., Macrae, C. N., Demos, K. E., Denny, B. T., & Kelley, W. M. (2006). Medial prefrontal activity differentiates self from close others. *Social Cognitive and Affective Neuroscience*, 1, 18–25.

Hunter, M. (1982). *Mastery teaching*. Tousand Oaks, CA: Corwin Press.

Kempermann, G., & Gage, F. (1999, May). New nerve cells for the adult brain. *Scientic American*, 280, 48–53.

Kempermann, G., Wiskott, L., & Gage, F. (2004, April). Functional significance of adult neurogenesis. *Current Opinion in Neurobiology*, 186–191.

Rauscher, F. H., Shaw, G. L., & Ky, K. N. (1993). Music and spatial task performance. *Nature*, 365, 611.

Schacter, D. (1996). *Searching for memory: The brain, mind, and the past.* New York: Basic Books.

Scholey, A. B., Moss, M. C., Neave, N., & Wesnes, K. (1999, November). Cognitive performance, hyperoxia, and heart rate following oxygen administration in healthy young adults. *Physiological Behavior*, 67, 783–789.

Shaywitz, S. E. (2003). *Overcoming dyslexia: A new and complete science-based program for reading problems at any level.* New York: Knopf.

Simos, P. G., Fletcher, J. M., Bergman, E. , Breier, J. I., Foorman, B. R., Castillo, E. M., et al. (2002, April). Dyslexia-specific brain activation profile becomes normal following successful remedial training. *Neurology*, 58, 1203–1213.

Sousa, D. A. (2005). *How the brain learns to read.* Thousand Oaks, CA: Corwin Press.

Sousa, D. A. (2006). *How the brain learns* (3rd ed.). Thousand Oaks, CA: Corwin Press.

Sperry, R. (1966). Brain bisection and consciousness. In J. Eccles (Ed.), *How the self controls its brain*. New York: Springer-Verlag.

Squire, L. R., & Kandel, E. R. (1999). *Memory: From mind to molecules.* New York: W. H. Freeman.

Sternberg, R. J. (1985). *Beyond IQ: A triarchic theory of human intelligence.* New York: Cambridge University Press.

Tokuhama-Espinosa, T. N. (2008). *The scientically substantiated art of teaching: A study in the development of standards in the new academic field of neuroeducation (mind, brain, and education science).* Unpublished doctoral dissertation, Capella University.

Wolfson, A., & Carskadon, M. (1998). Sleep schedules and daytime functioning in adolescents. *Child Development*, 69, 875–887.

Zahn, R., Moll, J., Krueger, F., Huey, E. D., Garrido, G., & Grafman, J. (2007, April). Social concepts are represented in the superior anterior temporal cortex. *Proceedings of the National Academy of Sciences*, 104, 6430–6435.

2

신경영상기술과 **교육신경과학**의 발전

신경영상기술은 어떻게 발전했고,
교육학에 어떤 결정적 역할을 했는가?

마이클 I. 포스너(Michael I. Posner)

2강은 뇌의 원리를 연구하기 위해 신경영상기술이 발전해온 과정을 설명하고, 이러한 영상기술을 통해 인간의 뇌에 관해 어떤 사실을 알 수 있게 됐는지 보여준다. 특히 fMRI(기능성자기공명영상)의 발전은 뇌과학의 교육학적 적용에 결정적인 역할을 했다. 특정 뇌 영역의 활성화가 무엇을 뜻하는지 알 수 있게 됐기 때문이다. 인지과정뿐만 아니라 감정, 사회적 행동, 성격 등과 관련된 뇌 신경망 연구를 활발하게 할 수 있게 된 것도 fMRI 덕분이다. 마이클 I. 포스너 박사는 신경과학과 심리학 분야에서 오랫동안 명성을 쌓아온 학자로서, 그의 연구는 신경장애나 정신장애, 발달장애와 관련된 임상현장뿐만 아니라 일반적인 발달과정과 학업능력 측정 등에 폭넓게 적용되고 있다.

1980년대 후반에 이르러 인지과제를 수행하는 동안 뇌의 활동을 관찰할 수 있는 영상기법이 개발되면서 교육신경과학은 한 단계 도약을 하게 된다. 이 장에서는 이러한 신경영상기술의 발전과정을 되짚어보고자 한다. 정상인과 뇌질환 환자를 대상으로 뇌의 혈류 변화를 측정하거나 전자기적 활동을 측정해 뇌 활동을 관찰하는 방법에 대해 소개할 것이다. 이런 영상기술은 독해능력이나 계산능력, 전문지식을 습득하는 과정 등 학습의 여러 측면을 규명하는 데도 이용되어 왔다.

혈류 변화를 이용한 영상기술

신경영상을 찍으려는 시도는 오래전에도 있었지만, 근대적인 기술은 컴퓨터단층촬영(computerized tomography, CT) 기법이 개발되면서 발전하기 시작했다. 엑스레이를 뇌에 투과해 수학적 알고리즘을 이용해 분석하는 CT는 뇌의 해부학적 구조를 보여준다. 하지만 사람들은 뇌의 구조 외에도 일상적인 과제를 하는 동안 뇌가 어떤 '기능'을 하는지를 알고 싶어 했다. 연구자들은 뇌의 각 부위가 담당하는 기능에 따라 활성화된 영역을 지도처럼 만들기 위해 뇌의 혈류를 측정하는 방식을 먼저 시도했다. 즉, 방사성핵종(radionuclide, 방사능을 갖는 핵종으로 방사성 붕괴에 따라 방사선을 방출함-옮긴이)이 물질에 닿으면 광자(photon)를 방출하는 원리를 이용해, 혈류 속에 방사능 물질을 주입한 뒤 뇌의 영역별로 방출된 빈도를 측정해 뇌의 기능에 따른 활성지도를 만들었다. 이렇게 뇌 지도를 만드는 데는 단일광자방출컴퓨터 단층촬영(single photon emission computed tomography, SPECT)과 양전자방출단층촬영(positron emission tomography, PET)이 주로 이용되었다. (이 분야의 역사에 대해 더 자세히 알고 싶다면 다음의 논문을 참고하기 바란다. 「History and Future Directions of Human Brain Mapping and Functional Neuroimaging」(Savoy, 2001)-옮긴이)

| PET의 활용 |

1980년대 후반에는 인지과제를 수행하는 동안 뇌에서 일어나는 변화를 관찰하는 일이 가능해졌다. 이런 가능성을 연 영상기술 중 하나가 PET(양전자방출단층촬영)이다. PET는 뇌세포가 활성화될 때 해당 부위의 혈액 공급이 바뀐다는 사실을 이용한 것으로, 인지과제를 수행하는 동안 뇌의 어느 부위가 활성화되는지를 보여준다. 가령, 글을 읽거나 음악을 들을 때 뇌 전체가 활성화되는 것이 아니라 뇌 혈류가 특정 영역에 집중되면서 해당 영역이 유독 활성화된 상태를 보인다. PET는 이러한 원리를 이용해 뇌의 기능을 지도화한 최초의 영상기법이다(Lassen, Ingvar, & Skinhoj, 1978). PET를 이용한 초기의 한 연구에 따르면 '길안내 설명을 읽으면서 길을 찾아가는 과제'와 '길안내 설명을 들으면서 길을 찾아가는 과제'를 수행할 때 뇌가 활성화되는 부위가 서로 뚜렷이 구분되었다고 한다(Roland & Friberg, 1985). 물론 이렇게 신경영상기술이 발달하기 전에 이미 인지심리학자들은 인지과제를 컴퓨터 프로그램으로 만들어 읽기나 주의, 시각심상 같은 인지과제를 수행할 때 어떤 하위 구성요소가 필요한지를 연구해왔다(Kosslyn, 1980; Posner & Raichle, 1994). 하지만 이러한 하위 구성요소가 뇌의 어떤 영역과 각기 관련되어 있는지 연결하려는 시도가 이어지면서, 이후 심리학이나 교육학 연구에 신경과학 연구결과를 적극적으로 활용하는 중요한 계기가 되었다.

인지과제의 하위 구성요소가 뇌의 어떤 영역과 연관되는지 알아보기 위한 첫 번째 단계로 연구자들은 피험자들이 단어를 듣거나 읽는 동안 PET를 통해 뇌의 활동을 관찰했다(Petersen et al., 1988). 피험자들은 고정된 한 점 응시하기, 소리 내어 단어 읽기, 단어 활용하기 같은 과제를 단계적으로 수행했다(표 2-1). 연구자들은 피험자들이 좀 더 복잡한 단계의 과제를 수행할 때마다 상위 과제를 수행했을 때의 신경영상 결과에서 하위 과제를 수행했을 때의 신경영상 결과를 '뺌'으로써 각 단계에서 요구되는 사고과정을 어느 정도 분리해냈다.

표 2-1 '단어처리 내부코드이론(Theory of Internal Codes in Word Processing)'에 근거한 단어처리과정 결과

실험단계	대조 상태	자극 상태	활성 영역(자극 상태-대조 상태)
1단계	고정점 응시	단어를 단순히 보거나 들을 때	단어를 수동적으로 받아들임
2단계	단어를 단순히 보거나 들을 때	단어를 소리 내어 반복해서 읽을 때	조음 부호화 운동 프로그래밍과 언어 출력
3단계	단어를 소리 내어 반복해서 읽을 때	단어를 활용할 때	의미론적 연상 행동을 위한 선택

출처: Petersen et al., 1988에서 수정

1단계 실험에서는 피험자들이 화면의 고정점을 응시하고 있을 때(표 2-1 '대조 상태'의 첫째 줄)의 뇌 활동과 약 1초 뒤 하나의 단어를 보여주거나 들려주었을 때(표 2-1 '자극 상태'의 첫째 줄)의 뇌 활동을 비교했다. 컴퓨터 프로그램을 이용해서 '자극 상태'일 때의 뇌 활성지도에서 '대조 상태'일 때의 뇌 활성지도를 빼면, 단어를 단순히 보여주거나 들려주었을 때 뇌에서 어느 영역이 활성화되는지를 알 수 있다(표 2-1 '활성 영역'의 첫째 줄). 연구자들이 예상한 대로 피험자에게 단어를 보여주었을 때는 뇌의 시각계가 강하게 활성화되었고, 단어를 들려주었을 때는 청각계가 강하게 활성화되었다.

2단계 실험에서는 피험자가 소리 내어 단어 읽기를 반복할 때의 뇌 활성지도에서 단어를 단순히 보거나 들을 때의 뇌 활성지도를 제거함으로써, 글자를 이해하고 소리 내어 발음하는 데 관여하는 뇌의 영역들을 추측하였다. 그 결과, 피험자들이 단어를 소리 내어 읽을 때는 뇌의 운동영역이 매우 활성화된다는 사실이 관찰되었다.

끝으로 3단계 실험에서는 피험자들에게 제시된 단어를 활용하는 과제가 주어졌다. 예컨대 '망치'라는 단어가 제시되면 '때리다'와 같은 단어를 생각해서 말하도록 했다. 단어를 활용할 때의 뇌 활성지도에서 단어를 소리 내어 반복해서 읽을 때의 뇌 활성지도를 제거한 결과, 좌측 전전두회(anterior frontal gyrus), 전대상회(anterior cingulate gyrus), 소뇌(cerebellum)의 일부, 후측두-두정영역(posterior temporal-parietal area)을 포함한 신경망이 활성화되었다.

즉, 단어를 소리 내어 반복해서 읽을 때는 운동영역을 포함한 일련의 뇌 영역이 활성화되었고, 하나의 단어를 활용해 새로운 단어를 생각해낼 때는 그와 다른 일련의 뇌 영역이 활성화되었다. 주어진 단어를 활용해 새로운 단어를 생성하는 과정에서 전대상회는 과제에 주의를 기울이는 데 관여하고, 좌측 전두영역은 주어진 단어를 마음속에 담아두는 기능을 하며, 뇌의 뒤쪽 영역에서는 그 단어와 연관된 의미를 만들어내는 일을 담당하고 있는 것으로 추측해볼 수 있다.

이 과정에서 피험자에게 동일한 단어를 계속 제시해 피험자가 동일한 연상작용을 반복하게 하면 뇌의 활성 강도는 처음보다 떨어졌다. 그런데 단어를 두세 번 반복해 연상과제를 수행하면 단어를 읽을 때와 같은 뇌 활동이 관찰되었다(Raichle et al., 1994). 짧은 시간의 반복연습으로도 연상작용이 자동화되어서 맨 처음 단어를 접했을 때보다 연상이 더 확실하고 빠르게 일어나는 것이다. 단어를 읽는 뇌 영역처럼 단어 이미지를 처리하는 뇌 영역은 연상작용과 관련된 뇌 영역과 직접 연결되어 있는 것으로 보인다. 이러한 연구결과는 각 사고과정이 뇌의 서로 다른 영역에서 일어난다는 생각을 뒷받침해주고, 뇌 활성화가 반복연습에 의해 얼마나 빨리 바뀔 수 있는지도 보여주었다.

| fMRI의 활용 |

1990년에 이룬 놀라운 발전은 자기공명(magnetic resonance, MR)을 이용해 특정 부위에서 혈중 산소의 농도 변화를 측정하게 된 것이다. PET는 혈류를 탐지하기 위해 방사능을 이용해야 하지만, MR은 방사능이 아닌 높은 자기장을 이용하므로 인체에 직접적인 자극을 가하지 않는 방식으로 뇌 활동을 지도화할 수 있다(Ogawa et al., 1990). fMRI(functional magnetic resonance imaging, 기능성자기공명영상) 기술은 PET보다 특정 부위의 활동을 훨씬 잘 보여줄 뿐만 아니라 인지과정과 교육연구를 위해 중요한 두 가지 특징을 보여준다. 첫째, fMRI는 방사능을 이용하지 않으므로 성인뿐만 아니라 아동에게도 적용할 수 있고, 피험자 한 사람을 반복 촬영해 뇌 활동이 상황에 따라 어떻게 변하는지 차이를 볼 수 있다. 둘째, fMRI는 한 사람을 반복해서 촬영할 수 있으므로, 연구자는 일련의 인지과제를 제시할 때 유형이 다른 과제들(가령, 단어명명과 단어활용)을 조합함으로써, 피험자가 각 과제에 대한 특별한 전략을 만들어내지 못하게 할 수 있다. 연구자는 단어명명 과제를 수행할 때의 뇌 활동과 단어활용 과제를 수행할 때의 뇌 활동을 각기 따로 평균을 낸 다음 그 차이를 분석해, 단어연상에 관여하는 신경망을 추론할 수 있다.

이후 많은 연구를 통해 특정 뇌 영역의 활성화가 무엇을 뜻하는지 좀 더 명확하고 자세하게 밝혀졌다. 가령, 한 연구에서 읽기능력이 좋은 사람은 뇌 뒤쪽에 있는 좌측 방추상회(fusiform gyrus)와 좌측 측두-두정엽(temporal-parietal lobe)이라는 두 영역이 눈에 띄게 활성화된다는 사실을 밝혀냈다. 첫 번째 영역인 방추상회는 단어의 형태 자체를 하나의 단위로 인식하는 과정에 관여하는 것으로 보이며, 흔히 '시각단어형태영역(visual word form area)'이라고 한다(도표 2-1)(McCandliss, Cohen, & Dehaene, 2003). 방추상회는 특히 불규칙하게 발음되는 언어를 제대로 인식하는 데 중요한 역할을 한다. 가령, 'wave[웨이브]'에 들어 있는 '-ave' 와 'have[해브]'에 들어 있는 '-ave'는 서로 완전히 다르게 발음된다. 즉, 방추상회가 각 단어의 형태를 하나의 단위로 인식하기 때문에 서로 다르게 발음할 수 있다는 것이다. 이런 방추상회의 기능에 대해 일부 연구자들 사이에서 논란이 일기도 했지만(Price & Devlin, 2003), 대부분의 연구에서는 발음할 수 있는 모든 글자 묶음에 방추상회가 반응을 보인다고 보고한다. 예를 들어, 'iske' 같은 단어는 의미를 지니고 있지는 않지만, 발음규칙에 따라 발음할 수는 있으므로 시각단어형태영역을 활성화하게 된다. 두 번째 영역인 좌측 측두-두정엽은 청각계에 가까이 있기 때문에 단어의 소리를 표상하는 것으로 추정된다. 읽기능력이 좋은 사람은 이 두 영역이 자동적으로 작동하지만, 읽기에 어려움을 겪는 경우에는 이 두 영역이 제대로 활성화되지 않는다(Shaywitz, 2003).

도표 2-1 읽기와 관련이 있는 뇌 영역 명칭

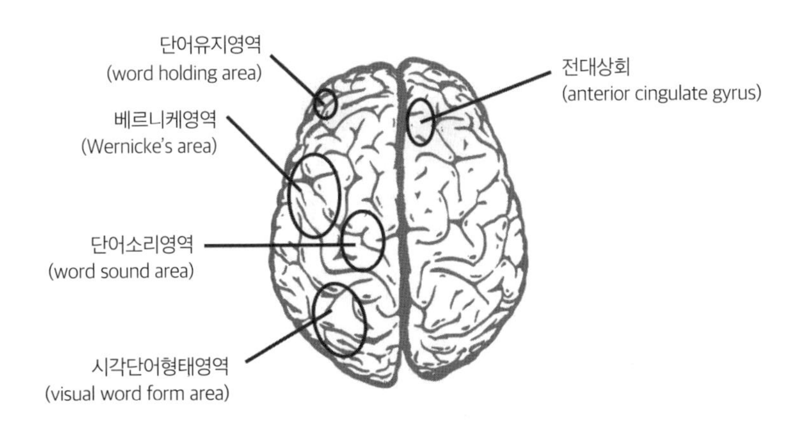

뇌의 뒤편에 있는 시각단어형태영역과 단어소리영역은 (1) 단어에 주의를 기울이는 데 관여하는 영역과 (2) 문장이나 문단을 이해하는 데 관여하는 영역이 함께 협력하여 작동한다. 또한 전대상회는 주의체계를 통합적으로 조절하는 일에 관여하며, 읽기뿐만 아니라 다른 여러 가지 신경망을 통제하는 과정에서 중요한 역할을 담당한다. 베르니케영역(Wernicke's area)을 비롯해 뇌의 여러 영역에서 사전적인 의미가 처리되는 동안, 전대상회는 좌측 외측전두영역(lateral frontal area)과 서로 정보를 주고받으며 작동한다. 또한 단어의 함축적 의미를 이해하기 위해서는 감각 및 운동영역에 저장된 정보도 필요하다.

fMRI를 이용하게 되면서 읽기, 듣기, 시각이미지 형성과 같은 인지과정뿐만 아니라 감정, 사회적 행동, 성격과 연관된 뇌 신경망 연구도 활발하게 연구되었다. 이렇게 신경영상기술을 통해 밝혀진 신경망들이 <표 2-2>에 나와 있다.

표 2-2 신경영상기술을 통해 밝혀진 신경망

수리능력
자전적 기억
얼굴 인식
공포 반응
음악 지각
대상 지각
읽기와 듣기
보상 기제
자기참조능력
공간 탐지
작업기억

| 신경망의 연결구조 |

읽기과제에 관한 뇌 연구에서 살펴봤듯이, 한 가지 과제를 수행하더라도 뇌의 여러 영역이 함께 작동한다. 이렇게 뇌의 각 영역이 어떻게 연결되어 있는지를 살펴보기 위해, 시간에 따라 변하는 활성도와 뇌 영역 간의 상관관계를 fMRI를 이용해 연구하는 방법이 있다. <도표 2-2>는 읽기나 듣기처럼 주의를 집중해야 하는 과제를 수행하는 동안 활성화되는 전대상회와 주변 영역들을 단순화해서 보여주고 있다. 주의집중 신경망을 이루는 전대상회는 여러 뇌 영역과 폭넓게 연결되어 있으며, 다른 뇌 신경망을 통제하기에 이상적인 위치에 있다(Posner, 2008).

도표 2-2 전전두피질의 전대상회영역

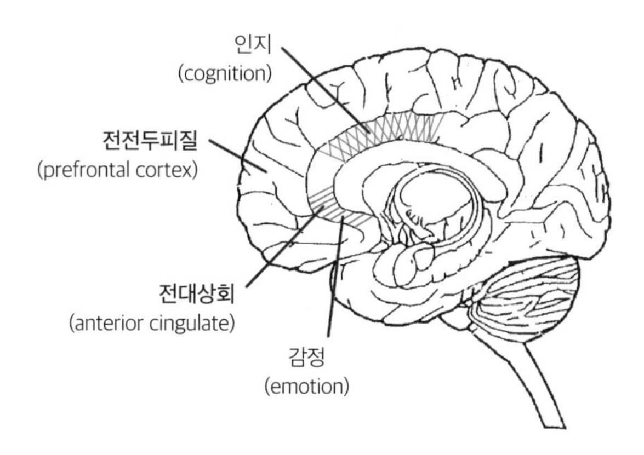

주의통제 신경망(executive attention network)은 상충되는 반응 사이에서 하나를 선택해야 하는 갈등상황을 해결한다. 가령 '빨강'이라는 단어를 파란색 펜으로 써놓고 단어의 색깔을 말하라고 하면, 평소에 읽던 대로 '빨강'이라고 할지, 단어가 쓰인 색깔을 말하라는 지시대로 '파랑'이라고 할지 갈등하게 된다. 이때 주의통제 신경망은 단어의 의미를 처리하는 과정을 억제하고, 지시대로 단어가 쓰인 색깔에 반응하게 한다. 이런 갈등과제들을 몇 차례 분석한 연구에 따르면 전대상회의 등쪽(dorsal), 즉 뒤쪽 부위는 인지 조절에 관여하는 반면, 전대상회의 배쪽(ventral), 즉 앞쪽 부위는 감정 조절에 관여한다고 한다(Bush, Luu, & Posner, 2000). 등쪽 전대상회는 인지과제의 정보를 처리하는 전두 및 두정영역과 밀접하게 연결되어 있어서 과제를 수행하는 동안 이런 영역들과 서로 신호를 주고받는다. 예를 들어 한 연구에서 피험자들에게 회기마다 시각정보 혹은 청각정보를 선택하게 했더니, 피험자들이 시각정보를 선택했을 때는 등쪽 전대상회와 뇌의 시각중추가 상관관계를 보였고, 청각정보를 선택했을 때는 등쪽 전대상회와 청각중추가 상관관계를 보였다고 한다(Crottaz-Herbette & Mennon, 2006). 또 다른 연구에서는 피험자들에게 정서적인 자극을 주었더니 배쪽(앞쪽) 전대상회가 유독 활성화되었는데, 이렇게 활성화된 부위는 감정중추인 변연계(limbic system)의 활성과도 상관관계를 보였다고 한다(Etkin et al., 2006).

뇌 신경망의 연결구조를 보여주는 또 다른 영상기법은 텐서(tensor, 대뇌피질의 특성을 측정하는 자기공명영상기법- 옮긴이)로, 이는 인체에 직접 주사나 약물을 가하지 않고 뇌의 각 영역을 연결하는 섬유다발인 백질(white matter)의 구조를 보여주는 방식이다. 이 기법은 백질 안에 있는 유수신경섬유(myelinated fiber, 미엘린수초로 둘러싸인 신경섬유로, 수초로 둘러싸이지 않은 무수신경에 비해 흥분전달속도가 빠름-옮긴이)를 따라 특정 방향으로 물 분자가 확산하는 정도를 측정한다(Conturo et al., 1999). 이 방법을 이용하면 발달단계에 따라 뇌의 신경망이 어떻게 연결되는지를 추적할 수 있다.

앞서 말했듯이 fMRI는 인체에 직접적인 자극을 가하지 않으므로, 한 사람을 반복 촬영해서 학습이나 발달과정에서 일어나는 변화를 살펴보는 것이 가능하다(Kelly & Garavan, 2005). fMRI는 분명 교육연구에 적용할 수 있는 중요한 기법이다. 어떤 과제를 습득하게 되면 대뇌 활성화의 정도나 빈도가 줄어드는 것이 일반적이다. 이러한 변화가 일어나는 속도는 무엇을 학습하느냐에 따라 밀리세컨드 단위에서 연 단위까지 달라진다(각 과제를 습득하기까지 걸리는 시간은 <표 2-3>에 나와 있다). 우리가 어떤 과제를 수행할 때 관여하는 신경망들의 연결성은 연습을 통해서도 강화될 수 있다(McNamara et al., 2007).

또한 한 개인이 발달하는 과정에서 신경망이 어떻게 변하는지 연구한 결과를 살펴보면, 아동기에는 가까운 영역에 있는 세포들 간의 신경연결이 발달하고, 성인기에는 넓은 영역을 연결하는 긴 신경연결이 눈에 띄게 늘어난다(Fair et al., 2009). 이렇게 발달하는 과정에서도 과제를 연습할 때와 마찬가지로 대뇌피질이 활성화되는 횟수와 정도가 감소한다.

표 2-3 원인별로 뇌가 변화를 보이는 데 필요한 시간

시간 경과	원인	예
밀리세컨드 단위	주의	결합에 주목하기
초 단위 - 분 단위	연습	과제 수행하기
분 단위 - 일 단위	학습	정보들끼리 새로운 연합 만들기
주 단위 - 월 단위	규칙 학습	철자 익히기
월 단위 - 연 단위	발달	주의체계 발달시키기

전기적 신호와 자기장 영상의 결합

fMRI는 혈류의 변화에 의존하여 비교적 서서히 진행되므로 짧은 시간 동안 일어나는 작은 변화를 탐지하기 어렵다. 이와 대조적으로 두피에서 일어나는 전기적 활동을 뇌전도(electroencephalogram, EEG)를 이용해 측정하는 방식은 오래된 방법이기는 하나 시간에 따른 정확도를 높일 수 있다. 하지만 신경영상기법 개발 전에는 두피에서 기록한 뇌전도만으로 뇌의 어느 부위에서 신호가 오는지 정확히 식별할 수 없었다. 그러나 fMRI를 이용해서 머리 바깥 부분에서의 자기장을 탐지한 기록과 두피에서의 전기적 기록을 합치면 시간해상도와 공간해상도를 모두 높일 수 있다.

| 사건관련전위 |

단어 자극을 반복해서 제시할 때 뇌에서 일어나는 전기적 혹은 자기적 활동을 평균화하여 불필요한 신호를 제거하면, 뇌에서 일어나는 사건관련전위(event-related potential)를 얻을 수 있다. 사건관련전위는 뇌가 자극을 받았을 때 변하는 양상을 밀리세컨드 단위로 보여준다. 그것은 외부의 자극 신호에 따라 일어나는 뇌 활동을 고스란히 보여준다. 드앤(Dehaene, 1996)은 이러한 사건관련전위를 이용해 어떤 수가 5보다 큰지 작은지 결정하는 과제를 수행할 때 뇌의 전기적 활동 활성화 부위에 따라 구획을 나누어 뇌 활성지도를 만들었다. 실험과정을 살펴보면, 우선 컴퓨터 프로그램을 이용해 피험자들에게 일련의 수를 보여주고, 그 수들이 5보다 큰지 작은지 따져 단추를 눌러서 분류하라고 한 다음, 수가 제시될 때마다 보이는 뇌의 전기적 활동의 평균을 산출했다. 수를 제시한 뒤 처음 100밀리세컨드 동안은 뇌의 시각계가 활성화되었다. 입력된 수가 '6'처럼 아라비아 숫자였을 때는 양쪽 반구가 활성화되었지만, 'six'처럼 철자로 되어 있는 경우에는 (앞에서 언급했듯이) 좌반구의 단어의 시각단어형태영역이 활성화되었다. 그 다음 100밀리세컨드 동안은 제시된 숫자가 5에서 가깝거나 먼 정도에 따라 뇌 활동이 달라졌다. 이러한 뇌 활성도는 수직선을 표상하는 데 관련된 것으로 알려진 두정영역에서 두드러졌다. 또한 제시된 숫자가 5보다 큰지 작은지를 표시하기 위해 피험자가 단추를 누르기 바로 직전에는 뇌의 운동중추영역에서 전기적 신호가 감지되었다. 만일 피험자가 숫자 6을 5보다 작다고 잘못 판단했을 경우에는 단추를 누른 뒤에 전대상회 부근의 전두엽(frontal lobe) 정중선이 활성화되었다. 수의 양을 인식하는 능력은 수리능력의 기초 단계이다. 초등학교 산수에서는 수의 값을 판단하는 훈련이 잘되었는지가 학업에서의 성공을 가늠하는 중요한 요인이라고 한다(Griffin, Case, & Siegler, 1995).

| 뇌파 분석 |

두피에 부착한 전극에서 오는 복잡한 전기적 신호, 즉 뇌파는 분석을 거쳐 사인파(sine wave)와 코사인파(cosine wave)로 분리된다. 이를 통해 뇌의 상태가 변함에 따라 뇌파가 어떻게 달라지며 뇌의 여러 기능과 활동이 어떻게 통합되는지를 분석한다. 이러한 관심 때문에 많은 연구자가 뇌파 분석에 관심을 기울이고 있다.

예컨대 잠자는 동안에는 주로 깊고 느린 뇌파가 관찰되고, 눈을 감은 채 깨어 있는 편안한 휴식 상태에서는 10Hz(헤르츠, hertz의 약자로 진동수의 단위-옮긴이) 부근의 알파파가 관찰된다. 특히 알파파는 두피 뒤쪽에서 많이 관찰된다. 또한 자신이 실수했음을 깨달을 때는 3Hz의 세타파 대역에서 활동이 두드러지며(Berger, Tzur, & Posner, 2006), 하나의 대상을 분석하는 뇌의 여러 영역의 활동을 통합할 때는 40Hz 정도의 높은 진동수를 지닌 감마파 활동이 중요한 것으로 추정된다(Womelsdorf et al., 2007).

| 영아와 유아 |

뇌의 전기적 신호를 탐지하는 방법은 신체에 주사나 약물로 직접적인 손상을 가하지 않기 때문에 아동의 뇌에서 일어나는 일을 이해하는 데 효과적이다. 예컨대 유아는 태어날 때부터 이미 단어의 의미를 구분하는 최소단위인 음소를 분별할 수 있는 능력을 지니고 있다. 즉 한 가지 음소(가령, '바'라는 음소)를 반복해서 듣게 되면 점점 익숙해져서 새로움이 사라지는데, 그러다가 다른 음소(가령, '다'라는 음소)를 듣게 되면 그 음소를 방금 전까지 반복해서 들었던 음소 '바'와 구별하면서 다시 새로운 자극으로 인식하게 된다. 이런 식으로 유아의 청각계는 모국어뿐만 아니라 전 세계 언어의 음소를 분별할 수 있다. 이 음소분별 능력의 상당 부분이 생후 6개월에서 10개월 사이에 형성된다고 한다(Kuhl, 2000).

유아가 자라는 동안 계속 반복해서 들은 소리들은 굳어져서 하나의 단위를 형성하지만, 생소한 소리단위를 분별하는 능력은 나이가 들면서 점차 사라진다. 연구에 따르면 영어를 모국어로 사용하는 가정에서 자란 아이가 어려서부터 중국어를 많이 들었을 경우에는 중국어 음소의 분별능력이 그대로 유지되었다고 한다(Kuhl, Tsao, & Liu, 2003). 뿐만 아니라 모국어 음소를 분별하는 능력도 향상되는 것으로 밝혀졌다(Kuhl et al., 2006).

불행히도, 사람이 아닌 비디오를 통해 언어에 노출되었을 때는 이와 동일한 학습이 일어나지 않는다고 한다. 하지만 유아가 언어를 배우는 과정에서 발생하는 양육자와의 상호작용을 분석해 각종 전자기기와 매체에 도입하려는 연구가 시도되고 있다. 유아의 흥미를 유지시키기 위해 양육자들이 사용하는 정교한 방법과 정성을 컴퓨터가 얼마나 복제할 수 있을지는 잘 모르겠다. 하지만 이러한 발견은 유아의 청각계가 자신이 속한 사회의 언어패턴에 의해 훈련된다는 것을 잘 보여준다.

몇몇 연구에 따르면 유아에게 자주 노출되었던 음소에서 덜 노출되었던 음소로 바뀔 때 유아 뇌의 전기적 신호가 달라지는 것을 이용해 언어습득 훈련의 효과도 측정할 수 있다(Guttorm et al., 2005; Molfese, 2000). 앞에서 언급했듯이, 뇌는 새로운 음소를 들으면 이전에 보였던 반응과 다른 전기적 반응을 보이며 음소를 구별한다. 이런 전기적 반응의 차이를 이용하면 뇌가 음소를 얼마나 잘 분별하고 있는지를 알 수 있다. 결국 아이가 모국어의 음소구조를 배울 때와 외국어의 음소구조를 배울 때 양육자가 얼마나 효과를 미치는지 확인해볼 수 있을 것이다. 이러한 전기적 반응을 근거로 아이가 나중에 말을 하거나 글을 읽을 때 어려움을 겪을지 여부도 예측할 수 있다(Guttorm et al., 2005; Molfese, 2000). 물론 그것이 얼마나 정확할지는 아직 모른다. 하지만 두피에서 뇌간(brain stem)의 전기활동을 측정해 유아의 난청을 조기에 발견해내는 연구가 현재 시행되고 있듯이, 유아기 동안 음소구조의 발달상황을 확인하는 것은 가능하리라고 본다.

| 뇌 손상 연구 |

하나의 과제를 수행하는 데 뇌의 모든 신경망이 동원되는 것은 아니다. 과거에는 뇌의 특정 부위가 손상된 환자를 대상으로 어떤 과제를 수행할 수 없는지를 관찰해 손상된 부위가 담당하는 기능을 추정했다. 어느 뇌졸중 환자의 뇌 손상 부위를 신경영상기술로 연구해 이를 잘 보여주는 예가 하나 있다. 그 환자는 자신의 응시점 왼쪽에 제시된 단어는 읽지 못했지만, 응시점의 오른쪽에 제시된 단어는 유창하게 읽을 수 있었다(Cohen et al., 2004). 신경영상을 확인해보니 시각정보를 일차적으로 처리하는 우반구 후두엽에서 좌반구의 시각단어형태영역으로 연결된 신경망이 손상되어 있었다(도표 2-1 참조). 일반적으로 왼쪽 시야에 제시된 정보는 우반구로는 직접 전달되고, 이것이 좌반구로 전달되려면 뇌량(corpus callosum)을 건너야 한다. 이 환자는 단어가 응시점의 왼쪽, 즉 뇌의 우반구에 직접 제시되면 한 글자씩밖에 읽지 못했지만, 응시점의 오른쪽, 즉 시각단어형태영역이 있는 좌반구에 직접 제시된 단어는 술술 읽을 수 있었다. 이 연구는 글을 유창하게 읽는 과정에 시각단어형태체계가 얼마나 중요한가를 보여준다.

또한 연구하고자 하는 뇌 영역 위쪽 두피에 짧은 자기펄스(magnetic pulses)를 가해서 잠시 동안 신경망의 일부를 차단한 다음, 그 영역이 기능하지 않을 때 과제 수행에 미치는 효과를 관찰할 수도 있다. 이 기법을 경두개자기자극(transcranial magnetic stimulation, TMS)이라 한다. 이 기법으로 밝혀낸 한 가지 충격적인 사실은 시각장애인도 점자를 읽을 때 뇌의 시각계를 사용한다는 사실이다. 즉 시각장애인의 시각피질에 TMS를 가했더니 점자를 읽는 과정에 문제가 생겼다. 이는 시각장애인의 시각계가 점자에서 얻은 촉각정보의 공간적인 표상을 처리하고 있다는 것을 암시한다(Pascale-Leone & Hamilton, 2001).

이처럼 뇌 손상 연구와 신경영상기법을 통해 학습과 뇌 발달에 관한 이론을 입증하고 점차 확장해갈 수 있다. 교육자들이 평소에 뇌에 문제가 있는 환자를 다루는 것은 아니지만, 이들에게 발견된 정보들이 종종 읽기장애인 난독증(dyslexia)이나 산술장애인 난산증(dyscalculia)과 같은 특정 학습장애의 원인을 설명할 수 있기 때문이다.

유전자: 신경망 효율의 개인차

교육자들은 학생들 사이에 개인차가 왜 발생하는지에 관심을 가지고 있으며, 주로 지능에서 나타나는 학생들 간의 개인차에 대해 연구해왔다. 신경영상기법은 이런 교육자들에게 개인차의 본질에 대한 새로운 관점을 제공한다. 신경영상기법 연구결과 확인된 신경망(표 2-2 참조)의 대부분은 모든 사람에게 공통적으로 존재하지만 그러한 신경망을 얼마나 효율적으로 이용하는가는 사람마다 다르다. 이는 부분적으로 유전적 변이에서 기인한다. 하지만 유전적 변이가 발현하는 데에는 경험도 영향을 미친다. 유전자는 단백질을 만들어내어 도파민(dopamine)과 같은 신경전달물질의 생성과 수용체 결합 과정에 영향을 끼친다. 이렇게 만들어진 신경전달물질이 뇌의 신경망 효율에 영향을 주어 개인차를 유발하게 된다.

인간의 신경망 구조는 대부분 비슷하며 분명 인간 유전체에 바탕을 두고 있을 것이다. 어떤 유전자가 개인차를 만들어냈다면 이 유전자는 모든 인간에게 공통된 신경망 발달에도 중요한 유전자일 가능성이 높다. 학습을 통해 새로운 능력을 습득하려면 기존의 신경망 위에 새로운 신경망을 연결해야 한다. 예컨대 수에 대한 개념을 인식하는 원초적인 수준의 능력은 유아에게도 있지만 이런 능력이 계산과정을 수행할 수 있을 정도로 발달하려면 언어 신경망과 연결되어야 한다 (Dehaene & Cohen, 2007).

주의(attention)에 대한 연구에서도 학생들 간의 개인차를 설명할 때 유전적 변이 차이와 연결해 설명해왔다. 앞에서 언급했듯이, 주의통제 신경망은 뇌에서 서로 다른 처리과정이 상충하는 갈등 상황을 조절하는 역할을 한다. 신경망을 효율적으로 작동하게 하는 후보 유전자를 찾기 위해 이런 주의통제 신경망과 신경전달물질인 도파민을 연결해 생각해볼 수 있다. 예컨대, 갈등과제를 다룬 여러 연구에서 카테콜-오-메틸전이효소(catechol-o-methyl transferase, COMT, 신경전달물질인 도파민 제어에 관여하는 효소-옮긴이) 유전자의 대립 유전자가 갈등을 해결하는 능력과 연관된다는 사실이 밝혀졌다. 이 외에도 수많은 도파민 유전자들이 주의 기제와 관련되어 있다는 사실이 증명되었으며, 세로토닌(serotonin) 전달에 관련된 유전자도 주의 기제에 영향을 주는 것으로 보인다(Posner, Rothbart, & Sheese, 2007). 또한 신경영상 연구에 의하면, 인지과제를 수행하는 동안 전대상회가 활성화되는 정도에도 이런 유전적 차이가 어느 정도 영향을 미친다고 한다. 앞으로 연구가 계속됨에 따라 신경망이 형성되는 기본 원리가 훨씬 자세히 밝혀지게 되면 신경망 내 특정 지점에 영향을 미치는 유전자를 발견할 수도 있을 것이다.

신경망을 형성하거나 신경망 효율성에 개인차를 만드는 데 유전자가 중요한 역할을 하지만, 그에 못지않게 특정 경험도 신경망을 변화시키는 데 중요한 역할을 한다. 예를 들어, DRD4 유전자(dopamine receptor D4 gene, 도파민 수용체 유전자로 이동, 보상, 인지, 감정 등 다양한 기능에 관여하며 새로운 것을 추구하는 경향이 강해 일명 모험 유전자, 롤러코스터 유전자로 불림-옮긴이)와 COMT 유전자를 비롯하여 몇몇 유전자들은 양육의 질과 밀접하게 관련되어 있다고 한다. 한 연구(Sheese et al., 2007)에 따르면, DRD4 계열의 유전자가 있는 아이는 부모가 어떻게 양육하는가에 따라 충동성을 낮출 수 있는데 반해, DRD4 계열의 유전자가 없는 아이는 부모의 양육이 충동성을 낮추는 데 거의 영향을 미치지 않았다. 이는 아이를 양육하는 문화적 측면이 유전자의 신경망 형성방식에, 궁극적으로는 아이의 행동에 영향을 줄 수 있다는 것을 의미한다(Posner, 2008).

신경망이 부모의 양육방식과 같은 문화적 요인에 의해 변할 수 있다면, 초기 신경망을 형성하는 데 영향을 줄 수 있는 구체적인 훈련방법도 개발할 수 있을 것이다. 예를 들어, 한 연구에서는 주의통제 능력이 크게 발달하는 네 살부터 일곱 살 사이의 아동을 대상으로 훈련이 어떤 효과를 일으키는지 실험했다. 이는 영장류 연구에서 많이 쓰는 방법으로, 아이들은 이 훈련과정을 통해 갈등을 해결하는 방법을 배우게 된다. 훈련을 받은 아이들은 갈등해결 스킬이 향상되었을 뿐만 아니라 그러한 스킬에 관여하는 뇌의 신경망이 달라졌다. 훈련에서 사용된 자료와 전혀 다른 측정도구를 사용해 지능지수를 측정했을 때도 이러한 변화가 보였다. 또한 이와 비슷한 연구결과로, 교실에서 명상이나 작업기억 훈련과제를 통해 집행기능(executive function)을 훈련시킨 결과 학생들의 주의력이 향상되었다고 한다(이 연구를 검토하고 싶으면 Rothbart et al., 2009 참조).

주의력이 좋은 아이와 좋지 않은 아이의 차이가 아주 크다고 전제할 때, 주의력 훈련은 주의력이 좋지 않았던 아이들에게 더 많은 도움이 될 것이다. 주의력에 문제가 있는 아이들은 주의 신경망이 손상되었을 수도 있고, 주의력 부족과 관련된 유전적 배경을 가졌을 수도 있고, 양육조건에 크고 작은 결핍이 있었을 수도 있다.

요약

신경영상기술은 읽기나 셈하기처럼 학교에서 하는 과제와 유사한 과제를 수행하는 동안 뇌가 어떻게 작동하는지를 보여준다. 뇌의 각 영역은 서로 유기적으로 연결되어 있을 때 일상의 과제들을 무리 없이 수행한다. 연습을 통해 뇌의 각 영역이 서로 더욱 긴밀하게 연결되면 과제 수행을 효율적으로 할 수 있다. 반대로, 신경망이 일시적으로 혹은 영구적으로 손상되면 특정 기능을 수행하지 못할 수도 있다. 또한 신경영상 연구결과 모든 사람이 공통적으로 가지고 있는 신경망과 이러한 신경망을 효율적으로 이용하는 개인차 사이에 중요한 연결고리가 있다는 사실이 밝혀졌다. 지금까지는 신경영상 연구의 대부분이 아동 초기 교육에 초점을 두었지만, 무언가를 전문가 수준으로 학습한 뇌와 초보 수준인 뇌의 차이가 무엇인지 알아내기 위해 신경영상 연구 분야가 점차 확대되고 있다(Anderson, 2007). 나아가 이런 연구결과들은 중·고등교육의 일반적인 문제를 해결할 때도 분명 유용하게 쓰일 것이다.

저자 소개

마이클 I. 포스너 (Michael I. Posner)

오리건대학의 명예교수이자 코넬대학 웨일의대 정신과의 심리학 겸임교수이며, 코넬대학 부설 새클러연구소의 설립이사이다. 마커스 라이클(Marcus Raichle) 박사와 함께 인지과제 수행 시의 뇌 활동에 대해 꾸준히 연구해왔다. 또한 각성 유지와 주의 전환, 사고 활동 통제에 관여하는 주의신경망의 해부구조와 발달과정, 그리고 유전에 대해 연구해왔다. 이렇게 신경망의 구조를 분석하는 과정에서 그가 사용한 신경영상기법은 신경장애나 정신장애, 발달장애와 같은 임상 현장뿐만 아니라 일반적인 발달과정과 학습능력 측정 등에 폭넓게 적용되고 있다. 이와 같이 포스너 박사는 인간의 뇌가 과제를 수행하는 방식 및 주의집중력 분야에 탁월한 연구성과를 남겼다. 또한 미취학 아동을 대상으로 한 종단연구에서는 주의 기제와 자기통제 기제가 발달할 때 특정 경험과 유전자가 어떻게 상호작용하는지를 밝혀냈다. 포스너 박사는 미국심리학회, 미국철학회, 심리과학국제연합, 오리건과학아카데미 등 다수의 기관에서 수많은 상을 수상했으며 2009년에는 미국과학훈장을 받았다. 미국국립과학원 회원이며, 2014년에는 영국학술원 회원으로 선정되었고, 일곱 개의 명예학위를 소지하고 있다.

참고 문헌

Anderson, J. R. (2007). *How can the human mind occur in the physical universe?* New York: Oxford University Press.

Berger, A., Tzur, G., & Posner, M. I. (2006). Infant brains detect arithmetic errors. *Proceedings of the National Academy of Sciences*, 103, 12649–12653.

Bush, G., Luu, P., & Posner, M. I. (2000). Cognitive and emotional influences in the anterior cingulate cortex. *Trends in Cognitive Science*, 4/6, 215–222.

Cohen, L., Henry, C., Dehaene, S., Martinaud, O., Lehericy, S., Lemer, C., & Ferrieux, S. (2004). The pathophysiology of letter-by-letter reading. *Neuropsychologia*, 42(13), 1768–1780.

Conturo, T. E., Lori, N. F., Cull, T. S., Akbudak, E., Snyder, A. Z., Shimony, J. S., McKinstry, R. C., Burton, H., & Raichle, M. E. (1999). Tracking neuronal fiber pathways in the living human brain. *Proceedings of the National Academy of Sciences*, 96, 10422–10427.

Crottaz-Herbette, S., & Mennon, V. (2006). Where and when the anterior cingulate cortex modulates attentional response: Combined fMRI and ERP evidence. *Journal of Cognitive Neuroscience*, 18, 766–780.

Dehaene, S. (1996). The organization of brain activations in number comparison: Event-related potentials and the additive-factors method. *Journal of Cognitive Neuroscience*, 8, 47–68.

Dehaene, S., & Cohen, L. (2007). Cultural variation in neural networks. *Neuron*, 56, 384–398.

Etkin, A., Egner, T., Peraza, D. M., Kandel, E. R., & Hirsch, J. (2006). Resolving emotional conflict: A role for the rostral anterior cingulate cortex in modulating activity in the amygdala. *Neuron*, 51, 871–882.

Fair, D., Cohen, A. L., Power, J. D., Dosenbach, N. U .F., Church, J. A., Meizin, F. M., et al. (2009). Functional brain networks develop from a local to distributed organization. *Public Library of Science*, 5(5), 1–13.

Griffin, S. A., Case, R., & Siegler, R. S. (1995). Rightstart: Providing the central conceptual prerequisites for first formal learning of arithmetic to students at risk for school failure. In K. McGilly (Ed.), *Classroom lessons: Integrating cognitive theory* (pp. 25–50). Cambridge, MA: MIT Press.

Guttorm, T. K., Leppanen, P. H. T., Poikkeus, A. M., Eklund, K. M., Lyytinen, P., & Lyytinen, H. (2005). Brain event-related potentials (ERPs) measured at birth predict later language development in children with and without familial risk for dyslexia. *Cortex*, 41(3), 291–303.

Kelly, A. M. C., & Garavan, H. (2005). Human functional neuroimaging of brain changes associated with practice. *Neuroimage*, 15, 1089–1102.

Kosslyn, S. (1980). *Image and mind*. Cambridge, United Kingdom: Cambridge University Press.

Kuhl, P. K. (2000). A new view of language acquisition. *Proceedings of the National Academy of Sciences,* 100, 11855–11857.

Kuhl, P. K., Stevens, E., Hayashi, A., Deguchi, T., Kiritani, S., & Iverson, P. (2006). Infants show a facilitation effect for native language phonetic perception between 6 and 12 months. *Developmental Science*, 9(2), F13–F21.

Kuhl, P. K., Tsao, F. M., & Liu, H. M. (2003). Foreign-language experience in infancy: Effects of short-term exposure and social interaction on phonetic learning. *Proceedings of the National Academy of Sciences,* 100, 9096–9101.

Lassen, N. A., Ingvar, D. H., & Skinhoj, E. (1978). Brain function and blood flow. *Scientic American*, 238, 62–71.

McCandliss, B. D., Cohen, L., & Dehaene, S. (2003). The visual word form area: Expertise for reading in the fusiform gyrus. *Trends in Cognitive Sciences,* 7(7), 293–299.

McNamara, A., Tegenthoff, M., Hubert, D., Buchel, C., Binkofski, F., & Ragert, P. (2007). Increased functional connectivity is crucial for learning novel muscle synergies. *NeuroImage,* 35, 1211–1218.

Molfese, D. L. (2000). Predicting dyslexia at eight years of age using neonatal brain responses. *Brain and Language*, 72, 238–245.

Ogawa, S., Lee, L. M., Kay, A. R., & Tank, D. W. (1990). Brain magnetic resonance imaging with contrast dependent blood oxygenation. *Proceedings of the National Academy of Sciences*, 87, 9868–9872.

Petersen, S. E., Fox, P. T., Posner, M. I., Mintun, M., & Raichle, M. E. (1988, February). Positron emission tomographic studies of the cortical anatomy of single word processing. *Nature*, 331, 585–589.

Pascale-Leone, A., & Hamilton, R. (2001). The metamodal organization of the brain: Vision—From neurons to cognition. *Progress in Brain Research,* 134, 427–445.

Posner, M. I. (2013). The expert brain. In J. J. Staszewski (Ed.), *Expertise and skill acquisition: The impact of William G. Chase.* New York: Psychology Press.

Posner, M. I. (2008). *Evolution and development of self-regulation.* 77th Arthur Lecture on Human Brain Evolution, New York: American Museum of Natural History.

Posner, M. I., & Raichle, M. E. (1994). *Images of mind.* New York: W. H. Freeman.

Posner, M. I., Rothbart, M. K., & Sheese, B. E. (2007). Attention genes. *Developmental Science*, 10, 24–29.

Price, C. J., & Devlin, J. T. (2003). The myth of the visual word form area. *NeuroImage,* 19, 473–481.

Raichle, M. E., Fiez, J. A., Videen, T. O., McCleod, A. M. K., Pardo, J. V., Fox, P. T., et al. (1994). Practice-related changes in the human brain: Functional anatomy during non-motor learning. *Cerebral Cortex*, 4, 8–26.

Roland, P. E., & Friberg, L. (1985). Localization of cortical areas activation by thinking.

Journal of Neurophysiology, 53, 1219–1243.

Rothbart, M. K., Posner, M. I., Rueda, M. R., Sheese, B. E., & Tang, Y.-Y. (2009). Enhancing self-regulation in school and clinic. In D. Cicchetti & M. R. Gunnar (Eds.), *Minnesota Symposium on Child Psychology: Meeting the challenge of translational research in child psychology* (vol. 35, pp. 115–158). Hoboken, NJ: John Wiley.

Savoy, R. L. (2001). History and future directions of human brain mapping and functional neuroimaging. *Acta Psychologica*, 107, 9–42.

Shaywitz, S. (2003). *Overcoming dyslexia*. New York: Knopf.

Sheese, B. E.,Voelker, P. M., Rothbart, M. K., & Posner, M. I. (2007). Parenting quality interacts with genetic variation in dopamine receptor DRD4 to influence temperament in early childhood. *Development and Psychopathology*, 19, 1039–1046.

Womelsdorf, T., Schoelen, J. M., Oostenveld, R., Singer, W., Desimone, R., Engel, A. K., et al. (2007). Modulation of neuronal interactions through neuronal synchronization. *Science*, 316, 1609–1612.

3

신경과학이 교수학습에 미치는 영향

신경전문의이자 교사로서 나는 왜 학습과학 전도사가 되었는가?

주디 윌리스(Judy Willis)

3강은 교사들이 신경과학 연구결과를 교실현장에 적용할 때 생길 수 있는 긍정적인 효과를 설파한다. 신경과학적 지식과 정보는 교사가 효과적인 수업을 위한 교수법을 설계하는 데 중요한 지침이 될 수 있다. 신경과학 연구를 통해 알려진 신경가소성의 원리는 '누구나 성장할 수 있다'는 사실을 과학적으로 입증해보였다. 따라서 모든 학생이 학습동기를 갖고 즐겁게 배우며 오래 기억할 수 있게 하고 싶다면 교사가 신경과학적 연구결과를 잘 알고 이를 교수-학습에 적용할 수 있어야 한다. 주디 윌리스 박사는 신경과 전문의이자 교사로서, 학습관련 뇌 연구의 권위자로 명성이 높다. 전 세계 교사와 학부모들에게 신경과학 연구를 바탕으로 한 강연을 활발히 진행하고 있다.

다양한 실험연구와 인지심리학 연구성과들이 이미 수업에 적용되고 있다. 이런 연구들은 효과적인 수업에 많은 시사점을 주며, 표준화 시험(standardized tests) 범위 때문에 지나치게 많은 내용을 담고 있는 교육과정에 활기를 불어넣을 방법을 찾던 교육자들에게 반가운 소식이었다. 하지만 일부 교육자들은 뇌기반 교육이라 불리는 교육과정의 교육적 효과나 과학적 타당성이 입증되지 않았음에도 이를 무조건 사용하도록 강요받기도 했다. 실험연구 결과를 기반으로 수업전략을 짠다는 것에 대해 교사들이 이를 꺼리거나 냉소적인 시각으로 보는 것도 어찌 보면 당연한 일이다.

이 장에서 나는 학습과 기억에 관한 뇌의 처리과정을 설명함으로써 교육자들에게 '뇌를 기반으로 한다'는 주장의 타당성을 평가할 수 있는 기초지식을 전달하고자 한다. 신경과학 연구결과가 어떻게 효과적인 수업전략으로 연결되는지를 이해하면, 성공적인 개입(intervention)의 적용 범위가 확장되고 다양해져 학생 개개인의 강점과 요구에 맞춘 교육이 가능할 것이다.

신경과 전문의로서 나는 새로운 학습과학(science of learning)의 질과 그것의 적용 가능성을 제대로 평가할 수 있는 안목을 지녔다고 생각한다. 하지만 과거와 현재의 위대한 교육자들로부터 나온 이론과 경험을 신경영상, 화학, 전기활동에 대한 실험분석과 연결할 수 있었던 것은 무엇보다도 교육대학원에서의 경험과 10년 동안 교실에서 학생들을 가르친 경험 덕분이다. 참고로 나는 1999년에 교육대학원에 들어가 교원자격증과 교육학 석사학위를 취득했다. 학생들을 가르치며 얻은 교수이론과 실험연구에 대한 해석을 연결하면 오늘날 교실에서 사용할 수 있는 새로운 수업전략이 만들어진다. 나는 그 전략을 '신경 논리적(neuro-logical)' 전략이라고 부른다.

미리 알려둘 점

1990년대 초반 이래로 누적된 과학적 연구결과는 윌리엄 제임스(William James), 레프 비고츠키(Lev Vygotsky), 장 피아제(Jean Piaget), 존 듀이(John Dewey), 스티븐 크라센(Stephen Krashen), 하워드 가드너(Howard Gardner) 등 교육계와 심리학계의 선구적인 연구자들이 주장했던 학습이론을 뒷받침한다. 나는 이 글에서 그들의 이론이 과학적 뒷받침을 얻게 된 과정을 설명하면서 신경영상기기를 통해 밝혀진 뇌의 신경망을 함께 밝히고자 한다.

학습에 대해 신경과학 연구가 밝혀낸 것은 아직까지는 학습과정과 생리학적 과정 사이를 명확히 연결하는 경험적 증거라기보다 논리적 추론에 가깝다. 잘 설계된 신경영상 연구를 근거로 만들어진 교수전략이라 해도 뇌가 감정을 다루고, 환경의 영향을 받으며, 감각을 통해 정보가 입력된다는 지금까지의 연구결과와 크게 다르지는 않다.

비록 신경과학 연구를 통해 학생 개개인에게 어떤 개입전략이 좋을지를 정확하게 예측할 수 없다고 하더라도 신경과학 정보는 교수법을 설계하는 데 중요한 지침이 될 수 있다.

배움의 즐거움을 되살리는 사람

연구자들은 학습하는 데 가장 알맞은 정서적·인지적·사회적 환경이 무엇인지를 제시할 수 있다. 그러한 과학적 연구결과를 사용해 특정 학습목표나 개별 학생을 위한 전략, 교육과정 혹은 개입방안을 선택하는 일은 뇌에 대한 지식을 지닌 교육자의 몫이다. 뇌의 작동방식을 알면 교사들이 이미 알고 있는 전략들을 더욱 효과적이고 제대로 실행할 수 있다.

교육자들이 뇌가 정보를 어떻게 처리하는지를 신경망이나 시냅스, 신경전달물질 수준에서 배운 다음 그 지식을 학생들과 공유해 교사와 학생 모두 신경과학 지식을 갖추게 되면 학습에 대한 동기가 살아나고, 기억력이 좋아지며, 배우는 즐거움을 알게 된다. 내가 이 책에서 이건 정말 진실이라고 말할 수 있는 내용은 통계적인 분석결과나 15년의 신경전문의로서의 생활이 아니라, 교실에서 보낸 10년의 교사 생활에서 나온 것이다. 학생들의 마음속에 배움의 즐거움을 되살리는 사람은 오직 열정적이고 전문성을 갖춘 교사뿐이다.

이 장에서는 신경과학을 교실에 적용한 몇몇 주제들이 발전해온 과정을 설명하고자 한다. 새로운 과학이 학습에 대해 해석한 내용은 뇌를 관찰하는 대신 학생의 행동을 관찰해서 만들었던 과거의 교육이론들과 상관관계가 높다. '실험실에서 교실로'라는 구호에 맞춰 주의, 감정, 신경가소성(neuroplasticity, 뇌가 새로운 학습이나 경험에 의해 기존의 신경망을 새롭게 구축하면서 변할 수 있는 능력-옮긴이)의 이론과 연구가 의미하는 바를 샅샅이 살펴보면, 오늘의 학습자들을 위한 교수법, 교육과정, 평가에 대한 실질적인 의미를 짐작할 수 있을 것이다.

배우는 즐거움의 신경과학

'겨울방학이 끝날 때까지 결코 웃을 생각을 말라.'라는 말을 기억하는가? 모범생이란 질문하거나 이의를 제기하지 않고 그저 조용히 앉아서 교사가 시키는 대로 하고, 시험 볼 때 암기한 내용을 줄줄 쏟아내는 학생을 가리키던 때를 기억하는가? 그런 생각은 어디에서 왔을까? 분명 과거의 교육 선각자들로부터 나오지는 않았을 것이다. 이미 수천 년 전에 플라톤은 학습자의 흥미와 준비도를 고려하지도 않고 내용을 강제로 가르쳐서는 안 된다고 충고한 바 있다.

> 계산과 기하 등 배움을 위한 모든 기초는 어린 시절에 가르쳐야 하지만…… 우리의 교육 시스템을 **강요해서는** 안 된다. 자유인은 어떤 지식을 습득하든지 간에 노예가 되어서는 안 된다. 육체적 운동은 강제로 해도 몸에 해가 되지 않지만, 강제로 습득한 지식은 머리에 남지 않는다(Plato, trans. 2009, p. 226).

그 이후 수천 년을 건너뛰어 비고츠키는 근접발달영역(zone of proximal development, ZPD) 이론을 주장했다. 그는 학생들 스스로 문제를 해결하는 실제 발달 수준과 잠재적 발달 수준 사이의 거리, 즉 근접발달영역 안에서는 어른이나 또래가 길을 잡아주면 더 잘 배우게 된다고 말했다(Vygotsky, 1978). 크라센(Krashen, 1981)도 근접발달영역에서 교수법을 개인화하고 차별화할 필요성을 지지했으며, 이를 '이해 가능한 입력(comprehensible input)'이라 불렀다. 또한 스트레스가 학습에 부정적인 영향을 미친다는 점을 설명하면서 다음과 같이 말했다. "지루하게 반복한다고 해서 언어를 습득할 수 있는 것이 아니다. 언어습득을 위한 최고의 방법은 학생들의 불안 수준이 완화된 상태에서 학생들이 정말로 궁금해하는 내용을 그들이 이해할 수 있는 수준(학생들의 현재 수준을 약간 넘어서는 정도)으로 가르치는 것이다."(Krashen, 1982, p. 25)

| 성취 가능한 목표, 단계별 도전 |

아이들이 게임에 빠져드는 이유가 무엇인지를 살펴보면 학생들의 '근접발달영역' 또는 '이해 가능한 입력' 수준에 맞추어 학생 개인별로 개별화된 학습을 시켜야 성공한다는 사실을 알 수 있다. 한 연구에서 게임에 빠져들게 만드는 요인이 무엇인지 알아보았더니 게임자의 능력에 따라 상위 단계로 계속 도전해나갈 수 있다는 점이 핵심 요인인 것으로 밝혀졌다(Reigeluth & Schwartz, 1989).

인기 좋은 게임들은 대부분 게임자가 좀 더 어려운 단계에 도전하게 만든다. 게임자들은 게임기술을 하나씩 습득하면서 다음 단계에 도전해도 충분히 성공할 수 있을 것이라 느끼고 게임에 더욱 열을 올리게 된다. 이처럼 교실에서도 개별 학생의 능력에 맞춰 적당한 수준에서 단계별로 성취 가능한 도전을 부여한다면 학생들 스스로 공부하려고 노력하게 될 것이다. 이때 학습목표를 낮추는 것이 아니라 학습장애 요인을 줄여주는 것이 중요하다.

게임의 각 단계에서 제시되는 도전은 게임자가 지루해할 만큼 쉽지도 않고, 압도되어 좌절할 만큼 어렵지도 않을 정도의 도전이다. 게임자는 연습을 통해 능력이 향상됨에 따라 몸에서 신경화학적 반응이 일어나면서 '쾌감'을 경험한다. 게임자는 하위의 여러 단계에 도전하면서 단기목표들을 달성해가는 동시에 게임을 마스터하겠다는 장기목표를 향해 나아간다. 이것은 성취 가능한 도전이 보여주는 효과이다. 학생들에게 학기말 시험이나 다른 여러 과제의 최종 성적만을 알려주는 것이 아니라, 최종 목표를 이루는 과정에서 자신의 노력으로 이루어지는 성취도를 눈으로 확인할 수 있게 해주어야 한다. 게임은 상이나 돈을 보상으로 주지도 않고, 잘했다고 등을 두드려 주지도 않지만 사람들을 정신없이 빠져들게 만든다. 이것은 성취감을 느낄 때 나오는 뇌의 강력한 반응 때문이다. 이러한 뇌의 반응에 대해서는 이 장의 후반부에서 도파민 보상효과를 통해 좀 더 자세하게 설명할 것이다.

나는 크라센의 정의적 여과장치 가설(Affective Filter Hypothesis, 학습자의 불안, 낮은 자존감, 동기의 부족 등과 같은 부정적 감정의 여과장치가 작용해 외국어 습득을 방해한다는 가설-옮긴이) 덕분에 도파민 보상 시스템의 원리가 제대로 밝혀지기도 전, 감정이 뇌의 물리적 구조나 신경화학물질에 영향을 미칠 것이라 생각하고 연구를 시작했다. 잘못하면 벌을 받게 될 것이라고 학생들에게 겁을 주는 등의 스트레스를 많이 주는 지도관행 대신 환경적·사회적·정서적·인지적 요인을 적절히 고려하라는 크라센의 이론이 이제는 과학적인 연구로 뒷받침된 것이다. 스트레스와 같은 부정적 감정이 뇌에 미치는 악영향을 보면서 뇌 안에는 '여과장치'가 있어 신경망에 어떤 정보를 입력할지 선택한다는 사실을 깨닫게 되었다.

신경영상 연구(Pawlak et al., 2003)는 뇌가 입력된 감각정보를 거르는 데 스트레스와 즐거운 감정이 영향을 준다는 사실과 그러한 감정이 편도(amygdala)에 미치는 효과를 보여준다. 편도는 크라센이 말하는 정의적 여과장치에 해당하는 뇌 영역으로, 뇌에 입력된 정보를 상위 인지처리를 담당하는 전전두피질(prefrontal cortex)로 보내거나, 혹은 의지와 관계없이 반응하는 '생존의 뇌'로 보내는 일종의 관문 역할을 한다. 스트레스가 감각 입력의 방향을 '생존의 뇌'로 돌려버리면 그 정보는 상위 수준에서 인지적으로 처리되지 못한다. 학업 때문에 좌절하여 받는 스트레스를 줄이고 뇌에 입력된 정보가 상위 인지처리 과정을 거쳐 효과적으로 기억되도록 하기 위해서는, 학생들의 학업성취 결과뿐만 아니라 그들의 노력도 인정해주고, 성취 가능한 수준의 학습기회를 제공하는 것이 중요하다.

| 흡수여과장치 |

뇌가 처음으로 감각정보를 받아들이는 여과장치인 망상활성계

(reticular activating system, RAS)는 뇌의 아래쪽 뇌간(brain stem)에 있는 원시적인 신경망으로, 모든 감각정보는 이곳을 통과해야 상위 수준의 정보를 처리하는 뇌 영역으로 전달될 수 있다. 망상활성계는 매순간 뇌에 도달하는 수백만 비트의 감각정보 중에서 수천 비트 정도만 통과시키는데, 그 선별 과정은 의식적으로 이루어지는 것이 아니라 의지에 관계없이 반사적으로 이루어진다. 다른 포유동물의 경우 망상활성계는 그 동물과 종의 생존에 가장 중요한 감각정보를 제일 먼저 받아들이는데, 이는 인간의 망상활성계도 마찬가지다. 주변 환경이 위협적이라고 판단될 때 그러한 정보는 망상활성계를 제일 먼저 통과한다. 망상활성계는 주변의 위협이 지각되면 그와 관련된 감각정보를 자동적으로 선별하여 그 정보를 즉각적으로 처리하는 '생존의 뇌'로 보내 위협에 맞서 싸울지(fight), 피할지(flight), 꼼짝 못하고 있을지(freeze) 등의 반응을 반사적으로 결정한다(Raz & Buhle, 2006). 망상활성계는 어떤 순간에 뇌에 들어올 수 있는 모든 감각정보 중에서 일부에만 주의를 기울여 정보가 뇌에 들어올 수 있는 '입장권'을 부여하는 편집자 역할을 한다. 생존과 직결되어 있는 이 여과장치는 야생에서 활동하는 동물들에게 매우 중요한 기제이며, 종의 진화를 거쳐온 인간 역시 이런 기제를 그대로 지니고 있다.

| 교실수업에 시사하는 점 |

위 내용이 교실수업에 시사하는 점은 의미심장하다. 숙제를 안 해서 벌을 받거나 반 친구들 앞에서 창피를 당할까 봐 느끼는 위협, 야구팀

최종 선발에 뽑힐지 탈락할지에 관한 걱정, 영어에 유창하지 않아서 반 친구들 앞에서 실수할지 모른다는 불안감을 덜어주는 것은 단순히 학생들의 '감정을 배려하기 위해' 선택해야 하는 사항이 아니다. 학생들이 스트레스나 공포를 느낄 때 망상활성계 여과장치는 수업에 관련된 감각정보 대신, 위협과 관련이 있다고 여겨지는 정보를 우선적으로 받아들인다(Shim, 2005). 이러한 위협에 대한 지각이 줄어들지 않으면 뇌는 위협으로부터 개체를 보호해야 한다는 1차적인 방어임무를 계속 수행한다. 따라서 공포나 슬픔, 분노를 느끼는 동안에는 생존을 담당하는 뇌의 활동이 두드러지게 되고, 성찰적 사고나 인지적 처리과정을 담당하는 뇌 영역(전전두피질)에는 그날의 수업내용과 같은 중요한 항목의 감각정보가 입력되지 않는다.

또한 우리는 신경영상 연구를 통해 이러한 위협이 존재하지 않을 때는 망상활성계가 어떤 정보를 받아들이는지에 대해서도 알 수 있다. 망상활성계는 즐거움과 연관되는 새로운 자극이나 변화, 호기심을 유발하는 대상에 대한 감각정보를 우선적으로 수용한다. 예를 들어 새롭게 배치된 교실, 새로 칠한 벽이나 전시물의 색깔, 앞뒤가 맞지 않는 사건, 앞으로 배울 단원을 홍보하는 포스터, 특이한 의상, 교실에 들어설 때 들리는 음악 등 호기심을 유발하는 사건들은 망상활성계로 하여금 무언가가 변했으니 주의를 기울여 더 자세히 들여다보고 평가하도록 만든다(Wang et al., 2005).

하지만 학생들은 교사가 중요하다고 생각하는 것에 주목하지 않는다는 이유로 종종 야단을 맞는다. 단지 학생들의 망상활성계 주의 기제가 교사의 수업에 맞춰져 있지 않았을 뿐인데 말이다. 망상활성계가 어떻게 작동하는지를 알면 교사는 규율을 정해 시행함으로써 학생들 스스로 안전하다고 느끼며 자신을 위협하는 급우나 타인으로부터 괴롭힘을 당하지 않을 학습공동체를 만들어가게 될 것이다.

| 망상활성계 점화하기 |

일단 스트레스가 되는 위협자극이 없어졌을 때, 어떤 정보가 망상활성계를 통과할 수 있는지 깊이 알아가다 보면 수업에서 주의집중을 높이는 전략에 관한 단서를 더 많이 얻을 수 있다(Raz & Buhle, 2006) 다음은 학생들이 새로운 정보를 배울 때 호기심을 유발해 집중하게 하는 방법이다.

- 제시되는 내용에 맞게 교사의 목소리를 조절한다.
- 핵심사항을 도표나 칠판에 색으로 표시한다.
- 수업자료에 있는 글자 크기에 변화를 준다.
- 주기적으로 좌석 배치를 바꾼다.
- 게시판에 사진을 붙인다.
- 호기심을 유발하는 포스터로 앞으로 배워야 할 단원을 알리고 매일 단서나 퍼즐 조각을 추가한다. 그 다음 학생들에게 수업내용을 예측하게 한다. 이는 망상활성계를 점화시켜 그 수업에서 감각정보를 선별해서 입력하게 해준다.
- 학생들이 교실에 들어설 때 노래를 들려주어 호기심을 유발하고 집

중하게 한다. 학생들이 노래 가사와 수업내용에 연결고리가 있다는 사실을 알고 있으면 더욱 도움이 된다.

- 음수(陰數)에 관한 수업을 시작할 때 뒤로 걷는 등 색다른 행동을 하라. 학생들은 그런 행동에 호기심을 느끼게 되며, 교사가 마룻바닥에 수직선을 펼쳐놓고 음수에 관한 단원을 시작하면 학생들의 망상활성계가 활성화되어 교사의 행동을 계속 주시하게 된다.

망상활성계를 깨우는 다른 전략으로 학생들에게 앞으로 일어날 일을 예측하게 해서 호기심을 유발할 수도 있다. 예컨대 컵에 물을 넘치게 부어 궁금증을 유발함으로써 수업에 집중하게 한다. 학생들이 반응을 보이면 "선생님은 생각해보지 않았는데, 이 컵에 물이 얼마나 들어갈까요?"라고 말한다. 또한 무언가 특히 중요한 것을 말하기 전에 잠시 모든 행동을 멈추면, 학생들은 침묵이라는 색다른 순간에 주의를 기울이고 이와 함께 기대감이 증폭된다. 즉, 다음에 할 말이나 행동에 대한 호기심을 불러일으킴으로써 망상활성계를 자극하는 것이다.

마찬가지로, 학생들이 교실에 들어설 때 책상마다 빨간 무가 한 개씩 놓여 있는 것을 발견하면, 그들은 호기심에 몇 분 동안 요란을 떨 것이다. '무가 왜 여기에 있을까?' 학생들의 망상활성계가 호기심을 느끼면 그들의 주의는 책상 위에 있는 이 새로운 물체의 수수께끼를 푸는 데 단서가 되는 정보를 더 쉽게 받아들이게 될 것이다. 그러면 학생들은 어째서 무가 거기에 있는지를 더 알고 싶어 할 것이다. 도형의 이름과 특징을 배우고 있는 저학년 학생이라면 둥글다는 개념을 발전시켜 어떤 성질이 더 둥근 무와 덜 둥근 무의 차이를 낳는지 검토해 볼 절호의 기회다. 고학년이라면 무를 이용한 유사점과 차이점 분석과 같은 교육과정의 성취기준을 다룰 수도 있을 것이다. 그들의 망상활성계는 무의 색깔이나 신기한 점에도 반응하지만, 대개 그렇듯 "나는 샐러드에 들어 있는 무는 거들떠보지도 않아."라는 둥 또래끼리 주고받는 무에 대한 품평에도 반응할 것이다. 이런 과정을 통해 관찰, 비교, 대조 등의 스킬이 향상될 뿐 아니라 익숙해보이는 무를 돋보기로 살펴보면 어떤 놀라움을 발견할 수 있을지 예측하는 스킬까지도 발달시킬 수 있다. 스케치를 하거나, 설명을 하거나, 벤 다이어그램(Venn diagram)과 같은 그래픽 오거나이저(graphic organizer)를 사용해서 각자 관찰한 것을 기록하기 전에 스스로 학습 강도를 선택할 수 있게 하면 스트레스 수준을 낮출 수 있다. 그렇게 하면 모둠활동에서 무의 유사점과 차이점에 관해 관찰한 내용을 공유할 때 자신도 무언가 기여한다고 느낄 수 있다.

생존 메커니즘인 망상활성계는 즐거운 감정과 연관된 감각정보를 받아들인다. 동물은 환경에 적응해온 결과로, 맛있는 음식을 먹거나 짝이 될지 모를 상대의 냄새를 쫓는 것과 같이 즐겁고 생존과 관련있는 행동을 반복하고 싶어 한다. 몰입하여 집중한 뇌는 쾌감을 동반하는 감각 입력에 민감해진다. 이렇듯 어떤 감각 입력과 쾌감을 연관시키면 앞으로도 그와 유사한 쾌감을 얻게 해주는 요소를 찾게 될 가능성이 높다. 학생들이 즐겁게 무를 살펴보면 배워야 할 수업내용이 망상활성계 관문을 통과해 상위의 인지적인 뇌까지 흘러갈 수 있다.

색다른 경험은 장기기억으로 저장될 확률도 훨씬 더 크다. 그래서 "오늘 학교에서 뭘 배웠니?"라는 부모들의 의례적인 질문에 학생들이 정말로 답을 할 가능성이 높아진다. 감격한 부모가 귀 기울여 듣는 것으로 긍정적 피드백을 주는 동안 학생은 그날 배운 내용을 간략하게 설명할 것이다. 부모는 아이에게서 그런 설명을 들을 줄은 꿈에도 몰랐을 것이므로, 무가 신기한 대상으로서 야기한 효과가 이제 부모의 망상활성계를 일깨우고 온 가족이 그 수업에 대해 이야기를 나눌 무대가 마련될 것이다.

| 가슴이 머리와 만나는 곳 |

신경영상은 편도 및 연관 신경망이 흡사 크라센의 정의적 여과장치처럼 작용해서 학생들이 스트레스를 받을 때면 학습의 성공률을 떨어뜨린다는 것을 보여준다. 최근까지 편도는 주로 위험, 공포, 분노에 반응한다고 생각되었지만 신경영상 연구들은 그것이 긍정적인 감정에도 영향을 받아 반응함을 보여준다. fMRI(기능성자기공명영상)를 사용한 실험(Pawlak et al., 2003)에서는 피험자들이 기쁜 표정 또는 언짢은 표정의 얼굴 사진을 본 뒤 일련의 단어를 보고, 그런 다음 더 긴 단어 목록에 섞여 나온 그 단어를 알아볼 때마다 단추를 눌러 반응했다. 그 결과, 기쁜 얼굴을 본 피험자들이 기억을 더 잘했고, 그들이 회상하는 동안 촬영한 신경영상은 전전두피질에서 더 높은 활동을 보여주었다.

판단, 조직화, 우선순위 매기기, 위험 평가, 비판적 분석, 개념 개발, 창의적 문제해결과 같은 인지 및 집행 기능을 조절하기 위해 많은 신경망이 전전두피질로 연결된다. 전체 몸무게 대비 크기로 따진다면 망상활성계는 인간에서나 기타 포유류에서나 크기가 같지만 전전두피질은 인간의 것이 더 크다. 학습이 일어나서 개념적인 장기지식으로 구축되려면 입력된 감각정보가 망상활성계를 통과해 전전두피질에 의해 처리되어야 한다.

이 연구에서 언짢은 얼굴을 본 피험자들은 편도에서 대사활동이 증가했지만 기억한 단어들을 회상할 때 전전두피질에서 일어나는 활동은 대조군보다 눈에 띄게 저조했다. 이 연구는 우리가 부정적인 감정 상태에 있으면 편도는 우리 뇌에 입력되는 정보를 싸움, 회피, 마비로 반응하는 하위의 뇌로 민첩하게 돌려버림을 시사한다. 피험자들이 유쾌한 얼굴을 보았을 때 편도의 대사활동이 낮아지고 전전두피질의 대사활동이 높아졌다는 사실은 정보가 편도의 그물망을 통과해 전전두피질까지 전달되려면 위협적이지 않은 조건이 유리하다는 것을 알려준다(Pawlak et al., 2003).

도파민의 영향

도파민(dopamine)은 학습에 영향을 주는 데 그치지 않고 일정한 환경적 영향과 교수전략에 의해서 활성화될 수도 있다. 도파민은 신경세포를 서로 연결하는 가지인 축삭(axon)과 수상돌기(dendrite) 사이의 시냅스(synapse)라 불리는 틈새를 건너 정보를 실어나르는 많은 신경전달물질 가운데 하나이다. 도파민 분비의 증가와 연관되는 경험이 있는데, 도파민이 분비되면 쾌감이 느껴진다. 도파민 분비 증가와 관련된 학습활동에 열중하고 있는 학생들은 십중팔구 유쾌하게 반응할 뿐만 아니라 집중력, 기억력, 동기 수준도 높을 것이다(Storm & Tecott, 2005).

| 뇌에서도 올라간 것은 반드시 내려온다 |

도파민 수준이 쾌감과 연관해서 올라가듯이 도파민 하락은 부정적인 감정과 연관된다. 중격의지핵(nucleus accumbens, NAcc)이라 불리는 전전두피질 근처의 도파민 저장소는 어떤 선택·결정·해답 등과 관련해 예측이 맞으면 도파민을 더 많이 분비하고, 그렇지 않으면 도파민을 덜 분비한다. 그러므로 예측이 틀리면 도파민이 감소한 결과로 기분이 나빠지고, 예측이 맞으면 도파민이 늘어난 결과로 기분이 좋아진다(Salamone & Correa, 2002). 그래서 도파민은 쾌감과 더불어 동기, 기억력, 집중력을 높이는 학습 친화적 신경전달물질로 여겨진다. 우리는 도파민을 늘리는 행동이나 사고에 긍정적 가치를 부여하게 되고, 정확한 예측에 사용된 신경망은 보강된다. 한편 부정확한 예측에 사용된 신경망이 개조되는 것도 그만큼 중요하다. 뇌도 다음번에는 기분이 나빠지는 것을 피하고 싶은 것이다. 그러나 이 저장된 기억을 고치려면 적시에 교정해줄 피드백이 필요하다(Galvan et al., 2006).

이 도파민 보상 시스템으로 게임의 성취 가능한 도전이 지닌 강점을 설명할 수 있다. 게임자가 목표달성을 향해 전진하면, 올바른 결정을 내린 것, 즉 올바른 행동·선택·대답을 한 것에 대해 도파민이 보상을 주고, 쾌감을 느낀 게임자는 다음 도전을 견뎌낼 내적 동기를 유지하는 것이다(Gee, 2007). 마찬가지로 수업에서 정확한 예측으로 도파민이 주는 쾌감을 경험하면 도전을 견뎌낼 내적 동기를 얻으면서 다음 단계의 학습에 도달하려고 노력하게 된다(O'Doherty, 2004).

정답을 맞췄다는 만족감으로 도파민이 증가하면 질문에 답하거나 옳은 예측을 하거나 문제를 해결하는 데 썼던 정보의 기억이 강화된다. 뇌는 도파민을 많이 분비하는 행동을 우선적으로 반복하므로 그 행동에 연관된 기억회로가 더 강화됨으로써 나중에 유사한 선택을 할 때도 이것이 우선적으로 채택된다. 그러나 응답이 틀리면 도파민이 감소해 다소 불쾌해지므로, 뇌는 같은 실수를 반복해 도파민 쾌감이 떨어지는 것을 다시 경험하지 않기 위해 기억회로를 바꿔 실수 인식에 부정적으로 반응한다(Thorsten et al., 2008).

도파민 실망 반응의 가치는 신경가소성을 통한 뇌의 변화와 관계가 있다. 신경가소성이란 신경망이 새로운 정보를 습득하고, 교정을 위한 피드백을 받고, 새로운 지식과 이전 지식의 연관성을 인식함으로써 스스로를 연장하고, 쳐내고, 재조직하고, 교정하고, 강화하는 능력이다. 신경회로에 변화가 생기면 뇌는 다음번에는 정답을 맞출 가능성이 더 높아지고 따라서 실수로 인해 기분이 나빠지는 결과도 피할 수 있게 된다(van Duijvenvoorde et al., 2008).

| 실수의 공포 줄이기 |

우리는 뇌가 부정확한 예측을 한 뒤에도 교정을 받으면 지식이 늘어남을 알고 있다. 그러나 예측한다는 것은 참여했다가 틀릴 위험을 감수하는 것이고, 학생들은 대부분 또래 앞에서 실수하는 것을 가장 두려워한다. 정확하게 응답하는 기억패턴, 즉 정답을 예측하는 신경망을 구축하고 강화하는 동시에 불완전하거나 부정확한 정보를 담고 있는 신경망을 개조하려면, 학생들이 참여하여 정답이든 오답이든 답을 예측할 필요가 있다. '생각하는 사람만이 배우기 때문에' 목표는 모든 학생들이 계속해서 열심히 참여하도록 하는 것이다.

실수할 위험을 감수하는 학생들은 도파민 보상에 따라 학습경험을 쌓는다. 맞든 틀리든 예측에 대한 도파민 반응은 뇌가 정답을 더 쉽게 학습하도록 해준다. 학생들이 틀린 예측을 했을 때 즉시 교정을 받으면 뇌는 앞으로 실수를 피할 수 있도록 틀린 예측을 낳은 신경망 안의 부정확한 정보를 바꾸려고 노력한다.

| 피드백과 형성평가의 가치 |

적시에 이루어지는 형성평가(formative assessment)와 피드백은 장기기억을 촉진하는 강력한 도구이며 추리하고 분석하는 집행기능을 발달시킨다. 평가를 자주 하면, 교사는 지도하는 동안 그만큼 짧은 간격으로 학생들의 이해도에 관한 정보를 얻을 수 있다. 가르치면서 바로 학생들의 반응을 살펴서 학생들의 이해도를 파악하면 그에 따라 대응하고 수업을 조정할 수도 있다. 그러므로 학생들이 혼동에 의해 좌절하고 싸움·회피·마비 모드로 빠져서 수업내용을 인지적으로 처리하고 학습하지 못하는 불상사는 일어나지 않게 된다.

평가와 시의적절한 피드백의 과정이 제대로 작동하려면 학생들이 참여해야만 한다. 평가와 피드백을 자주 주되 학생들에게 불안감을 주지 않는 방안을 모색해야 한다. 첫째, 학생들의 편도경로(amygdala pathway)를 전전두피질을 향해 열어두고 참여에 대한 공포를 줄인다. 학생들은 이렇게 불안을 낮춘 상태에서만 참여해서 몰입을 유지하고, 위협적이지 않은 방식으로 제공되는 피드백으로부터 무언가를 배운다. 둘째, 특정 학생을 호명하지 말고 수업시간 전반에 걸쳐 학생들 각자의 이해도를 자주 평가하라. 예를 들어 단답형 또는 선다형 질문지를 학급 전체에 나누어준 다음, 학생들이 각자의 화이트보드에 답을 적게 하라. 학생들은 당신이 답을 보고 고개를 끄덕여 신호를 줄 때까지 화이트보드를 들고 있기만 하면 된다.

약 10분 단위로 돌아다니며 화이트보드 내용에 피드백을 주라. 그러면 답을 거의 이해한 학생들에게 미리 계획된 더 수준 높은 활동에 도전하도록 격려하면서, 설명이나 연습이 더 필요한 학생들을 지도할 수 있을 것이다. 숙달 수준에 도달한 학생은 이미 아는 정보에 대한 반복적 설명과 연습, 질의응답으로 스트레스를 받기보다는 짝과 함께 더 어려운 문제를 토의하거나, 새로운 자료를 이전 지식과 비교하는 그래픽 오거나이저를 만들거나, 배운 내용을 자신의 관심사와 관련해서 다르게 활용할 수 있는 방안을 예측해볼 수 있다. 화이트보드를 이용한 평가와 피드백 과정이 수업의 일상적인 일부가 되면, 이해를 못하거나 따분해서 스트레스를 받는 일은 줄어든다. 학생들은 각자 2~3분 이내에 도움을 받아 진도를 나가는 데 필요한 만큼 이해하게 되거나, 수준이 더 높지만 성취 가능한 범위에서 도전을 제시하는 심화활동으로 나아갈 기회를 얻게 되리라는 것을 잘 알고 있기 때문이다.

| 긍정성 |

전전두피질로의 정보 입력을 촉진하는 전략은 도파민 수준을 높이는 전략과 중복된다. 편도에 친화적이면서 도파민을 내뿜게 하는 수업전략으로는 다음과 같은 예가 있다.

- 학생들이 학습활동을 하면서 주기적으로 수업 중에 돌아다니도록 허락하기. 예를 들어, 몸짓으로 표현하는 단어 알아맞히기 또는 공을 받은 사람이 수업에서 무엇이 가장 재미있었는지 말하기
- 전체 학생을 대상으로 읽기 또는 짝과 나누어 읽기
- 학생들에게 시험, 프로젝트, 보고서 등 최종 결과물에 대한 단순한 피드백을 주는 것이 아니라, 단계별 성취를 통해 만족감과 성취감을 경험할 수 있게 해주기
- 빈정거리지 말고 유머를 사용하기
- 또래 간의 긍정적인 상호작용을 구조화하기
- 잘 계획된 모둠활동을 활용하기
- 학생들에게 연습을 더 할지 평가를 받을지 선택할 기회를 어느 정도 제공하기

신경가소성: 공부하면 세포가 자란다

과학자들이 신경가소성에 관해 점점 더 많은 것을 밝혀내고 있는 것은 확실하다. 그래서 나는 지금도 백 년의 역사가 넘는 이 개념에 관해 새롭게 나오는 따끈따끈한 주장들을 즐겨 읽는다. 신경가소성은 시냅스와 수상돌기의 수를 증가시키거나 쳐내고, 전기가 통하지 않도록 수초층을 축삭 둘레에 형성하면서 신경망을 변화시킨다. 더 견고하고 효율적인 신경 네트워크가 형성되면, 즉 더 빠른 정보 인출과 전달이 가능해지면, 이는 회로의 반복적 활성화를 통해 자극되며 반복적 연습을 통해 장기기억이 가능하게 된다(Rivera et al., 2005; Sousa, 2006).

학생들은 내가 '뇌 사용 설명서'를 통해 이 신경가소성 정보를 공유하자 공부하고 복습하려는 동기가 상당히 높아졌다. 신경가소성은 마치 근육이 반복운동으로 강화되는 것처럼 신경망과 기억도 복습과 연습이라는 신경 활성화를 통해 강화된다는 것이다. 이 지식을 학생들과 공유하면 "오늘 이 시간에 최소공통분모 학습을 영원히 끝낼 수 있다."라는 당신의 말을 믿기 시작할 것 이다.

시각피질에 있는 신경가소성에 대한 중요한 연구사례를 하나 공유하고자 한다. 시각정보로부터 생성된 기억은 궁극적으로 뇌의 뒤쪽에 있는 후두엽(occipital lobe)의 피질에 저장된다. 그리고 무언가를 만져서 정보를 얻고 그 감각이 인식되고 나면 그 기억은 궁극적으로 뇌의 위쪽에 있는 두정엽(parietal lobe)에 저장된다. 그런데 일주일 동안 피험자들의 눈을 가리고 촉각으로 점자를 읽는 훈련을 집중적으로 시키자, 실험 전에는 촉각자극에 반응하지 않던 그들의 후두엽 시각피질이 새로운 신경망 연결과 fMRI 활동을 보여주었다. 그들의 시각피질이 선천적 시각장애인의 시각피질과 유사해졌다는 말이다(Merabet et al., 2008).

| 더 성공적인 예측을 위한 패턴의 발달 |

신경망의 연결이 연장되고 재구성되는 양상은 피아제(Piaget)가 기술한 패턴화 이론을 그대로 따른다(Ginsberg & Opper, 1988). 학생들이 패턴을 인식하고 새로운 정보를 기억과 연결시킴으로써 지식을 늘릴 때마다 신경망은 범위가 넓어진다. 앞서 논했듯이, 예측이 정확하면 그에 반응해 도파민이 분비되고 이것이 쾌감을 생성하기 때문에 그 신경망은 변형과 수정과 강화를 계속한다. 학생이 특정 신경세포의 경로를 활성화시키는 정신활동이나 신체활동에 참여할 때마다 연결이 이뤄지고, 이런 연결들의 결합으로 형성되는 패턴이 강화된다. 그 패턴에 새로운 정보가 더해지면 신경망이 연장되면서 문제의 답이나 선택을 포함한 미래 예측도 더 정확해진다(Dragansk & Gaser, 2004).

| 패턴화와 기억 |

생존하려면 우리는 환경으로부터 정보를 수집할 필요가 있다. 우리의 뇌는 지각하고 패턴을 생성하며, 이 패턴화된 신경망을 써서 새로운 자극에 대해 정확한 반응을 예측한다. '패턴화(patterning)'란 정보를 의미 있게 조직화하고 범주화하는 것을 말한다. 뇌의 여과장치를 통과한 감각정보는 성공적으로 부호화되어 기존의 신경세포 경로에 연결 가능한 패턴으로 바뀔 필요가 있다. 뇌는 새로운 정보를 기존에 저장된 패턴, 데이터의 범주, 과거 경험과 연결하는 데 도움이 되는 단서들을 찾기 위해 새로운 입력정보를 평가한다. 이와 같이 기존의 패턴은 새로운 입력정보에 의해 확장된다.

| 패턴기반 기억력을 향상시키는 전략 |

감각정보가 편도에 이웃한 해마(hippocampus)에 도달하면 응고화(consolidation)될 수 있는데, 응고화가 일어나려면 저장된 기억으로부터 사전지식이 활성화되고 해마로 전달되어 새로운 정보와 결합해야 한다(Davachi & Wagner, 2002; Eldridge et al., 2005).

새로운 정보를 이미 획득한 기억과 연결짓는 데 도움이 되는 전략들을 활용하면, 학생들은 더 쉽게 패턴을 탐지하고 연결망을 만들 수 있다. 다음은 그러한 전략들의 예다.

- 유추하기, 유사점과 차이점 인식하기
- 새로운 단원에 관해 이미 알고 있는 것과 새롭게 알고 싶은 것이 무엇인지 브레인스토밍하기
- 새 단원에 들어가기 전에 사전평가 실시하기, 틀린 부분에 대한 교사의 피드백을 받아 학습자 스스로 수정하기
- 학급토론 개최하기—특히 학생들이 새로운 단원을 사전지식과 관련지을 수 있도록 관심이 높은 시사 이슈를 활용하기

- 공 던지기 활동을 활용해 학습할 단원 내용이나 읽을 책에 관해 자신이 아는 것을 말하기 또는 예측하기
- 학습한 내용을 다른 수업이나 과목의 관점에서 살펴보는 등 통합교과 관점에서 연결해보기
- 패턴 알아맞히기—이는 어린 학생들에게 특히 도움이 된다. 예를 들어, 비슷한 특징을 가진 학생들을 호명하면서 그 공통점을 추측하게 하라. 가령, 학생들이 공통점을 짐작할 때까지 파란색 상의를 입고 있는 학생을 한 명씩 일으켜 세우라. 어떤 개념의 예와 예가 아닌 것들을 주고 그 항목들이 어떤 범주나 개념에 속하는지 짐작하게 할 수도 있을 것이다.
- 그래픽 오거나이저 활용하기—이는 언어 이외의 시각적·회화적·도식화된 방식으로 정보를 조직하는 방법이기 때문에 학습자의 뇌가 정보의 패턴과 정보 간의 관계를 파악하기 용이하다.
- 다중감각을 활용해 학습시키기—다중감각 자극은 수상돌기 사이의 연결과 수초(myelin) 형성을 촉진함으로써 패턴을 확장시킨다. 뇌 안에는 감각별로 저장 영역이 따로 있으므로 다중감각을 통해 학습하면 더 많은 뇌 영역이 자극되며(Wagner et al., 1998), 같은 정보가 여러 경로로 저장되는 셈이라 더 쉽게 떠올릴 수 있다(Rivera et al., 2005).

새로운 정보가 사전지식과 관련성이 있는 것으로 인식되는 순간, 학습은 영역을 넘어 확장된다. 이렇게 확장된 지식패턴은 교실이나 시험을 넘어 다른 영역에 속하는 문제들에 대해 새로운 예측과 해답을

내놓는 데 이용될 수 있다.

그래, 지능은 바꿀 수 있어

다수의 성인들은 물론 아이들도 지능은 태어날 때 혹은 태어나기도 전에 유전자에 의해 결정되며 노력은 학문적으로 성공할 잠재력을 크게 바꾸지 못한다고 잘못 생각한다. 특히 자신은 '똑똑하지 않다'고 믿는 학생들이 공부와 복습을 통해 뇌를 바꿀 수 있다는 사실을 깨달으면 큰 힘을 얻게 된다. 이는 뇌질환이나 정신적 충격으로 정상적 뇌기능을 잃은 신경과 환자들도 마찬가지다. 마비된 팔다리를 움직이거나 말하는 모습을 상상하는 것부터 시작해서 꾸준한 연습을 거치면, 뇌의 손상되지 않은 부위가 손상된 영역의 일을 대신 맡으면서 신경가소성이 새로운 신경망을 구축한다(Draganski et al., 2004).

지능이란 새로운 정보와 기존에 저장된 정보의 패턴을 정확하게 연결짓는 능력을 재는 척도라고 볼 수 있다. 아이들은 성장하고 학습하면서 자신의 경험에 따른 데이터베이스를 확장한다. 경험이 많아질수록 뇌가 새로운 경험을 이전 경험들과 비교할 때 맞는 짝을 발견할 확률도 높아진다. 이 연결점을 찾은 아이들은 새로운 지식을 받아들여 문제해결에 적용할 수 있다. 이런 식으로 광범위한 패턴화에 성공할수록 예측이나 답은 더 정확해진다. 연습, 경험, 정신적 조작을 통해 뇌는 신경망을 확장하고, 수정하고, 강화함으로써 지능과 더 정확한 예측 능력을 향상시킨다.

이 신경가소성 과정을 통해 뇌가 변할 수 있음을 알게 됨으로써 학생들은 긍정적 마인드를 가질 수 있다. 행동 변화를 통해 연결이 더 견고하고, 효율적이고, 접근하기 쉽고, 오래가는 신경망을 발달시킬 수 있다는 것을 알게 되면 학생들은 목적 달성에 필요한 스킬, 지식, 지능을 발달시키기 위해 최선을 다하겠다는 긍정적 마인드, 역경을 극복하는 힘, 동기 등을 갖게 된다. 교사들은 노력과 연습이 어떻게 뇌를 바꾸는지 학생들에게 인식시킴으로써 결과적으로 기억과 정보를 불러내거나 지식을 전이(transfer)하는 능력을 향상시켜 하나의 환경에서 학습한 것을 새로운 상황에 즉시 응용하도록 도울 수 있다. 나는 학생들에게 "모든 유형의 고차원적 사고, 연습, 복습을 할 때뿐만 아니라 즉각적 만족을 미루는 것을 의식적으로 선택하기, 목표 달성을 위해 공부하기, 가장 성공한 전략을 평가하기 등을 할 때도 너희들의 정신적 노력이 너희의 뇌를 스스로의 의지로 통제할 수 있는 효율적이고 성공적인 도구로 만든다."라고 설명한다.

나는 초등학교 고학년과 중학교 학생들에게 '생각하는 뇌', 즉 전전두피질로 올려보낼 정보를 결정하는 뇌 여과장치에 관해, 그리고 그 여과장치에 의지로 영향을 미칠 수 있는 방법에 관해 가르쳐왔다. 학생들은 신경가소성을 통해 일어나는 뇌 안의 변화에 관해 배운다. 나는 신경영상을 보여준 다음, 학생들과 함께 뇌를 그리고, 새로운 정보를 학습할 때 성장하는 신경세포들 사이의 연결망을 표현하는 찰흙 모형을 만든다. 나는 학생들이 수업을 요약하는 과정을 '수상돌기에 기록하기'로 표현하고, 정보를 복습하면 '수상돌기가 얼마나 더 많이 자랄까'에 대해 학생들과 함께 토론한다. 새로 학습한 내용을 다른 누군가에게 가르치는 것은 기억을 굳히는 강한 시멘트이기 때문에 나는 심지어 수상돌기와 시냅스가 성장하는 전자현미경 사진을 각 가정으로 보내며 가족에게 신경해부학을 설명하고 그들의 반응을 보고하라는 숙제까지 낸다.

나는 이 과정을 스포츠, 무용, 악기연주에 비유한다. 학생들에게 연습을 더 했을 때 농구 슛이나 발레나 기타 실력이 얼마나 향상되었는지 말해보라고 한 다음, 신경가소성 원리에 따라 우리가 연습을 할수록 어떤 능력이 강화되고 공고해진다는 사실을 알려준다. 그러니 구구단을 연습하거나 책의 헷갈리는 부분을 다시 읽을 때도 뇌가 같은 식으로 반응할 것이라고 이야기한다. 그 결과는 멋지다. 열 살짜리 한 학생의 말을 소개하겠다.

"저는 제 뇌가 자랄 수 있는 줄 몰랐어요. 이제는 제가 공부하고 잠을 푹 자면 수상돌기가 자란다는 걸 알아요. 이제는 게임을 할까 아니면 필기한 걸 복습할까 고민할 때, 네가 복습하면 뇌세포를 키울 수 있다고 저 자신에게 말해요. 물론 여전히 게임을 하고 싶지만, 저는 제 뇌가 더 똑똑하게 자라길 원하기 때문에 복습을 해요. 복습하면 효과도 확실하고 기분도 끝내줘요."

미래

미래사회에서 가장 보수가 높은 직종은 아마도 컴퓨터로 할 수 없는 일이 될 것이다. 이러한 기회를 위한 준비로 학생들에게는 아직까지 아무도 풀지 못한 문제들을 해결하기 위한 개념적 사고능력이 필요하다. 미래사회에서 성공하려는 학생들은 현재 표준화시험으로 평가되는 교과내용을 훨씬 넘어서는 역량이 필요할 것이다. 즉, 비판적으로 사고하고, 명확하게 소통하고, 끊임없이 변화하는 기술을 사용하고, 문화에 밝고, 적응력이 강하고, 정확한 판단력과 열린 마음을 갖고 정확한 정보 분석을 토대로 복잡한 결정을 내릴 수 있는 능력이 요구될 것이다. 성공의 열쇠는 과학자와 교사의 협력에 있다.

| 과학 |

신경과학은 신경가소성에 의해 지능이 바뀔 수 있다는 뇌의 비밀을 밝혀내고 있다. 갈수록 유전과 환경의 관계가 밝혀지고, fMRI 기술이 발전하고, 신경과학자와 인지과학자와 마음·뇌·교육 분야의 모든 전문가들이 더 긴밀하게 협력하는 가운데, 우리는 사람들의 다양한 학습방식 및 환경과 경험이 학습에 미치는 영향에 대한 이해의 지평을 넓히게 될 것이다. 학생 개개인의 특성에 맞게 개인별 맞춤학습을 실시할 수 있는 예측 정보를 더 일찍, 더 많이 확보할 수 있을 것이다. 뇌의 정보처리 기능, 신경전달물질, 그리고 어떤 신경망이 무엇을 하는지를 더 잘 알게 되면서 다양한 교수방식에 적합한 최고의 전략에 관해서도 더 많이 알게 될 것이다.

과학기술은 미래의 교실에서 점점 더 많은 역할을 할 것이 틀림없다. 이미 온라인 수업과 모든 학년의 기초지식에 관한 동영상 강의가 유례없이 많이 사용되고 있고, 앞으로도 가능성은 무궁무진하다. 신경영상기법, 뇌전도 기록, 인지적 평가를 써서 개별 학생에게 가장 잘 맞는 지도방식을 예측하는 모델들도 개발되고 있다.

| 협업 |

과학의 발전만큼 나를 흥분시키는 트렌드는 학교나 학구 내에서 학습공동체가 생겨나고 있다는 것이다. 학습공동체를 통해 교사와 교재 전문가와 행정가들이 책과 동영상으로 공부하고 교사연수 워크숍에서 정보를 공유하면서 학생들의 필요에 적합한 전략들을 찾아낸다. 가르치면서 교실을 관찰하는 교육자들은 이 전략들을 써서 성공한 사례를 토론하고, 교사들은 자신의 교실에서 시도하고 있는 전략들 중에서 학습에 도움이 되는 패턴이 확인되는 '신경논리적' 전략들을 함께 연구하고 고찰한다.

내가 방문해 관찰하는 여러 학습공동체에서, 나는 학생들의 삶을 변화시키는 직업이라는 이유로 교육자의 길을 택한 헌신적인 교사들을 본다. 교사들이 교직을 선택하게 된 이유들도 존경할 만하다. 교사가 손가락질당하고 교육과정이 지나치게 빡빡한 이 시대에도, 내가 만나는 교육자들에게는 창의성, 상상력, 인내력, 교육에 대한 열정이 살아있다.

교육자들이 연구기반 전략 분야에서 서로를 코칭하면서 학습과학에 관해 습득한 지식을 공유하고, 학생들의 긍정적이고 성공적인 학습경험을 만드는 데 이 연구결과를 어떻게 응용해야 하고, 또 응용하고 싶은지에 관한 의견도 공유하는 것이 보인다. 그리고 이들이 자기 학교의 테두리를 넘어 성장하는 전 세계의 교사-연구자 공동체에 기여하는 것도 보인다.

교육을 개선하는 데 가장 귀중한 자산들은 실험실에서 신경영상기법을 통해 개발되는 것이 아니라, 교육자들이 교수학습의 효과를 향상시키는 과정에서 개발될 것이라는 사실이 점점 더 분명해지고 있다. 충분한 시간, 학습과학에 관한 기초지식을 습득할 수 있는 지속적인 교사연수, 마음·뇌·교육에 관한 실험연구를 교실에 적용할 수 있는 방안을 평가하고 공유하는 전문학습공동체 등에 접근할 수만 있다면, 교육자들은 자신의 교실을 거쳐가는 학생들의 학습준비도, 기대치, 학습성과의 수준 향상을 선도할 수 있을 것이다.

마음·뇌·교육은 오늘날의 학생들을 내일의 세계에 대비시키기 위한 전략·개입·평가의 발전 과정에서 교사들에게 길잡이 역할을 지속할 수 있을 것이다. 연구로 뒷받침되는 교수전략의 기초에 대해 알면 알수록 교육자들은 여기에 더 깊이 빠져들고 이 교수전략을 상황에 맞게 자유자재로 활용할 수 있게 된다. 이렇게 되면 교사들은 기계적 암기 위주의 수업을 벗어나 개념적 이해와 전이 가능한 지식을 다루는 수업으로 적극적으로 바꾸려 할 것이다.

뇌를 알고 가르치는 교사들은 학생들을 배움의 즐거움을 아는 평생 학습자로 키우게 될 것이다. 과학과 교육 간의 협업을 통해 21세기 교육은 발전의 동력을 얻었다. 교실에서 관찰하면서 시간을 보낸 적이 없는 과학자들이 일방적으로 교사들에게 이런저런 지침을 주던 방식에서 벗어나 실험실과 교실 간의 연결 통로가 생겼다.

앞으로 과학을 가장 광범위하고 유용하게 교실에 적용하는 방안은 십중팔구 교육자가 과학자에게 제공하는 정보에서 개발될 것이다. 창의적이고 전략적인 교사들이 교실에 심은 씨앗들이 이러한 협업을 통해 분석, 복제, 확장, 보급되어 전 세계의 학생들에게 이득을 가져다줄 것이다. 어쨌거나 우리 교사들이 너무도 잘하는 것이 바로 '공유' 아니겠는가?

저자 소개

주디 윌리스 (Judy Willis)

UCLA(캘리포니아대학 로스앤젤레스) 의과대학에서 박사학위를 취득하고 신경과 전문의 실습을 마친 뒤 15년 동안 신경과 전문의로 일했다. 그 후 UCSB(캘리포니아대학 산타바버라)에서 교육학을 공부하고 교원자격증을 딴 뒤 10년 동안 초등학교와 중학교에서 교사로 근무했다. 이와 같은 독특한 이력을 바탕으로 윌리스 박사는 신경과학과 교육학을 접목한 '뇌기반 교육(brain-based education)'을 전파하는 데 적극적으로 앞장서왔다. 학습 관련 뇌 연구의 권위자로서 전 세계 교육학회와 교사연수 워크숍에서 '신경과학이 교수학습에 미치는 영향' 및 '뇌기반 교육'에 대해 강연해왔으며, 이와 관련하여 10권의 책을 집필했고, 전문 학술지에 200여 편의 논문을 기고했다. 이러한 공로로 2011년에는 '탁월한 교육사상가'로 선정되었다. 또한 윌리스 박사는 골디 혼(Goldie Hawn)이 만든 국제기구 혼재단(Hawn Foundation)의 연구자문 겸 이사진으로서 학교교육 프로그램을 통해 학생들이 뇌를 알고 더 똑똑하고 행복하게 살아갈 수 있도록 적극적으로 돕고 있다.

참고 문헌

Davachi, L., & Wagner, A. (2002). Hippocampal contributions to episodic encoding: Insights from relational and item-based learning. *Journal of Neurophysiology*, 88(2), 982–990.

Dragansk, D., & Gaser, C. (2004). Neuroplasticity: Changes in grey matter induced by training. *Nature*, 427, 311–312.

Draganski, B., Gaser, C., Busch, V., & Schuierer, G. (2004). Neuroplasticity: Changes in grey matter induced by training. *Nature*, 427(22), 311–312.

Eldridge, L. L., Engel, S. A., Zeineh, M. M., Bookheimer, S. Y., & Knowlton, B. J. (2005, March). A dissociation of encoding and retrieval processes in the human hippocampus. *Journal of Neuroscience*, 25(13), 3280–3286.

Galvan, A., Hare, T. A., Parra, C. E., Penn, J., Voss, H., Glover, G., et al. (2006, June). Earlier development of the accumbens relative to orbitofrontal cortex might underlie risk-taking behavior in adolescents. *Journal of Neuroscience*, 26(25), 6885–6892.

Gee, J. P. (2007). *What video games have to teach us about learning and literacy* (2nd ed.). New York: Palgrave Macmillan.

Ginsburg, H. P., & Opper, S. (1988). *Piaget's theory of intellectual development* (3rd ed). Englewood Clis, NJ: Prentice Hall.

Krashen, S. (1981). *Principles and practice in second language acquisition*. English language teaching series. London: Prentice Hall International (UK) Ltd.

Krashen, S. (1982). Theory versus practice in language training. In R. W. Blair (Ed.), *Innovative approaches to language teaching* (pp. 25–27). Rowley, MA: Newbury.

Merabet, L. B., Hamilton, R., Schlaug, G., Swisher, J. D., Kiriakopoulos, E. T., Pitskel, N. B., Kauman, T., & Pascual-Leone, A. (2008). Rapid and reversible recruitment of early visual cortex for touch. *PLoS One*, 3(8), 1–12.

O'Doherty, J. P. (2004, December). Reward representations and reward-related learning in the human brain: Insights from neuroimaging. *Current Opinion in Neurobiology*, 14, 769–776.

Pawlak, R., Magarinos, A. M., Melchor, J., McEwen, B., & Strickland, S. (2003, January). Tissue plasminogen activator in the amygdala is critical for stress-induced anxiety-like behavior. *Nature Neuroscience*, 6, 168–174.

Plato. (2009). *The republic* (B. Jowett, Trans.). Thousand Oaks, CA: BN Publishing.

Raz, A., & Buhle, J. (2006). Typologies of attentional networks. *Nature Reviews Neuroscience*, 7, 367–379.

Reigeluth, C. M., & Schwartz, E. (1989). An instructional theory for the design of computer-based simulations. *Journal of Computer-Based Instruction*, 16(1), 1–10.

Rivera, S. M., Reiss, A. L., Eckert, M. A., & Menon, V. (2005, November). Developmental changes in mental arithmetic: Evidence for increased functional specialization in the left inferior parietal cortex. *Cerebral Cortex*, 15(11), 1779–1790.

Salamone, J. D., & Correa, M. (2002, December). Motivational views of reinforcement: Implications for understanding the behavioral functions of nucleus accumbens dopamine. *Behavioral Brain Research*, 137, 3–25.

Shim, J. (2005). Automatic knowledge configuration by reticular activating system. In L. Wang, K. Chen, & Y. S. Ong (Eds.), *Advances in natural computations* (pp. 1170–1178). New York: Springer.

Sousa, D. A. (2006). *How the brain learns* (3rd ed.). Thousand Oaks, CA: Corwin Press.

Storm, E. E., & Tecott, L. H. (2005, August). Social circuits: Peptidergic regulation of mammalian social behavior. *Neuron*, 47, 483–486.

Thorsten, T., Hariri, A., Schlagenhauf, F., Wrase, J., Sterzer, P., Buchholz, H., et al. (2008). Dopamine in amygdala gates limbic processing of aversive stimuli in humans. *Nature Neuroscience*, 11(12), 1381–1382.

van Duijvenvoorde, A. C. K., Zanolie, K., Rombouts, S. A., Raijmakers, M. E. J., & Crone, E. A. (2008, September). Evaluating the negative or valuing the positive? Neural mechanisms supporting feedback-based learning across development. *Journal of Neuroscience*, 28(38), 9495–9503.

Vygotsky, L. (1978). *Mind and society: The development of psychological processes.* Cambridge, MA: Harvard University Press.

Wagner, A. D., Schacter, D. L., Rotte, M., Koutstaal, W., Maril, A., Dale, A. M., et al. (1998, August). Building memories: Remembering and forgetting of verbal experiences as predicted by brain activity. *Science*, 281, 1188–1191.

Wang, J., Rao, H., Wetmore, G. S., Furlan, P. M., Korczykowski, M., Dinges, D. F., et al. (2005, December). Perfusion functional MRI reveals cerebral blood flow pattern under psychological stress. *Proceedings of the National Academy of Sciences*, 102(49), 17804–17809.

4

감정과 직관이 학습에서 하는 역할

감정은 어떻게 학습에 영향을 미치며,
효과적인 사회성·감성 교육은 무엇인가?

메리 헬렌 이모르디노-양(Mary Helen Immordino-Yang)
매티어스 파에스(Matthias Faeth)

4강은 새로운 정보를 배울 때 감정이 어떤 영향을 끼치는지를 신경과학적인 관점에서 설명한다. 감정은 인지적 학습의 안내자다. 눈에 보이지는 않지만 감정은 학습자가 어떤 의사결정을 내릴 것인지에 커다란 영향을 미친다. 학습을 할 때의 감정 상태가 중요하다는 뜻이다. 그래서 교사는 수업내용을 학생들의 삶이나 관심사와 연계해 학생들이 흥미를 갖고 수업에 참여하도록 수업을 설계해야 하며, 교실의 사회적·정서적 분위기를 적극적으로 관리해야 한다. 메리 헬렌 이모르디노-양 박사와 매티어스 파에스 박사는 인간의 감정과 사회적 상호작용이 학습에 미치는 영향에 관한 다양한 연구를 수행해온 교육학자들이다.

신경과학이 발전하면서 이러한 연구결과가 교육이론과 교수법에 미치는 영향력이 점차 확대되고 있다. 지금까지는 이러한 연구성과가 읽기나 계산과정처럼 인지학습 영역에서만 이루어져 왔지만, 최근 사회성 및 감성에 대한 신경과학 연구가 쏟아지면서 이를 교육에 적용할 수 있는 방법에 주목하고 있다(Immordino-Yang & Damasio, 2007; Immordino-Yang & Fischer, 2009). 특히, 사회성 및 감성에 대한 신경과학 연구는 인지와 감정이 뇌 안에서 상호 의존한다는 것과, 학습이 이루어지는 데 감정의 역할이 중요하다는 것, 인지학습이 잘 이루어질 수 있는 최적의 정서 상태를 유지하도록 교실 내 환경을 조성하는 데 교사가 결정적인 역할을 한다는 사실을 분명하게 보여주고 있다(van Geert & Steenbeek, 2008).

사회성 및 감성에 대한 신경과학 연구가 주는 메시지는 분명하다. 더는 학습을 감정과 별개라고 생각하거나, 학습이 감정 때문에 방해를 받는 것으로 생각해서는 안 된다는 것이다. 또한 어떤 교수전략이 효과적이었을 때, 그 이유가 전적으로 학생 각자의 능력치에만 달린 거라고 생각할 수도 없다. 학생과 교사는 사회적으로 상호작용하면서 배우며, 이러한 학습방식은 학습스킬이라는 '차가운' 인지적 요소로는 제대로 평가하기 어렵다. 다른 형태의 학습이나 상호작용을 할 때와 마찬가지로, 학문적 지식을 쌓을 때에는 사회적 맥락 안에서 감정과 인지를 통합해야 한다. 학습스킬에는 '뜨거운' 감정 요소가 필요하다!

뇌에 관한 잘못된 통념을 넘어서

이 장에서 우리는 교사들이 뇌에 대해 너무 단순하게 결론 내리거나 뇌를 알기만 하면 다 해결될 것처럼 과장하는 '뇌에 관한 잘못된 통념'(Goswami, 2004, 2006)을 내려놓고, 학생들의 감정을 학습에 적합한 상태로 조성하는 일련의 전략을 세울 수 있도록 돕고자 한다(Pekrun et al., 2002). 이런 전략들은 학생들이 적절한 감정 상태에서 사회적인 맥락에 맞게 배워야 한다는 원칙에 따라 만들어진다(Brackett et al., 2006). 하지만 이런 교수전략이 신경과학 연구결과의 세부 내용에서 나온 것은 아니다. 이를 바로 교수전략으로 연결하는 것은 부적절하고 성급한 태도이다. 우리는 이들 신경과학 연구를 해석해서 새로운 정보를 학습할 때 감정이 어떤 역할을 하는지를 보여주는 신경과학적 견해를 제시한다. 그리고 이러한 견해를 바탕으로 충분한 논의를 거쳐, 교사들이 학습의 정서적·인지적 측면들을 향상시키는 데 사용할 수 있는 사회성 교육 프로그램을 만들었다.

논의를 진전시키기 전에 꼭 당부해두고 싶은 것이 있다. 마음·뇌·교육(mind, brain, and education)이라는 신생 분야가 부상하면서 신경과학 연구결과를 근거로 만들어진 교수전략들이 엄청난 속도로 쏟아지고 있지만, 이를 받아들이고 해석하는 데는 조심스러운 입장을 취해야 한다(Fischer et al., 2007). 그동안 교육자들은 학생들을 진심으로 이해하고 도우려는 열정 때문에 신경과학 정보를 잘못 이해하거나 적용한 '뇌기반 교육' 전략들을 굳게 믿으며 실제 교육현장에서 종종 사용해왔다. 이런 사례들은 교육 분야 도서와 대중매체에서 얼마든지 볼 수 있다. 가령, 초등학생들을 운동감각적 학습자나 청각적 학습자와 같이 특정 유형의 학습자로 범주화하거나, 아기의 두뇌에 공간인지능력이 발달되려면 모차르트 음악을 들어야 한다는 주장까지 있었다. 신경과학에 대한 이런 잘못된 믿음으로 인해 교육적 자원만 낭비된다면 그나마 다행이지만, 최악의 경우에는 아이들에게 해로운 영향을 끼치거나 아이들을 위험에 빠뜨릴 수도 있다.

우리는 조금 다른 방식으로 접근하고자 한다. 방대한 신경과학 연구결과 중에서 아이들을 어떻게 가르칠 것인가와 직접적으로 관련이 없는 뇌의 구조나 연구결과를 설명하는 대신, 학습이 일어나는 데 근본이 되는 감정과 신체반응을 토대로 만들어진 패러다임을 해석하는 것을 목표로 한다. 아이오와 도박 과제(Iowa Gambling Task)로 알려진 이 패러다임은 앙투안 베카라(Antoine Bechara) 등이 설계한 것으로(Bechara et al., 2005), 인지와 학습이 이루어지는 데 감정이 중요한 역할을 한다는 사실을 보여주었다. 이 장에서 우리는 그동안 신경과학자들이 밝혀낸 것 가운데 핵심만 잘 추려서 교사들이 실제 교실수업에 적용할 수 있도록 감정과 학습에 관한 신경과학적 조언으로 만들고자 한다. 이러한 조언들은 단일 실험이나 특정 뇌 영역에 관한 것만이 아니라 오랜 세월 동안 실험과 연구를 반복하고 숱한 논쟁을 거쳐 합의에 이른 뇌의 작동원리를 반영하는 것이기 때문에 믿고 사용해볼 만하다.

이러한 목표를 달성하기 위해서 우선 '아이오와 도박 과제'와 그 과제가 우리에게 던져주는 중요한 통찰력에 대해, 즉 무의식적으로 일어나는 느낌에 따른 '직관'이 학습효율과 성공에 중요한 역할을 한다는 점에 대해 설명하고자 한다. 또한 학습에 있어 감정이 하는 역할을 다룬 수많은 실험결과를 바탕으로 일련의 학습패턴을 보여주는 전형적인 학습자의 성과를 소개하고, 정상인과 뇌 손상 환자 등 다양한 임상연구결과에 비추어 이러한 학습패턴을 해석할 것이다. 그런 다음 학습하는 동안 당장 해야 할 과제와 상관없는 감정이 끼어들거나, 극단적인 경우 감정과 관련된 뇌 영역에 손상을 입어 감정을 제대로 처리하지 못하게 되면 감정을 바탕으로 직관적으로 처리하는 데 문제가 생겨 합리적인 행동을 능숙하게 이끌어내지 못한다는 사실을 다루고자 한다. 또한 이 장의 후반부에서는 학생들이 의미 있는 학습을 하기 위해 감정을 능숙하게 다루는 데 도움을 줄 수 있도록, 신경과학 실험을 통해 얻어진 교수전략에 대해 구체적으로 다룬다.

따라서 이 장의 앞부분은 신경과학 연구가 기여한 5가지 원리를 주로 다루게 된다. 이 원리들은 학습에 있어 감정과 인지의 관계를 새로운 관점으로 보게 해주었으며, 학교라는 사회적 환경에서의 교수과정에 영향을 미쳤다. 그리고 뒤에서는 이렇게 새로 밝혀진 사실을 바탕으로 학교에서 일어나는 교수학습의 효율을 높이는 데 활용할 수 있는 3가지 전략을 제시한다. 교사들이 이러한 내용을 길잡이 삼아, 학생들의 학습과정에 감정이 실린 의미 있는 학습을 시도해봤으면 하는 바람이다.

뇌와 학습: 감정은 왜 중요한가

아이오와 도박 과제의 흥미로운 과정을 살펴보자. 실험에 참여한 피험자는 테이블에 앉아 카드게임을 한다. 그는 네 벌의 카드묶음에서 각각 한 장씩 카드를 뽑아야 한다. 카드 한 장을 뽑을 때마다 상금과 벌금이 주어지는데 어떤 카드묶음에는 다른 카드묶음보다 상금이 큰 카드들이 들어 있지만 그만큼 손실도 커서 그 묶음을 선택하면 장기적으로 엄청난 손해를 보게 된다. 일반적인 사람은 보통 어떻게 이 게임의 방법을 터득하고, 또 어떻게 각 카드묶음의 장기적인 결과를 서로 비교하여 규칙을 찾아내는 것일까?

1. 감정은 인지적 학습의 안내자이다

아이오와 도박 과제 참가자들의 성과를 살펴보면, 게임의 방법을 배우는 학습과정에 감정처리와 인지처리 둘 다 작용한다는 사실을 알 수 있다. 처음에는 대개 무의식적으로 어떤 감정을 느끼면서 직관적으로 배우게 되며, 이러한 직관은 결국 의식적인 규칙이 되어 말이나 공식으로 묘사된다. 이처럼 학습에서는 직관적으로 느끼는 감정을 발달시키는 것이 원리나 규칙을 습득하는 데 중요하다. 게임 참가자가 처음 게임을 시작할 때는 아무 카드묶음에서나 카드를 뽑게 되고, 그 카드의 결과를 보고서야 돈을 따는지 잃는지 알아차린다. 하지만 머지않아 카드묶음에 따라 어떤 것은 돈을 딸 가능성이 높고 또 어떤 것은 돈을 잃을 가능성이 높다는 점을 의식하게 된다. 위험도가 높은 카드묶음에서 카드를 뽑으려고 할 때는 바로 직전에 이를 예견한 감정반응을 보이기 시작한다. (참가자는 손바닥에 땀이 나기 시작하며, 이는 '피부 전기 반응(galvanic skin response, GSR)'으로 측정된다.) 게임 참가자는 무의식적으로 어떤 카드묶음은 다른 카드묶음에 비해 상대적으로 위험하다는 감정정보를 축적하고 있는 것이다. 게임을 진행하는 동안 참가자는 이러한 감정정보가 시키는 대로 '안전한' 카드묶음으로 손을 뻗고, 이득이 높지만 크게 잃을 확률이 있는 카드묶음은 피해간다. 이렇게 게임을 한동안 지속하면 참가자는 어떤 카드묶음을 선택하고 어떤 카드묶음을 피해야 하는지에 대한 규칙을 설명할 수 있을 만큼 정보를 충분히 축적하게 된다. 이 상태에 이르면 우리는 그가 '학습했다'고 말할 수 있다.

아이오와 도박 과제의 실험 패러다임은 학습과정에서 감정이 중요함을 말해주며, 이는 의사결정 과제뿐만 아니라 수학학습이나 사회적 학습, 그리고 앞으로 벌어질 일을 현명하게 처리하기 위해 경험을 통해 모은 정보를 사용하는 다양한 영역의 학습에도 중요하다(Bechara & Damasio, 1997). 항해할 때 노를 저어 배를 이끌듯이 감정은 피험자의 학습을 인도한다(Immordino-Yang & Damasio, 2007). 감정이나 감정이 미치는 영향은 눈에 보이지는 않지만, 장기적으로 학습자가 취하는 의사결정과 행동의 방향을 안정시키는 힘이 있다.

감정은 어떤 묶음에서 카드를 고를지 결정할 때나 어떤 수학공식을 적용할지 고민할 때 그와 관련된 지식을 불러내는 데 안내자 역할을 한다. <도표 4-1>에서 실선으로 된 타원은 감정을 나타내고, 점선으로

도표 4-1 어떻게 감정과 인지가 결합하여 학습과 기억 같은 사고작용을 일으키는가

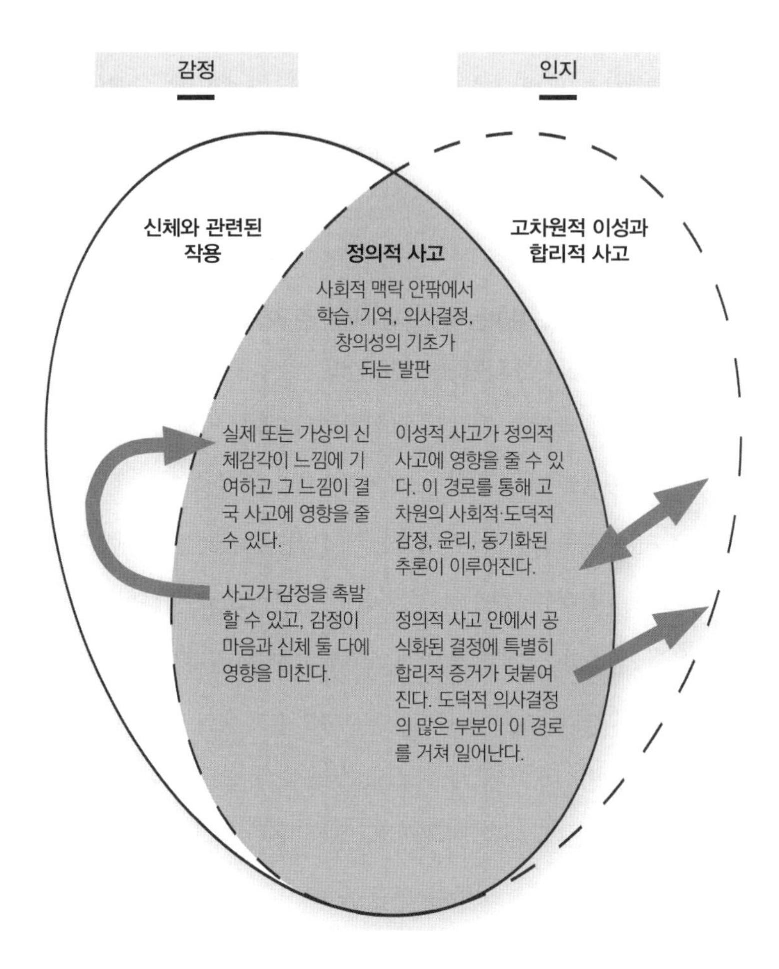

출처: Immordino-Yang & Damasio, 2007. 허락을 얻어 전재

된 타원은 인지를 나타낸다. 두 개의 타원이 겹치는 광범위한 영역은 '정의적 사고(emotional thought)' 영역을 보여준다. 잘 발달된 직관은 흔히 정의적 사고의 발달과정에서 중요한 한 단계이며, 지식의 '인지적' 측면에 비추어 보건대 어떤 실제 또는 가상의 신체감각이 반복해서 다시 찾아오는 과정을 통해 형성된다.

2. 학습에 대한 감정의 기여는 두 가지 차원, 즉 의식적(conscious) 차원과 비의식적(nonconscious) 차원에서 일어난다

아이오와 도박 과제의 예에서 피험자의 선택을 인도하고 예기하는 감정 반응은 처음부터 존재하는 것이 아니라, 게임을 하는 동안 경험으로부터 서서히 학습된다. 피험자는 자신이 결과가 불확실한 확률게임에 참여하고 있다는 것만 알 뿐 처음엔 직관적으로든 사실적으로든 카드묶음을 구분하는 데 도움이 될 만한 정보는 하나도 가지고 있지 않다. 카드를 뽑으면서 더 높은 보상이 돌아오는 것을 경험하는 한, 처음엔 틀림없이 이익도 크고 손실도 큰 묶음에 끌릴 것이다. 이 단계가 되면 이미 이 묶음에 대해 비의식적·정서적 반응이, 즉 흥분되면서 끌리는 반응이 형성되는 것이다.

엄청난 손실을 처음 맞닥뜨린 후에야 비로소 흥분으로부터 실망으로 급격히 변하는 반응이 일어나게 될 것이다. 손실은 독립적으로 일어난 하나의 사건이었을까, 아니면 피험자가 손실경험으로부터 무언가를 학습함에 따라 향후의 선택을 조정하게 되는 것일까? 피험자는 그 순간부터는 그 묶음에서 카드를 뽑을 때 전처럼 느끼지 않을 것이다. 때로는 더 높은 보상에 대한 유혹을 느끼면서 위험한 묶음에서 뽑기를 계속할지 몰라도, 위험을 감수할 경우 다시 손실을 입을 거라는 두려움도 같이 느낄 것이다.

이와 같이 감정이란 배의 방향타와 같아서 행동을 조종하고, 카드묶음에 관한 정보를 얻고, 위험한 묶음에 손을 뻗기를 주저하게 만들고, 더 높은 보상의 유혹을 극복하도록 돕고, 신중하게 판단할 에너지와 촉진제 역할을 한다. 그리고 신경과학 실험에서 볼 수 있듯이 이 모든 것이 의식적 자각 수준 아래에서 일어날 수 있다. 피험자는 이 시점에서도 여전히 게임의 규칙도, 각 묶음이 어떻게 다른지도 모른다고 말할 것이다. 손에 땀을 쥐게 하는 이런 상황을 보면 무의식적으로 이뤄지는 정서적 학습이 얼마나 강력한 숨은 힘인지 알 수 있다.

3. 정서를 수반한 학습만이 미래 행동을 바꾼다

생각의 방향타 역할을 하는 감정은 아이오와 도박 과제뿐만 아니라 학교를 비롯한 다른 많은 상황에서도 똑같이 도움이 된다. 수학문제를 잘못 풀어서 시험지에 빨간 가위표를 받거나 잘 풀어서 좋은 점수를 받은 3학년 학생을 생각해보라. 논문 초안이 주제를 벗어났다고 퇴짜를 맞거나 수업 중에 손을 들고 발언함으로써 강사의 인정을 받은 대학생을 생각해보라.

아이오와 도박 과제에서 관찰했듯이, 학습자가 어떤 행동을 선택한 후 그 결과에 대해 보이는 정서적 반응은 의식할 수는 없지만 학교문화, 수학, 에세이 쓰기 등의 영역에 대한 인지적 지식과 하나로 통합되어 있다. 이러한 학습활동은 그 결과에 대한 학습자의 정서적 반응에 따라 '위험하고' 불안한 것이 되거나, '신나고' 도전적인 것이 되기도 한다. 모든 예에서, 의식적으로든 비의식적으로든 학습자가 노력한 결과에 대해 보이는 정서적 반응이 그의 향후 행동을 결정함으로써, 다음에도 같은 식으로 행동하도록 유인하거나 유사한 상황을 경계하게 만든다.

4. 감정은 당면 과제와 관련이 있을 때 지식 형성에 효과적이다

학교에서 감정은 흔히 지식 학습에 필수적인 요소가 아니라 부차적인 것으로 여겨진다. 일례로 우리는 아이들이 공부에 집중하기 위해 '감정을 배제하길' 바란다. 이러한 시각에서 보면 감정은 정상적인 인지활동에 적대적이며 그것을 방해하는 힘이므로 성숙한 판단을 위해서는 조절하고 억눌러야 하는 부분이다. 여기서 성숙한 판단과 관련되는 상황은 친구를 어떻게 대할까와 같은 사회적 딜레마나 부정행위를 어떻게 처리할까와 같은 도덕적 딜레마일 수도 있고(Haidt, 2001), 수학시간에 어떤 문제에 어떤 공식을 적용할까와 같은 인지적 딜레마일 수도 있다.

그러나 아이오와 도박 과제 실험이 증명하듯이, 신경과학은 감정을 제거하거나 '극복하려고' 애쓰기보다 오히려 인지적인 지식 형성에 감정을 활용할 때 학습이 가장 효율적이고 효과적으로 일어남을 보여주고 있다. 실제로 학습능력이 뛰어난 학습자들은 유용하고 관련된 직관을 개발해서 사고와 의사결정 과정에 안내자 역할을 하게 한다

(Damasio, 1994/2005; Immordino-Yang & Damasio, 2007). 이러한 직관은 정서적 반응이 인지적 처리과정 및 경험으로부터 배운 기존의 지식과 통합되면서 형성되는 것이다. 직관은 아무렇게나 일어나는 비의식적 변덕이 아니다. 직관은 어떤 과제나 영역을 경험함으로써 형성되고 구성되기 때문에, 학습하는 특정 상황에 느꼈던 바로 그 감정에서 나온다.

하지만 어떤 감정이 연관성이 있고 어떤 감정은 무관한지를 어떻게 구분하며, 이 구분은 인지적 학습에 어떤 영향을 줄까? 감정이라는 방향타의 발달이 어떻게 틀어질 수 있는가를 이해하기 위해 앞의 예로 돌아가자. 만일 도박사가 너무도 불안한 나머지 그에게 카드묶음의 유인가(誘引價, 어떤 사물이나 현상이 마음을 끄는 힘의 정도-옮긴이)를 일러주는 미세한 정서적 변화를 '느낄' 수 없다면 그가 게임을 효과적으로 학습할 수 있겠는가? 혹은 다가오는 풋볼경기에 너무나 마음이 들떠 있어서 지금 해야 하는 과제에 집중할 수 없다면? 분명 두 경우 모두 정서적 반응이 있긴 하겠지만 과제와 관련해서는 그냥 소음으로 느껴질 뿐이다. 그는 어떤 묶음에서 카드를 뽑든 어떤 결과를 얻든 상관없이 불안하거나 마음이 들떠 있을 것이다. 두 경우 모두에서 그는 어느 묶음이나 정서적 차이를 경험하지 못하기 때문에, 필경 자신의 정서적 직관을 토대로 묶음을 효과적으로 구분하는 법을 학습하지 못할 것이다. 결국 게임학습은 실패할 것이다. 요컨대, 이러한 예로부터 효과적인 학습에 필요한 것은 감정을 제거하는 것이 아니라 지금 하는 과제와 관계가 있는 유용한 감정 상태를 능숙하게 만들어내는 것임을 알 수 있다.

5. 감정이 실리지 않은 학습은 효율이 낮다

이제 다른 시나리오를 살펴보자. 다른 한 사람이 과제에서 도박을 해 돈을 따려 한다. 그러나 이 사람은 감정이 일어나는 동안 몸의 느낌과 인지적 전략의 학습을 중재하는, 눈 바로 위쪽에 있는 뇌 부위인 배쪽(앞쪽) 내부 전전두피질(ventromedial prefrontal cortex)에 손상을 입은 신경과 환자이다. 이 사람의 성적은 앞에서 예를 든 사람의 성적과 어떻게 다를까? 이 환자는 인지능력이 온전해서 논리문제도 풀고 표준 지능지수 검사도 무난히 통과한다. 그렇지만 그가 인지적 전략을 선택할 때 위험한 묶음에 대한 정서적 반응을 감지하지 못한다면 게임 방법을 성공적으로 학습할 수 있을까? 어쩌면 감정을 배제했으니 게임의 규칙을 더 직접적으로 판단할 수 있지 않을까?

유감스럽게도 그렇지가 않다. 환자도 처음에는 전형적인 피험자와 똑같이 아무 묶음에서나 카드를 뽑을 것이다. 그러나 전형적인 피험자에게서 일어나듯이 예측성을 높여줄 정서적 반응을 먼저 형성해놓지 않으면 카드 선택에 대해 그가 보이는 정서적 반응은 향후 선택에 아무 영향도 미치지 않을 것이다. 정상 피험자라면 '안전한' 묶음에서 카드를 뽑는 쪽으로 점차 옮겨가는 반면, 배쪽 내부 전전두피질에 손상을 입은 환자는 이득도 크지만 손실도 큰 묶음에 여전히 끌려서 최소한 '안전한' 묶음만큼 자주 그 묶음을 선택할 것이다. 그도 어떤 묶음을 택하면 큰 손실을 입는다는 것을 알아차리고 이러한 손실이 일어나면 실망도 느끼겠지만, 그래도 이 정보를 향후 게임전략의 길잡이로 활용하지는 않을 것이다.

정상 피험자들은 대부분 늦어도 총 80장의 카드를 뽑고 나면 어떤 묶음을 선택하고 어떤 묶음을 피해야 한다는 규칙을 자각하게 된다. 말로는 규칙을 완벽하게 표현하지 못하는 정상 피험자조차도 그 무렵이면 이미 유리한 패턴으로 묶음을 선택하고 있었다. 하지만 배쪽 내부 전전두피질 환자군에서는 사정이 전혀 다르다. 그들은 어떤 묶음을 선택하고 어떤 묶음을 피해야 한다는 규칙을 또렷이 인식하는 데 성공한다 해도 불리한 선택을 계속한다. 다시 말해, 성공적으로 게임하는 방법을 결코 학습할 수 없다. 그들이 의식적으로 학습하는 지식, 정서적 반응, 인지적 전략이 통합되거나 정렬되지 않는 것이다. 그 결과 이 환자들은 경험으로 무언가를 학습할 능력이 없고 의식적으로 알고 있는 것조차도 사용할 능력이 없다. 이는 일상생활에서 내리는 결정에까지 영향을 끼친다. 그들은 뇌 손상을 입기 전만큼 효과적으로 일상생활을 영위할 능력이 없어서 늘 보호감독을 받아야 한다.

감정과 인지가 상호작용하는 데 정서적 직관이 방향타 역할을 해주지 않는다면 사실적 지식만으로는 별 소용이 없다는 말이다. 일부 배쪽 내부 전전두피질 환자들은 어떤 묶음이 좋고 나쁜지를 매우 잘 알면서도, 결정을 내리는 데 있어서는 정서적 정보가 아무런 영향을 주지 못한다. 교실 안의 학생들도 이런 문제로 힘들어한다. 학생들이 학교에서 배우는 지식에서 아무런 연관성을 느끼지 못하면 수업내용은 무의미하게 느껴질 것이다. 설사 그들이 사실적 정보를 그냥 반복 재생할 수 있다 하더라도 그 정보가 그들의 결정과 행동에 영향을 주지는 않을 것이다. 물론 이 학생들은 배쪽 내부 전전두피질 환자들과 달리 자신이 학습하는 내용에 대해 정서적 반응을 발달시킬 능력이 있다. 하지만 교육과정이 정서적 반응의 형성을 지원하지 않으면, 즉 반응이 일어났을 때 그것을 수용하고 그 반응이 교실에서의 결정과 행동에 영향을 주도록 허용하지 않으면, 학습에서 감정과 인지가 효과적으로 통합되지 않을 것이다. 교실과 교실 밖으로까지 효과적인 인지가 일어나서 올바른 결정으로 이어지려면 언제나 감정이 학습경험의 일부가 되어야 한다.

감정을 교실수업에 도입하기 위한 3가지 전략

지금부터는 교사들이 감성적 학습의 발달을 수용하고 지원하는 데 도움을 줄 수 있는 3가지 지도전략을 제공한다.

1. 학습내용과 감정을 연결하라

감정을 통한 의미 있는 학습이 이루어지도록 수업을 구성하는 데 교사들이 활용할 수 있는 가장 중요하고도 최우선적인 전략은 학습내용에 적절한 감정을 연계시켜 배움이 일어날 수 있는 교육경험을 설계하는 것이다. 그러한 정서적 연결고리를 만드는 일은 탐구할 주제를 선별하는 것에서 시작할 수 있다. 교사에게도 어떤 주제를 제시할지 학생들을 어떻게 참여시킬지 결정할 어느 정도의 수업 재량권이 주어지는 편이다. 그 선택과정에 학생들을 참여시켜 학습과정을 신중하게 선택하고 완수하게 하는 게 어떤가. 예컨대 학습할 주제가 고대 로마라면, 주요 사건들에 관한 극본을 쓰고 연극하기, 자료 조사하기, 초기 로마인의 원로원을 모방한 모형 원로원 설계하기 중에서 하나를 학생들 스스로 선택하도록 해보라. 수업설계에 관여한 학생들은 수업목표를 더 잘 이해하고 학습과정에 열성적으로 참여하며, 학습결과를 자기 것으로 만든다. 학생들이 학습방식을 선택하면 이건 내가 선택한 것이라는 주인의식을 갖게 되므로, 자신이 선택한 학습과정을 의미 있게 만들고 경험하는 감정을 학습과 연계시키는 지난한 과정을 잘 수행하게 된다.

그 외에도 교사는 수업내용을 학생들의 삶이나 관심사와 연계시킬 수 있다. 연계시킨다는 것은 새로 배울 내용이 학생들의 일상에 어떻게 영향을 끼치는지 보여주거나, 학생들 스스로 연관성을 찾아보게 하는 것을 의미한다. 교사는 학생들이 자신의 관심사와 열정을 따르도록 최대한 격려하고, 수업내용이 자신이 선택한 학습과정과 어떻게 연관되고 얼마나 유용한지 깨닫도록 도와야 한다. 예를 들어, '시저는 전쟁에 대해 어떻게 느끼고 생각했을까?' 라는 질문은 누구에게 어떻게 던져도 시저가 살던 로마시대 못지않게 시의적절한 질문이 된다. 학생들에게 수업내용에 의미 있는 방식으로 참여해 학습하도록 독려하면 학생들이 개발하게 되는 감성적 직관은 그들이 일상생활에서 맞닥뜨리는 의사결정에도 적절하게 활용될 수 있을 것이다.

흥미를 느끼며 학습에 몰입하게 만드는 효과적인 또 한 가지 도구는 정답이 없는 문제를 풀게 하는 것이다. 이런 개방형 질문을 던지면 학생들은 그 과제의 정의가 무엇인지 씨름하는 과정에서 자기 삶과의 연관성, 기존 지식과의 연계성, 창의성, 흥미도와 관련된 직관적 지식을 활용하게 된다(Ablin, 2008). 포트폴리오 작성, 프로젝트 수업, 모둠 활동은 감정에 기반을 둔 사고활동을 가능하게 하는 측면도 있다. 교사들은 활동을 설계할 때 정서적 반응이 표현되고 실수를 통해서 배울 수 있는 자율과 여유를 제공하기 위해 최선을 다해야 한다. 일부 교사들에게 이는 특정 교과내용을 가르치기 위해 가장 빠르고 직접적인 경로로 학습자를 몰고 가는 아주 권위적인 수업방식과 결별하는 것을 의미한다. 이 빠르고 직접적인 학습경로는 정서가 배제된 방식인 경우가 많기 때문이다.

풍부한 감정, 감동적이고 소중한 기억들을 지속적으로 경험하면서 방향타 역할을 할 강력하고도 다양한 감성을 키우는 것은, 새로운 길을 개척하거나 다른 길로 돌아가거나 실수를 함으로써 가능하다. 표준화시험에 치이고 과도한 학습량의 교육과정에 짓눌리는 시대에 이런 생각은 한가한 소리로 들릴 수 있다. 하지만 정서신경과학적(affective neuroscientific) 관점에서 보면, 직접적이고 가장 효율적인 것 같은 길이 결국은 가장 비효율적인 것으로 드러난다. 학생들의 실제 삶과 제대로 통합되지도 않고 사실적 지식만 잔뜩 포함하고 있어 비효율적인 경우가 대부분이기 때문이다.

2. 학생들이 뛰어난 학문적 직관을 갖추도록 격려하라

일단 주제가 선택되면 교사는 학생들이 교실에서 학습하고 문제해결 활동을 하는 동안 자신의 직관을 사용하도록 격려해야 한다. 신경과학의 관점에서 직관이란 정서적 신호들이 무의식적으로 지식 습득 과정에 도입되는 것으로 이해할 수 있다. 아이오와 도박 과제에서, 게임을 하는 피험자들이 위험한 묶음을 선택하기라도 할까 봐 정서적 불안감을 보이기 시작한 것을 기억하라. 이 정서적 반응은 궁극적으로 피험자들이 게임의 규칙을 자각하는 과정에 통합된다. 즉, 심지어 규칙을 또렷하게 묘사할 수 있기도 전에 피험자는 어떤 카드묶음을 선택하면 어떤 결과가 생길지에 대해 비의식적 직관을 가지게 된다. 이 경험기반 직관은 점차 피험자의 결정을 인도하고, 궁극적으로 게임의 규칙이 또렷이 인지되도록 돕는다. 교육적 용어로 말하자면, 그는 '학습'을 한 것이다!

아이오와 도박 과제 피험자가 서로 다른 묶음의 관계를 알아채고 다양한 선택에 수반되는 결과를 학습하기 위해서는 긍정적 경험과 부정적 경험이 둘 다 필요한 것과 마찬가지로, 학생들도 배운 지식을 언제 어떻게 사용하면 되겠다는 직관을 계발할 기회가 있어야 한다. '이 문제를 푸는 데 이 수학공식을 적용하는 게 맞는가?' 또는 '내가 정확한 답에 접근하고 있을까?'와 같이 적절한 질문을 하는 법을 배우게 될 것이다. 학생들이 그러한 질문을 혼자서 또는 집단적으로 곰곰이 생각해보는 것은 유용하고, 일반화할 수 있으며, 기억 가능한 지식을 얻는 데 매우 중요하다. 그리고 이러한 질문에 답하려면 정서적 지식과 인지적 지식을 통합한 숙련된 직관이 생겨야 하며, 그러한 종류의 직관은 다른 지식을 배우거나 실생활을 하는 데에도 적용시킬 수 있다.

교사들은 학생들이 많은 정보를 최대한 빨리 학습하도록 도와야 한다는 압박을 느낄 것이다. 학생들도 처음에는 직관을 발달시키는 속도가 느릴 것이다. 그러나 신경과학은 학생들이 숙련된 직관을 계발할 기회를 적절히 안배해두면, 장기적으로 학습효율이 향상될 것이라고 말한다. 아마도 직관이 제대로 발달하지 않은 학생은 내용을 장기간 기억하지 못할 것이다. 설사 추상적으로 교과내용을 기억한다고 해도 그것을 새로운 상황에 적용하기는 힘들 것이다.

3. 교실의 사회적·정서적 분위기를 적극적으로 관리하라

학생들의 직관을 발달시키는 데는 교실의 사회적 환경이 중요하다. 숙련된 직관을 계발할 수 있도록 해주는 것이 중요하기는 하지만, 단순히 학생들에게 실수를 허용하는 것만으로는 충분치 않다. 학생들이 스스로에게 실패를 허용하는 경우는 신뢰받고 존중받는 분위기 속에서 실수를 경험할 때뿐이다. 따라서 교실환경과 교사와 학생들의 사회적 관계가 잘 조성되어 있어야 한다.

학습과 관련된 긍정적인 수업분위기를 조성해야 한다고 하면 교사들은 농담하기, 영상 보여주기, 경품 나눠주기, 수업을 방해하는 학생들 방임하기와 같은 쉬운 경로를 택해 과제와 상관없이 억지로 긍정적인 감정을 유발하려는 유혹을 느낄 수 있다. 실제로 유머나 보상을 시의적절하게 구사하면 학생들이 기분 좋은 소속감을 느낄 수 있는 교실문화를 조성하는 데 분명히 도움이 된다. 그러나 한편으로는 학생들이 두려움 없이 자신을 표현하고, 실수로부터 배우고, 집단적 결속력을 키우는 등 학습에 몰입하기 위해 꼭 필요한 활동들을 편안하게 느끼도록 돕는다는 취지에서는 멀어질 수도 있다.

동시에, 눈앞의 과제와 무관한 감정은 미세한 감정적 신호를 감지하는 능력을 실제로 방해할 수 있다. 이런 신호는 새로운 개념적 지식을 형성하고 적용할 때 방향타의 역할을 하기 때문에 무시할 수 없다. 아이오와 도박 과제에서 보았듯이, 과도한 불안 또는 흥분 상태에 있거나 주의가 산만한 피험자는 게임을 학습하기 힘들다. 감정이 유용하려면, 개발되는 그 감성능력이 언제 어떻게 사용되어야 하는지에 대한 지식을 갖추는 것이 필수적이다. 특히 수업에 대한 몰입과 연결이 약한 학생들의 경우에는 숙련된 직관을 지원하는 감정적 신호들이 묻혀버리기 쉽다.

효과적으로 잘 가르치고자 하는 교사들은 교실분위기 조성의 수위 조절을 잘해야 한다. 과제와 무관한 감정이 교실에서 편안하고 즐거운 사회적 환경을 조성하는 데 중요한 시발점이 될 수도 있지만, 지나치게 무관하면 수업에 적절한 감정 상태를 느끼는 능력을 발달시키는 데 방해가 될 수 있기 때문이다. 교실의 사회적·정서적 환경을 효과적으로 관리하려는 교사들은 위 두 감정 간의 균형을 잘 유지해야 한다. 학생들의 감정 상태를 적극적으로 관리하고 학생들이 의미 있는 학습경험을 축적하면서 만들어내는 미세한 감정적 신호들에 주의를 기울이고 그 감정 상태에서 학습할 수 있도록 도와야 한다. 학생들의 감정조절능력이 발달되면, 과제와는 무관한 감정활동은 사라지고 활발한 참여를 통해 긍정적 정서가 넘치는 수업이 자리를 잡게 된다.

감정, 직관, 학습에 대한 신경과학적 관점

감정과 인지의 상호연관성과 이성적 사고에서 감정의 중요성을 입증하는 신경과학 연구결과가 많이 나오고 있다(Greene et al., 2001; Haidt, 2001; Immordino-Yang, 2008). 그럼에도 현대의 교수법은 대부분 감정을 학습의 보조적인 요소로 보거나 심지어 방해 요소로 여긴다. 이 장에서 보았듯이, 학습에서 감정은 결정적인 역할을 하며, 학생들이 미세한 감정적 신호들을 읽는 능력을 축적하게 되면 새로운 지식을 언제, 어떻게, 왜 사용해야 하는지에 관한 일련의 학습 직관을 형성할 수 있다.

교사들은 학습 맥락에서 감정을 배제하려 애쓰기보다 이 신경과학적 관점을 활용해 정서적 환경을 조성하고 학생들이 미세한 감정적 신호를 느낄 수 있도록 유도하는 것이 좋다. 학생들이 이 신호를 알아차리고 그 감정에 몰입하는 법을 배우면, 학습은 학생들의 삶에 더 많은 연관성과 의미를 갖게 되고, 궁극적으로 일상생활 차원으로까지 지행합일이 이루어지게 된다.

저자 소개

메리 헬렌 이모르디노-양
(Mary Helen Immordino-Yang)

인지신경과학자이자 교육심리학자로서 인간의 감정, 사회적 상호작용, 문화와 관련된 뇌의 신경학, 심리사회학, 심리학 메커니즘을 연구하고, 그러한 것들이 학교생활과 발달과정에 미치는 영향에 대해 연구하고 있다. 또한 전직 중학교 과학교사이며, 하버드 교육대학원에서 교육학 박사학위를 취득하였다. 학술지 『마음·뇌·교육(Mind, Brain, and Education)』의 부편집장을 지냈고, 미국학술원이 발간하는 『국립과학원학술지(Proceedings of National Academy of Sciences)』의 최우수 논문상인 코짜렐리상(Cozzarelli Prize)을 받았다. 또한 국제 마음뇌교육학회(International Mind, Brain, and Education Society, IMBES)에서 주는 '신경과학을 통한 교육혁신상' 을 수상했으며, 2014년에는 미국교육학회(American Educational Research Association, AERA)에서 '젊은 연구자상' 수상자로 선정되었다. 2016~2018년 국제 마음뇌교육학회 회장을 역임하기도 했다. 현재 서던캘리포니아대학 로스이어 교육대학 교육학 교수이자 '뇌·창의성연구소(Brain and Creativity Institute)' 심리학 교수, 동대학 신경과학대학원 교수진의 일원으로 활동 중이다.

매티어스 파에스(Matthias Faeth)

하버드 교육대학원 교육학 박사과정을 거쳐 몬트리올대학 인지신경과학연구소(Centre de Recherche en Neuropsychologie et Cognition, CERNEC)에서 교육학, 심리학, 신경과학의 관점에서 바라본 감정과 학습의 상호작용에 대해 연구를 진행했다.

참고 문헌

Ablin, J. L. (2008). Learning as problem design versus problem solving: Making the connection between cognitive neuroscience research and educational practice. *Mind, Brain, and Education*, 2(2), 52–54.

Bechara, A., & Damasio, H. (1997). Deciding advantageously before knowing the advantageous strategy. *Science*, 275(5304), 1293–1295.

Bechara, A., Damasio, H., Tranel, D., & Damasio, A. R. (2005). The Iowa Gambling Task and the somatic marker hypothesis: Some questions and answers. *Trends in Cognitive Sciences*, 9(4), 159–162.

Brackett, M. A., Rivers, S. E., Shiffman, S., Lerner, N., & Salovey, P. (2006). Relating emotional abilities to social functioning: A comparison of self-report and performance measures of emotional intelligence. *Journal of Personality and Social Psychology*, 91(4), 780–795.

Damasio, A. R. (1994/2005). *Descartes' error: Emotion, reason and the human brain.* London: Penguin Books.

Fischer, K. W., Daniel, D. B., Immordino-Yang, M. H., Stern, E., Battro, A., & Koizumi, H. (2007). Why mind, brain, and education? Why now? *Mind, Brain, and Education*, 1(1), 1–2.

Goswami, U. (2004). Neuroscience and education. *British Journal of Educational Psychology*, 74, 1–14.

Goswami, U. (2006). Neuroscience and education: From research to practice? *Nature Reviews Neuroscience*, 7(5), 406–411.

Greene,J.D.,Sommerville, R.B.,Nystrom, L.E., Darley, J.M., & Cohen, J.D. (2001). An fMRI investigation of emotional engagement in moral judgment. *Science*, 293, 2105–2108.

Haidt, J. (2001). The emotional dog and its rational tail: A social intuitionist approach to moral judgment. *Psychological Review*, 108(4), 814–834.

Immordino-Yang, M. H. (2008). The smoke around mirror neurons: Goals as sociocultural and emotional organizers of perception and action in learning. *Mind, Brain, and Education*, 2(2), 67–73.

Immordino-Yang, M.H.,& Damasio, A. R. (2007). We feel, therefore we learn: The relevance of Affective and social neuroscience to education. *Mind, Brain, and Education*, 1(1), 3–10.

Immordino-Yang, M. H., & Fischer, K. W. (2009). Neuroscience bases of learning. In V. G. Aukrust (Ed.), *International Encyclopedia of Education, 3rd Edition, Section on Learning and Cognition.* Oxford, England: Elsevier.

Pekrun, R., Goetz, T., Titz, W., & Perry, R. P. (2002). Academic emotions in students' self-regulated learning and achievement: A program of qualitative and quantitative research. *Educational Psychologist*, 37(2), 91–105.

van Geert, P., & Steenbeek, H. (2008). Brains and the dynamics of "wants" and "cans" in learning. *Mind, Brain, and Education*, 2(2), 62–66.

5

말하는 뇌

언어발달에 관한 잘못된 통념은 무엇이며,
뇌는 어떻게 말하기를 배우는가?

다이앤 L. 윌리엄스(Diane L. Williams)

5강은 언어학습에 관해 오랫동안 '가설' 또는 '통념'으로 자리잡아온 것들을 신경과학 연구결과를 들어 반박한다. 언어 기능의 편재성에 관한 가설, 언어발달에는 성차가 존재한다는 주장, 이중언어 학습이 뇌 발달에 좋지 않다는 설 등 언어발달 및 학습에 관한 다양한 가설이 실제 신경영상기법을 활용한 연구에서 어떻게 반박되는지 보여준다. 다이앤 L. 윌리엄스 박사는 자폐와 청각장애, 언어장애 분야에서 다양한 연구와 임상 경력을 쌓은 학자로서, 이번 장에서 신경과학 연구가 언어학습에 미치는 영향 및 교수와 학습에 대한 현실적 시사점을 자세히 논한다.

말은 우리가 서로 의사소통하는 주요 방식일 뿐만 아니라 서로에 대해 판단하는 주요 수단이기도 하다. 이는 인간만이 가진 능력이다. 예컨대 우리는 어떤 사람이 쓰는 사투리 억양만으로도 그 사람의 고향을 알 수 있다. 교사인 우리는 아이들이 하는 말을 근거로 아이들이 무엇을 아는지 판단한다. 그럴 때 우리는 아이가 말로 질문에 답하거나 자기가 한 일을 묘사하거나 새로운 개념을 설명하는 능력을 근거로 아이의 뇌가 어떻게 기능하고 있는지를 가정하게 된다. 말과 뇌기능의 관계에 대한 이런 일반적인 가설뿐만 아니라 말하기를 가능하게 하는 신경학적 기반에 관한 몇 가지 더 구체적인 가설이 대중들의 상상력 속에 자리잡아 왔다. 이 장에서 우리는 이런 일반적인 가설로는 어떤 것들이 있는지, 현대 신경과학 연구가 그 가설들을 지지하는지 무너뜨리는지 논할 것이다.

뇌와 언어에 관한 초기의 가설들

말하기를 가능하게 하는 신경학적 기반에 관한 지식을 얻기 위해, 연구 초기에는 뇌 손상 환자를 연구하거나 언어처리를 순간적으로 방해하는 마취제를 경동맥에 주입해 어느 반구가 언어처리를 담당하는지 검사하는 와다검사(Wada test)와 같은 절차를 거쳐야 했다(Wada & Rasmussen, 1960). 이러한 연구에 도입된 추론은 네거티브 방식이다. 누군가의 특정 뇌 부위에 병소(病所)나 손상이 있을 때, 그 사람이 더 이상 할 수 없게 된 일이 있다면 그것이 손상된 부위의 기능이라 봐야 한다고 추론하는 식이다. 뇌의 기능을 반영하는 것으로 추정되는 척도들을 사용한 행동연구와 이들 연구를 기반으로, 말하기를 가능하게 하는 신경학적 기반에 관한 다수의 가설이 생겨났다.

주요 가설 중 하나가 언어는 편재된(lateralized) 기능이라는 것이다. 다시 말해 언어는 뇌의 어느 한 반구에서 더 강하게 작동하는 기능이므로 대뇌피질의 어느 한 반구가 언어의 우세 반구 또는 주요 반구라는 가정이다. 이 결론이 어디서 나왔는지 추적해보면 일반적으로 1865년 폴 브로카(Paul Broca) 박사가 병소연구를 토대로 발표한 논문에 그 기원을 두고 있다(Josse & Tzourio-Mazoyer, 2004). 대부분의 사람들에게는 좌뇌가 언어의 우세 반구다(Pujol et al., 1999). 그래서 언어기반 학습에 능한 아동을 흔히 '좌뇌형(left-brained)'이라고 부른다. 이와 관련성이 높은 두 번째 가설은 우반구가 언어 자체를 처리하지는 않지만 운율이나 비언어적 의사소통과 같은 언어의 하위 영역들을 처리하거나 해석한다는 가정이었다(Ross & Mesulam, 1979). 세 번째 가설은 어휘, 말소리, 문장 등 언어처리 과정마다 담당하는 뇌 부위가 따로 존재한다는 것이다(Fodor, 1983).

아동의 언어발달에 관한 또 다른 초기의 가정은 뇌기능을 직접적으로 관찰하는 것이 아니라, 뇌기능의 결과로 나타나는 행동을 관찰하는 것을 기반으로 했다. 뇌에서 일어나고 있는 일을 행동관찰에 기반을 둔 행동 증거에 끼워 맞추어 설명했던 것이다. 아동의 뇌기능에 관한 주요 가설의 일부는 뇌 발달과정과 관계가 있다. 예를 들어, 행동 척도에 따르면 문장 길이의 발달곡선에서 어린 시절 초기에 더 이상 늘어나지 않는 학습고원이 나타난다. 따라서 의미론(semantics)과 구문론(syntax), 즉 단어와 문법의 처리를 담당하는 측두엽 및 전두엽 영역의 발달도 어린 시절에 완성되는 것으로 본다(Krashen, 1973). 이런 언어 능력의 발달은 뇌 영역의 발달이 아니라 언어의 경험 및 연습과 관계가 있는 것으로 여겨졌다. 정상적인 발달과정에 있는 아동은 학령기가 되면 읽고 쓰기를 학습할 수 있는 기반이 되는 구어체계가 완전히 발달되는 것으로 본다(Brown & Fraser, 1964).

행동관찰에 기반을 둔 또 하나의 가정은 여자아이들이 남자아이들보다 언어기반 학습에 더 뛰어나다는 관찰에서 나왔다(Maccoby, 1966). 남녀의 언어발달 차이를 가져오는 뇌의 신경기저가 어디인지 구체적으로 밝혀진 바는 없지만 여아와 남아의 성숙화 속도가 일반적으로 차이가 난다는 데서 그 이유를 찾는다. 오래전부터 남녀의 학업 성취도 차이가 나는 것은 남녀의 성숙화 속도가 다른 탓이라고 보았다(Clark, 1959).

2개 언어나 이중언어 학습을 하면 뇌 발달에 좋지 않다는 가설도 생겨났다. 아이들이 두 가지 말에 노출되면 뇌가 혼동을 일으켜 어느 한 언어도 제대로 발달시키지 못할 것이라는 가설은 오래전부터 있어 왔다(Petitto, 2009). 이 수십 년 묵은 가설은 실은 언어발달에 대한 뇌과학적 연구가 본격화되기 전에 생긴 것이지만, 두 언어를 쓰는 유아는 두 언어를 혼동하며, 단일 언어를 말하는 유아에 비해 언어발달이 느리다는 행동연구 결과에 의해 지속적인 힘을 얻고 있다(Redlinger &

Park, 1980; Vihman, 1985). 두 언어 간의 간섭이나 혼동이 발생하는 이유는 뇌 안의 한 영역이 제1언어의 처리에 전적으로 할당되면 제2언어 처리를 위한 신경자원이 줄어들기 때문이라고 보았다(Petitto et al., 2001). 즉, 두 언어에 동시에 노출된 아이들은 충분한 뇌 자원을 가질 수 없어서 둘 중 어느 한 언어도 제대로 습득하지 못한다고 보았다. 그러므로 아이들이 제2언어를 학습하기 위해서는 나이가 더 들 때까지 기다려야 한다는 주장이 나왔다. 이 주장을 핑계 삼아 미국의 많은 아이들이 고등학교에 갈 때까지 제2언어를 배우지 않고 있다(Petitto, 2009).

마지막으로, 행동관찰에 따른 또 하나의 가설은 13세 이후의 언어 학습은 주로 어휘 습득에 국한된다는 것이다(McNeill, 1970). 행동연구에 따르면 의미전달을 위해 복합문을 사용하는 문법의 발달은 여덟 살 무렵이면 완성된다. 여덟 살이 문법 발달의 상한선이라는 뜻이다(Muma, 1978). 청소년 시기에 언어발달이 더 이상 진척되지 않는 학습고원이 관측되는 이유는 사춘기가 시작되면서 뇌 가소성이 사라지는 것과 관련이 있을 것이라는 가설이 제기됐다(Lenneberg, 1967).

현대의 신경영상기법들을 사용하게 되면서, 뇌와 말에 관한 이 초기 가설들 중에는 지지받는 것도 있고, 수정을 거친 것도 있고, 새로운 견해로 대체된 것도 있다. 이 장에서는 구어의 뇌 신경기반에 관한 최근의 주요 연구결과들을 검토하면서 이 지식이 교수와 학습에 시사하는 점을 논할 것이다.

좌반구의 언어 우세

언어처리는 뇌의 한쪽 반구에서 우세하게 일어나며 대부분의 사람들에게서 좌뇌가 언어처리를 담당한다는 설이 오래전부터 있었다. 말하기와 읽기에 능한 사람은 '좌뇌형'으로, 예술에 강한 사람은 '우뇌형'으로 불린다. 좌뇌가 언어처리에 우세하다는 가설은 현대의 뇌 구조 및 기능 영상 연구에 의해 뒷받침되어 왔다. 신경영상 연구에 따르면 대다수의 오른손잡이를 비롯해 왼손잡이의 4분의 3 정도가 언어처리에 좌반구가 우세하다고 한다. 오른손잡이 50명과 왼손잡이 50명으로 이루어진 건강한 성인 지원자들의 기능성 신경영상을 연구한 결과, 오른손잡이의 96퍼센트와 왼손잡이의 76퍼센트가 좌반구에서 언어를 처리했다(Pujol et al., 1999). 언어는 인간의 뇌에서 가장 편재된 기능이다. 대부분의 사람들에게 언어기능은 좌반구에 편재되어 있다.

좌반구의 언어 우세는 영아 때 뇌기능의 특징을 관찰하여 측정할 수 있는 것으로 보인다. 그러므로 이것은 환경적 요인이 아니라 유전적으로 결정된다고 볼 수 있다. 영아를 대상으로 한 fMRI(기능성자기공명영상) 연구는 심지어 언어경험이 제한적인 나이에도 구어의 처리가 주로 좌반구에서 일어남을 보여주었다(Dehaene-Lambertz, Dehaene, & Hertz-Pannier, 2002). 출생 직후부터 3개월까지의 영아들을 인간의 말에 노출시키자, 뇌의 활성화가 주로 좌반구 언어영역에서 일어났다. 이 결과는 이 뇌 영역이 언어처리에 사용되도록 타고난 것이라는 개념을 뒷받침한다. 언어의 좌측 편재화는 다섯 살밖에 되지 않은 유아를 대상으로 한 다른 fMRI 연구에서도 보고되었다(Balsamo et al., 2002; Wood et al., 2004).

현대의 신경영상 연구는 언어처리가 좌뇌에 편재되어 있음을 확인하는 데 그치지 않고, 이 뇌기능의 특징에 대한 이해도를 높여왔다. 동사 생성 과제를 수행하는 5세부터 70세까지의 건강한 개인 170명을 대상으로 한 fMRI 연구는 언어가 우세 반구에 기능적으로 편재화되는 발달과정에 관한 최초의 증거를 제공했다(Szaflarski et al., 2006). 이 연구의 결과에 따르면, 언어의 편재화는 전 연령대에서 꾸준히 나타나는 것이 아니라 5세부터 20세까지 증가하다가 20세와 25세 사이에 정점 구간인 학습고원에 도달하는 것으로 보인다. 25세부터 70세까지는 편재화가 감소한다. 그러므로 말과 관련된 뇌 신경학적 발달은 최소한 20대 초반까지는 진행되는 것으로 보인다.

우반구와 언어

말하는 뇌에서 좌반구가 우세한 역할을 하기는 하지만, 그렇다고 우반구가 언어처리에 전혀 관여하지 않는 것은 아니다. 그러나 우반구가 구체적으로 어떤 역할을 하는지는 논쟁거리이다(Beeman & Chiarello, 1998). 현대의 신경영상기법이 이용되기 이전에 제기된 우반구 언어기능에 관한 가설들은 우반구 뇌가 손상된 사람들에 대한 연구를 바탕으로 하고 있다. 연구자들은 이 사람들이 더 이상 할 수 없게 된 모든 기능을 우반구의 기능으로 간주했다. 이 논리를 바탕으로 오래전부터 우반구는 말의 억양과 정서적 측면인 운율(prosody)을 이해하고 발화하는 데 중요한 역할을 하는 것으로 여겨져왔다(Ross, Thompson, & Yenkosky, 1997). 우리는 똑같은 단어를 말하면서도 운율을 써서 의미를 바꿀 수 있다. 가령 "네 숙제는 어디에 있니?"라는 질문도 감정을 배제한 어투로 물으면 교사가 단순히 숙제를 걷고 있음을 의미할 수 있다. 반면에 '어디'라는 단어를 강조해 짜증나거나 닦달하는 투로 물으면 누군가 번번이 숙제를 안 가져오는 것에 대해 교사의 심기가 불편하다는 의미일 수도 있다. 이 운율적 요소는 언어소통에 중요한 정보를 주기는 하지만 음운론적, 의미론적, 구문론적 요소와 같은 의미의 언어 요소로 여겨지지는 않는다. 우반구에 위치한다고 생각되는 기타 언어 관련 기능으로는 유머와 은유 해석하기, 유추하기, 빈정거림이나 반어법 이해하기가 있다(Beeman, 1993; Bihrle et al., 1986; Bottini et al., 1994; Brownell et al., 1986; Brownell et al., 1990; Shammi & Stuss, 1999; Tompkins, 1990). 담화 이해하기(Benowitz, Moya, & Levine, 1990), 이야기의 중심주제 확인하기(Hough, 1990)처럼 문장 단위 이상의 언어처리가 요구되는 언어과제는 좌반구의 처리자원이 부족한 상황을 초래함으로써 우반구의 처리자원을 끌어다 쓰는 결과를 초래한다. 우반구는 관련성이 희박한 단어들 처리하기(Beeman, 1998), 단어에 함축된 의미 도출하기(Brownell et al., 1984), 사전적으로 모호한 의미 해결하기(Burgess & Simpson, 1988; Tompkins et al., 1997)처럼 까다로운 의미론적 과제를 해결하는 데 필요하다는 의견이 제시되기도 했다.

우반구 언어영역의 기능에 관한 가설들은 최근에 기능성 영상연구에 의해 지지를 받았다. 유추하기(Mason & Just, 2004; St. George et al., 1999; Virtue et al., 2006), 은유 해석하기(Bottini et al., 1994; Mason & Just, 2004), 제목 없는 이야기에서 주제 뽑기(St. George et al., 1999), 서술문 이해하기(Schmithorst, Holland, & Plante, 2006)등의 활동을 하는 동안 우반구가 활성화되는 것이 관찰된 것이다.

우반구가 언어기능에 어떻게 기여하는가에 대한 견해는 일반적으로 두 범주로 나뉜다. 첫 번째 견해에 따르면, 의미론과 구문론 같은 언어처리 단계에서는 병렬 처리과정을 수행하는 좌우 반구가 상호보완적인 기능을 수행한다. 이 상호보완적 데이터 처리 요소들이 상호작용함으로써 언어를 완전히 이해시킨다(Beeman & Chiarello, 1998). 두 번째 견해는, 우반구를 힘든 과제를 처리하는 데 이용할 수 있는 인지자원의 일부로 간주한다. 이 견해에 따르면, 우반구가 언어처리에 관여하는 경우는 어떤 과제가 좌반구 혼자 감당하기 너무 힘들어져서 처리자원을 추가로 필요로 할 때이다(Monetta & Joanette, 2003; Murray, 2000).

신경영상 연구를 통해 얻은 뇌 활성화 자료는 두 견해를 모두 뒷받침하는 것으로 해석할 수 있다. 뿐만 아니라, 뇌기능 영상자료 덕분에 우리는 우반구에서 처리하는 특화 기능에 대해 더 상세히 이해하게 되었다. 이 기능들 사이의 공통분모는 그 기능들이 세계에 관한 지식이나 맥락에 바탕을 둔 언어해석과 관계가 있다는 것이다. 이는 '마음이론(theory of mind)'으로 지칭되는, 화자의 생각이나 의도를 이해하는 인지스킬과도 관계가 있다(Premack & Woodruff, 1978). 마음이론은 다른 사람들의 생각을 이해하고 그 생각이 무엇인지를 유추하는 능력에 관한 이론이다. 마음이론에 따른 처리과정은 추론은 물론 반어법과 같은 수사법의 이해와 담화 이해에도 중요하다. 뇌기능 영상연구에 따르면 마음이론 처리과정은 우반구의 중측두구(middle temporal sulcus, 중간관자고랑), 상측두구(superior temporal sulcus, 위관자고랑), 내측전두회(medial frontal gyrus, 안쪽이마이랑)를 포함하는 우반구 신경망에 의해 이루어진다(Mason & Just, 2006).

우반구가 언어처리에서 하는 역할은 아직 확실하지 않다. 그러나 현재의 행동 및 뇌기능 연구를 토대로 판단하자면, 좌우 반구 둘 다 말의 해석에 중요한 역할을 하는 것으로 보인다. 언어기능은 좌뇌가 우세하지만, 구어시스템이 제대로 유연하게 작동하려면 좌우 반구 모두 필요하다.

언어기능은 뇌의 특정 부위에 국한되는가

19세기 후반에 이루어진 뇌 손상 환자 연구를 기반으로, 베르니케(Wernicke)영역과 브로카(Broca)영역이 좌반구에서 언어를 처리하는 주요 영역으로 판명되었다. 전통적인 언어처리모형에 따르면, 베르니케영역은 귀로 들은 말을 이해하는 데 사용되고, 브로카영역은 문장을 형성하고 발음하기 위한 구강운동계획, 즉 발화(發話)하는 데 사용된다. 베르니케영역과 브로카영역은 궁상속(arcuate fasciculus, 활신경다발)이라 불리는 신경다발(tract)에 의해 연결되어 있다(도표 5-1 참조). 두 영역이 직접 연결되어 있다는 것은 말의 이해와 생성이 거의 동시에 일어날 수 있어서, 빠르게 주고받는 대화를 가능하게 만든다는 뜻이다.

18세기 후반과 19세기 초반에 프란츠 요제프 갈(Franz Joseph Gall)이 구상했던 국재화(localization)모형, 즉 뇌의 특정 부위에 언어기능이 국한된다는 주장(Zola-Morgan, 1995)에 따르면, 언어기능은 여러 구조에 국부적으로 존재하고 그 구조들이 해부학적으로 연결되어 완벽한 언어체계를 형성한다. 언어는 일반적으로 모듈 형식으로 되어 있어서, 뇌의 특정 영역이 언어의 특정 요소를 통제한다고 본 것이다. 베르니케영역과 브로카영역이라는 뇌의 영역이 별개의 독특한 언어기능을

도표 5-1 좌반구에서 궁상속이라는 신경다발이 베르니케영역과 브로카영역을 연결하고 있는 모습

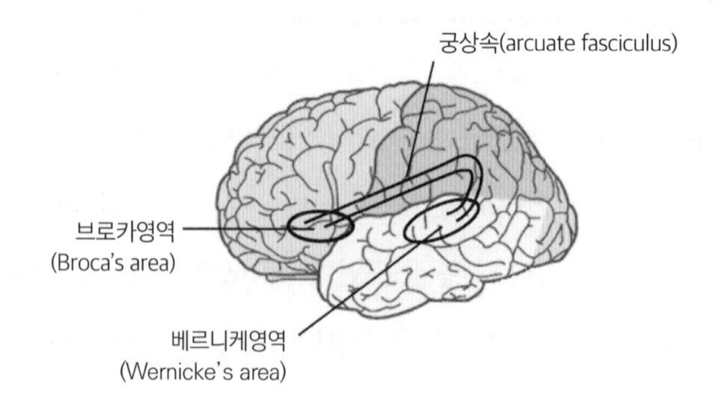

담당한다는 사실은 이러한 초기의 국재화모형과 잘 들어맞았다.

현대의 신경영상과 신경생리학 연구를 통해 우리는 베르니케영역과 브로카영역의 전통적 기능을 알게 됐을 뿐 아니라 두 영역이 하는 일을 더 많이 이해하게 되었다. 다수의 신경영상 연구에 따르면, 베르니케영역은 특히 단어의 의미를 처리하는 동안 활성화된다(Cabeza & Nyberg, 2000). 하지만 의미처리가 베르니케영역에 엄격하게 한정되는 것으로 보이지는 않는다. 측두회(temporal gyrus, 관자이랑)의 인접 영역들도 의미처리에 연관되는 것으로 보인다. 예컨대, 단어를 귀로 들으면 좌측 상측두회의 전후 영역에서 활성화가 일어나는 것으로 보고되었다(Giraud & Price, 2001). 단어나 사진을 보고 의미를 인출하는 동안 좌측 중측두회가 활성화되는 것도 발견되었다(Martin et al., 1995; Martin et al., 1996; Vandenberghe et al., 1996). 좌측 측두엽은 말의 이해와 단어지식의 인출 둘 다에 중요한 영역인 것으로 생각된다. 새로운 어휘를 학습하거나 인쇄된 단어의 의미를 해석하는 등의 활동을 하려면 좌측 측두엽이 제대로 작동하는 것이 중요하다.

예상대로, 브로카영역의 활동은 구문처리 과정에서 관찰된다(Caplan, Alpert, & Waters, 1998; Friederici et al., 2003; Hagoort, 2003; Just et al., 1996; Moro et al., 2001). 브로카영역은 일부 의미처리와 작업기억의 처리와도 관련되는 것으로 보인다(Chein, Ravizza, & Fiez, 2003; Fiez, 1997; Gabrieli, Poldrack, & Desmond, 1998; Price, 2000). 이 영역은 읽기와 의미생성 과제를 수행하는 동안 활성화되는 것으로 보고되었다(Cabeza & Nyberg, 2000; Fiez & Petersen, 1998). 일반적으로 브로카영역

은 문법만 처리하는 것이 아니라, 언어과제를 수행하는 동안 처리할 일이 많아지면서 처리 부담을 조정할 필요가 있을 때에도 차출되는 것으로 생각된다(Brauer & Friederici, 2007). 브로카영역은 단순히 문장을 처리하거나 발화 계획을 만들기만 하는 것이 아니라, 전두엽영역의 다른 기능들을 병렬 처리하면서, 뇌의 다른 언어처리 영역들로부터 오는 신경정보를 조정하고 통합하는 것으로 보인다. 그런 까닭에 어린아이들은 이제 막 읽기를 배우는 중인데도 모르는 단어를 소리 내어 말할 수도 있다. 아이들에게 읽기는 정말로 어려운 언어과제이지만 브로카영역의 활성도가 높아지면서 발화운동계가 촉발되어 소리 내어 읽게 되는 것이다.

네트워크 기능으로서의 언어

신경영상과 뇌기능 측정을 통해 우리는 베르니케영역과 브로카영역의 기본 기능을 확인하는 동시에, 뇌의 언어처리 방식에 대한 이해의 지평을 넓힐 수 있게 됐다. 베르니케영역과 브로카영역이라는 커다란 두 영역은 실은 세분되었지만 연관된 기능을 처리하는 여러 개의 세부처리 영역들로 구성된 것으로 보인다(Bookheimer, 2002). 게다가, 전문화된 기능 영역 각각이 단독으로 언어처리를 완수하는 것이 아니라, 피질의 한 부위 안에서뿐만 아니라 피질영역 전체에 걸쳐서도 여러 기능이 긴밀하게 상호작용한다. 현재의 언어처리 모델들은 언어기능을 탑재한 처리 모듈이 뇌의 특정 영역에 자리 잡고 있다고 보지 않는다. 대신 언어는 아주 다양한 대뇌피질영역 여기저기에 분산된 네트워크를 통해 처리된다. 그러므로 하전두 및 측두 영역은 여러 유형의 언어처리를 완수하는 상부 피질 네트워크의 하부 영역으로 작용한다. 좌뇌의 일부 영역 간의 네트워크로 감당되는 언어처리 과제가 있고 좌우 뇌의 네트워크가 있어야 처리할 수 있는 언어처리 과제가 있다(Vannest et al., 2009).

언어과제가 복잡할수록 더 정교한 네트워크를 필요로 한다. 예컨대 담화처리 과제에는 다섯 가지의 개별적 네트워크가 있어서 각각 맡은 역할을 통합적으로 처리해 과제를 완수하는 것으로 보인다(Mason & Just, 2006). 의미이해 네트워크(우측 중측두 및 상측두), 논리적 일관성 점검 네트워크(양측 등쪽가쪽 전전두), 텍스트 통합 네트워크(좌측 하전두-좌측 전측두), 행위자 관점 해석 네트워크(양측 내측 전후방, 우측 측두/두정), 공간정보 이미지화 네트워크(좌측이 우세하지만 양측 모두의 두정엽내구) 등이 그것이다. 그러므로 교사로부터 역사적 사건에 대한 설명을 듣고 있는 아이는 좌반구 언어영역만 사용하고 있는 것이 아니라, 좌뇌와 우뇌의 여러 영역이 포함된 더 넓은 네트워크를 사용하고 있는 것이다. 과제가 추상적 언어를 포함하거나 유추 또는 '빈칸 채우기'를 많이 요구하는 등 도전적일수록 더 많은 뇌 영역이 필요하다.

수행되는 과제의 유형에 따라 언어 네트워크는 작업기억 네트워크나 일화기억(episodic memory) 네트워크와 같은 다른 인지처리 네트워크와 상호작용한다. 이러한 네트워크들은 언어처리에 기여할 수도 있고 방해가 될 수도 있다. 예컨대 작업기억 네트워크는 전형적으로 자극과 과제의 요구에 따라 전전두피질과 두정엽을 포함한다(Owen et al., 2005). 작업기억 네트워크는 다른 과정이 수행되는 동안 언어를 가동시켜야 하는 모든 언어과제에 동원된다. 예컨대 받아쓰기 시험을 보는 아이는 교사가 불러주는 단어를 올바른 철자기호로 바꾸고 글씨쓰기를 위한 운동계획을 준비하면서, 받아쓸 문장을 네트워크 상에 유지해야 한다. 일화기억 네트워크는 내측 측두엽, 전전두엽, 두정엽으로 구성된다(Wagner et al., 2005). 일화기억 네트워크는 지식을 말로 옮기기 전에 경험을 회상하는 데 쓰인다. 예컨대 실험실에서 구두보고를 요구받은 학생은 보고를 하기 전에 일화기억으로부터 자신이 수행한 과제를 인출한 다음, 기억된 경험을 언어로 옮겨야 한다. 그러므로 언어 네트워크는 아이들이 학교생활을 하면서 수많은 과제를 수행하는 데 쓰이는 상위피질 처리 네트워크의 일부일 뿐이다. 언어 네트워크의 작동 효율은 같이 처리해야 하는 다른 기능이나 과제로 배분되는 뇌 자원의 양에 영향을 받는다.

| 언어를 처리하고 있는 아동에 대한 시사점 |

말과 언어는 전체 인지자원의 일부이지 별도로 분리되어 작동하는 것은 아니다. 그러므로 인지자원이 다른 인지과정에 쓰이고 있다면, 말을 이해하고 생성하는 데 사용할 자원은 줄어든다. 마찬가지로, 인지자원이 말을 이해하거나 생성하는 데 사용되고 있다면, 다른 인지활동을 위한 자원은 줄어든다. 어떤 아이들은 수업내용을 들으면서 동시에 받아쓰기를 하지 못하는데, 그 이유는 아이들이 제멋대로여서가 아니라 가지고 있는 인지자원이 둘 중 하나를 할 수 있을 정도밖에 안 되기 때문이다. 듣고 해석하는 일에 언어 네트워크 자원 전체를 쓰고 있기 때문에 들리는 것을 문자로 바꾸어 받아쓸 자원이 남지 않는 것이다.

마찬가지로, 자원이 감정처리에 다 쓰이고 있으면 이 감정처리가 언어처리를 방해할 것이므로, 그 아이는 들리는 말을 이해하거나 하고 싶은 말을 조리 있게 할 수 없을 것이다. 네트워크의 한 영역에서 인지적 부담이 줄어들어야 다른 인지처리 과정이 사용할 자원의 여유가 생긴다.

언어발달

신경과학에 의해 발전이 이루어지기 이전의 언어모형은 주로 인지모형이나 지각모형이었다. 이러한 모형들은 언어가 뇌의 어디서 어떻게 처리되는지를 밝히는 것이 아니라, 무엇이 언제 발달하는지에 방점을 찍었다. 언어발달모형은 어린아이들의 행동연구를 기반으로 했다. 실제로 어린아이들의 뇌가 어떻게 발달하는지는 측정할 방법이 없었기 때문이다. 예컨대 구어발달 분야의 선구자인 로저 브라운(Roger Brown)은 세 명의 아동이 말을 배우는 동안 지속적으로 녹취한 자료를 분석해 명사, 동사, 형용사 등의 품사와 복수형, 현재진행형, 과거시제의 어미와 같은 의미론과 구문론의 구성요소가 발달하는 순서를 정했다(1973). 비슷한 방식으로 밀드레드 템플린(Mildred Templin)도 말소리를 습득하는 발달과정을 연구함으로써 어떤 말소리가 가장 일찍 발달하고 몇 살에 다양한 말소리나 음소에 숙달되는지 보여주는 도표를 제작했다(1957).

이러한 행동연구에 따르면, 취학 연령의 아동들은 구어의 기초문법을 잘 알고, 온갖 구체적이고 추상적인 경험을 이야기하기에 충분한 어휘를 습득한 상태이며, 가장 최근에 형성되고 있는 소수의 말소리를 제외한 모든 말소리를 분명하게 발음할 능력을 갖춘 것으로 예상된다. 언어를 배웠으니 이제 언어를 통한 학습의 준비가 되어 있다는 뜻이다. 아이는 학교에서 배우게 되는 과목들과 관련된 어휘를 늘리고, 좀 더 성숙한 대화스킬과 적합한 어법을 익히고, 이야기하고 발표하고 설명하는 법을 배울 필요가 있다. 이 모형에 따르면, 이러한 스킬들은 경험, 교사의 기대, 그리고 학교에서 이야기 문법(story grammar)이나 발표의 구성방법 등을 가르치는 틀에 따라 발달한다. 그러나 행동연구에 따른 언어발달모형은 이러한 언어기능들을 지원하는 신경처리과정이 무엇인지에 대해서는 미처 생각하지 못했다.

신경과학자들은 이제 행동관찰 단계를 넘어서 언어를 포함한 수많은 인지스킬에 관련된 뇌 구조와 기능의 발달 및 성숙화 과정을 살펴본다. 이 연구에 따르면 언어스킬의 습득과 발달을 지원하는 뇌의 발달은 성인기 초반까지도 계속 진행된다(Toga, Thompson, & Sowell, 2006). 그러므로 모든 아이들이 말과 언어가 제대로 발달된 상태로 취학하는 것이 아니며 이 스킬을 써서 읽기, 쓰기, 구두발표를 할 준비가 된 것은 아니다. 마찬가지로 고학년이라고 해서 그들의 뇌가 모두 다 고등사고력이나 구어를 추상적인 수준으로 이해하고 생성할 준비가 되어 있는 것은 아니다. 뇌의 발달과 경험적 학습은 상호작용하는 두 과정이다. 언어사용능력을 지원하는 뇌의 구조와 기능은 아이가 학교를 다니며 성장하는 동안 계속해서 발달한다. 그뿐만 아니라, 학습과정에서 아이들이 하는 경험도 결과적으로 뇌의 구조와 기능을 변화시키는 것으로 보인다(Casey et al., 2005). 뇌는 고정된 것이 아니다. 현대 신경과학은 뇌가 발달과정의 전개에 따라 변할 뿐 아니라 환경에서 입력되는 정보와 학습자의 경험에 의해서도 변한다는 더 중요한 사실을 밝힘으로써 이 과정에서 교사의 역할이 지극히 중요함을 일깨워주었다.

언어발달이 전개되는 과정은 유전자에 의해서도 조절된다. 따라서 언어발달 속도에서 개인 간 차이가 생길 수 있다. 이 관점에서 보면 같은 학급의 아이들 간에도 언어능력이 천차만별인 이유는 그들의 뇌가 서로 다른 발달시점에 있기 때문이지, 언어에 노출될 기회나 연습할 기회가 부족했기 때문이 아닐 수 있는 것이다.

행동평가로는 뇌기능을 정확히 측정할 수 없다. 실은 행동관찰로 뇌기능에 관해 잘못된 결론을 내릴 수도 있다. 예컨대, 아이들이 어떤 행동을 어른과 같은 수준에서 수행하는 것으로 관찰되면, 아이들의 뇌도 어른과 비슷한 수준에서 작동한다는 결론을 내릴 수 있다. 그러나 아동과 성인의 피질 활성화 데이터를 비교한 신경영상 연구결과는 아동의 활성화 패턴이 성인의 것보다 더 산만한 것으로 나온다(Brown et al., 2005). 이 산만한 패턴은 시간이 흘러 아동이 어떤 스킬에 숙달될수록 정교한 패턴으로 정리되는 것으로 보인다(Durston et al., 2006). 신경영상 연구는 아동이 성인보다 전전두영역의 활성화가 더 높은 경향을 보인다. 이렇게 정보처리가 아직 자동화되지 않았을 때 나타나는 활성화 패턴은 성인이라면 자동적으로 수행할 과제에 아동은 노력이나 인지자원을 더 많이 쓴다는 것을 의미한다(Casey et al., 2005).

아동은 또한 우반구 언어영역이 좌반구 언어영역보다 먼저 활성화되며, 뇌가 활성화되는 과정이 성인보다 느릴 수 있다(Brauer, Neumann, & Friederici, 2008). 아동의 뇌기능 데이터가 시사하는 바에 따르면, 성인과 비슷한 행동을 수행하더라도 아동의 신경회로망 패턴은 다를 것이고, 이는 사용하는 인지적 전략의 차이를 반영하는 것으로 생각된다(Amso & Casey, 2006). 아동의 활성화 패턴이 더 산만하고, 전전두영역을 더 많이 사용하고, 활성화의 과정이 느리다는 것은 같은 행동결과를 달성하기 위해 아동의 뇌가 성인의 뇌보다 더 열심히 일해야 함을 가리킬 수 있다.

언어처리의 성별 차이

행동관찰에 기반을 둔 일반적인 가정 하나는 여자아이들이 남자아이들보다 언어를 통한 학습을 더 잘한다는 것이었다. 이 가정은 수

많은 행동연구로 뒷받침된다(Lynn, 1992; Mann et al.,1990; Martin & Hoover, 1987). 아동의 성별에 따른 언어처리 양상을 살펴본 신경영상 연구 건수는 제한되어 있다. 이러한 연구들의 결과는 들쭉날쭉해서, 성별 효과가 전혀 없다는 보고도 있고(Gaillard et al., 2003) 연령 차이까지 고려해야 겨우 드러날 만큼 성별 효과가 작다는 보고도 있다(Plante et al., 2006).

최근의 fMRI 연구결과는 남자아이들이 실제로 여자아이들과 언어를 다르게 처리한다는 사실을 암시한다. 또한 fMRI를 써서 9세부터 15세 사이의 여아 31명과 남아 31명의 뇌를 촬영한 연구도 있다(Burman et al., 2008). 아이들은 철자가 정확한지 판정하는 과제와 보여주거나 들려준 제시문의 각운 맞추기 과제를 수행했다. 뇌 활성화 결과에 따르면, 과제를 보여주든 들려주든 여아들은 비슷한 뇌 부위(좌측 하전두회와 좌측 중측두/방추상회)를 써서 언어과제를 처리하는 것 같았다. 그러나 남아들이 사용하는 처리 네트워크는 과제의 제시 방식에 따라 달랐다. 청각과제일 때는 전형적으로 청각 및 음운 처리에 관련되는 부위인 좌측 하전두영역과 좌측 상측두영역이 활성화되었고, 시각과제일 때는 시각연합피질(visual association cortex)과 후두정 부위가 활성화되었다. 연구자들은 이 결과가 남아들은 여아들만큼 쉽게 감각정보를 언어로 변환하지 못한다는 사실을 가리킬 수 있다고 해석했다. 이 차이는 학생들이 교실에서 정보를 귀로 들을 때와 눈으로 읽을 때의 수행력에 대해 시사하는 점이 있다.

언어처리와 연관된 뇌기능에서 나타나는 개인차 연구는 아직 걸음

마 단계에 있다(Prat, Keller, & Just, 2007). 지금까지는 주로 나이와 성별을 기반으로 어떻게든 차이를 분석하려 했다. 그러나 아동의 언어처리를 나이와 성별을 기반으로 살펴보아서는 부분적인 시각밖에 드러나지 않을 것이다. 구어능력도 운동능력과 마찬가지로 아이의 유전자 구성 및 아이가 말하기 스킬의 연습과 개발에 투입한 시간과 노력의 양에 의해 결정된다. 모든 아이들이 같은 수준의 언어적 표현능력을 가지고 있는 것은 아니다. 언어처리 속도가 빠른 아이도 있고 느린 아이도 있으므로, 어떤 아이들은 유창하게 말하는 반면 어떤 아이들은 자기 생각을 말로 옮기는 데 어려움을 느낄 수 있다.

이러한 차이들은 타고난 지능이나 동기의 개인차가 아니라 뇌 발달의 개인차와 관계가 있다. 언어처리가 빠른 아이들은 아마도 개념 네트워크와 단어생성 네트워크 사이에 수초화가 잘 이루어져 있고 신경망이 섬세하게 연결되어 있겠지만, 언어처리가 느린 아이들은 단어 형태를 찾고 말할 문장을 구성하기까지 더 많은 시간을 들이지 않으면 안 되는 것이다. 느리다는 것이 반드시 아이가 잘 모르거나 이해를 못한다는 의미는 아니다. 아는 것을 표현하는 데 더 많은 시간이 필요함을 의미할 뿐이다.

이중언어 사용

영유아기에 언어를 두 가지 이상 배우는 것의 장단점은 그동안 많은 논쟁을 불러일으켰다. 사람들이 일반적으로 두려워하는 것은 한꺼번에 2개 언어에 노출되면 아이의 언어학습 능력에 부정적 영향을 끼쳐서 그 결과로 언어습득이 지연되고 두 언어 모두 부실해지지 않을까 하는 것이었다. 뇌가 서로 다른 언어체계에 노출되면 정상적인 언어발달을 방해해서 혼란을 겪는다는 것이 뇌기능에 관한 기본 가정이었다.

행동연구는 7세 이전에 2개 언어에 노출된 아이들이 두 언어 모두에 능숙하게 된다는 증거를 제공했다(Johnson & Newport, 1989). 그러나 이러한 행동연구만으로 행동관찰과 연관되는 뇌의 기능을 자세히 다룰 수는 없었다. 아이들이 행동 면에서는 아무 어려움이 없는 것처럼 보였더라도, 뇌기능을 살펴보면 말소리의 처리 스킬과 같은 부분에서 차이가 드러날지도 모르고, 이 차이는 학습 잠재력에 알게 모르게 영향을 미칠 수도 있기 때문이다.

5세 이전에 2개 언어에 노출되었던 이중언어 사용자(bilingual)인 성인의 신경영상을 연구한 결과에 따르면, 이들은 두 언어를 중첩되는 뇌 영역에서 처리한다(Kovelman, Baker, & Petitto, 2008). 게다가 두 언어 모두를 처리하는 데 사용되는 뇌 영역도 한 언어만 말하는 사람들(monolingual)의 언어처리영역과 똑같은 좌반구 언어영역(좌측 하전두회, 즉 브로카영역과 상측두회)이다.

5세 이후에 두 가지 언어에 노출된 이중언어 사용자들은 다른 인지적 전략을 쓰게 되는 것으로 보이며, 뇌 활성화 패턴의 차이가 이를 암시한다. 이들은 양 반구가 더 골고루 활성화되며, 작업기억과 억제의 처리를 담당하는 영역을 포함한 전두엽 쪽으로 활성화가 더 분산된다

(Kim et al., 1997; Perani et al., 1996; Wartenburger et al., 2003; Weber-Fox & Neville, 1999). 이 활성화 패턴은 자동적 처리보다는 인지적 노력을 훨씬 많이 필요로 하는 패턴과 일치한다.

신경영상 연구의 결과들은 이중언어를 사용하면 뇌가 혼란을 일으키는 것이 아니라 언어 담당 영역들이 잘 적응해 두 가지 인어 모두를 효율적으로 처리함을 보여준다. 5세 이후에 제2언어에 노출되면 언어 처리를 위한 신경망 패턴 구성방식이 달라지기 때문에 언어신경 연결에 더 많은 노력이 필요하다. 따라서 언어학습은 어릴 때 할수록 신경자원이 가장 효율적으로 사용된다.

사춘기 이후의 언어 변화

뇌 가소성, 즉 뇌기능의 변화 가능성이 신생아 때 가장 크다는 데에는 의심의 여지가 없다(Newport, Bavelier, & Neville, 2001). 그러나 그렇다고 해서 사춘기와 성인기에는 언어를 학습해도 뇌가 변하지 않는다는 뜻은 아니다. 앞서 기술했듯이, 언어 담당 네트워크는 뇌의 구조와 기능을 끊임없이 변화시키며 다른 피질자원과 상호작용한다. 기억이 대표적인 예다. 새로운 기억은 평생에 걸쳐서 형성되며, 이 과정과 연관해 해마라는 영역에서 새로운 신경세포들이 만들어진다(Bruel-Jungerman, Laroche, & Rampon, 2005; Eriksson et al., 1998; Gould et al., 1999).

뿐만 아니라 전두엽은 성인기 초기까지 발달을 계속해서(Giedd et al., 1999; Shaw et al., 2006) 청소년의 메타인지(metacognition) 및 상위 언어스킬이 발달할 수 있게 한다. 이 고차원적 인지스킬을 갖춤으로써 청소년은 자기 언어로 추상적인 사고를 하게 되고, 의사소통과 사고를 더 유연하고 창의적으로 하게 된다. 사춘기는 언어스킬이 학습 고원에 다다르는 시기가 아니라 고급언어로 세련되게 의사를 전달할 수 있게 되는 시기이다.

교수와 학습에 시사하는 점

현대 신경과학은 언어습득과 말하기를 가능하게 하는 뇌의 신경학적 기반에 대한 이해의 지평을 넓혔다. 언어처리에서 좌반구가 우세하다는 사실은 이미 입증되었지만, 우반구가 언어처리에 어떻게 기여하는지도 새로이 이해하게 되었다. 언어가 다른 인지 및 감정 처리과정과 자원을 공유하는 네트워크를 통해 처리된다는 사실도 더 잘 이해하게 되었다. 교육자들은 학생들의 언어발달에 관한 다음의 연구결과들을 고려해야 한다.

- 신경영상기법을 통해 뇌의 구조와 기능을 연구한 결과, 언어 습득 및 유창성에 기여하는 뇌의 발달은 성인기 초반까지도 계속됨을 알 수 있다.

- 학령기 아동은 언어체계가 완전히 발달한 것이 아니므로, 초등학교와 중등학교 내내 구어능력이 발달하고 변화한다. 이 변화는 고급어휘와 문법을 학습한 결과일 뿐만 아니라 뇌 구조와 기능 저변의 변화와도 연관이 있다.
- 아동은 성인과 다른 인지처리 과정을 거치는데,이는 행동관찰만으로는 알 수 없다. 아동은 성인보다 언어처리에 노력이 더 많이 든다.
- 언어처리에서 성별에 따른 차이가 관찰된다.
- 언어능력 면에서 남자아이들은 여자아이들과 다르다. 남자아이들은 언어적 표현을 더 힘들어할 수 있고, 정보가 제시되는 방식에 따라 학습능력에 커다란 차이가 생길 수 있다.
- 뇌는 학령기 이전에 제2언어를 가장 쉽게 학습한다. 외국어 학습은 그 시기 이후에도 가능하지만 언어처리가 자동적으로 되지 않고 인위적인 조작을 필요로 한다.
- 학교에 다니는 동안 아동의 뇌는 나이와 함께, 또 새로운 언어경험과 함께 계속해서 성장하고 발달한다. 교사들은 아이가 언어스킬을 써서 학습과제를 수행할 만큼 충분히 성숙했는지를 고려해야 한다. 언어스킬을 처리하는 데 더 많은 노력이 들어가면 학습과제를 하는 데 필요한 인지자원이 줄어든다.
- 아동은 수업을 들으면서 필기할 능력이 부족할 수 있다. 어떤 과제가 언어처리를 얼마나 요구하는지, 아이가 언어과제에 얼마나 능숙한지를 고려해야 한다. 미숙하다는 것은 인지자원이 더 많이 사용됨을 의미한다.

- 단순히 아이가 과제를 수행하는 행동을 보인다고 해서 그 아이의 뇌가 과제를 효율적으로 수행하고 있는 것은 아니다. 교사나 부모가 아이의 행동을 보고 아이가 그 과제를 얼마나 열심히 하고 있는지 알 수 없다면, 그들은 무심코 아이가 실제로 할 수 있는 것보다 더 많은 과제를 하도록 강요할 수 있다. 그러면 어떤 아이는 느닷없이 감정이 폭발할 수도 있고 어떤 아이는 좌절해서 과제를 거부할 수도 있다.
- 나이가 뇌기능 성숙의 분명한 지표인 것은 아니다. 언어능력은 동갑내기 아이들 간에도 천차만별일 수 있다.
- 아이들은 자기가 아는 것을 표현하는 방식을 선택할 수 있어야 한다. 말하기는 아이가 개념을 이해했는가를 판단하는 유일한 수단이 아니다. 직접 시범을 보여주는 것도 말하기와 똑같은 개념적 기반에서 비롯되므로 아동이 제대로 배우고 있는지를 명확하게 확인시켜 줄 수 있다.

신경과학 덕분에 언어발달이 아동기를 거치면서 어떻게 이루어지는지 더 잘 알게 되었고 뇌기능의 차이가 행동수행에 영향을 줄 수 있다는 사실을 새롭게 이해하게 되었다. 언어는 단순히 아이들이 학습과정에 적용하는 도구가 아니다. 그 자체가 성장하고 변화하고 있는 능력이다.

저자 소개

다이앤 L. 윌리엄스 (Diane L. Williams)

피츠버그에 있는 듀케인대학의 언어병리학과 조교수를 거쳐 현재 펜실베이니아 주립대학 교수로 재직 중이다. 피츠버그대학 자폐증연구센터(Center for Excellence in Autism Research)의 공동 책임자를 역임했으며 청각장애, 의사소통장애, 발달장애, 언어장애 분야의 연구성과를 인정 받아 청각및의사소통장애국립연구소(National Institute on Deafness and Other Communication Disorders)에서 뛰어난 연구자에게 수여하는 우수연구자상을 수상했다. 위 연구소에서 인지와 언어처리의 뇌 구조 및 기능을 연구했으며, 카네기멜론대학의 인지뇌영상센터(Center for Cognitive Brain Imaging)에서 동료들과 함께 자폐아의 사회적 인지, 언어처리, 학습의 신경학적 기반에 대해 공동 연구를 수행했다. 윌리엄스 박사는 발달장애 및 언어장애 아동에 대한 광범위한 임상경험을 바탕으로 특수교육 분야에서 다수의 조기개입 프로그램의 설계와 실행에 컨설턴트로 참여했다. 전문 학술지에 인지와 언어의 신경심리학 및 신경생리학에 관해 수많은 논문과 글을 기고하고 있다.

참고 문헌

Amso, D., & Casey, B. J. (2006). Beyond what develops when: Neuroimaging may inform how cognition changes with development. *Current Directions in Psychological Science*, 15(1), 24–29.

Balsamo, L. M., Zu, B., Grandin, C. B., Petrella, J. R., Braniecki, S. H., Elliott, T. K., & Gaillard, W. D. (2002). A functional magnetic resonance imaging study of left hemisphere language dominance in children. *Archives of Neurology*, 59(7), 1168–1174.

Beeman, M. (1993). Semantic processing in the right hemisphere may contribute to drawing inferences during comprehension. *Brain and Language*, 44(2), 80–120.

Beeman, M. (1998). Coarse semantic coding and discourse comprehension. In M. Beeman & C. Chiarello (Eds.), *Right hemisphere language comprehension: Perspectives from cognitive neuroscience* (pp. 255–284). Mahwah, NJ: Erlbaum.

Beeman, M., & Chiarello, C. (1998). *Right hemisphere language comprehension: Perspectives from cognitive neuroscience*. Mahwah, NJ: Lawrence Erlbaum Associates.

Benowitz, L. I., Moya, K. L., & Levine, D. N. (1990). Impaired verbal reasoning and constructional apraxia in subjects with right hemisphere damage. *Neuropsychologia*, 28(3), 231–241.

Bihrle, A. M., Brownell, H. H., Powelson, J. A., & Gardner, H. (1986). Comprehension of humorous and non-humorous materials by left and right brain-damaged patients. *Brain and Cognition*, 5, 399–411.

Bookheimer, S. (2002, March). Functional MRI of language: New approaches to understanding the cortical organization of semantic processing. *Annual Reviews of Neuroscience*, 25, 151–188.

Bottini, G., Corcoran, R., Sterzi, R., Paulescu, E., Schenone, P., Scarpa, P., et al. (1994). The role of the right hemisphere in the interpretation of figurative aspects of language: A positron emission tomography activation study. *Brain*, 117(6), 1241–1253.

Brauer, J., & Friederici, A. D. (2007). Functional neural networks of semantic and syntactic processes in the developing brain. *Journal of Cognitive Neuroscience*, 19(10), 1609–1623.

Brauer, J., Neumann, J., & Friederici, A. D. (2008). Temporal dynamics of perisylvian activation during language processing in children and adults. *NeuroImage*, 41(4), 1484–1492.

Brown, R. (1973). *A first language*. Cambridge, MA: Harvard University Press.

Brown, R., & Fraser, C. (1964). The acquisition of syntax. *Monographs of the Society for Research in Child Development*, 29(1), 43–79.

Brown, T. T., Lugar, H. M., Coalson, R. S., Miezin, F. M., Petersen, S. E., & Schlaggar, B. L. (2005). Developmental changes in human cerebral functional organization for word generation. *Cerebral Cortex*, 15(3), 275–290.

Brownell, H. H., Potter, H. H., Bihrle, A. M., & Gardner, H. (1986, March). Inference deficits in right brain-damaged patients. *Brain and Language*, 27(2), 310–321.

Brownell, H. H., Potter, H. H., Michelow, D., & Gardner, H. (1984, July). Sensitivity to lexical denotation and connotation in brain-damaged patients: A double dissociation? *Brain and Language*, 22(2), 253–265.

Brownell, H. H., Simpson, T. L., Bihrle, A. M., Potter, H. H., & Gardner, H. (1990). Appreciation of metaphoric alternative word meanings by left and right brain-damaged patients. *Neuropsychologia*, 28(4), 375–383.

Bruel-Jungerman, E., Laroche, S., & Rampon, C. (2005). New neurons in the dentate gyrus are involved in the expression of enhanced long-term memory following environmental enrichment. *European Journal of Neuroscience*, 21(2), 513–521.

Burgess, C., & Simpson, G. (1988). Cerebral hemispheric mechanisms in the retrieval of ambiguous word meanings. *Brain and Language*, 33(1), 86–104.

Burman, D. D., Bitan, T., & Booth, J. R. (2008). Sex differences in neural processing of language among children. *Neuropsychologia*, 46(5), 1349–1362.

Cabeza, R., & Nyberg, L. (2000). Imaging cognition II: An empirical review of 275 PET and fMRI studies. *Journal of Cognitive Neuroscience*, 12(1), 1–47.

Caplan, D., Alpert, N., & Waters, G. (1998). Effects of syntactic structure and propositional number on patterns of regional cerebral blood flow. *Journal of Cognitive Neuroscience*, 10(4), 541–552.

Casey, B. J., Tottenham, N., Liston, C., & Durston, S. (2005). Imaging the developing brain: What have we learned about cognitive development? *Trends in Cognitive Sciences*, 9(3), 104–109.

Chein, J. M., Ravizza, S. M., & Fiez, J. A. (2003). Using neuroimaging to evaluate models of working memory and their implications for language processing. *Journal of Neurolinguistics*, 16(4–5), 315–339.

Clark, W. W. (1959). Boys and girls: Are there significant ability and achievement differences? *Phi Delta Kappan*, 41(2), 73–76.

Dehaene-Lambertz, G., Dehaene, S., & Hertz-Pannier, L. (2002). Functional neuroimaging of speech perception in infants. *Science*, 298(5600), 2012–2015.

Durston, S., Davidson, M. C., Tottenham, N. T., Galvan, A., Spicer, J., Fossella, J. A., et al. (2006). A shift from diffuse to focal cortical activity with development. *Developmental Science*, 9(1), 1–8.

Eriksson, P. S., Perlieva, E., Bjork-Eriksson, T., Alborn, A., Nordborg, C., Peterson, D. A., et al. (1998). Neurogenesis in the adult human hippocampus. *Nature Medicine*, 4(11), 1313–1317.

Fiez, J. (1997). Phonology, semantics, and the role of the left inferior prefrontal cortex. *Human Brain Mapping*, 5(2), 79–83.

Fiez, J., & Petersen, S. E. (1998). Neuroimaging studies of word reading. *Proceedings of the National Academy of Sciences*, 95(3), 914–921.

Fodor, J. A. (1983). *The modularity of mind*. Cambridge, MA: Bradford Books, MIT Press.

Friederici, A. D., Rüschemeyer, S. A., Hahne, A., & Fiebach, C. J. (2003). The role of left inferior frontal and superior temporal cortex in sentence comprehension: Localizing syntactic and semantic processes. *Cerebral Cortex*, 13(2), 170–177.

Gabrieli, J., Poldrack, R., & Desmond, J. (1998). The role of left prefrontal cortex in language and memory. *Proceedings of the National Academy of Sciences*, 95(3), 906–913.

Gaillard, W. D., Sachs, B. C., Whitnah, J. R., Ahmad, Z., Balsamo, L. M., Petrella, J. R., et al. (2003). Developmental aspects of language processing: fMRI of verbal fluency in children and adults. *Human Brain Mapping*, 18(3), 176–185.

Giedd, J. N., Blumenthal, J., Jeries, N. O., Castellanos, F. X., Liu, H., Zijdenbos, A., et al. (1999). Brain development during childhood and adolescence: A longitudinal MRI study. *Nature Neuroscience*, 2(10), 861–863.

Giraud, A. L., & Price, C. J. (2001). The constraints functional neuroimaging places on classical models of auditory word processing. *Journal of Cognitive Neuroscience*, 13(6), 754–765.

Gould, E., Beylin, A., Tanapat, P., Reeves, A., & Shors, T. J. (1999). Learning enhances adult neurogenesis in the hippocampal formation. *Nature Neuroscience*, 2(3), 260–265.

Hagoort, P. (2003). How the brain solves the binding problem for language: A neurocomputational model of syntactic processing. *NeuroImage*, 2(S1), S18–S29.

Hough, M. S. (1990). Narrative comprehension in adults with right and left hemisphere brain-damage: Theme organization. *Brain and Language*, 38(2), 253–277.

Johnson, J. S., & Newport, E. L. (1989). Critical period Effects in second language learning: The influence of maturational state on the acquisition of English as a second language. *Cognitive Psychology*, 2(1), 60–99.

Josse, G., & Tzourio-Mazoyer, N. (2004). Hemispheric specialization for language. *Brain Research Reviews*, 44(1), 1–12.

Just, M. A., Carpenter, P. A., Keller, T. A., Eddy, W. F., & Thulborn, K. R. (1996). Brain activation modulated by sentence comprehension. *Science*, 274(5284), 114–116.

Kim, K. H., Relkin, N. R., Lee, K.-M., & Hirsch, J. (1997). Distinct cortical areas associated with native and second languages. *Nature*, 388(6638), 171–174.

Kovelman, I.,Baker, S.A.,& Petitto,L.A.(2008).Bilingual and monolingual brains compared: A functional magnetic resonance imaging investigation of syntactic processing and a possible "neural signature" of bilingualism. *Journal of Cognitive Science*, 20(1), 153–169.

Krashen, S. (1973). Lateralization, language, learning, and the critical period: Some new evidence. *Language Learning*, 23(1), 63–74.

Lenneberg, E. H. (1967). *Biological foundations of language*. New York: Wiley.

Lynn, R. (1992). Sex differences on the Differential Aptitude Test in British and American adolescents. *Educational Psychology*, 12(2), 101–106.

Maccoby, E. (1966). *The development of sex differences*. Stanford, CA: Stanford University Press.

Mann, V. A., Sasanuma, S., Sakuma, N., & Masaki, S. (1990). Sex differences in cognitive abilities: A cross-cultural perspective. *Neuropsychologia*, 28(10), 1063–1077.

Martin, A., Haxby, J. V., Lalonde, F. M., Wiggs, C. L., & Ungerleider, L. G. (1995). Discrete cortical regions associated with knowledge of color and knowledge of action. *Science*, 270(5233), 102–105.

Martin, A., Wiggs, C. L., Ungerleider, L. G., & Haxby, J. V. (1996). Neural correlates of category-specific knowledge. *Nature*, 379(6566), 649–652.

Martin, D. J., & Hoover, H. D. (1987). Sex differences in educational achievement: A longitudinal study. *Journal of Early Adolescence*, 7(1), 65–83.

Mason, R. A., & Just, M. A. (2004). How the brain processes causal inferences in text: A theoretical account of generation and integration component processes utilizing both cerebral hemispheres. *Psychological Science*, 15(1), 1–7.

Mason, R. A., & Just, M. A. (2006). Neuroimaging contributions to the fluency of discourse processes. In M. Traxler & M. A. Gernsbacher (Eds.), *Handbook of psycholinguistics* (pp. 765–799). Amsterdam: Elsevier.

McNeill, D. (1970). *The acquisition of language: The study of developmental psycholinguistics*. New York: Harper & Row.

Monetta, L., & Joanette, Y. (2003). Specicity of the right hemisphere's contribution to verbal communication: The cognitive resources hypothesis. *Journal of Medical Speech-Language Pathology*, 11(4), 203–212.

Moro, A., Tettamanti, M., Perani, D., Donati, C., Cappa, S. F., & Fazio, F. (2001). Syntax and the brain: Disentangling grammar by selective anomalies. *NeuroImage*, 13(1), 110–118.

Muma, J. R. (1978). *Language handbook: Concepts, assessment, intervention*. Englewood Clis, NJ: Prentice Hall.

Murray, L. L. (2000). The Effects of varying attentional demands on the word retrieval skills of adults with aphasia, right hemisphere brain damage, or no brain damage. *Brain and Language*, 72(1), 40–72.

Newport, E. L., Bavelier, D., & Neville, H. J. (2001). Critical thinking about critical periods: Perspectives on a critical period for language acquisition. In E. Dupoux (Ed.), *Language, brain, and cognitive development* (pp. 481–502). Cambridge, MA: MIT Press.

Owen, A. M., McMillan, K. M., Laird, A. R., & Bullmore, E. (2005). N-back working memory paradigm: A meta-analysis of normative functional neuroimaging studies. *Human Brain Mapping*, 2(1), 46–59.

Perani, D., Dehaene, S., Grassi, F., Cohen, L., Cappa, S. F., Dupoux, E., et al. (1996). Brain processing of native and foreign languages. *NeuroReport*, 7(15–17), 2439–2444.

Petitto, L. A. (2009). New discoveries from the bilingual brain and mind across the life span: Implications for education. *Mind, Brain, and Education*, 3(4), 185–197.

Petitto, L. A., Katerelos, M., Levy, B. G., Gauna, K., Tétreault, K., & Ferraro, V. (2001). Bilingual signed and spoken language acquisition from birth: Implications for the mechanisms underlying early bilingual language acquisition. *Journal of Child Language*, 28(2), 453–496.

Plante, E., Schmithorst, V. J., Holland, S. K., & Byars, A. W. (2006). Sex differences in the activation of language cortex during childhood. *Neuropsychologia*, 44(7), 1210–1221.

Prat, C. S., Keller, T. A., & Just, M. A. (2007). Individual differences in sentence comprehension: A functional magnetic resonance imaging investigation of syntactical and lexical processing demands. *Journal of Cognitive Neuroscience*, 19(12), 1950–1963.

Premack, D. G., & Woodruff, G. (1978). Does the chimpanzee have a theory of mind? *Behavioral and Brain Sciences*, 1(4), 515–526.

Price, C. J. (2000). The anatomy of language: Contributions from functional neuroimaging. *Journal of Anatomy*, 197(3), 335–359.

Pujol, J., Deus, J., Losilla, J. M., & Capdevila, A. (1999). Cerebral lateralization of language in normal left-handed people studied by functional MRI. *Neurology*, 52(5), 1038.

Redlinger, W., & Park, T. Z. (1980). Language mixing in young bilingual children. *Journal of Child Language*, 7(1), 24–30.

Ross, E. D., & Mesulam, M.–M. (1979). Dominant language functions of the right hemisphere? Prosody and emotional gesturing. *Archives of Neurology*, 36(3), 144–148.

Ross, E. D., Thompson, R. D., & Yenkosky, J. (1997). Lateralization of Affective prosody in brain and the callosal integration of hemispheric language functions. *Brain and Language*, 56(1), 27–54.

Schmithorst, V. J., Holland, S. K., & Plante, E. (2006). Cognitive modules utilized for narrative comprehension in children: A functional magnetic resonance imaging study. *NeuroImage*, 29(1), 254–266.

Shammi, P., & Stuss, D. T. (1999). Humour appreciation: A role of the right frontal lobe. *Brain*, 122(4), 657–666.

Shaw, P., Greenstein, D., Lerch, J., Clasen, L., Lenroot, R., Gogtay, N., et al. (2006). Intellectual ability and cortical development in children and adolescents. *Nature*, 440(7084), 676–679.

St. George, M., Kutas, M., Martinez, A., & Sereno, M. I. (1999). Semantic integration in reading: Engagement of the right hemisphere during discourse processing. *Brain*, 12(7), 1317–1325.

Szaarski, J. P., Holland, S. K., Schmithorst, V. J., & Byars, A. W. (2006). fMRI study of language lateralization in children and adults. *Human Brain Mapping*, 27(3), 2002–2012.

Templin, M. (1957). *Certain language skills in children*. Minneapolis: University of Minnesota Press

Toga, A. W., Thompson, P. M., & Sowell, E. R. (2006). Mapping brain maturation. *Trends in Neuroscience*, 29(3), 148–159.

Tompkins, C. A. (1990). Knowledge and strategies for processing lexical metaphor after right or left hemisphere brain damage. *Journal of Speech and Hearing Research*, 33(2), 307–316.

Tompkins, C. A., Baumgaertner, A., Lehman, M. T., & Foassett, T. R. D. (1997). Suppression and discourse comprehension in right brain-damaged adults: A preliminary report. *Aphasiology*, 11(4), 505–519.

Vandenberghe, R. R., Price, C., Wise, R., Josephs, O., & Frackowiak, R. S. (1996). Functional anatomy of a common semantic system for words and pictures. *Nature*, 383(6597), 254–256.

Vannest, J., Karunanayaka, P. R., Schmithorst, V. J., Szaarski, J. P., & Holland, S. K. (2009). Language networks in children: Evidence from functional MRI studies. *American Journal of Roentgenology*, 192(5), 1190–1196.

Vihman, M. (1985). Language differentiation by the bilingual infant. *Journal of Child Language*, 12(2), 297–324.

Virtue, S., Haberman, J., Clancy, Z., Parrish, T., & Beeman, M. J. (2006). Neural activity of inferences during story comprehension. *Brain Research*, 1084(1), 104–114.

Wada, J., & Rasmussen, T. (1960). Intracarotid injection of Sodium Amytal for the lateralization of cerebral speech dominance: Experimental and clinical observations. *Journal of Neurosurgery*, 17(2), 266–282.

Wagner, A. D., Shannon, B. J., Kahn, I., & Buckner, R. L. (2005). Parietal lobe contributions to episodic memory retrieval. *Trends in Cognitive Sciences*, 9(9), 445–453.

Wartenburger, I., Heekeren, H. R., Abutalebi, J., Cappa, S. F., Villringer, A., & Perani, D. (2003). Early setting of grammatical processing in the bilingual brain. *Neuron*, 37(1), 159–270.

Weber-Fox, C., & Neville, H. J. (1999). Functional neural subsystems are differentially affected by delays in second-language immersion: ERP and behavioral evidence in bilingual speakers. In D. Birdsong (Ed.), *New perspectives on the critical period for second language acquisition* (pp. 23–38). Hillsdale, NJ: Erlbaum.

Wood, A. G., Harvey, A. S., Wellard, R. M., Abbott, D. F., Anderson, M. K., Saling, M. M., et al. (2004). Language cortex activation in normal children. *Neurology*, 63(6), 1035–1044.

Zola-Morgan, S. (1995). Localization of brain function: The legacy of Franz Joseph Gall (1758–1828). *Annual Review of Neuroscience*, 18, 359–383.

6

읽는 뇌

뇌는 어떻게 읽기를 배우며, 난독증의 원인과 해법은 무엇인가?

존 가브리엘리(John Gabrieli) 조애나 A. 크리스토둘루(Joanna A. Christodoulou)
트리샤 오룰린(Tricia O'Loughlin) 마리애나 D. 에디(Marianna D. Eddy)

6강은 뇌가 글자를 어떻게 인식하며, 글자와 의미를 어떻게 관련짓는지 설명한다. 이를 위해 국소적으로 뇌 손상을 입은 성인들을 연구한 사례를 소개하고, 아동부터 성인까지 다양한 연령대의 사람들을 대상으로 이뤄진 연구를 통해 '읽는 뇌'의 발달과정을 보여준다. 그 과정에서 밝혀진 발달성 난독증의 특징은 특히 교사들에게 유용한 지식이다. 난독증 징후를 보이는 아동을 조기에 파악하고 치료하는 것이 중요하기 때문이다. 6강에 참여한 박사들은 인지신경과학, 의사소통과학, 난독증, 응용뇌과학 분야의 연구자들로 난독증과 언어장애를 겪는 사람을 위한 학습전략을 제시해왔다.

읽기능력은 인간의 가장 놀라운 문화적 발명품 가운데 하나이다. 읽기는 책에서부터 인터넷에 이르기까지, 가까이 있거나 멀리 있거나, 살아있거나 작고했거나 간에 저자의 지식세계로 바로 들어가게 해주는 관문이다. 예전에는 읽기가 정규교육의 목적이었지만, 이제 읽기는 정규교육의 수단이 되었다. 즉, 예전에는 읽기 위해서 배웠지만 지금은 배우기 위해서 읽는다. 인간은 시각과 언어라는, 뇌의 두 가지 놀라운 능력을 새로운 방식으로 조합함으로써 읽기를 한다. 인간의 시각기능과 언어기능은 마음과 뇌 안에 유전자와 경험을 통해 아주 멋지게 구축되는 능력이다. 따라서 사람들이 보는 것과 의사소통하는 것을 어떻게 그렇게 잘 해내는지를 알아내는 것이 그동안 심리학자와 신경과학자들의 핵심 과제였다.

그러나 읽기는 인류의 다른 능력에 비해 늦게 발달한 문화적 발명품이다. 이는 인간의 뇌가 기존의 능력을 통합해 읽기라는 새로운 능력을 만들어낸 것을 두고 하는 말이다. 보기, 말하기, 듣기를 교육을 통해 배우는 아이는 없지만 읽기만은 공식적으로 또 명시적으로 가르쳐야 한다. 난독증(dyslexia)이 있어 읽기를 힘겨워하는 아이들이 많은 것을 보면 인간의 뇌가 저절로 읽을 수 있도록 진화하지 않았다는 것을 알 수 있다. 이 장에서는 인간의 뇌가 어떻게 읽기능력을 습득하는지, 아동의 뇌는 어떻게 읽기를 학습하는지, 읽기에 장애를 보이는 아동의 뇌는 무엇이 다른지, 마지막으로 읽기의 신경과학이 교육에서 어떤 역할을 할 수 있을지에 관해 지금까지 밝혀진 연구내용 중 몇 가지를 검토할 예정이다. 영어라는 언어의 읽기에 초점을 맞춰 검토하되 언어별로 읽기가 어떻게 다른지에 대해서도 살펴볼 것이다. 뇌가 시각과 언어를 구성하는 보편적 원리들이 언어와 표기체계에 따라 다르게 표현되기 때문이다.

성인의 읽는 뇌

다른 영역에서와 마찬가지로, 읽을 때 뇌가 어떻게 작동하는지에 관해 알게 된 지식 가운데 가장 신뢰할 만한 것은 대부분 국소 뇌 손상을 입은 성인들의 사례에서 나왔다. 이런 사례를 통해 인간 뇌의 작동방식을 예기치 않게 알게 된 것이다. '탕(tan)'이라는 단어를 가장 자주 발음해서 '탕'으로도 알려진 환자 르보르뉴(Leborgne) 사례를 통해 브로카(Broca) 박사는 언어는 주로 인간 뇌의 좌반구에서 처리된다는 사실을 밝혀냈고(Broca, 1865), 생전에 H.M.으로 알려진 기억상실증 환자 헨리 몰레이슨(Henry Molaison) 사례를 통해 새로운 기억의 형성은 해마(hippocampus)에 의존한다는 사실을 알게 되었으며(Milner, Corkin, & Teuber, 1968), 피니어스 게이지(Phineas Gage)의 사례를 통해 도덕적 판단은 전두엽의 하부 기능에 의해 이루어진다는 사실을 알게 되었다(Macmillan, 1986, 1992). 읽기와 관련해 신경학 연구에 가장 영향이 컸던 사례는 두 가지가 있다. 시력은 정상이지만 갑자기 글자를 읽지 못하게 된 C씨의 실독증(alexia)에 대한 최초의 기록(Dejerine, 1892), 그리고 읽기장애에서 두 가지 대조적인 패턴을 뚜렷이 보인 소수그룹의 환자 사례가 그것이다. 특히 두 번째 사례에서는 뇌에 읽기경로가 두 개라는 사실이 밝혀졌다.

| 실독증 |

1892년 프랑스의 신경과학자 조셉 쥘 데제린(Joseph Jules Dejerine)은 갑자기 읽기능력을 잃어버린 C씨의 아주 독특한 사례를 보고했다. C씨의 증상은 '순수단어맹(pure verbal blindness)'이었다. 그는 단어를 읽지 못했을 뿐 말을 하고 이해하는 걸 보아선 언어기능의 손상은 없었고, 얼굴과 사물을 알아보는 걸 보아선 시각기능의 손상도 없었으며, 쓰고 나서 읽지를 못해서 그렇지 심지어 단어를 쓸 수도 있었다. C씨 사후 데제린은 그의 뇌를 해부하여 뇌의 좌측 뒷부분에서 뇌졸중의 결과로 생긴 손상을 발견했다. 이 부위는 입력된 시각정보를 글자와 단어로 변환함으로써 읽기에서 고도로 특화된 핵심 역할을 하는 것으로 드러났다. 그리고 환자와 정상인의 뇌를 기능성 신경영상으로 촬영한 후속 연구에 의해, 시각단어형태영역(visual word form area)이라 불리는 뇌 부위가 존재한다는 사실이 밝혀졌다.

| 두 갈래의 읽기경로 |

글을 읽을 때 뇌는 서로 상충될 수 있는 두 가지 목표를 조화시켜야 한다. (1) 단어의 시각정보와 청각정보를 연결시키기(대부분의 아이들이 말을 배운 뒤에 읽기를 배운다), (2) 최대한 빠른 속도로 인쇄된 단어의 의미 찾기(그러면 읽기에 능숙한 성인은 분당 500단어를 읽을 수 있다. 글줄을 훑느라 초당 4회의 안구운동을 하지 않아도 된다면 분당 2,000단어까지 읽을 수 있을 것이다)가 그 두 가지 목표다. 뇌졸중 뒤에 생기는 읽기장애에 두 가지 패턴이 있다는 사실로부터 우리는 인간의 뇌가 두 갈래의 서로 다른 신경경로를 써서 읽기문제를 해결한다는 것을 알게 되었다.

글을 읽을 때 사람들은 '음운경로(phonological route)'를 이용해 일련의 철자들을 해독하고, 그것을 소리패턴으로 바꾸고, 그 소리패턴을 이용해 단어의 의미에 접근한다. 이 경로는 규칙적인 단어, 희귀한 단어 혹은 생소한 단어를 처리하는 데 특화되어 있다. 이 신경경로 위에서는 글자를 소리로 바꾸는 전형적인 규칙들이 적용된다. 여기서 '규칙성(regularity)'이란 글자 또는 의미를 나타내는 최소 문자 단위인 자소(字素, grapheme)와 음운의 최소 단위인 음소(音素, phoneme) 사이의 전형적 대응관계가 얼마나 규칙적으로 발음되는가를 말한다. 예를 들어 can과 같은 단어는 c, a, n이 통상적인 방식으로 발음되기 때문에 규칙적인 단어다. 반면 yacht는 ch가 통상적인 규칙과 달리 묵음(默音)이기 때문에 불규칙한 단어다. 희귀 단어나 처음 보는 단어들은 어떻게 발음하는지 잘 모르기 때문에 음운경로를 이용해 발음해보게 된다. 그 결과 우리는 철자와 소리 간의 대응규칙에 따라 읽을 수 있는 것이다. 예를 들어 chiple을 보면 우리는 yacht의 불규칙 ch에서처럼 묵음을 적용하는 것이 아니라, chess의 ch처럼 일반적인 규칙을 적용한다. 이렇게 글을 읽을 때 전형적인 발음규칙을 적용해서 읽어보는 경로는 직접경로보다 시간이 더 걸리고 체계화된 경로이다. 음운경로는 좌반구 뒤쪽의 측두두정(temporoparietal) 부위에서 작동된다.

이와 달리 '직접경로(direct route)'는 소리패턴 확인 단계를 거치지 않고 글자와 의미를 바로 연결한다. 이 경로는 head처럼 우리가 자주 보아서 너무나 잘 알기 때문에 보자마자 바로 의미로 연결되는 이른바 '일견(一見) 단어(sight words)', 그리고 yacht처럼 통상적인 발음규칙을 따르면 틀리기 때문에 암기해둔 불규칙단어 처리에 최적화되어 있다. 이 경로는 글자를 음운규칙에 맞추어 읽는 과정을 거치지 않고 바로 의미에 접근하기 때문에 음운경로를 거치는 경우에 비해 더 빠르다. 의미경로는 좌반구 뒤쪽의 후두측두(occipitotemporal) 부위에서 작동된다.

좌뇌 뇌졸중 환자들의 읽기장애에 두 가지 서로 다른 패턴이 있다는 것을 발견한 일을 계기로, 읽기경로에는 두 가지가 있고 이를 담당하는 뇌 부위도 다르다는 사실이 밝혀졌다. 음운경로에 손상을 입은 환자들은 sextant처럼 흔치 않은 단어나 cabding처럼 생소한 단어를 읽지 못했지만, head처럼 자주 마주치는 단어나 women처럼 일반적인 불규칙단어는 손상되지 않은 의미경로를 통해 읽을 수 있었다.

이 환자들의 직접경로는 손상되지 않았기에 자주 보는 단어나 '일견단어'와 발음을 암기한 불규칙단어는 읽을 수 있었지만, 음운경로는 손상되었기 때문에 글자와 소리의 관계를 '발음'할 수 없어서 단어를 읽지 못했던 것이다. 이에 비해 시각정보에서 바로 의미로 연결되는 직접경로는 손상되었지만 시각정보에서 소리를 거쳐 의미로 가는 음운경로는 손상되지 않은 환자들은 반대의 패턴을 보였다. 건강한 보통사람들은 글을 읽을 때 직접경로와 음운경로 두 가지 경로를 상호 보완적으로 사용하는 것으로 보인다.

| 읽는 뇌의 기능성 영상 |

신경영상을 촬영하면 건강한 사람이 글을 읽을 때 뇌의 어느 부분이 활성화되는지 알 수 있다. 기능성 신경영상 촬영법을 쓰면 읽는 동안의 뇌기능을 살펴볼 수 있다(표 6-1). fMRI(functional magnetic resonance imaging, 기능성자기공명영상)와 지금은 읽기연구에 잘 사용되지 않는 PET(positron emisson tomography, 양전자방출단층촬영)를 쓰면 어떤 뇌 부위가 읽기의 특정 요소들을 지원하는지, 즉 '어디에서' 읽기작업이 일어나는지 확인할 수 있다. ERP(event-related potential, 사건관련전위)와 MEG(magnetoencephalography, 뇌자도, 두피에 부착한 전극을 통해 뇌 자기장에서 일어나는 변동을 측정하는 기구 - 옮긴이)를 쓰면 1초의 1,000분의 1단위(밀리세컨드)로 읽기의 시간 동역학, 즉 '언제' 읽기작업이 일

표 6-1 기능성 신경영상 촬영법

방법	정보원	시간 해상도	공간 해상도
fMRI	탈산소 혈류의 변화	4-6초	2-4밀리미터
EEG/ERP	뇌피질 표면의 전기적 활동에서 발생하는 전기장	1밀리세컨드	피질 구조 : 10-20밀리미터
MEG	뇌피질 표면의 전기적 활동에서 발생하는 자기장	1밀리세컨드	피질 구조 : 5-10밀리미터

어나는지 확인할 수 있다. 이 다양한 뇌 측정 기법들을 조합하면 읽는 뇌의 작용이 어떻게 이루어지는지 알 수 있는 새로운 방법을 얻을 수 있다.

| 시각단어형태영역 |

fMRI(기능성자기공명영상)와 PET(양전자방출단층촬영) 연구로 건강한 인간 뇌의 좌측 후방에서 단어와 글자에 선택적으로 반응하는 한 부위가 확인되었는데(Petersen et al., 1988, 1990), 이 부위는 실독증 환자의 손상 위치와 일치했다. 나중에 시각단어형태영역으로 명명된 부위이다(Cohen et al., 2000). 이 영역이 정확히 어떤 작업을 수행하는가에 대해서는 논란이 있지만, 단어와 글자를 보여주면 단어를 듣거나 얼굴과 같이 글자가 아닌 시각자극을 받을 때에 비해 우선적으로 이 영역이 활성화된다는 데 대해서는 대체로 동의한다. 나중에 논의하겠지만 이 영역은 누구나 비슷한 위치에 있다. 정확한 위치는 유전보다 경험에 영향을 더 받긴 하지만 말이다. 시각단어형태영역이 비교적 일관적인 것은 그것이 맡고 있는 역할이 태어나기도 전, 그리고 읽기를 배우기 한참 전에 발달하는 후두엽(occipital lobe)의 시각신경계와 측두엽(temporal lobe)의 언어신경계와 관련되었기 때문일 듯하다.

이 부위가 읽기 초기 단계에서 역할을 한다는 사실은 임상적 목적으로 드물게 간질환자의 뇌 표면에 직접 전극을 꽂아서 실시하는 침습적(浸濕的, invasive) 연구를 통해 뒷받침되었다(Allison et al., 1994; Mani et al., 2008). 좌측 후방의 후두측두영역은 얼굴에 비해 단어에 선택적으로 반응하며, 단어를 본 뒤 약 180밀리세컨드 뒤에 반응한다. 뿐만 아니라 시각단어형태영역은 그 사람이 학습한 문자언어에만 반응한다. 영어는 알지만 히브리어는 배운 적이 없는 사람의 시각단어형태영역은 영어 글자에만 반응하고, 두 언어를 모두 아는 사람의 시각단어형태영역은 영어와 히브리어 글자 둘 다에 반응한다(Baker et al., 2007). 시각단어형태영역은 교육 여부에 따라 선택적으로 반응한다. 따라서 영어만 아는 사람은 영어에만 반응하고 영어와 히브리어를 모두 아는 사람은 두 언어에 모두 반응할 수 있다.

읽기는 우리의 긴 진화 역사에 비해 비교적 최근에 만들어진 문화적 발명품이기 때문에, 우리의 뇌가 읽기에 특화된 과정을 지원하는 신경계를 발달시키도록 유전적으로 프로그램된 것 같지는 않다. 얼굴이나 장소와 같은 특정 유형의 시지각(visual perception)을 처리하도록 전문화된 뇌 부위들이 있다는 사실이 기능성 신경영상을 통해 드러났다. 하지만 연구자들은 영장류가 오래전부터 생존을 위해 얼굴을 지각해 타인의 정체를 확인하고, 장소를 지각해 자신의 위치를 확인할 필요가 있었을 것이라는 가설을 편다. 얼굴 및 장소를 인지하는 데 선택적으로 작동하는 뇌 부위들의 위치가 비교적 일관적인 것은 이러한 시각의 필수 측면들이 유전자에 프로그램되어 있음을 반영하는 것이라고 본다. 시각단어형태영역의 정확한 위치에 미치는 유전적 영향이 크지 않다는 사실은 일란성 쌍둥이의 기능성 신경영상 연구에 의해 뒷받침된다. 일란성 쌍둥이들에게서 얼굴 및 장소 인지영역은 아주 비슷한 위치에 있지만, 시각단어형태영역의 경우는 그렇지 않다(Polk et al., 2007). 이 연구결과는 인간의 뇌에서 얼굴 및 장소 인지는 유전에 의해 전문화되는 반면, 글자 및 단어 인지는 다른 경로로 전문화된다는 견해를 뒷받침한다.

시각단어형태영역은 사람이 읽기를 하기 이전에 대상을 인지하는 역할을 하던 영역의 일부였던 신피질(neocortex)이 경험에 의해 변형되었다는 사실을 보여주기도 한다(이 과정을 '뉴런 재활용(neuronal recycling)'이라고 지칭함. Dehaene, 2005; Dehaene & Cohen, 2007). 지금은 난독증과 무관한 것으로 알려진, 어린아이들이 글자와 단어의 좌우를 바꿔 쓰는 습관도 이런 '뉴런 재활용'을 보여주는 흥미로운 사례라 할 수 있다. 대상의 시각적 인지는 대상의 배치방향과 무관한 것으로 알려져 있다. 왼쪽으로 향하든 오른쪽으로 향하든 의자는 의자고, 개는 개고, 컵은 컵이다. 좌우가 바뀐 단어를 본 적이 없는 아이들의 눈에 좌우를 바꿔 쓴 단어가 정상적으로 보인다는 건 정말 놀라운 일이다. 그건 어쩌면 좌우 방향에 무감각한 시각계의 영향일지도 모른다. 보통은 좌우 구분에 무감각한 것이 물체를 인식하는 데 도움이 되기 때문이다.

| 읽기를 위한 음운인식 |

읽기를 배우려면 음운인식(phonological awareness) 훈련을 통해 청각적 언어(소리)와 시각적 언어(글자)를 연관시키는 법을 배워야 한다. 즉, 우리가 하는 말, 구어는 음소(phoneme)라는, 음성체계에서 단어의 의미를 구별짓는 최소의 소리 단위로 구성되는데 이를 자소

(grapheme), 알파벳의 글자나 음절과 대응시키는 지식을 갖추고 있어야 한다. 음운인식과 읽기습득의 정확한 관계는 표기체계, 곧 철자법에 따라 다르겠지만(Goswami & East, 2000), 읽기를 배우기 전에 음운인식이 있어야 표음문자든 표의문자든 차후에 읽기에 성공할 수 있다(Ziegler & Goswami, 2005). 이처럼 시각적 언어를 청각적 언어에 대응시키는 것이 읽기의 가장 기본인 까닭에, 음운인식이 이루어지는 뇌의 부위에 대해 수많은 학자들이 연구해왔다.

기능성 신경영상 연구를 통해 음운인식이 이루어지는 뇌의 부위를 조사하기 위해 연구자들이 사용한 방법은, 사람들에게 단어를 보여주고 연상되는 소리를 생각해야만 판단할 수 있는 과제를 내주는 것이었다(Bitan et al., 2007, 2009; Bolger et al., 2008; Bolger, Minas, Burman, & Booth, 2008; Booth et al., 2004; Cao et al., 2006; Hoeft et al., 2006; Shaywitz et al., 2004, 2007; Temple et al., 2001, 2003). 활자의 음운인식에 관여하는 신경망을 확인하기 위해 흔히 사용되는 과제로는 사람들에게 두 단어나 글자를 보여주고 둘의 운(韻, rhyme)이 맞는지를 판정하게 하는 각운 탐지(rhyme detection) 과제가 있다. 이 과제가 유용한 이유는, 각운을 판정하기 위해서는 단어나 글자 이름을 구성하는 소리 부분의 음운인식이 요구되기 때문이다. 이러한 과제가 들어간 연구들은 읽기에 중요한 기술인 음운인식을 위해 동원되는 뇌의 신경망들을 전반적으로 이해하는 데 도움을 준다. 기능성 신경영상 연구를 통해 읽기의 음운론적 분석에 쓰이는 신경망을 확인해보면, 좌뇌의 전두엽, 측두엽, 두정엽에 있는 몇몇 부위들이 전형적으로 자소를 음소에, 즉 활자를 소리에 짝짓는 데 관여한다. 따라서 음운인식의 기능성 신경영상 연구에서 확인되는 신경계가 읽기 자체를 지원하는 신경계인 것으로 보인다.

| 뇌 안에서 진행되는 읽기의 타임라인 |

ERP(사건관련전위)와 MEG(뇌자도) 연구에 따르면 단어처리는 빠른 속도로 일어난다. 성인의 경우 단어의 시각적 처리는 각 글자 단위의 처리, 전체 단어 단위의 처리, 의미처리의 전 과정이 한 단어를 본 뒤 400~500밀리세컨드 이내에 순차적으로 일어난다(Grainger & Holcomb, 2009). 읽기에 숙달된 성인의 경우 어떤 단어를 본 뒤 150~200밀리세컨드 만에 단어읽기에 전문화된 시각적 반응이 일어난다(Allison, Puce, & McCarthy, 2002). 이러한 전문 반응을 N1 컴포넌트(N1 component)라 하는데, 전형적인 성인 독자의 경우 단어에 대한 N1 반응은 좌반구에 치우쳐 일어나고 얼굴에 대한 N1 반응은 우반구에 치우쳐 일어난다. 단어는 좌뇌에서, 얼굴은 우뇌에서 빠르게 시각적으로 분석되는 병렬적 전문화가 이뤄지는 셈이다.

MEG 연구를 통해 우리는 단어처리가 단어 속성의 시각적 분석부터 의미까지 단계별로 올라가는 순차적 과정이 아니라, 상위와 하위의 인지적 처리가 동시에 빠르게 일어나는 과정임을 알 수 있다. 약 200밀리세컨드 이내에 전문 시각영역이 활자처리에 관여할 뿐만 아니라, 상위의 뇌 부위에 있는 영역들도 거의 동시에 단어의 음운처리와 의미처리 과정에 관여한다(Pammer et al., 2004; Cornelissen et al.,

2009). 활자의 소리와 의미를 추론하는 데 관련되는 상위 뇌 영역들은 시각적 분석이 완료될 때까지 기다리지 않는다. 초기 단계에서부터 시각, 소리, 의미 간의 상호작용이 벌어진다.

| 언어별 차이 |

언어의 표기체계에 따라 뇌에서 처리하는 데 요구되는 것들이 달라진다. 알파벳 언어(alphabetic language)는 '철자읽기 명료성(orthographical transparency)'의 정도가 다양하다. 이는 한 글자 또는 음절이 하나의 소리로 표상되는 정도가 다양하다는 말이다. 이탈리아어와 스페인어는 철자읽기 명료성이 높아서, 자소와 음소의 비가 거의 1:1이다. 즉, 어떤 단어의 철자를 보면 그것의 발음법을 알 수 있다. 영어는 철자읽기 명료성이 낮은 언어이다. island의 묵음 s와 같은 예외가 많아서 평균적으로 자소마다 거의 30가지의 발음이 난다. 음절문자 체계를 사용하는 일본어나 체로키어와 같은 언어는 여러 음절을 합쳐 한 단어를 표기한다. 표의문자 체계를 사용하는 중국어는 한 단어를 나타내는 글자가 수천 개 있다. 표기체계 간의 심한 편차는 교육 및 뇌의 읽기 지원 방식에 엄청난 영향을 끼친다(Ellis et al., 2004). 예컨대 한 아이가 읽기에 숙달되기까지 이탈리아어는 약 1년, 영어는 약 3년, 중국 북경어는 약 10년이 걸린다.

알파벳 언어를 읽을 때 사용하는 뇌 부위는 비슷하지만, 뇌 부위에 의존하는 방식은 언어의 구조에 따라 다르다. 영어와 이탈리아어를 읽는 사람은 좌반구의 읽기 네트워크를 같이 사용한다(Paulesu et al.,

2000). 하지만 무의미한 단어를 읽는 경우, 영어를 읽는 사람은 외운 단어를 인출할 때 사용하는 뇌 부위에 더 많이 의존하는 반면, 이탈리아어를 읽는 사람은 음운처리와 연관되는 뇌 부위에 더 많이 의존한다(Paulesu et al., 2000). 이러한 차이는 아마도 각 언어의 철자읽기 명료성에 따라 독자가 학습하는 전략의 차이를 반영한 것으로 보인다. 이탈리아어를 읽는 사람은 글자를 보면 바로 읽을 수 있는 아주 명료하고 규칙적인 언어를 학습하므로, 모르는 철자가 나열된 의미 없는 단어의 발음을 결정할 때도 규칙적인 음운처리 규칙을 적용한다. 영어를 읽는 사람은 암기해야 하는 예외가 많은 아주 불규칙한 언어를 학습하므로, 모르는 철자의 나열을 어떻게 발음할지 결정할 때도 이런 다수의 예외를 고려한다.

중국어, 영어, 일본어의 표기체계에 사용되는 뇌 부위에서는 유사점과 차이점들이 발견된다(Bolger, Perfetti, & Schneider, 2005). 세 가지 표기체계가 모두 다 시각처리에 연관되는 뇌 체계를 사용한다. 하지만 방대한 그래픽 정보를 가진 표의문자 체계의 중국어는 시각영역을 폭넓게 활성화한다. 일본어 표기체계에는 '카타가나'와 '히라가나'의 두 가지 형태가 있다. '카타가나'는 자소와 발음되는 음절을 일관되게 연결시키고, '히라가나'는 하나의 글자를 통단어(whole words)에 대응시킨다. 전두 부위는 세 언어 읽기 모두에서 활성화된다. 측두두정 부위는 영어에서 글자와 소리를 연결시키는 것과 관련이 있는데 표의문자 체계를 쓰는 중국어에서는 가장 적게 사용된다. 이렇듯 이탈리아어와 영어처럼 공통의 표기체계 또는 알파벳을 사용하는 다양한 언어들과,

로마자와 한자처럼 다양한 표기체계들은 읽는 뇌에 요구되는 부위가 다르다.

읽는 뇌의 발달

아동 대상의 신경영상기술이 진보하면서, 우리는 아동의 읽기학습 방식에 관한 통찰을 얻게 되었다. 연구자들은 대개 읽기를 배우는 아동의 뇌기능과 읽기에 능숙한 성인의 뇌기능을 비교하거나 읽기능력이 발달되어 가는 다양한 연령대 아동들의 뇌기능을 비교한다. 일반적으로, 읽기능력의 전형적인 발달과정에서는 점차 (1) 좌반구의 역할 비중이 증가하고, (2) 좌측 뒤쪽(posterior) 뇌 영역의 관여도가 높아지고, (3) 좌측 앞쪽(anterior) 뇌 영역의 관여도가 낮아지는 것을 볼 수 있다.

| 읽기에 전문화되는 좌뇌 |

6세부터 22세까지의 사람들을 대상으로 한 종단연구에서 이들의 단어에 대한 뇌의 반응을 fMRI로 조사했다(Turkeltaub et al., 2003). 연구자들은 이 연령대 전반에 걸쳐서 우반구 뒤쪽 부위의 활성화가 감소하고 좌반구 부위의 활성화가 증가하는 것을 발견했다. 발달과정을 거칠수록 읽기에 있어서 좌반구의 역할 비중이 높아지는 것은 언어 전반에 대한 전문화를 반영하는 것이 아니라, 활자와 언어 간의 관계를 시각적으로 연결짓는 능력의 성숙을 나타내는 것이다. 구어는 태어날 때 이미 편향성이 강하다. 다시 말해, 3개월 된 영아도 말을 듣고 보이는 반응이 fMRI 상에서 강하게 좌반구로 치우쳐 나타난다(Dehaene-Lambertz, Dehaene, & Hertz-Pannier, 2002). 그러므로 활자 읽기를 지원하는 뇌가 우반구에서 좌반구로 바뀐다는 것은 뇌의 글자 표상 방식이 바뀜을 반영하는 것일 수 있다. 글을 배우는 사람에게 글자란 임의적인 시공간 기호에 불과한데, 시공간 지각은 우반구에 전문화되어 있다. 아동은 연습을 통해 글자들이 소리를 나타낸다는 사실을 배운다. 한 발 더 나아가 인쇄체나 필기체의 다양한 시공간 기호들이 모두 같은 의미의 추상적 글자를 나타낸다는 사실, 예컨대 a, A, ɑ, A, a, *A*, *a*, A와 같은 여러 기호들이 모두 글자 a라는 동일한 범주를 나타낸다는 사실도 배운다. 사람들이 어떻게 특정한 시공간 기호를 지각하다가 시각적 범주를 지각하게 되는가를 조사하는 신경영상 실험에서 발견되는 것이 바로 이러한 전환이다. 시각적 기호를 지각하는 읽기 초보단계의 피험자는 우반구 우세를 보이다가, 의미 있는 시각적 범주를 지각하는 읽기 숙달단계의 피험자는 좌반구 우세를 보이게 된다(Seger et al., 2000). 따라서 성숙한 아동은 글자들을 더는 갖가지 시공간 항목들로 보지 않고 26가지 범주로 보게 되면서, 그 범주를 이용해 단어의 소리와 의미에 접근할 수 있게 된다.

| 읽기에서 우측 후두엽 관여도 증가와 좌측 전두엽 관여도 하락 |

좌측 후두 신피질에는 시각단어형태영역을 포함해, 활자를 소리와 의미에 연결시키는 뇌 부위들이 들어 있다. 신경영상 연구자들은 7~18세 사이에 읽기에 숙달되어가면서, 이 부위의 읽기 관여도가 높아지는 것을 발견했다(Booth et al., 2004; Hoeft et al., 2007; Shaywitz et al., 2007; Church et al., 2008: Turkeltaub et al., 2003). 책을 읽을 때 좌측 후두엽 내에서도 측두두정 부위에 의존하다가 시각단어형태영역에 의존하는 것으로 바뀌게 되는데, 이는 단어를 음운론적으로 힘들게 해독(decoding)하던 단계에서 단어의 자동 재인(recognition)단계로 넘어가는 것과 일치한다(Church et al., 2008). 좌측 후두엽 부위에서 일어나는 시각, 청각, 의미의 상호작용은 읽기를 연습할수록 자동적으로 이루어질 것이다.

좌측 전두엽 신피질에는 작업기억이 작동하는 것을 지원함으로써 사람들이 마음속에서 의도적으로 단어를 선택·유지·조작하게 해주는 부위들이 들어 있다. 발달과정을 거치면서 이 부위들은 읽기에 점점 덜 관여하게 된다(Hoeft et al., 2007; Shaywitz et al., 2007). 유창하고 자동적인 읽기를 지원하는 후방 뇌 부위의 능력이 성숙함에 따라 전두엽 영역의 관여도가 줄어드는 것으로 보인다.

| 읽기발달의 시간적 측면 |

ERP(사건관련전위)와 MEG(뇌자도) 연구에서는 읽는 뇌가 발달하면서 읽기의 시간 동역학이 어떻게 변하는지를 상세히 기록한다. 일반적으로, 뇌는 전형적인 발달과정을 거치면서 다른 시각정보에 비해 활자에 더 선택적으로 반응하고, 좌반구가 더 전문화된다.

단어를 제시한 지 150~200밀리세컨드 만에 선택적 ERP 반응을 보이는 성인 독자들과 달리, 읽지 못하는 유치원생들은 단어에 선택적인 N1 반응을 보이지 않는다(Maurer et al., 2006). N1 반응 척도에 따르면, 이 아이들은 단어를 무의미한 기호와 별다르지 않게 인식한다. 하지만 같은 아이들이 2학년이 되어 책을 읽게 되자 단어에 선택적인 N1 반응을 나타냈다. 2학년 중에서도 단어와 기호에 대한 N1 반응의 차이가 큰 아이일수록 읽는 속도가 더 빨랐다.

ERP 연구에서는 자소를 음소로 연결하는 능력이 발달하는 과정도 기록한다. 각운탐지 과제를 하는 동안 음운처리와 연관되는 ERP 반응은 나이가 들면서 좌뇌에서만 일어난다(Grossi et al., 2001). 실제로 ERP 증거를 보면, 활자를 보았을 때 소리가 자동적으로 연상되는 과정은 성인이 되어서도 계속해서 발달하는 것 같다(Froyen et al., 2009).

뇌의 읽기장애: 발달성 난독증

학령기 아동의 5~17퍼센트 정도는 발달성 난독증(developmental dyslexia) 때문에 읽기스킬을 잘 익히지 못한다(Lyon, Shaywitz, & Shaywitz, 2003; Stanovich, 1986). 난독증이 아니라도 작업기억의 집행기능(executive function)에 문제가 있거나, 제2언어 학습에 문제가 있거나, 결핍된 학습환경에 있으면 잘 읽지 못할 수 있다. 가장 흔히 확인되는 읽기장애인 난독증은 인지능력이 평균 이상인데도 읽기에 장애를 보이는 증상이나 단어의 철자를 정확하고 유창하게 말하지 못하는 증상, 또는 두 증상이 동시에 나타나는 것으로 정의된다(Lyon, Shaywitz, & Shaywitz, 2003). 언어의 소리를 능숙하게 조작하고 문자를 보고 소리에 접속할 수 있는 음운처리 기술의 부족은 난독증이 발달하는 기간 전반에 걸쳐 나타나는 현상이다(Bradley & Bryant, 1978; Shaywitz, 1998; Shaywitz et al., 1999; Wagner & Torgesen, 1987; Wagner, Torgesen, & Rashotte, 1994). 그러나 난독증의 원인은 다양해서 아이들마다 구체적인 장애요인은 다를 수 있다(Pennington, 2006). 특히 자동처리 능력이나 시각·청각 인지에서 구체적인 장애가 있을 수 있다(Farmer & Klein, 1995; Wolf et al., 2002).

| 난독증의 성격을 규정하는 뇌의 기능적 차이 |

전형적인 발달과정을 겪는 사람은 나이가 들면서 글을 읽을 때 좌측 후두엽의 활성화는 증가하고 좌측 전두엽의 활성화는 감소한다. 이에 반해 난독증이 있는 사람은 음운이나 철자 처리를 요구하는 과제를 수행할 때, 나이에 맞는 독서 수준에 도달한 다른 사람들에 비해 일관적으로 좌측 후두엽의 활성화 수준이 낮거나 전혀 활성화되지 않는다(Brunswick et al., 1999; Hoeft et al., 2006, 2007; Ruff et al., 2002, 2003; Rumsey et al., 1992, 1997, 1999; Shaywitz, 1998; Shaywitz et al., 2002, 2006; Simos et al., 2000; Temple et al., 2001). 난독증인 사람은 글을 읽을 때 전두엽과 우측 후두엽이 활성화 상태를 보이는 경우가 많다(Brunswick et al., 1999; Georgiewa et al., 2002; Milne et al., 2002; Richard et al., 2002;

Salmelin et al., 1996; Shaywitz et al., 2002, 2004). 이는 후두엽 읽기 네트워크의 약점을 극복하기 위한 보상활동으로 보인다. 난독증 아동과 독서 수준이 비슷한 어린아이들도 마찬가지로 전두엽이 활성화되는 것을 보면(Hoeft et al., 2006, 2007), 전두엽의 활성화는 난독증 자체가 아니라 읽기 '능력'과 관계가 있다고 볼 수 있다. 난독증 아동이 청소년이 되었을 때 난독증을 이겨내거나 읽기능력을 크게 향상시킨 경우, 좌측 후두엽의 전형적인 읽기체계를 발달시켜서 한 것이 아니라 전두엽을 변칙적으로 사용하는 방법을 통한 것으로 보인다(Shaywitz et al., 2003).

난독증인 사람에게서 보이는 뇌의 차이는 알파벳 언어(표음문자) 사용자들 사이에서는 비슷하지만 비(非)알파벳 언어(표의문자) 사용자들 사이에서는 다를 수 있다. 난독증이 있는 영어, 이탈리아어, 프랑스어 사용자들은 책을 읽을 때 후두엽 신경망의 활성화 상태가 낮은 수준을 보이는 경향이 있다(Paulesu et al., 2001). 그러나 난독증이 있는 중국어 사용자들이 글을 읽을 때에는 표의문자 언어를 처리하는 데 중요한 부위인 좌측 중전두회(middle frontal gyrus)가 덜 활성화된다(Siok et al., 2004). 따라서 난독증에는 언어와 무관한 공통의 특성이 있지만 표기체계가 근본적으로 다를 경우 그 특성도 어느 정도 달라진다.

ERP와 MEG 연구에 따르면 난독증 아동은 뇌가 활성화되는 시간의 패턴도 다르다. 난독증 아동은 전형적인 발달과정에 있는 아동보다 활자를 읽을 때 단어에 대한 N1 반응도가 낮고, 좌측 두뇌가 덜 편재화되어 있다(Maurer et al., 2007). 그래서 정상아동은 단어를 보면 상징이나 기호를 볼 때와는 뚜렷이 구분되는 반응을 보이지만 난독증을 가진 아동은 단어에 대한 이런 초기반응이 없다. 게다가 읽는 동안 음운정보 처리를 하는 시점을 조사한 MEG 연구에 따르면, 정상아동은 좌측 측두두정피질을 사용하지만 난독증 아동은 우측 측두두정피질을 사용한다(Simos et al., 2000). 이는 전형적인 읽기 신경망 성숙화의 특징인 좌뇌 전문화라는 패턴이 난독증에서는 그대로 나타나지 않는다는 사실을 보여준다.

| 뇌의 기능적 차이를 보여주는 뇌의 구조적 차이 |

난독증인 사람의 뇌를 해부해보면 기능적 차이와는 대조적으로 회백질(gray matter)과 백질(white matter)에서 구조적 차이가 발견된다. 회백질은 신경세포체로 이루어져 있고, 백질은 수초로 둘러싸인 축삭다발(myelinated axon tracts)로 이루어져 있다. 난독증이 있는 사람은 읽기와 관련된 부위의 회백질 부피가 더 작다(Kronbichler et al., 2008). 난독증인 사람들은 활성화 수준이 떨어지는 부위이기도 한 좌측 후두엽, 즉 측두두정 부위의 회백질 부피가 심지어 난독증 아동과 독서 수준이 같은, 나이 어린 대조군보다도 더 작다(Hoeft et al., 2007). 따라서 난독증 뇌의 기능과 구조 사이에는 어느 정도 상응하는 점이 있다.

뇌의 백질 경로는 확산텐서영상(diffusion tensor imaging, DTI)으로 식별할 수 있다. 확산텐서영상은 뇌의 중추신경망을 이루고 있는 유수신경축삭(myelinated nerve axons)의 정량적 지수를 제공한다. 건강한 사람들 사이에서도 좌측 후방 부위에 있는 백질의 조직이 치밀한 사람일수록 읽기능력이 우수하다(Klingberg et al., 2000). 난독증인 성인과 아동은 좌측 후방 부위에 있는 백질 조직이 일반인의 것보다 빈약한 것으로 보인다(Klingberg et al., 2000; Deutsch et al., 2005). 좌측 전두엽 부위의 백질 신경로도 난독증인 사람의 연결망이 더 빈약함을 반영한다(Rimrodt et al., 2009). 확산텐서영상 연구결과 중에는 난독증인 사람의 경우 좌우 반구를 연결하는 백질 신경다발인 뇌량(corpus callosum)이 정상보다 훨씬 많은 백질로 연결되어 있다는 보고도 있었다(Dougherty et al., 2007). 이런 연구결과로 보건대, 읽기를 지원하는 백질 신경로가 언어 담당 좌반구에 있는 일차적 읽기경로 안에서는 너무 약하게 발현되는 반면, 양 반구 사이에서는 너무 강하게 발현되는 것이 난독증의 특징이다(이는 우반구 부위에 의존해 글을 읽는 비전형적인 경향을 반영한다).

| 읽기장애 치료가 난독증 뇌에 미치는 영향 |

신경영상 연구는 난독증 치료를 하면 난독증 뇌의 구조와 기능이 어떻게 변하는지도 조사했는데, 특히 난독증 아동 및 성인의 읽는 뇌의 가소성을 집중 조명했다. 기능성 신경영상 연구들은 가령 난독증 성인에게 린다무드-벨 프로그램(Lindamood-Bell, 읽기장애 교정을 위한 일대일 프로그램-옮긴이)을, 난독증 아동에게 패스트포워드 프로그램(Fast ForWord®, 읽기능력 향상에 필요한 인지능력 발달을 목표로 하는 컴퓨터기반 읽기 프로그램-옮긴이)을 써서 효과적으로 치료하면, 난독증에서 전형적으로 덜 활성화되는 좌반구 뇌 부위가 더 많이 활성화됨을 보여주었다(Eden et al., 2004). 예컨대, 좌측 측두두정 부위와 전두엽 부위가 전형적으로 덜 활성화되던 난독증 아동들에게서 교정치료 후 그 부위의 활성화가 나타났다(Temple et al., 2003).

MEG 연구는 포노-그래픽스(Phono-Graphix, 읽기와 철자법 장애학생들을 치료하는 읽기치료 프로그램으로, 기호의 소리를 가르치는 전통적인 파닉스 교육법과 달리 소리의 기호를 가르침-옮긴이) 또는 린다무드 음소인지 절차 훈련(Lindamood Phoneme Sequencing, LiPS, 읽기장애 교정 프로그램으로 발음, 음소인식, 알파벳, 단어, 복잡한 단어, 문장 읽기, 쓰기 단계의 순서로 가르침-옮긴이) 프로그램을 써서 효과적으로 치료하면 더 많이 활성화되는 반구가 우반구에서 좌반구로 바뀐다는 것을 보여주었다(Simos et al., 2002). 확산텐서영상(DTI) 역시 개입(intervention) 이후 백질 구조가 정상화됨을 보여준다(Keller & Just, 2009).

또, 난독증인 사람을 효과적으로 치료하면 읽기에 전형적으로 관여하지 않는 뇌 부위의 활성화를 강화할 수 있다. 난독증 성인과 아동은 읽기활동에 대체로 활성화되지 않는 우반구 부위가 활성화 상태를 보인다(Eden et al., 2004, Temple et al., 2003; Shaywitz et al., 2004). 따라서 난독증을 효과적으로 치료하면 난독증인 독자의 뇌에서 정상화와 보상화가 일어날 수 있다. 뇌 정상화란 난독증 뇌에 변화가 일어나 전형적인 읽기 뇌가 되는 것을 말하며, 뇌의 보상화는 난독증 뇌가 읽기에 전형적으로 관여하지 않던 뇌 영역에 변화를 보일 수 있다는 말이다.

효과적인 치료로 생겨난 뇌의 가소성은 오래 지속될 수 있고, 치료 반응은 다양하게 나올 수 있으며, 뇌 부위들의 상호작용 또는 조율 방식을 바꿀 수 있다. 뇌의 변화는 효과적인 치료를 마친 지 1년 뒤에 관찰되었다(Shaywitz et al., 2003; Meyler et al., 2008). 한 연구에서는 치료에 최고의 효과를 보여서 읽기가 평균 범위까지 향상된 난독증 아동들과 치료에 평균 이하의 효과를 보인 아동들을 비교했다(Odegard et al., 2008). 효과를 보인 아동은 전형적 읽기발달 아동이나 치료효과를 보이지 않은 아동보다 우측 전두엽 부위가 훨씬 더 많이 활성화되었다. 이는 난독증 실험 대상자 두 그룹 모두가 부분적으로 좌반구 정상화를 보였다 하더라도 이 사례에서 치료를 지원한 것은 정상화가 아니라 보상이었음을 암시한다. 마지막으로 효과적인 치료는 치료를 통해 뇌 부위들 사이의 기능적 연결성을 바꾸어서 전형적인 읽기발달 아동과 비슷한 기능 연결성을 보이도록 할 수 있다(Richards & Berninger, 2008). 이것은 치료 전과 후의 기능 연결성이 뇌 부위에 따라 어떻게 바뀌었는지 측정해보면 알 수 있다.

미래에 대한 시사점

신경과학 연구는 역사상 처음으로 읽을 때 활성화되는 뇌 부위가 어디이며, 뇌가 다양한 언어와 표기체계를 지원하는 방식이 어떻게 다른지, 읽는 뇌의 발달과정은 어떻게 진행되는지, 그리고 난독증의 뇌는 어떤 차이가 있으며 그것을 효과적으로 치료할 수 있는 방안이 무엇인지를 보여주었다. 근본적인 질문은 신경과학의 방법과 지식이 교수방법과 교육정책에 어떤 점에서 유익한가이다. 읽을 때 일반적으로 뇌 부위에서 어떤 변화가 일어나는지 깊이 이해하면 유익하긴 하겠지만, 신경과학이 교육에 유익하게 활용될 수 있는 방안을 정확히 파악하는 것이 더 중요할 것이다.

우선적인 목표는 난독증을 파악하고 치료하는 것이 될 수 있을 것이다(Gabrieli, 2009). 난독증을 예방하거나 조기에 치료하는 것이 나중에 치료하는 것보다 훨씬 좋은 결과를 낳는다는 사실을 보여주는 증거는 많다. 따라서 난독증 징후를 보이는 아동을 조기에 파악하는 것이 중요하다.

읽기장애의 예후는 신경과학 검사를 통해 정확히 포착할 수 있다. 읽기장애 가족력이 있는 집안의 신생아를 대상으로 측정한 ERP는 향후 언어 및 읽기 점수와 상관관계를 보였다(Guttorm et al., 2005; Guttorm et al., 2001; Molfese, 2000). 가족력이 있는 아동이 읽기를 배우기 전의 ERP는 읽기능력을 예측하기 위해 행해지는 행동 측정에 크게 도움이 될 뿐만 아니라, ERP 측정치만이 5년 뒤의 읽기능력을 제대로 예측했다(Maurer et al., 2009). 읽기능력이 부족한 아동의 음운 해독력이 한 학년 동안 향상된 정도는 행동 측정과 MRI(자기공명영상) 측정을 통해 비슷하게 예측되었다. 하지만 행동 측정과 MRI 측정을 같이 사용해서 예측한 것이 두 가지 측정 중 한 가지만으로 예측한 것보다 정확도가 훨씬 높았다(Hoeft et al., 2007).

신경영상은 향후 읽기를 잘할지 못할지를 예측하는 데 중요한 역할을 할 것이다. 따라서 유전자 정보와 가족력 정보를 함께 활용하면 신경영상은 난독증 예방과 치료에 도움이 되고 더 많은 아이들이 읽기를 배우는 데 성공하게 해줄 것이다.

저자 소개

존 가브리엘리(John Gabrieli)

MIT(매사추세츠 공과대학) 보건과학기술 및 인지신경과학 교수로서 맥거번 뇌연구소(McGovern Institute for Brain Research) 소장이고, MIT 임상연구센터(MIT Clinical Research Center) 공동 소장을 역임했다. 메사추세츠 종합병원 정신의학과 및 하버드 교육대학원에서도 직책을 맡고 있고, MIT 통합학습 이니셔티브(MIT Integrated Learning Initiative) 책임자로 활동하고 있다. 2016년에는 미국인문과학학술원(American Academy of Arts and Sciences) 회원으로 선출되었다. 인지신경과학 중에서도 기억, 언어, 사고의 뇌 기반을 주로 연구한다.

조애나 A. 크리스토둘루(Joanna Christodoulou)

매사추세츠 종합병원 보건전문대학원(MGH Institute of Health Professions)의 의사소통과학 및 장애학과 부교수로 재직 중이며, 보건 및 재활연구센터의 뇌·교육·마음 연구소(Brain, Education and Mind Lab) 소장이다. 교육학과 인지신경과학의 접점에서 주로 읽기발달과 읽기장애 근저의 뇌-행동 관련성을 연구한다.

트리샤 오룰린(Tricia O'Loughlin)

하버드 교육대학원에서 마음·뇌·교육 석사 및 박사과정을 밟았고, MIT 내 가브리엘리(Gabrieli) 박사 연구실에서 읽기와 난독증을 연구했다. 인지신경과학과 교육이 만나는 지점에서 인간발달을 연구하고 있다.

마리애나 D. 에디(Marianna D. Eddy)

터프츠대학에서 실험심리학 및 인지신경과학으로 박사학위를 받았고, MIT에서 가브리엘리 교수와 함께 시각단어인지, 아동의 읽기발달, 난독증 환자의 읽기장애와 관련된 연구 프로젝트를 수행했다. 현재 터프츠대학 심리학과 강사이며, 미 육군 DEVCOM 군인센터의 인지과학 및 적용팀 팀장으로 근무 중이다.

참고 문헌

Allison, T., Ginter, H., McCarthy, G., Nobre, A. C., Puce, A., Luby, M., et al. (1994). Face recognition in human extrastriate cortex. *Journal of Neurophysiology*, 71(2), 821–825.

Allison, T., Puce, A., & McCarthy, G. (2002). Category-sensitive excitatory and inhibitory processes in human extrastriate cortex. *Journal of Neurophysiology*, 88(5), 2864–2868.

Baker, C. I., Liu, J., Wald, L. L., Kwong, K. K., Benner, T., & Kanwisher, N. (2007). Visual word processing and experiential origins of functional selectivity in human extrastriate cortex. *Proceedings of the National Academy of Sciences*, 104(21), 9087–9092.

Bitan, T., Burman, D. D., Chou, T.-L., Lu, D., Cone, N. E., Cao, F., Bigio, J. D., & Booth, J. R. (2007). The interaction between orthographic and phonological information in children: An fMRI study. *Human Brain Mapping*, 28, 880–891.

Bitan, T., Burman, D. D., Lu, D., Cone, N. E., Gitelman, D. R., Mesulam, M., & Booth, J. R. (2006). Weaker top-down modulation from the left inferior frontal gyrus in children. *Neuroimage*, 33(3), 991–998.

Bitan, T., Cheon, J., Lu, D., Burman, D. D., & Booth, J. R. (2009). Developmental increase in top-down and bottom-up processing in a phonological task: An effective connectivity, fMRI study. *Journal of Cognitive Neuroscience*, 21(6), 1135–1145.

Bolger, D. J., Hornickel, J., Cone, N. E., Burman, D. D., & Booth, J. R. (2008). Neural correlates of orthographic and phonological consistency effects in children. *Human Brain Mapping*, 29(12), 1416–1429.

Bolger, D. J., Minas, J., Burman, D. D., & Booth, J. R. (2008). Differential effects of orthographic and phonological consistency in cortex for children with and without reading impairment. *Neuropsychologia*, 46(14), 3210–3224.

Bolger, D. J., Perfetti, C. A., & Schneider, W. (2005). Cross-cultural effect on the brain revisited: Universal structures plus writing system variation. [Special issue: Meta-analysis in functional brain mapping.]. *Human Brain Mapping*, 25(1), 92–104.

Booth, J. R., Burman, D. D., Meyer, J. R., Gitelman, D. R., Parrish, T. B., & Mesulam, M. M. (2004). Development of brain mechanisms for processing orthographic and phonologic representations. *Journal of Cognitive Neuroscience*, 16(7), 1234–1249.

Bradley, L., & Bryant, P. E. (1978). Diffculties in auditory organisation as a possible cause of reading backwardness. *Nature*, 271(5647), 746–747.

Broca, P. (1865). Sur le siège de la faculté du langage articulé. *Bulletin de la Société d'Anthropologie*, 6, 337–393.

Brunswick, N., McCrory, E., Price, C. J., Frith, C. D., & Frith, U. (1999). Explicit and implicit processing of words and pseudowords by adult developmental dyslexics: A search for Wernicke's Wortschatz? *Brain*, 122, 1901–1917.

Cao, F., Bitan, T., Chou, T. L., Burman, D. D., & Booth, J. R. (2006). Deficient orthographic and phonological representations in developmental dyslexics revealed by brain activation patterns. *Journal of Child Psychology and Psychiatry*, 40(10), 1041–1050.

Church, J., Coalson, R. S., Lugar, H. M., Petersen, S. E., & Schlaggar, B. L. (2008). A developmental fMRI study of reading and repetition reveals changes in phonological and visual mechanisms over age. *Cerebral Cortex*, 18(9), 2054–2065.

Cohen, L., Dehaene, S., Naccache, L., Lehéricy, S., Dehaene-Lambertz, G., Héna, M.-A., & Michel, F. (2000). The visual word form area: Spatial and temporal characterization of an initial stage of reading in normal subjects and posterior split-brain patients. *Brain: A Journal of Neurology*, 123(2), 291–307.

Cornelissen, P. L., Kringelbach, M. L., Ellis, A. W., Whitney, C., Holliday, I. E., & Hansen, P. C. (2009). Activation of the left inferior frontal gyrus in the first 200 ms of reading: Evidence from magnetoencephalography (MEG). *PLoS ONE*, 4(4), e5359.

Dehaene, S. (2005). Imaging conscious and subliminal word processing. In U. Mayr, E. Awh, & S. W. Keele (Eds.), *Developing individuality in the human brain: A tribute to Michael I. Posner* (pp. 65–86). Washington, DC: American Psychological Association.

Dehaene, S., & Cohen, L. (2007). Cultural recycling of cortical maps. *Neuron*, 56, 384–398.

Dehaene, S., & Cohen, L. (2010). Neural coding of written words in the visual word form area. In P. L. Cornelissen, P. C. Hansen, M. L. Kringelbach, & K. Pugh (Eds.), *The neural basis of reading* (pp. 111–146). New York: Oxford University Press.

Dehaene-Lambertz, G., Dehaene, S., & Hertz-Pannier, L. (2002). Functional neuro-imaging of speech perception in infants. *Science*, 298(5600), 2013–2015.

Dejerine, J. (1892). Contribution a l'etude anatomo-pathologique et clinique des différentes variétés de cécité verbale. *Mémoires de la Société de Biologie*, 4, 61–90.

Deutsch, G., Dougherty, R., Bammer, R., Siok, W. T., Gabrieli, J. D. E., & Wandell, B. (2005). Children's reading performance is correlated with white matter structure measured by tensor imaging. [Special issue: The neurobiology of developmental disorders.]. *Cortex*, 41(3), 354–363.

Dougherty, R. F., Ben-Shachar, M., Deutsch, G. K., Hernandez, A., Fox, G. R., & Wandell, B. A. (2007). Temporal-callosal pathway diffusivity predicts phonological skills in children. *Proceedings of the National Academy of Sciences*, 104(20), 8556–8561.

Eden, G. F., Jones, K. M., Cappell, K., Gareau, L., Wood, F. B., & Zero, T. A. (2004). Neural changes following remediation in adult developmental dyslexia. *Neuron*, 44(3), 411–422.

Ellis, N. C., Natsume, M., Stavropoulou, K., Hoxhallari, L., Van Daal, V. H. P., Polyzoe, N., et al. (2004). The effects of orthographic depth on learning to read alphabetic, syllabic, and logographic scripts. *Reading Research Quarterly*, 39(4), 438–468.

Farmer, M., & Klein, R. (1995). The evidence for a temporal processing deficit linked to dyslexia: A review. *Psychonomic Bulletin & Review*, 2(4), 460–493.

Froyen, D. J. W., Bonte, M. L., van Atteveldt, N., & Blomert, L. (2009). The long road to automation: Neurocognitive development of letter-speech sound processing. *Journal of Cognitive Neuroscience*, 21(3), 567–580.

Gabrieli, J. D. E. (2009). Dyslexia: A new synergy between education and cognitive neuroscience. *Science*, 325(5938), 280–283.

Georgiewa, P., Rzanny, R., Gaser, C., Gerhard, U. J., Vieweg, U., Freesmeyer, D., et al. (2002). Phonological processing in dyslexic children: A study combining functional imaging and event related potentials. *Neuroscience Letters*, 318, 5–8.

Goswami, U., & East, M. (2000). Rhyme and analogy in beginning reading: Conceptual and methodological issues. *Applied Psycholinguistics*, 21, 63–93.

Grainger, J., & Holcomb, P. J. (2009). Watching the word go by: On the time-course of component processes in visual word recognition. *Language and Linguistics Compass*, 3(1), 128–156.

Grossi, G., Coch, D., Coey, S., Holcomb, P. J., & Neville, H. J. (2001). Phonological processing visual rhyming: A developmental ERP study. *Journal of Cognitive Neuroscience*, 13(5), 610–625.

Guttorm, T. K., Leppänen, P. H. T., Poikkeus, A.-M., Eklund, K. M., Lyytinen, P., & Lyytinen, H. (2005). Brain event-related potentials (ERPs) measured at birth predict later language development in children with and without familial risk for dyslexia. *Cortex*, 41(3), 291–303.

Guttorm, T. K., Leppänen, P. H. T., Richardson, U., & Lyytinen, H. (2001). Event-related potentials and consonant differentiation in newborns with familial risk for dyslexia. *Journal of Learning Disabilities*, 34(6), 534–544.

Hoeff, F., Hernandez, A., McMillon, G., Taylor-Hill, H., Martindale, J. L., Meyler, A., et al. (2006). Neural basis of dyslexia: A comparison between dyslexic and nondyslexic children equated for reading ability. *Journal of Neuroscience*, 26(42), 10700–10708.

Hoeff, F., Meyler, A., Hernandez, A., Juel, C., Taylor-Hill, H., Martindale, J. L., et al. (2007). Functional and morphometric brain dissociation between dyslexia and reading ability. *Proceedings of the National Academy of Sciences*, 104(10), 4234–4239.

Hoeff, F., Ueno, T., Reiss, A. L., Meyler, A., Whiteld-Gabrieli, S., Glover, G. H., et al. (2007). Prediction of children's reading skills using behavioral, functional, and structural neuroimaging measures. *Behavioral Neuroscience*, 121(3), 602–613.

Horwitz, B., Rumsey, J. M., & Donohue, B. C. (1998). Functional connectivity of the angular gyrus in normal reading and dyslexia. *Proceedings of the National Academy of Sciences*, 95, 8939–8944.

Keller, T. A., & Just, M. A. (2009). Altering cortical connectivity: Remediation-induced changes in the white matter of poor readers. *Neuron*, 64(5), 624–631.

Klingberg, T., Hedehus, M., Temple, E., Salz, T., Gabrieli, J. D. E., Moseley, M. E., et al. (2000). Microstructure of temporo-parietal white matter as a basis for reading ability: Evidence from diffusion tensor magnetic resonance imaging. *Neuron*, 25(2), 493–500.

Kronbichler, M., Wimmer, H., Staen, W., Hutzler, F., Mair, A., & Ladurner, G. (2008). Developmental dyslexia: Gray matter abnormalities in the occipito-temporal cortex.

Human Brain Mapping, 29(5), 613–625.

Lyon, G. R., Shaywitz, S. E., & Shaywitz, B. A. (2003). A definition of dyslexia. *Annals of Dyslexia*, 53(1), 1–14.

Macmillan, M. (1992). Inhibition and control of behavior: From Gall to Freud via Phineas Gage and the frontal lobes. *Brain & Cognition*, 19, 72–104.

Macmillan, M. B. (1986). A wonderful journey through skull and brains: The travels of Mr. Gage's tamping iron. *Brain & Cognition*, 5, 67–107.

Mani, J., Diehl, B., Piao, Z., Schuele, S. S., LaPresto, E., Liu, P., et al. (2008). Evidence for a basal temporal visual language center: Cortical stimulation producing pure alexia. *Neurology*, 71(20), 1621–1627.

Maurer, U., Brem, S., Bucher, K., Kranz, F., Benz, R., Steinhausen, H.-C., et al. (2007). Impaired tuning of a fast occipito-temporal response for print in dyslexic children learning to read. *Brain*, 130(12), 3200–3210.

Maurer, U., Brem, S., Kranz, F., Buchera, K., Benza, R., Haldera, P., et al. (2006). Coarse neural tuning for print peaks when children learn to read. *NeuroImage*, 33(2), 749–758.

Maurer, U., Bucher, K., Brem, S., Benz, R., Kranz, F., Schulz, E., et al. (2009). Neurophysiology in preschool improves behavioral prediction of reading ability throughout primary school. *Biological Psychiatry*, 66(4), 341–348.

Meyler, A., Keller, T. A., Cherkassky, V. L., Gabrieli, J. D., & Just, M. A. (2008). Modifying the brain activation of poor readers during sentence comprehension with extended remedial instruction: A longitudinal study of neuroplasticity. *Neuropsychologia*, 46(10), 2580–2592.

Milne, R. D., Syngeniotis, A., Jackson, G., & Corballis, M. C. (2002). Mixed lateralization of phonological assembly in developmental dyslexia. *Neurocase*, 8, 205–209.

Milner, B., Corkin, S., & Teuber, H. L. (1968). Further analysis of the hippocampal amnesic syndrome: 14-year followup study of H. M. *Neuropsychologia*, 6, 215–234.

Molfese, D. L. (2000). Predicting dyslexia at 8 years of age using neonatal brain responses. *Brain and Language*, 72(3), 238–245.

Odegard, T. N., Ring, J., Smith, S., Biggan, J., & Black, J. (2008). Differentiating the neural response to intervention in children with developmental dyslexia. *Annals of Dyslexia*, 58(1), 1–14.

Pammer, K., Hansen, P. C., Kringelbach, M. L., Holliday, I., Barnes, G., Hillebrand, A., et al. (2004). Visual word recognition: The first half second. *NeuroImage*, 22(4), 1819–1825.

Paulesu, E., Démonet, J. F., Fazio, F., McCrory, E., Chanoine, V., Brunswick, N., et al. (2001). Dyslexia: Cultural diversity and biological unity. *Science*, 291(5511), 2165–2167.

Paulesu, E., Frith, U., Snowling, M., Gallagher, A., Morton, J., Frackowiak, R. S., et al. (1996). Is developmental dyslexia a disconnection syndrome? Evidence from PET scanning. *Brain*, 119, 143–157.

Paulesu, E., McCrory, E., Fazio, F., Menoncello, L., Brunswick, N., Cappa, S. F., et al. (2000). A cultural effect on brain function. *Nature Neuroscience*, 3(1), 91–96.

Pennington, B. (2006). From single to multiple deficit models of developmental disorders. *Cognition*, 101(2), 385–413.

Petersen, S. E., Fox, P. T., Posner, M. I., Mintun, M., & Raichle, M. E. (1988). Positron emission tomographic studies of the cortical anatomy of single-word processing. *Nature*, 331(6157), 585–589.

Petersen, S. E., Fox, P. T., Snyder, A. Z., & Raichle, M. E. (1990). Activation of extrastriate and frontal cortical areas by visual words and word-like stimuli. *Science*, 249(4972), 1041–1044.

Polk, T. A., Park, J., Smith, M. R., & Park, D. C. (2007). Nature versus nurture in ventral visual cortex: A functional magnetic resonance imaging study of twins. *Journal of Neuroscience*, 27(51), 13921–13925.

Richards, T. L., & Berninger, V. W. (2008). Abnormal fMRI connectivity in children with dyslexia during a phoneme task: Before but not after treatment. *Journal of Neurolinguistics*, 21(4), 294–304.

Richards, T. L., Berninger, V. W., Aylward, E. H., Richards, A. L., Thomson, J. B., Nagy, W. E., et al. (2002). Reproducibility of Proton MR Spectroscopic Imaging (PEPSI): Comparison of dyslexic and normal-reading children and Effects of treatment on brain lactate levels during language tasks. *American Journal of Neuroradiology*, 23, 1678–1685.

Rimrodt, S. L., Clements-Stephens, A. M., Pugh, K. R., Courtney, S. M., Gaur, P., Pekar, J. J., et al. (2009). Functional MRI of sentence comprehension in children with dyslexia: Beyond word recognition. *Cerebral Cortex*, 19(2), 402–413.

Ru, S., Cardebat, D., Marie, N., & Démonet, J. F. (2002). Enhanced response of the left frontal cortex to slowed down speech in dyslexia: An fMRI study. *Neuroreport*, 13, 1285–1289.

Ru, S., Marie, N., Celsis, P., Cardebat, D., & Démonet, J. F. (2003). Neural substrates of impaired categorical perception of phonemes in adult dyslexics: An fMRI study. *Brain and Cognition*, 53, 331–334.

Rumsey, J. M., Andreason, P., Zametkin, A. J., Aquino, T., King, A. C., Hamburger, S. D., et al. (1992). Failure to activate the left temporoparietal cortex in dyslexia: An oxygen 15 positron emission tomographic study. *Archives of Neurology*, 49(5), 527–534.

Rumsey, J. M., Horwitz, B., Donohue, B. C., Nace, K. L., Maisog, J. M., & Andreason, P. (1999). A functional lesion in developmental dyslexia: Left angular gyral blood flow predicts severity. *Brain and Language*, 70, 187–204.

Rumsey, J. M., Nace, K., Donohue, B., Wise, D., Maisog, J. M., & Andreason, P. (1997). A positron emission tomographic study of impaired word recognition and phonological processing in dyslexic men. *Archives of Neurology*, 54(5), 562–573.

Salmelin, R., Service, E., Kiesilä, P., Uutela, K., & Salonen, O. (1996). Impaired visual word processing in dyslexia revealed with magnetoencephalography. *Annals of Neurology*, 40, 157–162.

Seger, C. A., Poldrack, R. A., Prabhakaran, V., Zhao, M., Glover, G. H., & Gabrieli, J. D. (2000). Hemispheric asymmetries and individual differences in visual concept learning as measured by functional MRI. *Neuropsychologia*, 38(9), 1316–1324.

Shaywitz, B. A., Shaywitz, S. E., Blachman, B. A., Pugh, K. R., Fulbright, R. K., Skudlarski, P., et al. (2004). Development of left occipitotemporal systems for skilled reading in children after a phonologically-based intervention. *Biological Psychiatry*, 55(9), 926–933.

Shaywitz, B. A., Shaywitz, S. E., Pugh, K. R., Mencl, W. E., Fulbright, R. K., Skudlarksi, P., et al. (2002). Disruption of posterior brain systems for reading in children with developmental dyslexia. *Biological Psychiatry*, 52(2), 101–110.

Shaywitz, B. A., Skudlarski, P., Holahan, J. M., Marchione, K. E., Constable, R. T., Fulbright, R. K., et al. (2007). Age-related changes in reading systems of dyslexic children. *Annals of Neurology*, 61(4), 363–370.

Shaywitz, S. E. (1998). Dyslexia. *New England Journal of Medicine*, 338(5), 307–312.

Shaywitz, S. E., Fletcher, J. M., Holahan, J. M., Shneider, A. E., Marchione, K. E., Stuebing, K. K., et al. (1999). Persistence of dyslexia: The Connecticut Longitudinal Study at adolescence. *Pediatrics*, 104(6), 1351–1359.

Shaywitz, S. E., Mody, M., & Shaywitz, B. A. (2006). Neural mechanisms in dyslexia. *Current Directions in Psychological Science*, 15, 278–281.

Shaywitz, S. E., Shaywitz, B. A., Fulbright, R. K., Skudlarski, P., Mencl, W. E., Constable, T., et al. (2003). Neural systems for compensation and persistence: Young adult outcome of childhood reading disability. *Biological Psychiatry*, 54(1), 25–33.

Shaywitz, S. E., Shaywitz, B. A., Pugh, K. R., Fulbright, R. K., Constable, R. T., Mencl, W. E., et al. (1998). Functional disruption in the organization of the brain for reading in dyslexia. *Proceedings of the National Academy of Sciences*, 95, 2636–2641.

Simos, P. G., Breier, J. I., Fletcher, J. M., Bergman, E., & Papanicolaou, A. C. (2000). Cerebral mechanisms involved in word reading in dyslexic children: A magnetic source imaging approach. *Cerebral Cortex*, 10(8), 809–816.

Simos, P. G., Breier, J. I., Fletcher, J. M., Foorman, B. R., Bergman, E., Fishbeck, K., et al. (2000). Brain activation profiles in dyslexic children during non-word reading: A magnetic source imaging study. *Neuroscience Letters*, 290, 61–65.

Simos, P. G., Fletcher, J. M., Bergman, E., Breier, J. I., Foorman, B. R., Castillo, E. M., Davis, R. N., et al. (2002). Dyslexia-specific brain activation profile becomes normal following successful remedial training. *Neurology*, 58(8), 1203–1213.

Siok, W. T., Perfetti, C. A., Jin, Z., & Tan, L. H. (2004). Biological abnormality of impaired reading is constrained by culture. *Nature*, 431(7004), 71–76.

Stanovich, K. E. (1986). Matthew lffects in reading: Some consequences of individual differences in the acquisition of literacy. *Reading Research Quarterly*, 21(4), 360–406.

Temple, E., Deutsch, G. K., Poldrack, R. A., Miller, S. L., Tallal, P., Merzenich, M., et al. (2003). Neural deficits in children with dyslexia ameliorated by behavioral remediation: Evidence from functional MRI. *Proceedings of the National Academy of Sciences*, 100(5), 2860–2865.

Temple, E., Poldrack, R. A., Salidis, J., Deutsch, G. K., Tallal, P., Merzenich, M. M., et al. (2001). Disrupted neural responses to phonological and orthographic processing in dyslexic children: An fMRI study. *Neuroreport*, 12(2), 299–307.

Turkeltaub, P. E., Gareau, L., Flowers, D. L., Zero, T. A., & Eden, G. F. (2003). Development of neural mechanisms for reading. *Nature Neuroscience*, 6(7), 767–773.

Wagner, R. K., & Torgesen, J. K. (1987). The nature of phonological processing and its causal role in the acquisition of reading skills. *Psychological Bulletin*, 101(2), 192–212.

Wagner, R. K., Torgesen, J. K., & Rashotte, C. A. (1994). Development of reading-related phonological processing abilities: New evidence of bidirectional causality from a latent variable longitudinal study. *Developmental Psychology*, 30(1), 73–87.

Wolf, M., Goldberg O'Rourke, A., Gidney, C., Lovett, M., Cirino, P., & Morris, R. (2002). The second deficit: An investigation of the independence of phonological and naming-speed deficits in developmental dyslexia. *Reading and Writing*, 15(1–2), 43–72.

Ziegler, J. C., & Goswami, U. (2005). Reading acquisition, developmental dyslexia, and skilled reading across languages: A psycholinguistic grain size theory. *Psychological Bulletin*, 131(1), 3–29.

7

읽는 뇌 만들기

아동의 뇌는 어떻게 읽기를 배우며, 효과적인 전략은 무엇인가?

도나 코흐 (Donna Coch)

7강은 아동의 뇌가 읽기를 학습할 때 관련되는 복잡한 과정을 설명한다. 통념과는 달리, 인간의 뇌 안에 '읽기를 담당하는' 단일 부위는 없다. 인간에게 읽기란 비교적 최근에 발명된 문화적 발명품으로서, 인간의 뇌는 다양한 하위 시스템을 차근차근 발달시키고 이를 서로 연계해 '읽는 뇌'를 능동적으로 만들어간다. 따라서 아동에게 읽기를 가르칠 때는 읽기에 필요한 하부 시스템 개발에 초점을 맞추어야 한다. 도나 코흐 박사는 심리학과 뇌과학, 교육학 전공자로서, 성공적인 읽기학습 활동을 설계하는 데 도움이 되는 신경과학 분야의 연구성과를 자세히 소개한다.

신경과학과 교육을 연결시키는 것에 대해 신중할 필요가 있다는 경고는 '너무나 먼 다리(Bruer, 1997)'라는, 가장 흔히 인용되는 경고 말고도 수없이 많지만, 신경과학이 교사들에게 교실에서 무엇을 해야 할지 알려줄 수 있다고 여전히 믿고 있는 교육자들이 많다(Goswami, 2006). 나는 신경과학에 기반을 둔, 따라만 하면 되는 교수법을 기대하는 것은 비현실적이라고 믿는다. 신경과학의 힘은 교사들에게 강의식 직접교수법(direct instruction)을 제공하는 데 있는 것이 아니라 인지과학, 발달과학 및 학습과학 지식과 융합될 때 그것이 교육에 대한 새로운 관점을 제공할 수 있다는 데 있다(Ansari & Coch, 2006; Fischer et al., 2007). 읽기의 경우, 신경과학은 읽는 뇌의 비밀을 밝히는 데 도움을 주었고, 읽을 수 있는 뇌를 만들어가는 과정의 놀라운 복잡성을 밝혀내기 시작했다.

일반적인 생각과 달리 '읽는 뇌'는 없다. 유아의 뇌든, 유창하게 읽는 대학생의 뇌든, 늙어가는 뇌든, 뇌 안에 '읽기를 담당하는' 단일 부위는 없다. 그럼에도 당신은 지금 이 책을 읽고 있다. 뇌에 읽기를 담당하는 부위가 없다면 어떻게 읽을 수 있을까? 대중들의 생각과 달리 읽기는 타고난 것이 아니다(Goodman & Goodman, 1979). 뇌는 결코 읽기를 위해 설계되지 않았다. 읽기란 비교적 최근에 발명되어 우리의 교육체계와 사회에 의해 높은 가치가 부여된 문화적 발명품이다. 우리는 읽기를 배우면서 스스로 특화되는 다수의 신경계를 빌려다가 그것을 토대로 읽을 수 있는 뇌를 능동적으로 만들고 있는 것이다(Dehaene & Cohen, 2007). 당신이 이 책을 읽을 수 있는 이유는 읽기를 수행하는 신경계를 장기간에 걸쳐서 공들여 만들어왔기 때문이다. 읽기를 배우려면 읽기를 수행하는 하위 시스템을 하나하나 발달시키고 이들 시스템을 잘 연계시켜서 자동적으로 술술 함께 돌아가도록 만들어야 한다. 이 과정은 초등학교 저학년 때 저절로 일어나는 것이 아니다. 읽기를 배우는 과정은 공식 학교교육보다 훨씬 먼저 시작되어 학교를 다니는 기간 내내 이어진다(Biancarosa & Snow, 2004; Snow, Burns, & Griffin, 1998).

읽기학습을 위한 능력이 발달하는 데 오랜 시간이 걸리는 것은 읽는 뇌의 일부 핵심 구성체계를 생각하면 놀라운 일이 아니다. 읽는 뇌의 구성체계로는 문자의 시각적 처리를 기반으로 하는 표기체계(orthographic system)가 있다. 물론 대부분의 아이들이 학교에 들어가기 한참 전에 종이를 비롯한 도로 표지판, 시리얼 박스 등에 적힌 글자와 활자에 노출된다(Bruns & Snow, 1999). 읽는 뇌의 구성체계에는 말소리의 청각적 처리를 기반으로 하는 음운체계(phonological system)도 포함된다. 역시 아이들은 대부분 학교에 들어가기 한참 전에 말에 노출되지만, 언어발달은 청소년이 되어서도 계속된다(Nippold, 1998). 또 한 가지 구성체계는 단어의 의미이해를 기반으로 하는 의미체계(semantic system)이다. 마찬가지로 어린이들은 대부분 공식교육에 들어가기 전에 제한적으로나마 단어들의 의미를 알게 되고, 학교에 다니는 내내 어휘가 늘어난다(Cunningham, Perry, & Stanovich, 2001; Hart & Risley, 1995). 아마도 무엇보다 중요한 요소는 학생들이 읽은 내용을 이해할 수 있어야 한다는 점일 것이다.

이제부터 이 체계를 하나씩 더 자세히 살펴본 다음 발달과학과 학습과학 및 신경과학으로부터 얻은 지식이 우리가 교육으로부터 얻은 지식과 어떤 식으로 영향을 주고받는지 알아본다.

시각적 처리: 표기체계

글을 읽는 사람의 과제는 글자로 표기된 것이 무슨 뜻인지 아는 것이다. 어떤 언어의 표기체계는 그러한 표기들의 모양, 즉 표기방식과 관계가 있다. 표기체계의 학습은 그 언어의 표기 기호들을 인식하는 것에서 시작된다. 그 언어가 영어라면 먼저 알파벳의 글자들을 알아보아야 한다. 영어와 같은 알파벳 언어의 기호들은 임의적이고 추상적이며, 어떤 경우는 쉽게 혼동되기 때문에 그 기호를 알아보는 것 자체가 어려운 과제이다(Gervais, Harvey, & Roberts, 1984; Gibson, 1965). 예컨대, 어떤 서체에서 대문자 G와 C의 차이가 얼마나 미미한지 생각해보라. 아이들은 아주 짧은 가로줄 하나가 다른 글자를 만든다는 것을 깨달아야만 한다. 따라서 글자를 구분하려면 아주 민감한 시각계가 필요하다.

일반적으로 알파벳의 글자를 구성하는 시각적 요소의 인지처리 과정은 뇌의 가장 뒤쪽 부위인 후두엽(occipital lobe)의 시각피질에서 일어난다. 시각피질은 시각 인지처리 과정에 전문화되어 있다. 고양이의 후두엽을 관찰한 기록들을 보면, 고양이 시각피질의 신경세포들조차 직선, 곡선, 각도, 말단, 교차점 등 알파벳 글자의 구성요소 가운데 대다수의 요소를 구별할 수 있을 정도로 발달되어 있음을 알 수 있다 (Crair, Gillespie, & Stryker, 1998). 하지만 우리가 아는 한 고양이는 글자를 읽지 못하므로 추가적 처리과정이 필요하다는 것은 명백하다. 글자의 시각적 요소들이 글자를 구성하는 의미그룹으로 결합되어야 하고, 글자는 단어를 구성하는 의미그룹으로 결합되어야 한다.

피질에서 시각정보를 처리하는 흐름은 후두엽에서 두 갈래로 갈라진다. 그중 한 경로인 배쪽(ventral, 앞쪽)의 '무엇(what)' 경로는 측두엽을 거쳐 아래쪽으로 이어지는 반면, 다른 경로인 등쪽(dorsal, 뒤쪽)의 '어디(where)' 경로는 두정엽을 거쳐 위쪽으로 이어진다(Ungerleider & Mishkin, 1982). 배쪽 시각경로는 색상, 형태, 질감, 패턴, 세부사항을 처리하는 데 전문화되어 있다(Livingstone & Hubel, 1988). 짐작하는 바대로 글자 및 글자열의 성격을 규정하는 패턴, 형태, 세부사항은 그것들에 의해 성격이 규정되는 다른 시각정보들과 마찬가지로 이 경로를 따라가면서 후속 처리과정을 거친다. 글자의 세부 특징들은 글자가 제시되고 150밀리세컨드 정도 이내에 거의 동시에 처리되는 것으로 보인다(Cole & Haber, 1980; Petit et al., 2006). 1밀리세컨드가 1초의 1000분의 1임을 감안하면 이런 처리과정은 매우 빠르고, 궁극적으로 거의 자동화되어서 배쪽 경로의 기본 시각처리능력으로 이루어진다. 성인이 되면 글자들은 방추상회(fusiform gyrus)에 속하는 한 부위에서 겨우 2~3밀리세컨드 뒤에 추상적인 특정 글자로 인식되는 것으로 보인다(Flowers et al., 2004; James et al., 2005; Mitra & Coch, 2009; Petit et al.,

2006). 그러한 전문화가 언제 어떻게 이루어지는가는 교육과 관련 있는 질문일 수 있다.

방추상회의 하위 부위 하나는 철자에 관한 연구문헌에서 훨씬 더 많은 주목을 받았다. 이 부위는 피터슨과 연구진(Petersen et al., 1988)이 실제 단어, 만들어낸 단어, 발음할 수 없는 글자열, 글자를 닮은 기호열이 어떻게 처리되는가를 비교한 PET(양전자방출단층촬영) 연구에서 처음으로 보고되었다. 이 연구에서 그들은 누가 보아도 단어처럼 생긴 자극, 즉 실제 단어와 영어의 규칙을 따라 만들어낸 단어에 의해서만 활성화되는 한 영역을 발견하고, 그것을 시각단어형태영역(visual word form area)이라 불렀다. 이 최초의 보고 이래로 시각단어형태영역에서 단어처럼 생긴 자극을 전문적으로 처리하는 것이 반복적으로 발견되었다(Cohen & Dehaene, 2004; McCandliss, Cohen, & Dehaene, 2003; Price & Devlin, 2004). 흥미롭게도, 최근에 이 영역을 수술로 제거한 성인 환자가 읽기능력을 잃었다는 임상보고는 이 영역이 읽기를 담당하고 있음을 시사한다(Gaillard et al., 2006).

시각단어형태영역은 어떻게 발달할까? 많은 연구자들이 시각단어형태영역은 살면서 단어를 경험함에 따라 점차 단어처리에 전문화된다고 믿는다(McCandliss, Cohen, & Dehaene, 2003). 그런데 시각계 안에서 그러한 전문화된 처리가 발달하는 것은 성장이나 나이와 더 많은 관계가 있을까, 아니면 경험 및 훈련, 즉 교육과 더 많은 관계가 있을까? N1이라 불리는 특정 뇌파가 유치원생에게는 나타나지 않다가 2학년이 되면 나타나서 사춘기 내내 계속해서 발달한다는 연구결과도 있다(Brem et al., 2006; Maurer et al., 2006). N1 뇌파는 단순한 기호보다 단어에 더 민감하게 반응해 시각단어형태 처리의 지표로 간주된다. 심지어 나이가 다른 통제그룹과 비교해보아도 시각단어형태영역의 활성화가 해독능력과 상관이 있다고 밝혀짐으로써 경험의 역할이 더 중요한 것으로 드러났다(Shaywitz et al., 2002).

흥미롭게도, 예컨대 난독증 성인처럼 능숙하게 읽지 못하는 성인의 경우에는 읽는 동안 시각단어형태영역이 활성화되지 않는다는 증거가 있다(Paulesu et al., 2001). 읽기를 배우는 단계에 있거나 난독증인 사람에게는 이 영역이 없는데, 시각단어형태영역이 있으면 친숙한 글자패턴을 순간적으로 알아볼 수 있게 된다. 이 과정이 자동화되면 메타인지 차원의 문장해독에 집중할 수 있게 된다(LaBerge & Samuels, 1974). 요컨대, 읽기학습은 배쪽 시각경로를 활용해 활자읽기 훈련을 함으로써 전문적으로 이뤄지게 되는 것으로 보인다(McCandliss, Cohen, & Dehaene, 2003; Polk & Farah, 1998).

배쪽 시각경로는 특히 표기처리 면에서, 읽을 수 있는 뇌를 구축하는 결정적 요소임이 틀림없다. 후두엽에서 위로 나와서 두정엽을 통과하는 시각처리 흐름인 등쪽 시각경로에 대해서도 똑같이 말할 수 있을까? 지면 위의 단어들이야 특정 위치에 자리잡고 있고 공간이동을 하는 것도 아닌데 '어디' 체계인 등쪽 시각경로가 읽기와 무슨 관련이 있을까? 하지만 지면의 단어들은 움직이지 않더라도, 독자의 눈은 응시(fixation)와 단속안구운동(saccade)을 복잡하게 이어가면서 지면을 가로질러 움직여야만 한다(Rayner et al., 2001). 눈이 잠깐 한 곳을 응시하다가 글줄을 죽죽 건너뛰며 읽기를 끊임없이 반복한다는 말이다.

놀라울 것도 없이, 읽기를 배우는 사람은 읽기에 유창한 사람보다 응시가 길고, 단속안구운동이 짧고, 다시읽기(regression)를 훨씬 더 많이 한다(Rayner et al., 2001). 영어의 경우 읽다가 자꾸 오른쪽에서 왼쪽으로 눈을 움직여 방금 봤던 단어를 다시 본다는 말이다. 따라서 어떤 독자가 읽는 동안 그의 눈을 주의깊게 지켜보면 글을 시각적으로 처리하는 유창성의 수준이 어느 정도인지가 드러난다. 등쪽 시각경로는 안구운동 조절과 관계가 있고, 여기에서 발생하는 결함은 읽기장애와 연관되어 있다(Boden & Giaschi, 2007; Stein, 2001). 예컨대 두 건의 fMRI(기능성자기공명영상) 연구에서, 난독증인 성인은 글을 읽을 줄 아는 성인에 비해 등쪽 시각경로가 전혀 활성화되지 않거나 조금밖에 활성화되지 않았다(Demb, Boynton, & Heeger, 1997; Eden et al, 1996).

'무엇'과 '어디' 흐름의 발달에 관한 신경과학 연구는 기본적인 시각처리 체계가 여덟 살까지는 아직 성인과 같지 않음을 보여준다(Coch et al., 2005). 읽는 뇌는 이 시각계를 발달시키고, 이 체계 안에서 읽기가 전문적으로 처리되도록 지원해주고, 읽기를 가능하게 하는 데 필요한 다른 체계들을 이 체계와 연결시킴으로써 만들어진다. 읽는 법을 학습하고 있는 아이들과 가르치고 있는 교사들은 문자의 표기처리에 전문화된 '무엇' 경로와 '어디' 경로의 다중 시각계(multiple visual system)를 만들어줌으로써 진정으로 뇌를 바꾸고 있는 것이다.

청각적 처리: 음운론

표기법(orthography)은 시각적 처리를 다루지만, 음운론(phonology)은 청각적 처리, 즉 소리체계를 다룬다. 한 언어를 구성하는 소리의 최소 단위를 음소(phoneme)라 한다. 읽기의 핵심인 언어능력 가운데 하나가 음운인식(phonological awareness)이다. 음운인식이란 말소리가 음소라는 소리의 단위로 이루어졌다는 것을 이해하는 것이다. 예컨대 fox라는 단어는 /f/, /o/, /k/, /s/라는 네 개의 음소로 구성되어 있다. fox에 4개의 소리가 들어있다는 사실에 깜짝 놀랐다면, 그것은 읽기를 가르치는 많은 교사들이 음소를 명확히 인식하지 못하므로 아이들에게 음운인식을 가르치려면 교사들부터 재훈련이 필요하다는 연구결과와 일치한다(Stainthorp, 2003). 사실, 대부분의 성인은 "음운인식을 설명하고 가르칠 수 있을 정도로 언어를 분석해본 적이 한 번도 없다(Moats, 2000, p.7)."

음운인식은 음소, 운, 음절 등 다양한 단계의 소리 분석에서 일어난다. 많은 교사들은 train/cane 같은 각운, 즉 음소보다 큰 단위로 소리를 인식한다(Stainthorp, 2003). 뇌파 기록 연구들은 6~7세 아동과 성인의 뇌가 단어의 각운에 유사하게 반응함을 보여줌으로써, 각운과 관련된 음운처리 시스템이 일찍 발달한다는 것을 입증한다(Coch et al., 2002, 2005). 각운찾기 게임, 동요나 시 암송, cat에서 /k/를 빼고 발음하기 같은 음소제거 과제 등 언어의 소리구조를 중시하는 활동들이 음운인식을 발달시키는 데 도움이 된다(Adams, 1990; MacLean, Bryant,

& Bradley, 1987). 음운인식의 발달이 흥미로운 이유는 인간행동 연구를 통해 취학 전부터 고등학교까지의 읽기능력이 음운인식 능력에 비례하는 양상이 드러나기 때문이다(Adams, 1990). 뿐만 아니라 저학년일 때 음운인식이 뒤떨어지는 아이들은 고학년이 되었을 때 읽기뿐만 아니라 전반적인 학업성적까지 뒤처질 위험이 있다. 읽기가 공부의 '빈익빈 부익부(貧益貧 富益富)'를 가져온다고 해서 스타노비치(Stanovich)는 1986년에 이 현상을 '마태 효과(matthew effect)'라고 지칭했다.

신경 수준에서 볼 때, 말은 말(speech) 이외의 소리(sound), 어조(tone), 소음(noise)의 일반적인 청각 처리과정과는 다른 특수 처리과정을 거치는 것 같다. 뇌에서 말 처리와 연관되는 부위는 상측두구(superior temporal sulcus), 즉 측두엽 꼭대기에서 안으로 접혀들어간 부분이다(Binder, 2000). 놀랍게도, 다섯 살 아동과 심지어 생후 3개월 된 아기의 fMRI 결과를 보면 이 부위가 전형적 발달과정에서 매우 초기부터 말에 예민하게 반응한다는 사실을 알 수 있다(Ahmad et al., 2003; Dehaene-Lambertz et al., 2006). 하지만 일찍 발달하는 말 처리 체계가 읽기와 무슨 상관이 있을까? 소리 내어 읽지 않는 한 읽기는 청각능력이 아닌 것 같은데 말이다. 그러나 음운론을 전문적으로 처리하는 상측두구영역은 말을 처리하는 데도 사용되고 글을 처리하는 데도 사용된다. 소리 내지 않고 묵독해도 상측두구영역이 활성화된다는 것을 분명히 보여주는 연구가 많이 있다(Joubert et al., 2004; Simos et al., 2000).

읽는 뇌를 구축하려면 음운론을 전문적으로 처리하는 말의 회로를 읽는 데 사용해야 할 뿐만 아니라 새로운 음운론 네트워크도 발달시켜야 한다. 문해력이 있는 여성들과 문맹인 여성들을 대상으로 한 획기적인 실험연구에서, 연구자들은 PET를 사용해 피험자들이 실제 단어와 만들어낸 단어를 따라 읽는 동안 일어나는 뇌 활성화를 기록했다(Castro-Caldas et al., 1998). 실제 단어를 따라 읽는 경우에는 두 집단의 뇌 활성화에 차이가 없었지만, 만들어낸 단어를 따라 읽는 동안은 문해력이 있는 여성들의 뇌 네트워크가 광범위하게 활성화되었다. 만들어낸 단어를 따라 읽으려면, 전에 한 번도 들어본 적 없는 일련의 음소를 기억했다가 또박또박 발음해야 한다.

읽기학습은 분명 음운론 처리 체계를 발달시킴으로써 말을 분석하고 음소를 기억하는 방식을 변화시킨다(Castro-Caldas, 2004). 즉, "지금은 한 덩어리인 단어의 소리가 읽기를 학습하면 자동적으로 소리의 구성요소들로 분해되기 때문에, 읽기학습은 모든 말 처리에 영향을 미친다. 언어는 결코 예전과 같을 수 없지만 유감스러운 일은 아니다. 이런 종류의 '세뇌' 덕분에 기억력이 향상되기 때문이다. 음소 구성요소를 파악하며 따라가는 동안 생소한 단어의 소리가 더 정확하게 기억된다(Frith, 1998, p.1011)." 따라서 읽는 법을 배우고 있는 아이들과 읽는 법을 가르치고 있는 교사들은 전문화된 음운론 체계를 구축함으로써 진정으로 뇌를 바꾸고 있는 것이다.

연결: 철자와 음운의 대응

철자법 체계의 시각계와 음운론 체계의 청각계를 연결시키는 일은 읽기를 학습하는 데 아주 중요하다. 초등학교 저학년의 읽기 성취도를 가장 잘 예측하는 두 요인이 바로 철자구분 능력과 음운인식 능력이다(Scarborough, 2005; Treiman, 2000). 먼저 철자의 기호(자소, grapheme)를 알고 그 철자의 소리(음소, phoneme)를 알아야 한다. 초등학교 저학년을 마쳐도 여간해서 읽기능력이 발달하지 않는 아이들에게 부족한 것이 흔히 이 두 가지 능력이다(Adams, 1990; Snow et al., 1998; Vellutino et al., 2004). 알파벳 원리란 이 두 지식이 서로 대응된다는 원칙이다. 즉 글자와 소리 사이에 연관성이 있다는 뜻이다. 자소와 음소의 대응규칙을 배우는 파닉스 학습이 바로 단어 해독 과정을 배우는 것이다.

영어 파닉스 학습에 힘들어하는 학생이 많은 이유는 영어의 글자와 소리가 일대일로 대응되지 않는 탓도 있다. 이를 보여주는 유명한 사례로 흔히 조지 버나드 쇼(George Bernard Shaw)가 지어냈다고 알려진 ghoti라는 단어다. 이것이 실제 단어라면 어떻게 발음할지 잠시 생각해보라. 도움이 될 만한 영어의 몇 가지 규칙을 주겠다. rough의 gh 발음, women의 o 발음, caution의 ti 발음을 취하라. 혹시 ghoti를 /fish/로 발음하지 않았는가? 이 발음은 전적으로 영어에 있는 자소 대 음소 대응규칙을 따르고 있지만, 이 맥락에서 그것을 적용하는 것은 옳지 않다. 글자와 소리의 대응관계가 불규칙한 언어에서 읽기와 철자를 학습하는 것이 왜 그토록 어려운가를 보여주는 사례이다. 눈치챘겠지만, 읽기를 가르치기 위한 파닉스 교수법은 이러한 철자법과 음운론의 연결에 초점을 맞춘다(Adams, 1990; Ehri et al., 2001).

철자법과 음운론의 대응에 관련된 신경의 전문화가 이루어지는 시스템이 여러 개라는 것을 뒷받침하는 증거들이 있다(Joubert et al., 2004; van Atteveldt et al., 2004). 예를 들어, 피험자들이 고빈도 단어, 만들어낸 단어, 저빈도 단어들을 묵독하는 동안 fMRI를 써서 뇌 활성화를 기록한 연구도 있다(Joubert et al., 2004). 매우 친숙한 고빈도 단어를 읽는 데는 힘든 음운론 분석이 필요하지 않겠지만, 만들어낸 단어와 저빈도 단어를 읽으려면 자소를 음소에 대응시켜 조립하는 어려운 과정을 거쳐야 할 것이라는 가설에 대한 실험연구였다. 이들의 가설을 뒷받침하듯, 두 가지 다른 뇌 활성화 패턴이 관찰되었다. 뇌에서 상대적으로 후방에 위치한 시스템은 철자법과 음운론의 대응이 쉽고 친숙한 경우 활성화된 반면, 상대적으로 전방에 위치한 시스템은 발음하기 힘든 경우에 활성화되었다(Shaywitz, Mody, & Shaywitz, 2006).

철자와 발음의 자동적 대응과 연관되는 부위들이 저학년에 비해 고학년이나 성인에게서 더 활발하게 활성화되는 것을 보여주는 연구 결과를 보면, 자동적 대응은 시간이 갈수록 발달한다고 볼 수 있다(Booth et al., 2004; Froyen et al., 2009). 교육과 관련된 또 다른 연구에서는, 좌측 후방 시스템의 비활성화가 읽기불능과 관련이 있었다(Pugh et al., 2001, 2000; Shaywitz et al., 1998; Simos et al., 2000; Temple et al., 2001). 글자와 소리의 대응에 초점을 두고 파닉스 교육을 집중적으로 시키면, 좌측 후방 시스템에서 활성화가 증가하면서 읽기장애 아동의 읽기능력이 향상된다(Shaywitz et al., 2004; Simos et al., 2002; Temple et al., 2001).

언급한 바와 같이, 읽을 수 있는 뇌가 구축되려면 신경계의 관련 시스템들의 개별적인 발달로는 충분치 않고, 이 시스템들이 연계되어 읽기과제를 완수하는 하나의 효율적인 통합 시스템으로 작동해야 한다. 신경과학에서 이들 연계성을 파헤치는 연구는 드물지만, 일각에서 나오는 연구결과는 흥미롭되 아직 미흡한 수준이다. 예를 들면, 유창하게 글을 읽는 사람들이 읽기과제를 수행하는 동안 좌측 후방 시스템에 있는 한 부분, 특히 각회(angular gyrus)의 혈류 수준이 시각영역, 특히 시각단어형태영역 및 측두엽 부위의 혈류 수준과 관련이 있다고 한다(Horwitz, Rumsey, & Donohue, 1998). 이 상관관계는 이러한 부위들이 읽기과제를 수행하는 데 함께 조화롭게 작동하고 있음을 보여준다. 일반적으로, 혈류 증가는 신경활동 증가의 지표로 여겨진다. 대조적으로 난독증 대조군 실험에서는 좌측 각회의 혈류 수준이 기타 부위의 혈류 수준과 아무런 상관관계를 보이지 않았다(Horwitz et al., 1998). 기타 연구결과들도 읽기에 관련되는 뇌 영역들 사이에 나타나는 기능적이고 구조적인 단절, 즉 통합되지 못한 읽기정보 처리과정이 읽기에 서투른 사람들에게서 보이는 특징이라고 해석한다(Cao, Bitan, & Booth, 2008; Deutsch et al., 2005; Klingberg et al., 2000; Niogi & McCandliss, 2006).

의미 처리: 의미론

철자법 및 음운론 지식과 마찬가지로 단어와 그 의미에 관한 지식도 아이들이 학교에 들어가기 한참 전부터 구축되기 시작한다. 세 살 무렵이면 아이의 어휘 중 86~98퍼센트가 양육자들의 어휘로 구성된다(Hart & Risley, 1995). 다양한 주제의 대화와 단어에 노출되지 않은 저소득 가정 아이들은 자녀에게 말을 더 자주 하는 고소득 가정의 또래들보다 아주 빈약한 어휘력 수준에서 학교생활을 시작한다(Hart & Risley, 1995, 1999). 이 고전적 연구에서 전문직 가정의 아이들은 매년 약 1,100만 단어를 듣는데 비해 취약계층 가정의 아이들은 겨우 300만 단어를 듣는 것으로 조사되었는데, 이 어휘 격차는 몇 년 뒤의 후속 연구에서도 그대로 유지되었다(Hart & Risley, 1995).

최근 연구결과를 보면, 저소득 가정에서 성장하는 아이들의 언어능력이 뒤떨어지는 것은 기능적, 구조적으로 신경계의 전문화 수준이 낮은 양상을 보이는 것과 관계가 있다(Hackman & Farah, 2009; Noble et al., 2006; Raizada et al., 2008). 취학 전에 아이들에게 어휘를 가르치는 데 시간을 들이면 입학 후 지식을 구축할 기반을 만들어줄 수 있다. 교육과정과 수업에서 모두 알고 있다고 전제하는 기초어휘가 없는 아이들은 읽기와 학교생활에서 모두 실패할 위험이 있다.

어휘집(lexicon)이라 불리기도 하는, 구어의 어휘지식이 있어야 아이들이 읽기를 시작할 때 의미를 이해할 수 있다. 아이는 dog라는 단어를 해독하면서 /d/ /o/ /g/라는 세 음소를 발음해볼 것이다. 머릿속의 어휘집에 그 음소열(dog)에 대응되는 어휘가 없다면, 그 아이는 소리를 읽을 수는 있지만 단어의 의미를 이해할 수 있는 수준은 아니다. 하지만 아이가 전에 dog를 들은 적이 있다면, 이 발음을 해봄으로써 어휘집에 수록된 dog(개)가 활성화되면서, '다리가 넷이다, 털이 있다, 꼬리를 흔든다, 멍멍이다' 등 아이가 dog에 관해 아는 모든 정보를 의미 이해에 이용할 수 있게 될 것이다. 3학년 무렵이면 어휘집에 수록되는 새로운 항목은 대부분 말이 아닌 글에서 얻게 된다. 그렇다고 3학년 이후에는 부모와 교사들이 아이들과 대화하는 것을 그만두어야 한다는 뜻은 아니다. 하지만 글로 배우는 어휘는 아이들이 어휘집을 정교하고 치밀하게 발달시키는 데 결정적인 역할을 한다. 말로 배운 단어와 글로 배운 단어는 같은 뇌 부위에서 의미의 처리과정을 거치기 때문에, 글로 배운 어휘집이 말로 배운 어휘집이 되는 것은 우연이 아니다(Barsalou, 2008; Booth et al., 2002).

어휘정보는 뇌 안에 어떻게 저장될까? 뇌 손상 환자를 연구해서 얻은 데이터에 따르면 도구, 유명인, 동물과 같은 특정 범주의 의미정보들은 주로 측두엽의 해당 영역에 저장된다고 한다(Damasio et al., 1996; Shallice, 1988). 다른 데이터에 따르면 의미정보가 뇌 전체에 분산된다고 한다(Binder et al., 2003; Goldberg et al., 2006; Martin & Chao, 2001). 예컨대 우리가 phone과 같은 단어에 관해 아는 정보에는 동작지향, 운동감각, 촉각, 시각, 청각, 철자법, 음운론 관련 요소들이 모두 포함되어 있다(Allport, 1985; Thompson-Schill, 2003). 정보 분산의 관점에서 본다면, phone이라는 단어를 읽으면 평소 핸드폰을 사용하는 동작을 할 때나 핸드폰을 볼 때 활성화되던 촉각과 시각 등을 담당하는 뇌의 부위가 부분적으로 재활성화된다(Goldberg et al., 2006; Mitchell et al., 2008). 이 연구들은 어휘를 어떻게 가르쳐야 하는지에 초점을 맞추지는 않았지만, 이 연구결과들을 바탕으로 사전적 정의를 뛰어넘어 단어의 심층지식과 다중감각적 방식으로 어휘를 가르치고 어휘력을 발달시키는 방안을 어렵지 않게 생각해볼 수 있다(Birsh, 2005).

어휘지식은 뇌 전체에 분산되어 저장될 뿐만 아니라 의미망(semantic network)을 구성하는 것으로 보인다. 즉, 개념적으로 연관된 단어들끼리 연결되어 있다는 말이다(Bower, 1970; Collins & Loftus, 1975; Goldberg et al., 2006). 어휘력이 더 풍부해지고, 의미망이 더 풍성해지며, 어휘 항목들 간에 더 많은 연결을 할 수 있으면 읽고 있는 내용을 그만큼 더 깊이 이해할 수 있게 된다(Cunningham & Stanovich, 1998). 이는 읽기에 어려움을 겪는 아동의 경우에도 마찬가지다. 흥미로운 한 연구에 따르면, 난독증으로 읽기에 어려움을 겪었지만 사회적으로 성공한 성인들은 어린 시절에 열광했던 관심 분야의 책들을 집중적으로 읽었다고 한다(Fink, 1995, 1996). 그 분야와 연관되는 의미망이 촘촘히 짜이면서, 관련된 책을 더 많이 찾아 읽게 되고 더 쉽게 읽게 된 것이다. 이와 같이 단어 수준의 어휘지식은 내용의 이해에 큰 영향을 미친다(Perfetti, 2007).

어휘와 개념적 지식은 스키마(schema, 기억 속에 저장된 선험지식으로서 정보를 지각하고 해석하며 조직화하는 틀-옮긴이)로 구성된다(Anderson & Pearson, 1984). 예컨대 '메리가 식당에 도착했을 때'로 시작하는 문단을 읽고 있다면, '식당'이라는 단어를 읽자마자 머릿속에 식당 스키마가 점화되고(Anderson et al., 1985), 당신의 의미망에 포함된 '식당'이란 단어와 연결되어 있는 단어들이 앞으로 식당에서 무슨 일이 벌어질지 기대하게 만든다. 글을 더 읽지 않고도 당신은 '테이블, 메뉴, 먹다, 웨이터, 식사, 주요리, 계산서, 지불'과 같은 단어들이 나머지 문장에서 나타나리라는 것을 의식적으로든 무의식적으로든 예측할 수 있다. 따라서 그 단어들이 글에서 실제로 나타나면 의미 파악이 빠르고 쉽게 이루어진다. 총체적 언어교육 접근법(whole language approach, 언어의 의미를 중심으로 하며 언어의 4가지 기능인 듣기, 말하기, 읽기, 쓰기를 자연스럽게 결합하여 지도하는 접근법-옮긴이)의 옹호자들이 사용하는 '예측 가능한 텍스트'가 이런 스키마와 반복적인 경험을 자주 활용하는데, 이들 경험은 스키마 형성에 기여한다.

읽을 때 스키마에 접근하는 것은 읽는 동안 이해를 높이기 위해 맥락을 이용하는 경우라고 볼 수 있을 것이다. 스타노비치(Stanovich, 1993, 1994)에 따르면 글 읽기에 서툴수록 모르는 단어의 의미를 알아내기 위해 맥락에 과도하게 의존하는 경향이 있다고 한다. 촘촘한 의미망과 풍부한 스키마를 발달시키지 못한 사람은 의미를 판단하는 전략이 제한되어 있을 것이다. 뇌 연구에 따르면 읽기에 능숙한 성인의 경우에도 맥락의 효과는 빠르고 강력하다(Kutas & Hillyard, 1980; Nieuwland & van Berkum, 2006). 고전적인 연구(Kutas & Hillyard, 1980)에서는 성인들에게 '그는 따뜻한 빵에 버터를 발랐다.'처럼 의미 있는 문장과 '그는 따뜻한 빵에 양말을 발랐다.'처럼 말이 안 되는 문장을 제시했다. '버터를'이란 단어와 '양말을'이라는 단어를 읽을 때의 뇌파를 기록했더니 맥락상 의미가 통하지 않는 단어가 제시된 지 불과 400밀리세컨드 만에 특정한 반응이 유발되었다. 즉, 뇌는 0.5초 이내에 맥락에 부적합한 단어를 파악한다는 뜻이다. 놀라운 것은 유사한 연구(Holcomb, Coffey, & Neville, 1992)에서 일곱 살짜리 어린아이들의 뇌도 말이 안 되는 문장에 이와 같은 반응을 보였다는 것이다. 요컨대, 읽는 뇌를 구축하려면 읽기를 돕는 효율적이고 정교한 의미체계를 구축해야 한다.

의미 소통하기: 이해

단어를 해독하고 어휘력을 키우는 것은 필요하지만 이것이 이해(comprehension)를 위한 충분한 전제조건이거나 상관관계가 있다고 말할 수는 없다(Best, Floyd, & McNamara, 2008). 읽기의 목표와 목적은 글의 의미에 관한 소통이다. 그런 관점에서 읽기란 동적이고 쌍방향적인 사고과정이다. 그것은 독자와 텍스트 간의 역동적 상호작용으로, 읽는 과정과 그 결과물인 이해가 모두 중요하다(Kintsch, 1988; Perfetti, Van Dyke, & Hart, 2001; Rapp & van den Broek, 2005). 이해는 텍스트와 독자 사이의 상호작용을 통해서 가능하다. 의미망과 스키마 활성화를 통한 사전지식 이용, 질문과 답, 상상, 예측, 명료화, 요약 등의 이해를 뒷받침하는 비판적 추론능력은 교육학 자료에 정리되어 있다. 이

것을 어떻게 하는지 시범을 보이면서 명시적으로 가르쳐야 할 경우가 많은데도 이 요소들을 담고 있는 교육과정은 거의 없다(Biancarosa & Snow, 2004; Dewitz, Jones, & Leahy, 2009; Keene & Zimmerman, 2007). 중학생이나 고등학생 중에도 이런 역량이 부족한 학생이 발견되지만(Biancarosa & Snow, 2004), 글을 이해할 수 있는 뇌를 중학교에 갈 때까지 기다렸다가 구축할 필요는 없다(Snow, Griffin, & Burns, 2005). 실제로 이해력의 계발은 심지어 아이들이 학교에 들어가기도 전에 시작할 수 있다. 예컨대, 대화식 읽기(dialogic reading)라고 읽기를 배우기 전인 아이에게 그림책을 읽어주는 방식을 살펴보자(Arnold et al., 1994; Whitehurst et al., 1998). 대화식 읽기에서는 "단순히 글을 읽는 것이 아니라, 어른이 시각언어를 청각언어로 읽는 방법을 보여주고, 아이에게 질문을 던지고, 아이의 대답에 피드백을 주면서 아이로부터 더 자세한 설명을 이끌어낸다(Arnold et al., 1994, p. 236)." 질문, 세부내용 설명과 요약, 새로 알게 된 내용과 이전에 알고 있던 지식과 연결, 텍스트와의 상호작용은 글을 읽고 이해하는 데 핵심적인 스킬이다. 이해를 뒷받침하고 강화해주는 뇌의 시스템과 이러한 핵심 스킬을 시범보이고 개발하는 일은 취학 전부터 학창시절 내내 가능하다.

글을 읽고 이해하는 것은 복잡한 일련의 과정이며, 이는 여러 가지 스킬과 개인차를 특징으로 한다(Cutting, Eason, Young, & Alberstadt, 2009). 따라서 소위 이해라는 것을 표준화시험(Cutting & Scarborough, 2006)이나 신경영상기술을 써서 조사하기는 어렵다. 사안이 복잡하긴 해도, 신경영상 연구에서 나온 한 가지 결과는 읽기교사들에게 관련성이 특히 높은 것으로 보인다. 성인 피험자들에게 이해할 수 없는 문장을 읽힌 다음, 같은 문장을 다시 읽을 때는 이해할 수 있도록 단서를 주고 PET를 진행했다(Maguire, Frith, & Morris, 1999). 이해하지 못하면서 읽을 때보다 이해하면서 읽는 동안에 더 많이 활성화된 뇌의 부위가 많았는데, 그중 눈 바로 뒤 전두피질의 중간 아랫부분에 있는 배쪽 안와전두피질(medial ventral orbitofrontal cortex)이 있었다. 다른 연구에서는 이 부위가 보상을 처리하는 네트워크의 일부임을 밝혀냈다(Krawczyk, 2002). 이해하면서 읽는다는 것은 보상을 주는 멋진 경험이 아닐까 추측되는 대목이다.

새로운 읽기과학

나는 누구보다도 교사와 부모들이 이 장을 읽고서 '읽는 뇌'가 복잡하게 구성되어 있고 놀라운 가소성을 갖고 있다는 사실을 깨닫기를 바란다. 읽는 뇌를 구성하자면 여러 가지 하부 시스템이 개발되고 연결되어야 한다. 읽을 수 있는 뇌를 만들려면 훈련과 경험, 즉 교육은 읽기 하부 시스템 개발에 초점을 맞추어야 한다(Berninger & Richards, 2002; Schlaggar & McCandliss, 2007). 읽는 뇌의 하부 시스템이 복잡하게 연결되어 있기 때문에 아동이 읽기에 어려움을 보이는 원인은 그만큼 많다(Spear-Swerling, 2004). 읽는 뇌가 어떻게 구성되는지를 이해하면 읽는 뇌가 어떻게 고장나는지 이해하는 데 도움이 될 것이다. 읽는 뇌의 고장은 이 글의 초점은 아니지만, 4학년과 8학년 학생 가운데 읽기에 능숙한 학생은 전체의 3분의 1에도 미치지 못한다는 미국의 통계를 보면 이 문제는 시급히 해결할 교육 현안이다(Lee, Grigg, & Donahue, 2007).

지면상 여기에서는 읽는 뇌의 핵심 구성 시스템들만 다루고 형태론, 구문론, 유창성과 같은 다른 요소는 다루지 못했다. 하지만 읽는 뇌를 제대로 이해하고 그 지식을 바탕으로 가르쳐 읽는 뇌를 만들려면 다양한 관점과 여러 분야의 전문지식이 필요하다. 증거를 기반으로 가르치려면 증거에 대한 이해와 더불어 그에 대해 비판적 사고가 필요하다. 무엇보다도 평가 및 개입 프로그램을 준비하려면 교육자들은 교육적 기회만 고려할 것이 아니라, 읽기의 수많은 하부 스킬 및 시스템의 강점과 약점을 이해하고 고려해야 한다(Vellutino et al., 2004). 그런 의미에서, 읽기를 가르치는 일은 로켓과학만큼이나 어렵고 복잡하다(Moats, 1999). 실제로, 우리는 읽기의 과학(science of reading)을 배워야 하는 시대에 살고 있다. 그것은 읽기의 복잡성을 이해하고 그 이해를 교실에서 제대로 활용하기 위해 여러 분야의 지식을 끌어모아서 만든 과학이지만 교육대학에서 가르치지 않는 경우가 많다(Ansari & Coch, 2006; Lyon & Chhabra, 2004; McCandliss et al., 2003, 2004; Snowling & Hulme, 2005; Walsh, Glaser, & Wilcox, 2006).

이 장에서 살펴본 신경과학 연구들이 특정 과목에 대한 교수법이나 처방전을 제공한 것은 아니지만, 읽기교육을 새롭고 다른 시각으로 생각해볼 수 있는 계기가 되었기를 바란다. 글을 이해하려면 독자와 글 사이에 관계 맺기가 필요하듯, 교육에서 신경과학의 연구결과를 활용하기 위해서도 신경과학자와 교육자, 실험실과 교실 사이에 의미 있는 관계 맺기가 필요하다(Ansari & Coch, 2006; Fischer et al., 2007; McCandliss et al., 2003). 특히 아이들에게 읽기를 가르치는 교사들이 이 장을 읽고 '읽는 뇌'를 어떻게 만들어야 하는지에 관해 마음·뇌·교육의 관점에서 약간의 실마리라도 얻기 바란다.

저자 소개

도나 코흐(Donna Coch)

다트머스대학 심리학 및 뇌과학 학부의 교육학과 교수이며 교육위원회 멤버로 활동 중이다. 배서칼리지에서 인지과학으로 학사학위를 받았고, 하버드 교육대학원에서 인간발달과 심리학 전공으로 석사학위와 박사학위를 받은 뒤, 오리건대학 뇌발달연구소(Brain Development Lab)에서 박사후과정을 마쳤다. 사건관련전위(event-related potentials, ERP)처럼 비침습적으로 뇌파를 기록하는 기법과 표준화된 행동척도를 같이 사용해 아동이 읽기를 학습할 때 뇌에서 어떤 일이 일어나는가를 중점적으로 연구한다. 코흐 박사는 다트머스대학 교원자격과정 프로그램을 이수하고 있는 학생들은 물론이고 학부생들까지도 연구과정 내내 깊이 참여시킨다. 연구자로서도 교수로서도 코흐 박사가 목표로 삼는 것은 발달인지신경과학(developmental cognitive neuroscience)과 교육학(education) 분야를 의미 있게 연결하는 것이다.

참고 문헌

Adams, M. J. (1990). Beginning to read: *Thinking and learning about print*. Cambridge, MA: MIT Press.

Ahmad, Z., Balsamo, L. M., Sachs, B. C., Xu, B., & Gaillard, W. D. (2003). Auditory comprehension of language in young children. *Neurology*, 60(10), 1598–1605.

Allport, D. A. (1985). Distributed memory, modular systems, and dysphasia. In S. K. Newman & R. Epstein (Eds.), *Current perspectives in dysphasia* (pp. 32–60). Edinburgh, United Kingdom: Churchill Livingstone.

Anderson, R. C., Hiebert, E. H., Scott, J. A., Wilkinson, I. A. G., & Commission on Reading. (1985). *Becoming a nation of readers: The report of the Commission on Reading.* Champaign: University of Illinois.

Anderson, R. C., & Pearson, P. D. (1984). A schema-theoretic view of basic processes in reading comprehension. In P. D. Pearson, R. Barr, M. L. Kamil, & P. B. Mosenthal (Eds.), *Handbook of reading research* (pp. 255–291). Cambridge: Cambridge University Press.

Ansari, D., & Coch, D. (2006). Bridges over troubled waters: Education and cognitive neuroscience. *Trends in Cognitive Sciences*, 10(4), 146–151.

Arnold, D. H., Lonigan, C. J., Whitehurst, G. J., & Epstein, J. N. (1994). Accelerating language development through picture book reading: Replication and extension to a videotape training format. *Journal of Educational Psychology*, 86(2), 235–243.

Barsalou, L. W. (2008). Cognitive and neural contributions to understanding the conceptual system. *Current Directions in Psychological Science*, 17(2), 91–95.

Berninger, V. W., & Richards, T. L. (2002). *Brain literacy for educators and psychologists.* Boston: Academic Press.

Best, R. M., Floyd, R. G., & McNamara, D. S. (2008). Differential competencies contributing to children's comprehension of narrative and expository texts. *Reading Psychology*, 29(2), 137–164.

Biancarosa, G., & Snow, C. (2004). *Reading next: A vision for action and research in middle and high school literacy—A report to the Carnegie Corporation of New York.* Washington, DC: Alliance for Excellent Education.

Binder, J. (2000). The new neuroanatomy of speech perception. *Brain*, 123(12), 2371–2372.

Binder, J. R., McKiernan, K. A., Parsons, M. E., Westbury, C. F., Possing, E. T., Kaufman, J. N., et al. (2003). Neural correlates of lexical access during visual word recognition. *Journal of Cognitive Neuroscience*, 15(3), 372–393.

Birsh, J. R. (Ed.). (2005). *Multisensory teaching of basic language skills* (2nd ed.). Baltimore: Paul H. Brookes.

Boden, C., & Giaschi, D. (2007). M-stream deficits and reading-related visual processes in developmental dyslexia. *Psychological Bulletin*, 133(2), 346–366.

Booth, J. R., Burman, D. D., Meyer, J. R., Gitelman, D. R., Parrish, T. B., & Mesulam, M. M. (2002). Modality independence of word comprehension. *Human Brain Mapping*, 16(4), 251–261.

Booth, J. R., Burman, D. D., Meyer, J. R., Gitelman, D. R., Parrish, T. B., & Mesulam, M. M. (2004). Development of brain mechanisms for processing orthographic and phonologic representations. *Journal of Cognitive Neuroscience*, 16(7), 1234–1249.

Bower, G. H. (1970). Organizational factors in memory. *Cognitive Psychology*, 1(1), 18–46.

Brem, S., Bucher, K., Halder, P., Summers, P., Dietrich, T., Martin, E., et al. (2006). Evidence for developmental changes in the visual word processing network beyond adolescence. *NeuroImage*, 29(3), 822–837.

Bruer, J. T. (1997). Education and the brain: A bridge too far. *Educational Researcher*, 26(8), 4–16.

Burns, M. S., & Snow, C. E. (Eds.). (1999). *Starting out right: A guide to promoting children's reading success*. Washington, DC: National Academies Press.

Cao, F., Bitan, T., & Booth, J. R. (2008). Effective brain connectivity in children with reading difficulties during phonological processing. *Brain and Language*, 107(2), 91–101.

Castro-Caldas, A. (2004). Targeting regions of interest for the study of the illiterate brain. *International Journal of Psychology*, 39(1), 5–17.

Castro-Caldas, A., Petersson, K. M., Reis, A., Stone-Elander, S., & Ingvar, M. (1998). The illiterate brain: Learning to read and write during childhood influences the functional organization of the adult brain. *Brain*, 121(6), 1053–1063.

Coch, D., Grossi, G., Coey-Corina, S., Holcomb, P. J., & Neville, H. J. (2002). A developmental investigation of ERP auditory rhyming effects. *Developmental Science*, 5(4), 467–489.

Coch, D., Grossi, G., Skendzel, W., & Neville, H. (2005). ERP nonword rhyming effects in children and adults. *Journal of Cognitive Neuroscience*, 17(1), 168–182.

Coch, D., Skendzel, W., Grossi, G., & Neville, H. J. (2005). Motion and color processing in school-age children and adults: An ERP study. *Developmental Science*, 8(4), 372–386.

Cohen, L., & Dehaene, S. (2004). Specialization within the ventral stream: The case for the visual word form area. *NeuroImage*, 22(1), 466–476.

Cole, R. A., & Haber, R. N. (1980). Reaction time to letter name or letter case. *Acta Psychologica*, 44(3), 281–285.

Collins, A. M., & Lous, E. F. (1975). A spreading-activation theory of semantic processing. *Psychological Review*, 82(6), 407–428.

Crair, M. C., Gillespie, D. C., & Stryker, M. P. (1998). The role of visual experience in the development of columns in the cat visual cortex. *Science*, 279(5350), 566–570.

Cunningham, A. E., Perry, K. E., & Stanovich, K. E. (2001). Converging evidence for the concept of orthographic processing. *Reading and Writing*, 14(5–6), 549–568.

Cunningham, A. E., & Stanovich, K. E. (1998). *What reading does for the mind. American Educator*, 22(1-2), 8-15.

Cutting, L. E., Eason, S. H., Young, K. M., & Alberstadt, A. L. (2009). Reading comprehension: Cognition and neuroimaging. In K. Pugh & P. McCardle (Eds.), *How children learn to read: Current issues and new directions in the integration of cognition, neurobiology, and genetics of reading and dyslexia research and practice* (pp. 195-213). New York: Psychology Press.

Cutting, L. E., & Scarborough, H. S. (2006). Prediction of reading comprehension: Relative contributions of word recognition, language proficiency, and other cognitive skills can depend on how comprehension is measured. *Scientific Studies of Reading*, 10(3), 277-299.

Damasio, H., Grabowski, T. J., Tranel, D., Hichwa, R. D., & Damasio, A. R. (1996). A neural basis for lexical retrieval. *Nature*, 380, 499-505.

Dehaene, S., & Cohen, L. (2007). Cultural recycling of cortical maps. *Neuron*, 56(2), 384-398.

Dehaene-Lambertz, G., Hertz-Pannier, L., Dubois, J., Mériaux, S., Roche, A., Sigman, M., et al. (2006). Functional organization of perisylvian activation during presentation of sentences in preverbal infants. *Proceedings of the National Academy of Sciences*, 103(38), 14240-14245.

Demb, J. B., Boynton, G. M., & Heeger, D. J. (1997). Brain activity in visual cortex predicts individual differences in reading performance. *Proceedings of the National Academy of Sciences*, 94(24), 13363-13366.

Deutsch, G. K., Dougherty, R. F., Bammer, R., Siok, W. T., Gabrieli, J. D. E., & Wandell, B. A. (2005). Children's reading performance is correlated with white matter structure measured by Diffusion tensor imaging. *Cortex*, 41(3), 354-363.

Dewitz, P., Jones, J., & Leahy, S. (2009). Comprehension strategy instruction in core reading programs. *Reading Research Quarterly*, 44(2), 102-126.

Eden, G. F., VanMeter, J. W., Rumsey, J. M., Maisog, J. M., Woods, R. P., & Zero, T. A. (1996). Abnormal processing of visual motion in dyslexia revealed by functional brain imaging. *Nature*, 382, 66-69.

Ehri, L., Nunes, S. R., Willows, D. M., Schuster, B. V., Yaghoub-Zadeh, Z., & Shanahan, T. (2001). Phonemic awareness instruction helps children learn to read: Evidence from the National Reading Panel's meta-analysis. *Reading Research Quarterly*, 36(3), 250-287.

Fink, R. P. (1995/1996). Successful dyslexics: A constructivist study of passionate interest reading. *Journal of Adolescent & Adult Literacy*, 39(4), 268-280.

Fischer, K. W., Daniel, D. B., Immordino-Yang, M. H., Stern, E., Battro, A., & Koizumi, H. (2007). Why mind, brain, and education? Why now? *Mind, Brain, and Education*, 1(1), 1-2.

Flowers, D. L., Jones, K., Noble, K., VanMeter, J., Zero, T. A., Wood, F. B., et al. (2004). Attention to single letters activates left extrastriate cortex. *NeuroImage*, 21(3), 829-839.

Frith, U. (1998). Literally changing the brain. *Brain*, 121(6), 1011–1012.

Froyen, D. J. W., Bonte, M. L., van Atteveldt, N., & Blomert, L. (2009). The long road to automation: Neurocognitive development of letter-speech sound processing. *Journal of Cognitive Neuroscience*, 21(3), 567–580.

Gaillard, R., Naccache, L., Pinel, P., Clémenceau, S., Volle, E., Hasboun, D., et al. (2006). Direct intracranial, fMRI, and lesion evidence for the causal role of left inferotemporal cortex in reading. *Neuron*, 50(2), 191–204.

Gervais, M. J., Harvey, L. O., & Roberts, J. O. (1984). Identication confusions among letters of the alphabet. *Journal of Experimental Psychology: Human Perception and Performance*, 10(5), 655–666.

Gibson, E. J. (1965). Learning to read. *Science*, 148(3673), 1066–1072.

Goldberg, R. F., Perfetti, C. A., & Schneider, W. (2006). Distinct and common cortical activations for multimodal semantic categories. *Cognitive, Affective, & Behavioral Neuroscience*, 6(3), 214–222.

Goodman, K. S., & Goodman, Y. M. (1979). Learning to read is natural. In L. B. Resnick & P. A. Weaver (Eds.), *Theory and practice of early reading* (Vol. 1, pp. 137–154). Hillsdale, NJ: Erlbaum.

Goswami, U. (2006). Neuroscience and education: From research to practice? *Nature Reviews Neuroscience*, 7, 406–413.

Hackman, D. A., & Farah, M. J. (2009). Socioeconomic status of the developing brain. *Trends in Cognitive Sciences*, 13(2), 65–73.

Hart, B., & Risley, T. R. (1995). *Meaningful differences in the everyday experience of young American children*. Baltimore: Paul H. Brookes.

Hart, B., & Risley, T. R. (1999). *The social world of children learning to talk*. Baltimore: Paul H. Brookes.

Holcomb, P. J., Coey, S. A., & Neville, H. J. (1992). Visual and auditory sentence processing: A developmental analysis using event-related brain potentials. *Developmental Neuropsychology*, 8(2&3), 203–241.

Horwitz, B., Rumsey, J. M., & Donohue, B. C. (1998). Functional connectivity of the angular gyrus in normal reading and dyslexia. *Proceedings of the National Academy of Sciences*, 95(15), 8939–8944.

James, K. H., James, T. W., Jobard, G., Wong, A. C.-N., & Gauthier, I. (2005). Letter processing in the visual system: Different activation patterns for single letters and strings. *Cognitive, Affective, & Behavioral Neuroscience*, 5(4), 452–466.

Joubert, S., Beauregard, M., Walter, N., Bourgouin, P., Beaudoin, G., Leroux, J.-M., et al. (2004). Neural correlates of lexical and sublexical processes in reading. *Brain and Language*, 89(1), 9–20.

Keene, E. O., & Zimmerman, S. (2007). *Mosaic of thought: The power of comprehension strategy instruction* (2nd ed.). Portsmouth, NH: Heinemann.

Kintsch, W. (1988). The role of knowledge in discourse comprehension: A construction-integration model. *Psychological Review*, 95(2), 163–182.

Klingberg, T., Hedehus, M., Temple, E., Salz, T., Gabrieli, J. D. E., Moseley, M. E., et al. (2000). Microstructure of temporo-parietal white matter as a basis for reading ability: Evidence from Diffusion tensor magnetic resonance imaging. *Neuron*, 25(2), 493–500.

Krawczyk, D. C. (2002). Contributions of the prefrontal cortex to the neural basis of human decision making. *Neuroscience and Biobehavioral Reviews*, 26(6), 631–664.

Kutas, M., & Hillyard, S. A. (1980). Reading senseless sentences: Brain potentials reflect semantic incongruity. *Science*, 207(4427), 203–204.

LaBerge, D., & Samuels, S. J. (1974). Toward a theory of automatic information processing in reading. *Cognitive Psychology*, 6(2), 293–323.

Lee, J., Grigg, W. S., & Donahue, P. L. (2007). *The nation's report card: Reading*(No. NCES 2007496). Washington, DC: U.S. Department of Education, Institute of Education Sciences, National Center for Education Statistics, National Assessment of Educational Progress.

Livingstone, M., & Hubel, D. (1988). Segregation of form, color, movement, and depth: Anatomy, physiology, and perception. *Science*, 240(4853), 740–749.

Lyon, G. R., & Chhabra, V. (2004). The science of reading research. *Educational Leadership*, 61(6), 13–17.

MacLean, M., Bryant, P., & Bradley, L. (1987). Rhymes, nursery rhymes, and reading in early childhood. *Merrill-Palmer Quarterly*, 33(3), 255–281.

Maguire, E. A., Frith, C. D., & Morris, R. G. M. (1999). *The functional neuro-anatomy of comprehension and memory: The importance of prior knowledge. Brain*, 122(10), 1839–1850.

Martin, A., & Chao, L. L. (2001). Semantic memory and the brain: Structure and processes. *Current Opinion in Neurobiology*, 11(2), 194–201.

Maurer, U., Brem, S., Kranz, F., Bucher, K., Benz, R., Halder, P., et al. (2006). Coarse neural tuning for print peaks when children learn to read. *NeuroImage*, 33(2), 749–758.

McCandliss, B. D., Cohen, L., & Dehaene, S. (2003). The visual word form area: Expertise for reading in the fusiform gyrus. *Trends in Cognitive Sciences*, 7(7), 293–299.

McCandliss, B. D., Kalchman, M., & Bryant, P. (2003). Design experiments and laboratory approaches to learning: Steps toward collaborative exchange. *Educational Researcher*, 32(1), 14–16.

McCardle, P., & Chhabra, V. (Eds.). (2004). *The voice of evidence in reading research*. Baltimore: Paul H. Brookes.

Mitchell, T. M., Shinkareva, S. V., Carlson, A., Chang, K.-M., Malave, V. L., Mason, R. A., et al. (2008). Predicting human brain activity associated with the meanings of nouns. *Science*, 320(5880), 1191–1195.

Mitra, P., & Coch, D. (2009). A masked priming ERP study of letter processing using single letters and false fonts. *Cognitive, Affective, & Behavioral Neuroscience*, 9(2), 216–228.

Moats, L. C. (1999). *Teaching reading is rocket science: What expert teachers of reading should know and be able to do* (No. 372). Washington, DC: American Federation of Teachers.

Moats, L. C. (2000). *Speech to print: Language essentials for teachers.* Baltimore: Paul H. Brookes.

Nieuwland, M. S., & van Berkum, J. J. A. (2006). When peanuts fall in love: N400 evidence for the power of discourse. *Journal of Cognitive Neuroscience*, 18(7), 1098–1111.

Niogi, S. N., & McCandliss, B. (2006). Left lateralized white matter microstructure accounts for individual differences in reading ability and disability. *Neuropsychologia*, 44(11), 2178–2188.

Nippold, M. A. (1998). *Later language development: The school-age and adolescent years* (2nd ed.). Austin, TX: Pro-Ed.

Noble, K. G., Wolmetz, M. E., Ochs, L. G., Farah, M. J., & McCandliss, B. D. (2006). Brain-behavior relationships in reading acquisition are modulated by socioeconomic factors. *Developmental Science*, 9(6), 642–654.

Paulesu, E., Démonet, J.-F., Fazio, F., McCrory, E., Chanoine, V., Brunswick, N., et al. (2001). Dyslexia: Cultural diversity and biological unity. *Science*, 291(5511), 2165–2167.

Perfetti, C. A. (2007). Reading ability: Lexical quality to comprehension. *Scientific Studies of Reading*, 11(4), 357–383.

Perfetti, C. A., Van Dyke, J., & Hart, L. (2001). The psycholinguistics of basic literacy. *Annual Review of Applied Linguistics*, 21, 127–149.

Petersen, S. E., Fox, P. T., Posner, M. I., Mintun, M., & Raichle, M. E. (1988). Positron emission tomographic studies of the cortical anatomy of single-word processing. *Nature*, 331, 585–589.

Petit, J.-P., Midgley, K. J., Holcomb, P. J., & Grainger, J. (2006). On the time course of letter perception: A masked priming ERP investigation. *Psychonomic Bulletin & Review*, 13(4), 674–681.

Polk, T. A., & Farah, M. J. (1998). The neural development and organization of letter recognition: Evidence from functional neuroimaging, computational modeling, and behavioral studies. *Proceedings of the National Academy of Sciences*, 95(3), 847–852.

Price, C. J., & Devlin, J. T. (2004). The pro and cons of labelling a left occipito-temporal region: "The visual word form area." *NeuroImage*, 22(1), 477–479.

Pugh, K. R., Mencl, W. E., Jenner, A. R., Lee, J. R., Katz, L., Frost, S. J., et al. (2001). Neuroimaging studies of reading development and reading disability. *Learning Disabilities Research & Practice*, 16(4), 240–249.

Pugh, K. R., Mencl, W. E., Shaywitz, B. A., Shaywitz, S. E., Fulbright, R. K., Constable, R.

T., et al. (2000). The angular gyrus in developmental dyslexia: Task-specific differences in functional connectivity within posterior cortex. *Psychological Science*, 11(1), 51–56.

Raizada, R. D. S., Richards, T. L., Meltzo, A., & Kuhl, P. K. (2008). Socioeconomic status predicts hemispheric specialisation of the left inferior frontal gyrus in young children. *NeuroImage*, 40(3), 1392–1401.

Rapp, D. N., & van den Broek, P. (2005). Dynamic text comprehension: An integrative view of reading. *Current Directions in Psychological Science*, 14(5), 276–279.

Rayner, K., Foorman, B. R., Perfetti, C. A., Pesetsky, D., & Seidenberg, M. S. (2001). How psychological science informs the teaching of reading. *Psychological Science in the Public Interest*, 2(2), 31–74.

Scarborough, H. S. (2005). Developmental relationships between language and reading: Reconciling a beautiful hypothesis with some ugly facts. In H. W. Catts & A. G. Kamhi (Eds.), *The connections between language and reading disabilities* (pp. 3–24). Mahwah, NJ: Lawrence Erlbaum.

Schlaggar, B. L., & McCandliss, B. D. (2007). Development of neural systems for reading. *Annual Review of Neuroscience*, 30, 475–503.

Shallice, T. (1988). Specialisation within the semantic system. *Cognitive Neuropsychology*, 5(1), 133–142.

Shaywitz, B. A., Shaywitz, S. E., Blachman, B. A., Pugh, K. R., Fulbright, R. K., Skudlarski, P., et al. (2004). Development of left occipitotemporal systems for skilled reading in children after a phonologically-based intervention. *Biological Psychiatry*, 55(9), 926–933.

Shaywitz, B. A., Shaywitz, S. E., Pugh, K. R., Mencl, E., Fulbright, R. K., Skudlarski, P., et al. (2002). Disruption of posterior brain systems for reading in children with developmental dyslexia. *Biological Psychiatry*, 52(2), 101–110.

Shaywitz, S. E., Mody, M., & Shaywitz, B. A. (2006). Neural mechanisms in dyslexia. *Current Directions in Psychological Science*, 15(6), 278–281.

Shaywitz, S. E., Shaywitz, B. A., Pugh, K. R., Fulbright, R. K., Constable, R. T., Mencl, W. E., et al. (1998). Functional disruption in the organization of the brain for reading in dyslexia. *Proceedings of the National Academy of Sciences*, 95(5), 2636–2641.

Simos, P. G., Breier, J. I., Fletcher, J. M., Bergman, E., & Papanicolaou, A. C. (2000). Cerebral mechanisms involved in word reading in dyslexic children: A magnetic source imaging approach. *Cerebral Cortex*, 10(8), 809–816.

Simos, P. G., Breier, J. I., Wheless, J. W., Maggio, W. W., Fletcher, J. M., Castillo, E. M., et al. (2000). Brain mechanisms for reading: The role of the superior temporal gyrus in word and pseudoword naming. *NeuroReport*, 11(11), 2443–2447.

Simos, P. G., Fletcher, J. M., Bergman, E., Breier, J. I., Foorman, B. R., Castillo, E. M., et al. (2002). Dyslexia-specific brain activation profile becomes normal following successful remedial training. *Neurology*, 58(8), 1203–1213.

Snow, C. E., Burns, M. S., & Grin, P. (Eds.). (1998). *Preventing reading difficulties in young children*. Washington, DC: National Academies Press.

Snow, C. E., Grin, P., & Burns, M. S. (Eds.). (2005). *Knowledge to support the teaching of reading*. San Francisco: Jossey-Bass.

Snowling, M. J., & Hulme, C. (Eds.). (2005). *The science of reading: A handbook*. Malden, MA: Blackwell Publishing.

Spear-Swerling, L. (2004). A road map for understanding reading disability and other reading problems: Origins, prevention, and intervention. In R. B. Ruddell & N. J. Unrau (Eds.), *Theoretical models of processes of reading* (5th ed., pp. 517–573). Newark, DE: International Reading Association.

Stainthorp, R. (2003, March). Use it or lose it. *Literacy Today*, 34, 16–17.

Stanovich, K. E. (1986). Matthew lffects in reading: Some consequences of individual differences in the acquisition of literacy. *Reading Research Quarterly*, 21(4), 360–407.

Stanovich, K. E. (1993/1994). Romance and reality. *The Reading Teacher*, 47(4), 280–291.

Stein, J. (2001). The neurobiology of reading difficulties. In M. Wolf (Ed.), *Dyslexia, fluency, and the brain* (pp. 3–21). Timonium, MD: York Press.

Temple, E., Deutsch, G. K., Poldrack, R. A., Miller, S. L., Tallal, P., Merzenich, M. M., et al. (2003). Neural deficits in children with dyslexia ameliorated by behavioral remediation: Evidence from functional MRI. *Proceedings of the National Academy of Sciences*, 100(5), 2860–2865.

Thompson-Schill, S. L. (2003). Neuroimaging studies of semantic memory: Inferring "how" from "where." *Neuropsychologia*, 41(3), 280–292.

Treiman, R. (2000). The foundations of literacy. *Current Directions in Psychological Science*, 9(3), 89–92.

Ungerleider, L. G., & Mishkin, M. (1982). Two cortical visual systems. In D. Ingle, M. Goodale, & R. Monseld (Eds.), *Analysis of visual behavior* (pp. 549–586). Cambridge, MA: MIT Press.

van Atteveldt, N., Formisano, E., Goebel, R., & Blomert, L. (2004). Integration of letters and speech sounds in the human brain. *Neuron*, 43(2), 271–282.

Vellutino, F. R., Fletcher, J. M., Snowling, M., & Scanlon, D. M. (2004). Specific reading disability (dyslexia): What have we learned in the past four decades? *Journal of Child Psychology and Psychiatry*, 45(1), 2–40.

Walsh, K., Glaser, D., & Wilcox, D. D. (2006). *What education schools aren't teaching about reading—and what elementary teachers aren't learning*. Washington, DC: National Council on Teacher Quality.

Whitehurst, G. J., Falco, F. L., Lonigan, C. J., Fischel, J. E., DeBaryshe, B. D., Valdez-Menchaca, M. C., et al. (1998). Accelerating language development through picture book reading. *Developmental Psychology*, 24(4), 552–559.

8

수학하는 뇌

뇌는 어떻게 수학적 능력을 습득했는가?

키스 데블린(Keith Devlin)

8강은 뇌가 수를 익히고 수 처리를 학습하는 과정을 다룬다. 연구에 따르면, 인간은 일정 정도의 수 감각을 가지고 태어나지만, 수 처리의 정확성을 높이려면 언어를 활용한 훈련이 반드시 필요하다. 학습이 일어나려면 뇌 안에서 다양한 신경회로가 만들어지거나 강화되어야 하며, 이는 반복을 통해 이루어진다. 수학교육에서도 반복 연습이 필수적인 이유다. 그러나 기계적인 반복연습이 전부는 아니다. 적용 가능한 지식이 되려면, 기계적 학습은 반드시 이해를 수반해야 하기 때문이다. 키스 데블린 박사는 정보이론과 뇌의 수학인지를 연구하는 학자로서, 다양한 매체를 활용해 수학을 가르치고 학습자와 소통하는 법을 중점적으로 연구하고 있다.

유치원부터 대학원까지 어느 교육기관에 근무하든 수학교사들 앞에는 두 가지 중요한 장애물이 놓여 있다.

1. 우리는 사람들이 어떻게 수학을 하는지 거의 모른다.
2. 우리는 사람들이 수학을 하는 법을 어떻게 배우는지 거의 아무것도 모른다.

매일 깨어 있는 시간의 대부분을 수학만 생각하면서 보내는 수학교사조차도 문제를 풀 때 자기 머릿속에서 어떤 일이 일어나고 있는지를 의식하지 못한다. 어느 때는 문제가 어려워 보이다가, 갑자기 기적적으로 문제가 싹 풀리면서 답이 나온다. 조금 전까지 답이 왜 안 보였는지 도저히 이해하지 못할 지경이다. 따라서 수학을 가르치는 일은 확립된 과학적 이론과 증거를 기반으로 한 교수과학에 의존해 이뤄지는 것이 아니다. 잘 가르치는 교사조차도 전통과 직감, 경험, 그리고 다른 교사들한테 얻은 '통념'에 의존해 가르친다. 그러므로 수학을 가르치는 일은 일종의 기술(art)이라고 볼 수 있다.

현재 뇌기반 교육의 위상은 19세기 의학의 위상에 비견될 수 있다. 물론 인간의 뇌와 마음에 대한 이해 수준이 높아져 교육의 전문성이 오늘날 의사들이 갖고 있는 전문성 수준으로 올라갈 수 있을지는 아직 두고 볼 일이다. 현대의학의 기초가 되는 화학, 생물학, 생리학에 해당하는 인지신경과학과 인지심리학은 아직 다른 학문에 비해 역사가 짧다. 당분간은 뇌의 작동방식, 정확히는 정신의 작동방식에 대해 우리가 적게나마 알고 있는 지식을 기초로 세운 가설과 사변적 이론에 의존해야 한다. 뇌기능에 대한 지식은 실제로 매우 중요하기 때문이다. 하지만 가설과 사변적 이론을 추측과 혼동하지 않는 것이 중요하다. 아직까지 확실한 증거에 바탕을 둔 명확한 결론은 없을지 몰라도 우리는 뇌에 관해 20~30년 전까지만 해도 모르던 것들을 훨씬 많이 알고 있다.

수 처리 능력에 대한 인간의 지식

수 처리 능력에 대해 우리가 이해하고 있는 것 중에서 가장 큰 진전은 정수 개념과 산술능력의 획득이라고 분명히 말할 수 있다. 1990년대 초반(Wynn, 1992) MIT 캐런 윈(Karen Wynn)의 획기적인 발견을 시작으로 스타니슬라스 드앤(Stanislas Dehaene)의 지속적인 연구(Dehaene, 1997), 브라이언 버터워스(Brian Butterworth)의 놀라운 연구(Butterworth, 1999)가 이어지면서 새롭게 알게 된 것으로는 다음과 같은 것들이 있다.

- 인간과 일부 다른 종의 뇌는 모아놓은 집합체에서 어떤 것이 더 큰지 눈으로 보고 판단하는 아날로그적 '수 감각'을 가지고 있다.
- 인간과 몇몇 다른 종의 뇌에는 정수의 개념을 형성하는 능력이 있다.
- 인간과 일부 다른 종의 뇌는 3 이하 정수(1, 2, 3)로 하는 계산에서 정

답과 오답을 구분할 수 있다.

- 3보다 큰 숫자의 산술에는 언어 사용이 요구된다.

fMRI(기능성자기공명영상)로 연구한 바에 따르면, 수 처리 능력은 뇌의 특정 영역에만 있거나 그 영역에 의존하는 것으로 보인다. 게다가 뇌의 일정 부위가 손상되면, 언어나 논리적 추리 등 다른 능력은 멀쩡하지만 수 감각 중에 손상되거나 망가지는 부분이 있을 수 있다.

| 수 감각 |

수 감각은 숫자가 클수록 처리하는 데 어려움을 겪는다. 두 수 사이의 차이가 같더라도 숫자가 커질수록 둘 중 어느 수가 더 큰지를 파악하는 속도와 정확성이 떨어진다. 예를 들어, 두 경우 모두 숫자 차이는 3이지만, 5개와 8개로 된 집합 중에서 어느 것이 더 많은지를 파악하는 경우가 19개와 22개로 된 집합 중 어느 것이 더 많은지를 파악하는 경우보다 더 빠르고 정확하다.

| 작은 수 |

아기는 태어난 지 이틀 만에 타고난 기초산술 지식을 보여준다. 1+1=2, 1+2=3, 1-1=0, 2-1=1, 3-1=2, 3-2=1, 2-2=0, 3-3=0을 이해한다는 말이다. 일반적으로 이 능력을 시험하는 전략은 첫째, 아기 피험자에게 어떤 집합에 개체수를 더하는 상황과 집합에서 개체수를 빼는 상황을 보여주되 마지막 결과는 보지 못하도록 하고, 둘째, 결과를 보여주었을 때 피험자가 드러내는 놀라움의 정도를 측정하는 것이다. 마지막 결과를 숨김으로써 실험자는 피험자가 보지 못하는 동안 결과를 조작할 수 있다. 놀람의 정도는 동공확대, 표정변화, 비디오로 포착한 신체반응, 트랜스폰더(반응기)로 연결된 컴퓨터에 감지되는 '젖꼭지 빨기 반응'으로 측정할 수 있다.

아기 피험자는 1+2=2와 같은 오답을 보면, 1+2=3이라는 정답을 볼 때와 달리 깜짝 놀라는 모습을 보인다. 이와 같은 일련의 실험을 처음 시도하면서 실험자는 아기 피험자들에게 소형 꼭두각시 인형극장에서 인형이 더 많아지거나 더 줄어드는 상황을 보여주었다. 처음엔 빈 무대를 보여준 다음, 무대 앞의 막을 올리고 눈에 띄도록 인형을 넣었다가 뺀다. 이 실험과정에 변화를 준다 해도 피험자의 반응이 인형의 개수 이외의 다른 요소 때문에 생길 가능성은 원천 봉쇄했다(Wynn, 1992).

| 3보다 큰 수 |

3 이하 정수의 덧셈과 뺄셈에 대해 보이는 타고난 정확성은 3 이상의 수에는 적용되지 않는다. 3 이상의 수에 대한 산술능력은 언어능력, 말하자면 최소한 대상에 기호로 된 명칭을 부여하고 2진법 체계에 의한 '기호추론'(symbolic reasoning, 기호의 값을 통해 어떤 사실의 진위여부를 나타내는 추론방식-옮긴이)을 할 수 있는 능력이 있어야 하는 것으로 보이며 훈련이 필요하다.

특히, 수를 기억하고 꺼낼 때는 최초의 학습과정에서 사용한 기호의 명칭을 기억해내는 과정을 거치는 것으로 보인다. 이것은 산술학습에 두 가지 중요한 점을 시사한다.

1. 수의 기초(특히, 수의 명칭과 구구단)을 처음 배웠을 때 썼던 언어와 다른 언어로 수학교육을 받는 아이들은 불리할 수도 있다.
2. 아시아 아이들은 지구 반대편에서 성장하고 있는 서양 아이들에 비해 상당히 유리하다. 중국어, 일본어, 한국어의 기초 수 단어들은 한 음절이고 십진수 체계의 표기법과 유사하게 조합된다. 예를 들어, 21은 '이-십-일'로 표현된다. 영어, 프랑스어, 스페인어와 기타 서양 언어는 명명체계가 더 복잡해서 eleven(11), twelve(12), thirteen(13), twenty(20), thirty(30)처럼 자릿수가 바뀔 때마다 특수한 단어를 배워야 하고, 일부 언어에서는 특수한 구조까지 익혀야 한다. 가령 프랑스어로 83은 'quatre vingt trois', 문자 그대로 '네 개의 이십과 삼'이다(Dehaene, 1997).

교수법에 시사하는 점

연구결과에서 도출된 산술능력 학습의 요점은 다음과 같다.

1. 인간은 수 감각을 가지고 태어나는데, 1부터 3까지의 범위에서는 정확하지만 3을 넘어가면 정확성이 떨어지고 개체수를 세어서 계

산하는 아날로그적 성격이 강해진다.

2. 훈련을 통해 인간은 언어능력을 사용해서 3보다 큰 수, 실은 3보다 훨씬 더 큰 수까지 정확하게 처리할 수 있다.

수학자들도 3 이상인 수의 계산을 훈련시키는 가장 효과적인 방법에 관해서는 의견이 갈리고 있다. 이렇게 의견이 갈리는 이유는 우리가 수와 산술학습의 과정에 선천적 수 감각과 후천적 언어 감각을 모두 사용하기 때문이다. 산술능력을 제대로 학습하려면 두 가지 감각이 모두 필요하고 서로 잘 맞물려야 한다.

첫째, 우리는 타고난 수 감각이 있어서 그 기반 위에 형식적인 수 개념을 구축해가지만(상향식 과정), 그럼에도 언어를 써서 정확성을 높이고 수를 만들어야 한다(하향식 과정). 둘째, 더하기, 빼기, 곱하기, 나누기 등 기초적인 사칙연산은 대상을 합치거나, 비율을 재거나, 몫을 나누는 것과 같이 세상에서 하는 활동과 세상에서 보고 경험하는 일에 대응된다. 따라서 산술능력은 우리가 살면서 경험하는 것을 기반으로 구축된다고 볼 수 있는데 이를 상향식 과정(bottom-up process)이라고 부른다. 정답을 얻는 데 요구되는 계산을 수행하려면 인간이 만든 상징 절차(연산법)를 사용해야 하는데 이를 하향식 과정(top-down process)이라고 부른다.

우리가 0, 1, 2, …, 9 열 개의 숫자를 써서 수를 표기하는 친숙한 체계와 그렇게 쓰인 수들을 가지고 기초적인 산술적 계산을 하기 위해 사용하는 연산법을 인도-아라비아 십진수 체계라고 한다. 이 체계는 서기 600년이나 700년 사이에 인도에서 개발되어 아라비아어를 쓰는 학자들에 의해 다듬어진 다음, 13세기에 서유럽으로 들어갔다. 그것은 타고나는 것도 자연히 생기는 것도 아니며, 몇 가지 본질적으로 임의적인 관례를 바탕으로 만든 인간의 발명품이다. 단순성과 효율성 때문에 여러 다른 체계를 제치고 지배적인 체계가 된 것이다.

인도-아라비아 십진수 체계의 가장 큰 단점은 이를 능숙하게 사용하려면 상당한 노력을 들여야 한다는 점이다. 첫째, 십진수의 자릿값 체계에 따라 수를 읽고 쓰는 법을 배워야 한다. 그런 다음 몇 가지 수의 기초 사실을, 무엇보다도 특히 구구단을 암기해야 한다. 그런 다음 계산에 쓰이는 연산법을 배워야 한다.

수학교육을 둘러싼 논란으로 기계적 학습의 필요성이 대두된다. 한쪽 극단에서는, 수학교육은 전적으로 개념을 이해하는 데 중점을 두어야 하므로 기계적 학습이 필요하지 않다고 주장한다. 반대편 극단에서는, 수학교육은 수학의 기초를 기계적으로 학습하고 그 절차를 반복적으로 연습하는 데 집중해야 한다고 말한다. 기계적 학습 옹호자들은 흔히 '훈련을 통한 숙달(drill and skill)'이 중요하다고 말하고, 반대자들은 '훈련하다 사람 잡는다(drill and kill)'라고 말한다. 증거에 따르면 최선의 접근법이자 유일하게 실용적인 접근법은 두 극단 사이 어딘가에 있다.

신경과학이 우리에게 보여준 바에 따르면, 학습이 일어나려면 뇌 안에서 다양한 신경회로가 만들어지거나 강화되어야 하는데 이는 반복을 통해 이루어진다. 실은 우리가 아는 한, 반복만이 뇌가 학습할 수 있는 유일한 방법이다(Deacon, 1997). 이 지식은 기초산술 교육에 기계적 학습을 포함시켜야 한다고 주장하는 사람들의 입장을 강력하게 지지한다. 기계적 학습이 없다면 아무도 구구단을 배울 수 없을 것이다. 반면 수많은 연구들이 기계적 학습만으로 얻은 지식은 적용 범위가 제한적이고 안정성이 부족하다는 사실을 보여주었다. 기계적으로 학습한 사람은 학습한 것을 재현 또는 암송해서 시험에 통과할 수는 있지만, 새로운 정보를 꼭 이해하는 것은 아니어서 그것을 문제해결에 사용하지 못한다.

적용 가능한 지식과 유용한 스킬을 만들려면, 기계적 학습은 이해(understanding)를 수반해야 한다. 이해로 대체되는 것이 아니라, 이해를 '수반'해야 한다는 점에 주목하라. 수학은 머리로 하는 하나의 활동이다. 운전이나 스키처럼 수학이라는 활동도 기본기의 숙달에 달려 있다. 이해가 기계적 학습에 단순히 추가되는 것을 넘어, 실제로 짝을 이룰 필요가 있다. 이해와 기계적 학습 중 하나라도 빠지면 성공하지 못한다.

수의 기초 학습

뇌의 작동방식과 뇌가 언어를 통해 수를 만들어내고 다루는 방식 때문에, 구구단을 학습하는 것은 본질적으로 언어적 과제이지 수학적 과제가 아니다. '구구단을 외운'지 55년도 더 지난 오늘까지도 나는 여전히 한 자리 숫자 두 개로 이루어진 모든 곱을 떠올릴 때 머릿속에 들어 있는 구구단을 암송한다. 나는 암송되는 수 단어들의 소리를 떠올리는 것이지 수 자체를 떠올리는 것이 아니다. 실제로, 나는 내 머릿속에서 들리는 패턴이 '정확히' 내가 일곱 살 때(!) 배운 그 패턴이라고 믿는다.

우리가 수를 다루는 방식을 이해하면, 어째서 대부분의 사람들이 그토록 많은 시간을 연습하는데도 불구하고 구구단을 잘 외우지 못하는지를 설명할 수 있다. 평균지능의 평범한 성인들도 대략 열 번 가운데 한 번은 실수를 한다. 8×7이나 9×7과 같은 일부 곱셈은 답을 내는 데 2초까지 걸릴 수 있고, 실수하는 비율도 25퍼센트까지 올라간다. 8×7=54라거나 9×7=64처럼 잘 틀린다.

우리는 어째서 그런 어려움을 겪을까? 1단과 10단은 전혀 어려울 게 없으니 셈에 넣지 않으면, 구구단 전체라고 해봐야 겨우 2, 3, 4, …, 9 각각을 2, 3, 4, …, 9 각각으로 곱한 별개의 사실들 64가지에 불가하다. 대부분의 사람들이 2단과 5단은 거의 문제없이 외우므로 그것까지 제외하면 외우는 데 어느 정도 노력이 드는 한 자리 곱셈은 겨우 36가지밖에 남지 않는데, 몇몇은 순서를 바꾸어도 가령 4×7, 7×4와 같이 답이 같기 때문에 실제 총합은 그것의 절반인 18가지에 불과하다.

18가지 단순한 구구단을 외우는 일을 정확하게 파악하자면, 우선 전형적인 미국 아동은 여섯 살 무렵이면 13,000~15,000 단어를 인지하고 사용한다는 사실을 기억할 필요가 있다. 성인은 약 100,000 단어를 이해하고 10,000~15,000 단어를 자유자재로 사용한다. 그리고 사람 이름, 전화번호, 주소, 책 제목, 영화 제목 등 다른 모든 것들을 기억한다. 더군다나 우리는 이 사실들을 거의 아무런 어려움도 없이 배운다. 단어들과 그 의미를 구구단처럼 되풀이 암송할 필요가 없는 것만은 확실하다. 요컨대 기억력에는 아무런 문제가 없는데 이 구구단 18가지를 외우는 데는 문제가 생긴다. 도대체 왜 그럴까?

| 패턴을 찾는 뇌 |

인간의 뇌는 패턴인식 장치이다. 인간의 기억은 연상에 의해 작동해서, 한 생각이 다른 한 생각으로 이어진다. 패턴과 유사성을 보는 능력은 인간의 뇌가 지닌 가장 큰 강점 중 하나이다. 이는 디지털 컴퓨터의 작동방식과는 매우 다르다. 컴퓨터는 정보의 저장과 인출 및 계산을 정확히 해낸다. 현대의 컴퓨터는 1초 만에 수십억 회의 연산을 수행하면서 매번 정답을 산출한다. 하지만 50년에 걸쳐 돈, 인재, 시간을 엄청나게 투자했음에도, 얼굴을 인식하거나 어떤 장면이 무엇인지를 인식할 수 있는 컴퓨터를 개발하려던 시도는 대부분 실패했다. 반면 인간은 얼굴과 장면을 쉽게 알아보는데, 인간의 기억은 패턴 연상에 의해 작동하기 때문이다. 하지만 똑같은 이유 때문에 인간은 구구단 외우기와 같이 컴퓨터가 쉽게 하는 일을 잘하지 못한다.

구구단이 헛갈리는 이유는 우리가 그 표를 언어적으로 기억한 결과, 다른 많은 항목들이 서로를 간섭하기 때문이다. 컴퓨터는 7×8=56, 6×9=54, 8×8=64를 각각 별개의 것으로 취급할 정도로 아주 멍청하다. 하지만 인간의 사고작용은 이 세 가지 곱셈 사이에서 유사성을, 특히 소리 내어 암송할 때 단어에 실리는 리듬에서 언어적 유사성을 본다. 이 세 개의 곱셈을 별개로 보기 어렵다는 것은 우리 기억의 약점을 나타내는 것이 아니라, 인간의 주요 강점 가운데 하나인 유사성을 보는 능력에 기인한다. 우리가 7×8이라는 패턴을 보면, 아마도 48, 56, 54, 45, 64를 포함한 몇 가지 다른 패턴이 활성화될 것이다.

스타니슬라스 드앤은 『The Number Sense (수 감각)』(1997)에서 다음과 같이 주장한다. 당신이 아래 세 가지 이름과 주소를 기억해야 한다고 가정해보자.

- 찰리 데이비드는 앨버트 브루노 가에 산다.
- 찰리 조지는 브루노 앨버트 가에 산다.
- 조지 어니는 찰리 어니 가에 산다.

겨우 이 세 가지 사실을 기억하는 것도 상당한 도전으로 보인다. 셋 사이에 유사성이 너무도 많아서, 각 항목이 다른 항목을 방해하기 때문이다. 하지만 이 예들은 바로 구구단에서 뽑은 항목들이다. 앨버트, 브루노, 찰리, 데이비드, 어니, 프레드, 조지라는 이름이 각각 숫자 1, 2, 3, 4, 5, 6, 7을 가리킨다고 하고, '~에 산다'라는 문구를 등호로 대체하면 다음의 곱셈이 된다.

- 3×4=12

- $3 \times 7=21$
- $7 \times 5=35$

헛갈리는 원인은 패턴 간섭에 있다. 패턴 간섭은 $2 \times 3=7$이 오답이라는 것을 깨닫는 것보다 $2 \times 3=5$가 오답임을 깨닫는 데 시간이 더 오래 걸리는 이유를 설명하기도 한다. 후자의 식이 덧셈이라면 $2+3=5$는 옳은 식이므로 '2 더하기 3은 5'라는 패턴은 우리에게 익숙하지만, '2 더하기 3은 7'이라는 형태의 패턴은 존재하지 않는다. 어린아이들의 학습과정에서 이러한 종류의 패턴 간섭이 보인다. 일곱 살 무렵이 되면 대부분의 아이들은 두 자리 덧셈을 많이 외운다. 하지만 구구단을 배우기 시작하면 한 자리 덧셈에 답하는 데 걸리는 시간이 늘어나고, $2+3=6$과 같은 실수를 하기 시작한다.

5×6을 묻는데 36이나 56으로 답할 때도 언어적 패턴의 유사성이 구구단 인출을 간섭한다. 어쨌든 5와 6을 읽으면 두 가지 오답이 모두 떠오르는 것이다. 사람들이 $2 \times 3=23$이나 $3 \times 7=37$과 같은 실수를 하지 않는 이유는 23과 37이라는 숫자가 구구단에 나타나지 않으므로 우리의 연상기억이 곱셈의 맥락에서는 그것을 떠올리지 않기 때문이다. 하지만 36과 56은 둘 다 구구단에 있으므로 5×6을 보면 두 숫자가 모두 활성화되는 것이다. 다시 말해, 우리가 곱셈을 할 때 겪는 어려움은 대부분 인간의 정신이 지닌 가장 강력하고 유용한 장점에 속하는 패턴인식과 연상기억에서 비롯된다.

바꿔 말하면, 수백만 년의 진화는 우리에게 특정한 생존기술을 가진 뇌를 장착시켰다. 그 타고난 재능의 일부가 바로 패턴을 인식하고, 연관성을 보고, 신속하게 판단하고 유추하는 능력이다. 이러한 생각을 해내는 방식은 모두 다 본질적으로 '흐릿하다'. 우리의 뇌는 산술을 하기 위해 진화하지 않았으므로, 산술에서 등장하는 종류의 정밀한 정보조작에는 전혀 적합하지 않다. 우리는 산술을 하려면 완전히 다른 이유로 개발되었거나 진화과정에서 선택된 정신회로들을 집합시켜야 한다. 그것은 마치 드라이버 대신 작은 동전으로 나사를 돌리는 것과 같다. 할 수는 있지만, 더디고 결과가 항상 완벽한 것은 아니라는 뜻이다.

뇌는 어떻게 수를 저장하고 거기에 접근할까

우리는 소리의 패턴을 기억하는 능력을 써서 구구단을 학습한다. 간섭효과 때문에 그 표를 학습하는 데 워낙 많은 노력이 들어가므로, 제2언어를 학습하고 있는 사람이라도 일반적으로 산술은 제1언어로 계속한다. 제2언어가 아무리 유창해져도, 그리고 실제로 많은 사람들이 제2언어로 생각까지 할 수 있는 수준에 도달하지만, 제2언어로 구구단을 다시 배우려 애쓰는 것보다는 제1언어로 살짝 돌아가서 계산한 다음 그 결과를 다시 제2언어로 번역하는 편이 쉬울 것이다. 드앤과 그의 동료들은 이 발상을 기반으로 1999년에 수행한 기발한 실험에서 우리가 언어재능을 써서 산술을 한다는 사실을 입증했다(Dehaene et al., 1999).

그들이 입증하려던 가설은 정확한 답을 요구하는 산술과제는 언어능력에 의존한다는 것이었다. 특히, 그러한 과제는 수의 언어적 표상을 사용하는 반면, 추정을 필요로 하거나 근사치를 요구하는 과제는 언어능력을 사용하지 않는다는 것이었다. 이 가설을 시험하기 위해 연구자들은 영어와 러시아어를 둘 다 사용하는 피험자 집단을 모집해서 그들에게 두 언어 중 한 언어로 새로운 두 자리 덧셈을 가르친 다음, 두 언어 중 한 언어로 시험을 보았다. 질문이 정확한 답을 요구한 경우, 공부한 언어와 질문의 언어가 같을 때는 피험자들이 2.5~4.5초 뒤에 답했지만 두 언어가 다를 때는 꼬박 1초가 더 걸렸으므로, 실험자들은 피험자들이 질문을 공부한 언어로 번역하는 데 추가의 시간을 썼을 것이라는 결론을 내렸다. 그러나 질문이 근사치를 요구했을 때는 질문의 언어가 답변시간에 영향을 주지 않았다.

연구자들은 시험을 보고 있는 피험자의 뇌활동도 모니터링했다. 피험자가 근사치를 요구하는 질문에 답을 하고 있을 때는 수 감각이 들어 있고 공간추리를 지원하는 두정엽 부위에서 최대의 뇌활동이 일어났지만, 정확한 답을 요구하는 질문은 언어를 제어하는 전두엽 부위에서 훨씬 더 많은 뇌활동을 유발했다.

대수

산술을 넘어 대수(代數, algebra)와 함께 시작되는 대부분의 수학은 인간의 정신에 추상 개념이라는 더 어려운 도전을 제시한다. 산술의 기본적 구성요소인 수부터가 추상 개념이지만, 수는 우리가 사는 세상 속의 구체적인 것들과 단단히 묶여 있다. 우리는 수를 세고, 치수를 재고, 물건을 사고, 무언가를 만들고, 전화를 걸고, 은행에 가고, 야구 경기 점수를 확인하는 등의 다양한 행동을 한다. 그러나 대수에 필요한 추상 개념의 수준은 이보다 훨씬 높다.

대수적 사고는 단지 수를 대변하는 글자들을 가지고 하는 산술이 아니다. 그것은 다른 종류의 사고다. 대수는 수를 가지고 계산을 하는 것이 아니라 수에 관해 논리적으로 생각하는 것이다. x와 y 변수들은 보통 특정한 수가 아니라 일반적인 수를 표시한다. 대수에서는 수에 '관한' 분석적, '정성적' 추론을 하는 반면, 산술에서는 수를 '가지고' 수치적, '정량적' 추론을 한다.

예를 들어, 엑셀 프로그램에서 여러 칸을 반복 계산하기 위해 공통된 명령어인 매크로를 정의하고 싶다면 대수를 사용할 필요가 있다. 그 계산의 목적이 운동경기 점수를 계산하는 것인가, 재정 상태를 기록하는 것인가, 사업을 하는 것인가, 게임에서 당신의 캐릭터를 무장시키는 가장 좋은 방법을 알아내는 것인가는 별로 중요하지 않다. 엑셀에서 당신이 원하는 일을 하도록 설정하려면 산술적으로가 아니라 대수적으로 생각해야 한다.

학생들이 대수를 배우기 시작할 때 산술적으로 생각해서 문제를 풀려고 하는 것은 어쩔 수 없다. 지금까지 산술을 숙달하는 데 모든 노력을 쏟았으니 그것은 당연한 행동이다. 그리고 무엇보다도, 초반에 배우는 대수 문제는 교사의 기준에서 보면 제법 간단하기 때문에 산술적 접근법이 효과가 있다. 실은, 학생이 산술에 강할수록 산술적 사고를 사용해서 대수 진도를 더 많이 나갈 수 있다. 많은 학생들이 대수가 아니라 기초산술을 써서 $x^2=2x+15$라는 2차방정식을 풀 수 있다. 역설적인, 또는 아마도 역설적으로 보이는 것은 산술에 강한 학생들이 대수를 배우는 데 더 애를 먹을 것이라는 점이다. 대수를 하려면 가장 기본적인 예들을 제외하고는 모든 경우에 산술적인 사고를 멈추고 대수적으로 생각하는 법을 배워야 하기 때문이다.

대부분의 학생들에게 대수는 전형적인 현대의 수학적 사고, 즉 순수한 추상 개념에 관한 정밀하고, 논리적이고, 분석적인 사고와의 첫 만남이다. 노련한 수학자들은 그러한 사고를 '타고났다'고 느끼지만, 그것은 훈련과 연습의 결과이다. 뇌는 그러한 사고를 결코 자연스럽게 느끼지 않는다. 그것은 배워야 한다. 이것을 배울 수 있는 유일한 방법으로 알려진 것은 하향식(top-down) 접근방식이다. 먼저 규칙을 배우고 규칙을 적용하다 보면 의미를 알고 이해하게 된다. 인간의 뇌는 경험하는 모든 것에서 의미와 이해를 찾도록 만들어졌기 때문이다.

그렇다고 해서 교사가 그러한 규칙의 원리를 설명해주면 안 된다는 뜻은 아니다. 하지만 진정한 이해는 학생들이 그 규칙을 연습해서 숙달한 뒤에만 올 수 있다. 꼬마들의 자전거 타기를 돕는 훈련용 바퀴처럼, 추상적 수학을 배우는 학생들에게 교사가 설명을 하는 주된 목적은 학습자의 자신감을 유지하기 위해서다. 실제로 심리적 측면을 제외하면 설명은 학습과정을 사실상 방해한다(!)는 증거들이 있다. 산술 분야에서 악명 높은 예가 바로 정수의 곱셈을 덧셈의 반복으로 소개하는 영미권 수학교사들 사이의 일반화된 관행이다. 이 관행은 학생들이 수학교육을 받는 내내, 그리고 흔히 성인이 되어 살아가는 내내 문제의 소지가 될 수 있다. 이 접근법에서 생기는 문제들을 집중 조명한 많은 연구들 가운데 하나만 들라면, 나는 「The Development of the Concept of Multiplication(곱셈 개념의 발달)」이라는 논문(Park & Nunes, 2001)을 권한다.

미국 등지에서 실시된 수많은 연구를 비롯해 20세기 후반에 수학교육자 바실리 다비도프(Vasily Davydov)가 소련에서 개발하고 연구한 교육과정은 수학을 가르치는 데 하향식 접근법이 장기적으로는 항상 더 나음을 암시한다(Davydov, 1975a, 1975b; Schmittau, 2004). 이 연구들이 가리키는 대로라면, 수학을 가르치는 가장 효율적인 방법은 때가 되면 새로운 개념이나 방법의 사례가 될 쟁점들에 학생들을 노출시키는 것으로 시작해서, 학생들에게 일정한 가이드라인을 주면서 그 사례들을 탐색할 시간을 주고, 마지막으로 순전히 추상적이고 형식적인 공식을 기반으로 새로운 수학 개념을 가르치는 것이다. 교사는 그런 후에 비로소 앞서 탐색한 쟁점들이 어떻게 해서 방금 공식으로 배운 것의 사례가 되는지를 보여주어야 한다. 이것은 물론 상향식 사고와 하향식 사고의 융합에 체계적으로 접근하는 방식이다. 인간의 뇌에 대한 이해가 발전하면서 수학을 배우자면 이런 접근법이 필요하다는 것을 알게 되었다. 이러한 교육과정의 특정 방향에 관해서는 논란이 있지만, 그것이 구현하는 하향식 접근법과 상향식 접근법의 조합이 전체적으로 필요하다는 점만은 일반적으로 인정된다.

대수를 넘어서

산술에서 고급수학으로 넘어가면, 학습과정에 대한 우리 지식은 과학적으로 확실한 근거가 부족하다. 내가 알기로 '우리가 어떻게 수학을 하고 수학을 학습하는가'에 관한 과학적 근거를 제공하려는 시도는 지금껏 몇 건밖에 없었다. 레이코프(Lakoff)와 누네즈(Nunez)의 논문(2000)이 우리가 어떻게 새로운 수학을 학습하고 이해하는가에 관한 인지과학 기반의 이론을 제공했고, 내가 쓴 책 『수학 유전자(The Math Gene)』(Devlin, 2000)가 합리적 재구성의 기법을 써서 인간의 수학능력 습득을 진화적으로 설명했을 뿐이다.

레이코프와 누네즈의 이론은 인지적 은유(cognitive metaphor)의 개념을 기반으로 한다. 새로운 수학을 학습하고 있는 사람은 아마도 무의식적으로, 이미 알고 있는 것을 기반으로 새로운 정보를 해석해 매핑시킴으로써 학습한다는 것이다. 이 논문에 문제가 없는 것은 아니지만, 매우 기초적인 뇌 수준에서 이와 같은 무언가가 일어나고 있는 것만은 틀림없다.

나의 이론에서는 수학적 능력을 우리 조상들이 수십만 년에 걸쳐 자연선택을 통해 획득한 9가지 기초능력의 결합물로 본다.

1. 수 감각

2. 수리력

3. 공간 추리력

4. 인과관계 감각

5. 사실 또는 사건의 인과적 연쇄를 구성하고 따라가는 능력

6. 연산법을 이해하는 능력

7. 추상 개념을 다루는 능력

8. 논리적 추리력

9. 합리적 추리력

이 아홉 가지 능력 모두가 늦어도 7만 5천 년 전쯤이나 아마도 그보다 훨씬 이전에 갖추어졌을 것이다. 주요 능력인 추상 개념을 다루는 능력이 언어를 갖게 된 것과 같다는 게 내 입장이다.

| 교수법에 시사하는 점 |

위의 두 이론 모두 수학을 어떻게 가르쳐야 하는가에 시사하는 점이 있다. 하지만 각각의 이론을 뒷받침하는 약간의 증거가 나왔다 해도, 어쨌든 확정적인 이론으로 볼 수 있으려면 연구가 더 이루어져야 한다. 지금으로서 가치있는 일은 두 연구를 뒷받침할 다음의 질문을 계속하는 것이다.

- 인간의 뇌가 어떻게 수학하는 능력을 습득했을까?

- 물리적인 뇌가 우리 조상의 환경 속에서 자연선택의 산물로 얻어진 것이라면, 도대체 어떻게 수학을 할 수 있을까?

첫 번째 질문이 특히 흥미로운 이유는 수학이 나온 지 기껏해야 진화의 시간 척도로는 눈 깜짝할 새인 몇천 년밖에 되지 않았기 때문이다. 따라서 수학을 하기 위한 능력은 뇌가 수학을 시작하기 오래전에 장착되어 있었음에 틀림없다.

위의 두 질문은 수학교육에서 불거지는 주요한 쟁점을 지적한다. 뇌에는 새로운 추상 개념을 숙지할 능력과 새로운 추상 개념의 수준에서 추리할 능력이 있는 게 틀림없다는 점이다. 몇 안 되는 증거가 시사하는 대로라면, 이는 오로지 이미 알고 있는 것을 깊이 생각함으로써 새로운 규칙이 생기는 상향식 과정과, 공식에 친숙해짐으로써 새로운 의미가 생기는 하향식 과정에 의해서만 이루어질 수 있다. 배우는 방식이 서로 다른 학습자들이 이 두 극단 사이의 스펙트럼 상에서 어느 지점에 있느냐에 따라 가르치는 형태도 달라져야 한다.

저자 소개

키스 데블린(Keith Devlin)

스탠포드대학 H-STAR연구소의 공동 설립자이자 소장이며, 스탠포드 미디어 X 연구네트워크의 공동 설립자, 스탠포드대학 언어정보연구소의 수석연구원으로 일했다. 세계경제포럼(World Economic Forum)과 미국과학진흥협회(American Association for the Advancement of Science)의 회원이기도 하다. 매체를 사용하여 다양한 청중을 대상으로 수학을 가르치고 소통하는 법을 중점적으로 연구하며, 지능분석을 위한 정보/추리 시스템 설계를 연구하고 있다. 그 밖에 정보이론, 추리모형, 수학기법을 커뮤니케이션 연구에 적용하는 법, 수학인지를 연구하는 데도 관심을 두고 있다. 피타고라스상(Pythagoras Prize), 페아노상(Peano Prize), 칼 세이건상(Carl Sagan Award), 수학공동정책위원회(JPBM)에서 수여하는 커뮤니케이션상 등을 수상했다. 캘리포니아 주의회로부터 수학과 논리학 및 언어학의 연계 분야에서 오래 헌신하며 혁신적 성과를 낸 공로로 표창장을 받았다.

참고 문헌

Butterworth, B. (1999). *The mathematical brain*. Basingstoke, United Kingdom: Macmillan.

Davydov, V. V. (1975a). Logical and psychological problems of elementary mathematics as an academic subject. In L. P. Stee (Ed.), *Children's capacity for learning mathematics: Soviet studies in the psychology of learning and teaching mathematics* (Vol. 7, pp. 55–107). Chicago: University of Chicago Press.

Davydov, V. V. (1975b). The psychological characteristics of the "prenumerical" period of mathematics instruction. In L. P. Stee (Ed.), *Children's capacity for learning mathematics: Soviet studies in the psychology of learning and teaching mathematics* (Vol. 7, pp. 109–205). Chicago: University of Chicago Press.

Deacon, T. (1997). *The symbolic species: The co-evolution of language and the brain*. London: Allen Lane.

Dehaene, S. (1997). *The number sense: How the mind creates mathematics*. New York: Oxford University Press.

Devlin, K. (2000). *The math gene: How mathematical thinking evolved and why numbers are like gossip*. New York: Basic Books.

Lako, G., & Nunez, R. (2000). *Where mathematics comes from: How the embodied mind brings mathematics into being*. New York: Basic Books.

Park, J.-H., & Nunes, T. (2001, July–September). The development of the concept of multiplication. *Cognitive Development*, 16, 763–773.

Schmittau, J. (2004). Vygotskian theory and mathematics education: Resolving the conceptual-procedural dichotomy. *European Journal of Psychology of Education*, 19(1), 19–43.

Wynn, K. (1992). Addition and subtraction by human infants. *Nature*, 358, 749–750.

9

간단한 셈을 수행하는 뇌

아동의 수 개념은 어떻게 발달하며,
산술능력 향상의 효과적 방안은 무엇인가?

스타니슬라스 드앤(Stanislas Dehaene)

9강은 수를 어림하는 인간의 타고난 능력과 함께 아동이 출생 초기 이 능력을 드러내는 양상을 설명한다. 인간의 어림수 체계는 아동이 나중에 학교에서 산술을 이해하는 데 필수적인 수 직관을 갖출 수 있게 한다. 그러나 수 개념과 관련된 여러 연구결과는 어림수 체계를 넘어 정확한 수 체계를 갖추기 위해서는 교육을 통한 체계적인 학습과 연습이 필요하다는 사실을 입증한다. 따라서 산술교육의 목표는 수 처리의 유창성과 자동성을 목표로 해야 한다. 스타니슬라스 드앤 박사는 인지심리학자로, 신경영상기법을 활용한 인간능력 연구에 관심을 두고 읽기, 계산, 언어와 같은 인지기능의 신경학적 기반을 연구하고 있다.

학교교육에서 중요하게 다루는 읽기(Reading), 쓰기(wRiting), 산술(aRithmetic)의 3R 교육 가운데 아마도 수학 관련 지식이 가장 복잡할 것이다. 계산능력을 검증하기는 쉽지만 '수'의 개념을 숙지한다는 것은 무슨 뜻일까? 어느 시점이면 아이가 수학적 개념을 '파악했다'고 말할 수 있을까? 과학적 연구가 수학을 어떻게 가르칠 것인가를 이해하는 데 과연 도움이 될까?

최근 아동심리학과 신경과학이 마침내 수학적 지식의 가장 기본 요소 가운데 하나인 수 개념이 무엇이며, 아이들이 학교에 다니면서 수 개념을 어떻게 발달시키는지를 밝혀내기 시작했다. 이 지식은 아직 단편적인 수준이긴 하지만 교수법에 많은 것을 시사한다. 도대체 어떤 요인 때문에 어떤 아이들은 산수를 잘하고 어떤 아이들은 못하는지를 우리는 조금씩 이해하기 시작했다. 무엇보다도, 난산증(dyscalculia)이 있거나 초등수학에서 각종 어려움을 겪는 아이들에게 조기에 사용하면 상당한 효과가 있는 실용적인 교정도구들을 제안할 수 있게 되었다.

아기는 수 개념 없이 태어날까?

미취학 아동에게는 안정적이고 불변하는 수의 표상이 없으며 산술적 지식은 논리적 개념으로 서서히 구축된다는 주장을 처음으로 제시한 피아제(Piaget)의 연구는 큰 영향을 끼치고 있는데, 이 개념은 『The

Child's Conception of Number(아동의 수 개념)』(Piaget, 1952)에 요약되어 있다. 피아제의 실험은 어린아이들이 처음에는 산술을 전혀 이해하지 못한다는 확고한 경험적 근거를 제공하는 것 같았다. 그의 가장 유명한 연구결과가 바로 아이들이 4~5세 이전에는 '수 개념 보존'에 실패한다는 내용이었다. 4~5세 이전의 아이들은 대상이 달라지거나 대상의 속성이 바뀐다 하더라도 그 집합의 개수는 변함이 없다는 수의 속성을 이해하지 못하는 것처럼 보였다. 수 개념의 보존을 시험하기 위해 피아제는 여섯 개의 꽃병과 여섯 송이의 꽃을 같은 간격으로 일대일 대응시켜 늘어놓고 아이에게 보여주었다. 물어보면 아이는 바로 두 줄의 '수가 같다'고 대답했다. 하지만 꽃들 간의 간격을 넓혀서 꽃병보다 꽃의 줄이 길어 보이게 만들면, 아이는 꽃이 꽃병보다 많다고 대답했다. 아이는 대상이 움직여도 수는 변하지 않는다는 것을 깨닫지 못하는 것으로 보였다. 피아제의 용어로 그 아이는 '수를 보존하지' 못한 것이다.

피아제의 연구에서는 아이가 7세 무렵에 수 보존에 성공한다 해도 다른 논리적 수학시험은 여전히 통과하지 못했다. 예를 들어 장미 여섯 송이와 튤립 두 송이를 보여주고 "장미가 더 많아, 꽃이 더 많아?" 하고 물으면, 아이들은 대부분 장미가 꽃보다 더 많다고 대답했다. 마치 아이들은 어떤 부분집합도 전체집합보다 많은 원소를 가질 수 없다는 집합이론의 가장 기본적인 전제를 무시하는 것처럼 보였다.

피아제의 이론에 따르면, 수학적 지식은 서서히 구축된다. 유아들은 대상, 집합, 기수(基數, cardinal number), 덧셈, 뺄셈 가운데 어떤 개념도 없이 삶을 시작한다. 피아제는 아이의 논리적인 사고가 그 관념들을 하나하나 정복해간다고 보았다. 즉, 구조화된 환경과 감각운동적(sensorimotor)으로 상호작용하던 단계에서 점차 추상화 단계로 발전하면서 그 기저의 정교해지는 논리적 규칙을 파악하게 된다는 것이다.

피아제의 구성주의(constructivism)는 교사들 사이에 아직도 널리 인정받고 있는 편이며, 일부 수학 개념의 형성 과정은 차분하게 유도할 필요가 있다는 것에는 의심할 여지가 없다. 그럼에도 불구하고 그 과정이 뇌의 어디서 어떻게 이루어지는지에 대해서는 아직까지 알려지지 않고 있다. 사실 피아제의 출발점은 잘못되었다. 아이들은 아무런 수학 개념 없이 삶을 시작하는 것이 아니다. 후속 연구는 피아제의 시험들 일부가 편향적이라는 사실을 입증한다. 그 연령대의 아이들이 이해하기 힘든 복잡한 대화를 사용한데다가 우성적인 반응을 억제하도록 요구함으로써 아이에게 오답을 유도할 수도 있기 때문이다. 한 줄이 다른 줄보다 확연히 더 긴데도 불구하고 두 줄에 같은 수의 물건을 배치해놓고 두 집합의 숫자가 같은지 묻는 방식이 그 예다. 따라서 아이들은 아마도 상위 인지 수준의 집행기능 및 억제기능을 요구해서 수 보존에 실패한 것이지, 기본 수 개념이 없어서 틀린 것은 아닐 수 있다. 실제로 언어 이외의 수단으로 더 간단히 실험하자, 심지어 두 살배기도 수 보존에 성공했다(Dehaene, 1997). 예를 들어, 늘어놓는 대상을 초코볼로 바꾸고 아이들에게 두 줄 가운데 한 줄을 집어가게 하면, 아이들은 줄 길이 차이에 속지 않고 수가 많은 쪽으로 손을 뻗었다. 이는 심지어 두 살배기도 길이가 달라도 숫자는 같다는 수의 항상성을 이해할지 모른다는 암시를 준다.

유아들도 수를 이해한다

1970년대에 『The Child's Understanding of Number(아동의 수 이해)』(1978)에 소개된 로첼 겔먼(Rochel Gelman)과 랜디 갤리스털(Randy Gallistel)의 연구결과는 피아제의 견해를 뒤집는 데 결정적인 역할을 했다. 겔먼과 갤리스털은 미취학 아동에게도 산술에 대한 직관이 있음을 보여주었다. 두 개의 물체가 담겨 있던 접시에서 갑자기 하나가 뚜렷한 원인도 없이 사라지는 간단한 '마술쇼'를 보여주면, 미취학 아동들도 이 뜻밖의 변화에 깜짝 놀라는 표정을 보이며 즉각 반응했다.

실제로, 놀람 반응은 아주 쉽게 측정할 수 있어서 첫 돌배기 아기를 포함한 더 어린 영아들을 실험 대상에 포함시킬 수 있게 되었다. 유아의 놀라움은 유아가 전시물을 바라보는 시간을 측정함으로써 실증적으로 정량화할 수 있다. 전시물이 신기하거나 뜻밖이라고 느끼면, 유아는 그것을 더 오래 바라본다. 이 간단한 검증을 통해 생후 몇 개월밖에 되지 않은 유아들도 수 감각을 보여줄 수 있었다. 습관화와 기대 위배 패러다임을 사용한 다양한 방식의 행동연구를 통해 이제 유아에게 수 감각이 있다는 것은 분명한 사실로 드러났다. 예컨대 생후 6개월된 영아도 어떤 집합의 점이 예기치 않게 여덟 개에서 열여섯 개로, 또는 반대로 변하면 그 차이를 분별한다(Xu & Spelke, 2000). 이러한 실험에서는 갖가지 대조실험을 통해 그 분별이 대상의 크기, 밀도, 표면적과 같은 수치 이외의 매개변수를 근거로 하지 않음을 확실히 했으므로, 결과를 설명하는 것은 오직 수에 대한 민감성뿐이다.

기타 실험에서는 유아들은 수가 증가하고 감소하는 것에 대한 자신의 기대가 빗나갈 때 이를 감지한다. 예를 들어, 다섯 개의 물건이 막 뒤로 숨겨지는 것을 지켜본 다음 추가로 다섯 개가 더 숨겨지는 것을 지켜본 유아들은 열 개를 예상했다가 막이 치워지면서 다섯 개만 드러나자 놀라는 반응을 보였다(McCrink & Wynn, 2004).

기초 개념: 어림수

바로 앞에서 살펴본 실험에서 유아가 수의 변화를 감지하는 데 성공하도록 만드는 주요 변수는 예상한 수와 예상치 못한 수의 비율이다. 예컨대 여덟(8) 개 대 열여섯(16) 개처럼 그 차이가 충분히 커서 유아가 무언가 잘못되었음을, 즉 양이 변했거나 예상치 못한 결과가 나타났음을 알아차릴 수 있어야 한다. 생후 6개월 된 영아는 그 비가 1:2는 되어야 하는 반면, 두세 달 뒤 9개월이 된 영아는 1: 1.5만 되어도, 예컨대 여덟(8) 개 대 열두(12) 개만 되어도 충분히 변화를 감지한다. 따라서 이 실험은 영아들이 어림수밖에 이해하지 못한다는 것을 결정적으로 보여준다.

이 체계는 처음엔 매우 엉성하지만, 아동기를 거치면서 정밀해져 마침내 성인 수준인 약 15퍼센트 차이의 수도 구별하게 된다. 성인이 되면 12 대 14 또는 100 대 115와 같은 수를 세지 않고도 구분할 수 있다는 뜻이다. 어림수 체계의 정밀도 향상은 수리력 발달에서 필수적인 역할을 하는 것으로 보인다. 십대 아이들의 경우, 어림수 측정의 정확도가 표준수학 성취도평가의 성적을 예측한다(Halberda, Mazzocco, & Feigenson, 2008). 평생 산술학습에 어려움을 겪게 될 아동은 다른 감각장애나 인지장애가 없는데도 어림수 체계의 정확도가 유독 떨어지는 것을 볼 수 있다. 예컨대 그들은 열 살 때에도 수의 분별능력이 평균적인 네 살짜리 아이의 수준에 머문다(Piazza et al., 2010).

이와 같은 관찰 결과는 어림수 체계가 뒤이어 더 높은 수준의 산술적 개념을 구축하기 위한 기초가 된다는 단순한 가설을 뒷받침한다(Dehaene, 1997). 우리 모두는 한 집합에 들어 있는 물체의 수량을 어림하고 덧셈, 뺄셈, 비교라는 간단한 조작을 통해 그러한 어림수를 조합하는 기초능력을 가지고 삶을 시작한다. 이 기초능력은 실은 인간 진화의 유산이다. 인간의 진화과정에서 먹이, 친구, 적을 불문하고 모든 종류의 집합을 정량화하는 능력이 생존에 유용했기 때문이다. 이 능력은 돌고래로부터 쥐, 비둘기, 사자, 원숭이에 이르는 다른 동물 종에도 분명히 존재한다. 예를 들어 아무 훈련 없이도 야생의 사자들은 다른 사자 무리를 마주치는 즉시 싸우게 될 상대편 무리의 크기를 가늠하고 자기 무리의 크기와 비교해 공격할지 후퇴할지를 결정한다.

어림수 체계가 아동에게 나중에 학교에서 산술을 이해하는 데 필수적인 초기의 수 직관을 부여한다는 증거는 다른 미취학 아동 연구에서도 나온다(Gilmore, McCarthy & Spelke, 2007). 이 연구에서 5~6세 아이들에게 "새라한테 사탕이 스물한 개 있는데, 서른 개를 더 받았어. 존은 사탕을 서른네 개 가지고 있어. 누구 사탕이 더 많아?"와 같은 문제를 제시했다. 그 미취학 아동들은 그만한 크기의 숫자도, 덧셈이나 뺄셈의 개념도 배운 적이 없었지만, 이 복잡한 산술시험에서 그들의 사회경제적 배경과 상관없이 2분의 1의 확률보다 훨씬 높은 60-75퍼센트의 적중률을 보였다. 성적은 대략 두 수의 비율에 따라 오르내림으로써 이들이 어림수 체계에 의존한다는 분명한 징후를 보였다. 무엇보다도 아이들 간의 성적 편차가 학교교육 과정에서의 성취도를 예측했다. 따라서 어림능력이 아이들에게 전에 한 번도 경험한 적 없는 문제에 대처할 '직관'을 줌으로써 유리한 위치에서 산술을 시작하게 해준다고 볼 수 있다.

성인이 되어서도 우리는 빠른 평가나 '수 감각'을 필요로 하는 산술적 과제를 풀 때 계속해서 어림수 체계에 의존한다. 예컨대 두 아라비아 숫자 중 어떤 것이 더 큰지 판정할 때 우리의 응답속도는 물론 오류까지도 두 수 사이의 거리에 의존한다. 59와 65보다는 31과 65를 비교하는 속도가 더 빠르다는 말이다. 24+13=97과 같은 산술연산을 검산할 때도, 틀린 정도가 너무 커서 간단한 어림으로 쉽게 파악할 수 있다면, 계산을 하지 않고도 그것이 틀렸다는 것을 금세 알아차릴 수 있다. 가격을 비교할 때 내리는 판단도 대략적이고, 백분율을 기반으로 한다. 요컨대 어림수 체계는 수의 크기에 대한 빠른 직관을 사용할 때 꼭 필요하다.

어림수 처리 뇌 체계

2000년 이래로 과학자들은 기초적인 어림수 체계를 지원하는 뇌 체계를 상당히 많이 이해하게 되었다. 신경영상기법 덕분에, 수 감각에 결정적인 한 영역이 확인되었다. 수 감각 영역은 양 반구 꼭대기 뒤쪽에서도, 두정엽(parietal lobe) 안에서도, 두정엽내구(intraparietal sulcus)라는 피질 틈새에 있다. 이 부위가 결정적이라고 보는 한 가지 이유는 그것이 우리가 수를 생각할 때마다 활성화되기 때문이다. 그 수가 말인가, 글인가, 단어 형태인가, 아라비아 숫자 형태인가는 아무 상관이 없고, 심지어 우리가 어떤 대상을 살펴보면서 몇 개일까 생각하기만 해도 활성화된다. 우리가 수행해야 하는 수 과제가 덧셈인가, 뺄셈인가, 곱셈인가, 비교인가 하는 것과도 무관하게 활성화된다. 그저 아라비아 숫자나 한 묶음의 대상을 바라보기만 하면 무조건 활성화된다.

<도표 9-1>은 인간과 원숭이의 두정엽내구 위치를 보여준다. 인간에게 있는 이 부위는 우리가 계산을 할 때마다 어김없이 활성화된다(왼쪽). 이 부근이 흐트러지면 성인 및 아동에서 난산증이 생길 수 있다. 원숭이에게 있는 같은 부위에도 수에 반응하도록 조율되어 있는 신경세포들이 들어 있다(오른쪽).

두정엽내구가 수 처리의 중추라고 생각하는 또 한 가지 이유는 주어진 산술과제의 난이도에 비례해 활성화의 강도가 달라지기 때문이다. 예를 들어 우리가 수를 키워서 덧셈, 뺄셈, 곱셈 문제의 난이도를 높이면 두정엽내구의 활성화도 따라서 증가한다. 마찬가지로, 59와 61

도표 9-1 수 처리에 필수적인 인간의 두정엽내구와 원숭이의 두정엽내구

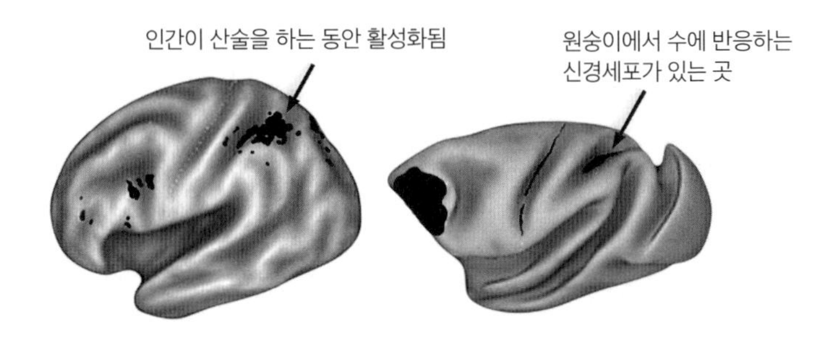

처럼 두 수의 차이를 좁혀 피험자가 큰 쪽을 판정하기 더 어렵게 만들면, 이번에도 반응시간에 비례해서 두정엽내구의 활성화가 증가한다. 두정엽내구는 심지어 피험자에게 보이지 않을 정도로 빨리 제시되는 '역하(閾下, subliminal, 전기자극을 주었을 때 활동전위가 발생하는 역치 이하의 자극으로, 인간이 의식하지 못하는 자극을 말함 - 옮긴이)' 수에도 활성화될 수 있다. 따라서 24+13=97이라는 식이 무언가 잘못되었음을 즉시 깨닫는 우리의 타고난 능력은 이 뇌 부위가 무의식적으로 수의 크기를 가늠하는 데서 비롯되는 것 같다.

원숭이를 연구하면서 이 뇌 부위에서 수가 부호화되는 방식을 좀 더 자세히 이해하게 되었다. 하나의 신경세포가 하나의 정해진 수에 우선적으로 발화한다는 발견은 특히 주목할 만하다(Nieder & Miller, 2004). 예를 들어, 세 개의 대상을 보거나 세 개의 음을 듣는 것을 좋아하는 신경세포는 원숭이가 셋이라는 양을 보거나 외울 때마다 가장 확실하게 발화한다. 하나나 다섯을 제시하면 이 신경세포는 훨씬 덜

발화한다. 뿐만 아니라, 이러한 신경세포들은 근삿값 변곡점을 나타낸다. 예를 든 신경세포라면 셋에 최대로 발화하고, 둘이나 넷에는 다소 덜, 하나나 다섯에는 훨씬 덜 발화한다는 말이다. 물론 셋이라는 양에 대한 우리의 개념이 그러한 단일 신경세포에 의존하는 것은 아니다. 이러한 신경세포들 수십만 개가 몇 센티미터의 피질에 분산되어 있다. 그 신경세포들이 집단적으로 어림수를 위한 '개체군 코드'를 형성한다. 주어진 시점에 어떤 부분의 신경세포들이 발화하고 있느냐에 의해 수가 부호화된다는 뜻이다.

이 영역이 기초적인 역할을 한다고 생각하는 마지막 이유는 뇌 병소(病巢)에 의해 이곳이 망가지면, 특히 손상이 좌반구에 있을 경우, 수 처리에 심각한 어려움이 뒤따를 수 있기 때문이다. 성인들이 보이는 실산증(acalculia)이라는 증후군은 간단한 계산을 못하거나 여섯이 다섯보다 크다는 판단을 못하게 할 정도로 심각할 수 있다. 놀랍게도, 유사한 증후군인 발달적 난산증(developmental dyscalculia)이 일부 아동에게도 존재한다. 이 아이들은 지능이 정상인데도 마치 '수란 무엇인가'에 관해 직관이 전혀 없는 것처럼 수의 구분, 산술적 직관, 아라비아 숫자의 자동적인 이해 등 여러 척도에서 다른 아동들보다 뒤처진다. 난산증에는 구구단을 외우지 못하거나 여러 자리 연산을 못하는 증상을 포함해서 다양한 종류가 있다. 그중 한 가지 하위 유형으로 아라비아 숫자의 양적 의미 개념을 명확히 이해하지 못하는 증상이 있다. 신경영상은 이 어려움을 보이는 아이들 가운데 여럿이 좌반구 또는 우반구 두정엽내구, 바로 정상 피험자가 산술을 하는 동안 활성화되는 그 위치가 덜 활성화되거나 회질(gray matter)에 결함이 있음을 보여주었다(Dehaene et al., 2004). 원인이 유전이든, 미숙이든, 분만 과정에서의 뇌 손상이든, 출생 전 또는 분만 전후의 뇌 손상이 이 부위에 결함을 일으키는 것으로 보인다. 이로 인해 뒤따르는 수리력 발달에 연쇄적인 영향을 미칠 수 있다.

수의 다중 피질 표상

그러나 산술이 수에만 전문화되어 하나의 모듈처럼 작동하는 단일 뇌 영역에 의존해 이루어진다는 생각은 옳지 않을 것이다. 피질에 모듈 따윈 없다. 두정엽내피질(intraparietal cortex)에서 집중적으로 활성화되는 지점조차 수의 부호화에 전문화된 신경세포의 비율은 전체 신경세포 가운데 15퍼센트 정도를 넘지 않는다. 같은 영역 안에 섞여 있는 다른 신경세포들은 동작, 촉감, 대상의 크기, 위치 등 변수들의 처리와 관련된다. 나중에 보겠지만, 이 요인이 수와 크기 또는 수와 장소 사이에서 일어나는 상호작용과 혼동을 설명할 수 있다.

| 삼중부호 체제 |

두정엽내영역이 산술적 발달에서 기초적인 역할을 한다고는 해도, 뇌 속 다른 많은 회로들의 지원이 없다면 결코 작동하지 못할 것이다. 우리가 어떤 대상을 보고 그것의 수를 가늠할 때, 일차시각피질

(primary visual cortex)로부터 두정엽내피질까지 이르는 일련의 피질영역은 점진적 수의 추출뿐만 아니라 대상의 크기, 모양, 위치와 같이 수와 무관한 매개변수들로부터도 수를 추출해내는 과정에 관여한다. '열다섯(fifteen)'처럼 문자로 쓰인 숫자를 보면, 좌반구의 언어처리 시스템에 속하는 다른 영역들이 단어의 철자 및 음운 해독에 관여한다. 문자로 된 단어는 이미 학습된 알파벳 체계 안에서 확인 과정을 거친 다음에 비로소 두정엽내피질 안에서 특정한 양에 대응될 수 있다. 마찬가지로, '15'와 같은 아라비아 숫자를 보아도 또 다른 시각영역들이 숫자적 내용을 해독한 연후에야 그것을 양으로 대응시킨다. 즉, 양, 언어적 숫자, 아라비아 숫자를 처리하는 세 가지 별도의 신경망이 서로 교신하는 '삼중부호(triple code)' 체제가 존재하기 때문에 성인으로서 우리는 한 표상을 다른 표상으로 속히 변환할 수 있다(도표 9-2 참조).

이 삼중부호 체제는 수리력의 발달을 이해하는 데 아주 중요하다. 양을 어림하는 체계는 유아기 초기부터 존재한다는 증거가 있다. 생후 3개월 된 영아도 간단한 수 검사를 해보면 우측 두정엽내구가 활성화된다. 이는 수 감각이 귀납적 추론이나 피아제의 구성주의 같은 느린 과정에 의해 생겨나는 것이 아니라, 유전적으로 타고나는 감각이라는 것을 강하게 뒷받침한다. 그러나 언어적 숫자나 아라비아 숫자를 처리하는 다른 두 체계는 유전되지 않는다. 그것은 최근의 문화적 발명품으로, 학습을 통해 습득된다.

따라서 이 관점에 의하면, 수리력의 발달은 대개 다양한 형태의 피질의 수 표상들 사이에 견고하고 효율적이며 자동화된 연결을 확립함

도표 9-2 수 처리의 삼중부호모형

양 부호
수 비교, 근사성 판단, 어림,
뺄셈과 같은 양 조작

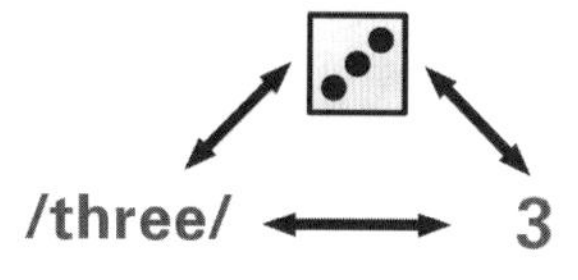

언어적 숫자 부호
말의 이해와 발화,
구구단과 같은
기계적 암기

아라비아 숫자 부호
아라비아 숫자 읽기와
쓰기, 여러 자리 계산

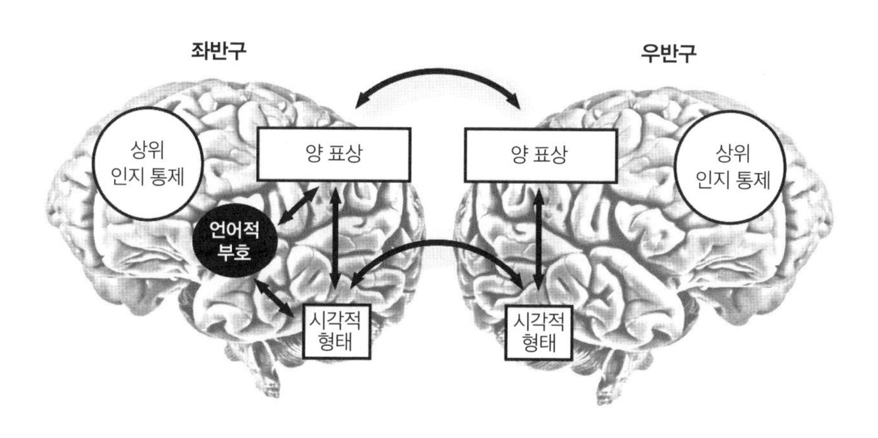

으로써 이루어진다. 성인은 자신이 뇌 체계를 전환하고 있다는 인식도 없이 주어진 수의 글자 형태, 말 형태, 근사치 형태 사이를 빠르게 왔다갔다한다. 그러나 아동의 경우는 이러한 연결이 훨씬 비효율적이며, 자동화되는 데 여러 해가 걸린다. 신경영상기법의 결과가 암시하는 바에 따르면, 산술적 훈련을 하면 근사치 체계가 특히 좌측 두정엽 내 부위에서 발달할 뿐만 아니라 수의 언어적 형태를 인식하는 능력도 발달한다. 산술교육의 한 가지 중요한 목표는 피질에 있는 서로 다른 수 표상들 간에 정보 흐름의 효율을 높이는 것이 되어야 한다. 이를 통해 예컨대 3+4나 16-8이라는 수식을 보면 같은 수식을 사물의 집합으로 제시했을 때만큼이나 빠르고 효율적인 직관적 처리가 가능해야 한다.

| 계산 절차의 발달 |

산술교육의 또 한 가지 중요한 목표는 효율적인 계산 절차, 즉 연산법을 발달시키는 것이다. 뇌 수준에서 보자면, 유형이 다른 계산은 삼중부호 체제 안에서도 부분적으로 각기 다른 뇌 체계에 의존하는 것으로 보인다. 예컨대 3×9=27과 같은 구구단을 인출할 때, 영어와 같은 언어에서 이와 유사한 사실적 정보를 '삼구(three times nine)'하면 '이십칠(twenty seven)'이 연상되는 방식으로 언어적 부호를 사용하여 저장한다. 이는 시나 기도문을 회상할 때와 유사하다. 그 결과, 구구단은 특정 언어로 부호화되며 이중언어 사용자의 다른 언어로 전환되지 않는다. 이는 또 실어증이나 언어적 장애를 일으키는 좌반구 병소가 생기면 지워질 수도 있다. 역으로, 12-5=7과 같은 뺄셈을 할 때는 기호의 공간적 처리를 위해서는 아라비아 숫자 체계에 의존하고, 양에 해당되는 부분을 인출하기 위해서는 양 체계에 의존한다. 따라서 두정엽내피질에 병소가 있으면 뺄셈에 결함이 생기는 반면 구구단은 그대로일 수 있다.

이러한 발견이 산술교육에 시사하는 점은 다양한 뇌 체계는 물론 그것들을 상호 연결하는 회로들까지 훈련시켜야 아동이 산술에 유창해진다는 것이다. 그러나 곱셈 훈련이 뺄셈이나 비교활동으로 확장될 필요는 없다. 나아가 아동은 주어지는 문제마다 어떤 인지전략과 대뇌 체계를 이용해야 가장 유용한지를 발견해야 한다. 예컨대 6+3-3=?에 대한 답을 계산하지 않고도 찾을 수 있도록 다양한 지름길도 찾아야 한다.

계산은 고도의 집중, 전략 선택, 작업기억 용량을 필요로 하는 지극히 힘든 과정이다. 이런 요인들로 인해서 전전두피질(prefrontal cortex)의 활성화가 아주 활발하게 이루어진다. 이마 바로 뒤의 전전두피질은 다른 영장류에 비해 인간에게서 특히 부피가 크게 나타난다. 전전두피질은 최근에 발달한 뇌 영역으로, 새로운 전략을 고안하고 집행하는 우리의 능력에서 필수적인 역할을 한다. 이는 뇌의 단 하나뿐인 자원으로, 중앙집행을 담당하고 서로 다른 과제 사이에 나누어 쓸 수 없다. 전전두피질은 우리가 동시에 수행할 수 없는 힘든 과제를 수행할 때 관찰을 주로 담당하는데, 이는 매우 중요한 기능이다. 산술연산이 자동화되면 전전두피질이라는 중추기능은 연산 수행에 몰두하지 않고 다른 일에 할당될 수 있게 된다. 아동이든 성인이든 어떤 과제의 전문가가 될수록, 전전두피질의 활동량은 줄어드는 대신 점차 머리 뒤쪽에 있는 더 자동적인 뇌 체계가 활성화된다. 그러한 자동화가 일어나기 전까지, 아동의 전전두피질 자원은 기계적인 계산에 전부 할당되어 해답의 적합성과 문제 전체의 의미를 점검하는 등의 다른 중요한 측면에는 할당될 여유가 없다. 따라서 산술교육의 세 번째 중요한 목표는 기초적인 산술연산의 유창성과 자동성을 높임으로써 더 복잡한 문제를 처리하는 데 자원을 할애할 수 있도록 하는 것이다.

정확한 수의 구축

단어 '열일곱(seventeen)' 또는 숫자 '17'과 같은 기호에 노출되는 것은 그냥 기존의 뇌 체계들을 서로 연결시키는 일 이상의 의미가 있다. 동물에게 있는 것과 마찬가지로 유아에게 있는 양 체계도 어림하는 것일 뿐임을 명심하라. 즉, 수의 비율을 기반으로 수를 분별하므로 17과 18처럼 크기 차이가 매우 작은 수는 분별할 수 없다. 오직 인간만이 아무리 큰 수라도 연이은 수 사이에 존재하는 범주적 차이를 이해하는 것으로 보인다. 이는 수학에서, 예컨대 17은 소수(素數, prime number, 양의 약수가 1과 자신뿐인 1보다 큰 자연수 - 옮긴이)인 반면 18은 소수가 아님을 판단하는 데 필수적인 지식이다.

정확한 수는 저절로 이해하게 되는 것이 아니라 학습해야 한다. 이 주장은 주로 아마존의 오지문화에서 태어난 문두루쿠(Munduruku) 성인을 대상으로 한 심리학적 연구를 통해 입증되었다(Pica et al., 2004). 문두루쿠 언어에는 수를 가리키는 단어가 다섯까지밖에 없다. 이 단어들은 수를 세는 데 쓰이지도 않고 수를 차례로 세는 용도로 암송할 수도 없다. 게다가 의미도 정확하지 않은 것 같다. 예컨대 다섯에 해당하는 단어는 대상의 양이 넷일 때부터 약 아홉이 될 때까지 사용할 수 있어서, 그것이 '거의 다섯' 또는 문자 그대로 '한줌'과 같은 어떤 것을 의미함을 시사한다. 정확한 셈 체계가 없으므로, 문두루쿠족은 우리가 다른 동물 종과 공유하는 어림수 체계에 전적으로 의존하는 것 같다. 그들은 정교한 산술적 직관을 가지고 있어서 그들이 명명하는 범위를 넘어서는 큰 수의 대상을 가지고 어림계산을 수행할 수 있지만, 7-5와 같은 정확한 연산의 결과는 예상하지 못한다.

문두루쿠의 성인들을 보면 인류가 발명해온 많은 장치들, 가령 셈 단어들, 주먹구구, 주판이 없었다면 우리의 산술 체계가 어떤 모습일지를 상상할 수 있다. 이러한 장치들이 없다면, 우리는 부정확한 어림계산밖에 하지 못할 것이다. 아이들은 생후 이삼 년 동안은 문두루쿠족처럼 행동하지만, 셈 체계에 노출되면 금세 이 한계를 극복하고 정확한 수 체계로 넘어간다. 두 살 반과 네 살 사이에 서서히 일어나는 이 중요한 발달기에 아이들은 수를 세는 기계적 순서를 익히기 시작한다. 셈 단어의 이해는 순차적으로 일어난다. 먼저 '하나'라는 단어를 이해하고, 다음으로 '둘'이라는 단어를 이해한다는 뜻이다. 그래서 아이는 몇 달 동안, '하나'의 의미를 알고 물건을 하나만 집어주거나 내용물이 하나뿐인 집합의 이름을 부를 수 있다. 하지만 '하나' 이상은 모르기 때문에, 둘을 달라고 하면 임의의 숫자의 물건을 집을 수도 있다(Wynn, 1992).

아이들은 수를 가리키는 단어인 '하나, 둘, 셋, 넷'을 해당 양으로 대응시키는 법을 한 단어씩 서서히 익힌다. 그러다가 마침내 어떤 시점이 되면 갑자기 각 단어가 서로 다른 하나의 수로 대응된다는 사실을 깨닫는다. 그로부터 최소한 6개월은 더 있어야 '여섯, 여덟, 열'처럼 큰 수 단어들이 별개의 양으로 대응됨을 이해하고 그것의 순서관계를 파악하기 시작한다(Le Corre & Carey, 2007). 아이들은 보통 다섯 살은 되어야 비로소 '여덟'과 같은 단어가 8개의 물건의 합에 해당되고 이 물건들을 뒤섞은 후에도 총합에는 변함이 없으며, 물건의 수가 하나 늘어나거나 두 배가 되거나 반으로 줄면 총합이 변한다는 사실을 이해한다. 따라서 발달 초기엔 언어지식이 수 감각보다 뒤처진다. 실제로, 아이들이 피아제 식의 많은 언어적 시험에서 낙제하는 것이 이를 암시한다. 그러나 일단 언어적 수와 양을 대응시키는 데 숙달되면, 수에 대한 개념이 근본적으로 바뀌는 것 같다. 아이들은 이제 수라는 것이 서로 구분되는 것이며, 연속적으로 주어지더라도 각각을 구분할 수 있다는 개념을 터득한다.

| 정확한 숫자 감각으로의 전환 |

정확한 숫자 감각으로 이전하는 데 바탕이 되는 메커니즘이 무엇인지는 아직 밝혀지지 않았다. 그저 개별 대상의 자취를 좇는 능력이 핵심적인 역할을 한다는 것이 중론이다. 내가 여기서 언급하고자 하는 것은 또 하나의 표상체계인 대상 분류(object file) 체계이다. 이 체계는 유아에게도 있는데, 이를 이용하여 아주 적은 수의 대상을 무의식적으로 정확히 부호화할 수 있다. 어린아이라도 공간 속에서 어떤 대상을 세 개까지 추적할 수 있는데, 이는 화면에 제시되는 대상이 하나인지, 둘인지, 셋인지를 범주적으로 구분하는 능력이다. 대상 분류 체계는 어림수 체계와 달리 크기 차이가 작은 인접수도 구분할 수 있다(Feigenson, Dehaene, & Spelke, 2004). 우리의 시각계는 유아에서나 성인에서나 똑같이, 최대한 세 개의 대상에 대해서 그것의 특징들을 추적하는 분류 체계를 내재화하고 있는 것으로 보인다.

매우 적은 수에만 이용할 수 있기는 하지만 정확하기 때문에, 이 대상 분류 체계는 아이들이 수의 의미를 정확히 유추하는 데 도움이 된다. 아이는 수를 세면서, 숫자를 세는 단어가 추가될 때마다 세는 대상의 개수가 실제로 늘어난다는 것을 알게 된다. 이를 통해 아이의 어림셈 능력이 확장된다. 다시 말해, 아이는 각각의 셈 단어마다 거기에는 항상 하나의 다른 양이 대응된다는 것을 갑자기 깨닫는다.

이 개념적 변화가 신경망 안에서는 어떤 변화로 번역되는지 정확히는 모르지만, 교육받은 인간의 뇌에는 하나의 수에 정교하게 조율된 정밀한 수 부호화 신경세포들이 들어 있으리라는 게 현재 통용되는 이론이다. 다른 영장류의 뇌에서는 이처럼 정교하게 조율된 체계가 발견되지 않았다.

수와 공간의 통합

교육과 문화적 배경에 크게 영향을 받는 것으로 보이는 수에 관한 인간 직관의 한 측면은 수를 공간과 대응시키는 특성이다. 이 대응은 수학에서 필수적인 역할을 한다. 길이를 측정할 때, 우리는 수가 공간으로 확장되어 적용될 수 있다고 가정한다. 문자 그대로 땅을 측량하는 기하학(geometry)은 이 전제를 기초로 하며, 무리수, 데카르트 좌표, 수직선, 복소평면과 같은 더 높은 수준의 많은 수학적 개념들도 마찬가지다.

심리학과 신경생물학 연구는 '수의 공간' 또는 '수의 직선'의 개념이 뇌 안에 매우 깊은 뿌리를 가지고 있다는 점을 암시한다. 대부분의 성인은 아라비아 숫자를 보기만 해도 자동적으로, 운동반응이나 주의의 방향이 공간적 성향을 띠게 된다(Dehaene, Bossini, & Giraux, 1993). 심지어 어떤 수가 홀수인지 짝수인지, 또는 5보다 큰지 작은지를 결정하는 간단한 과제를 수행할 때도 그런 성향이 나타난다. 작은 수를 왼쪽에, 큰 수를 오른쪽에 제시하면 그 반대로 수를 제시할 때보다 빠르게 반응한다. 이처럼 큰 수를 오른쪽 공간 성향을 갖는 것에 연관시키는 행동은 완전히 무의식적으로 이루어진다. 매우 드물게 수를 진짜 2차원이나 3차원 공간으로 '보는' 사람들은 그것을 의식적으로 할 수 있다. 이는 수-공간 공감각(synesthesia)으로 알려진 예외적인 현상이다.

수-공간 대응의 방향은 문화적으로 결정된다. 그것은 글을 쓰는 방향에 따라 변해서, 머릿속의 수의 나열이 서양인들은 왼쪽에서 오른쪽으로 가지만 아랍인이나 유대인들은 오른쪽에서 왼쪽으로 간다. 그러나 수가 공간적 성격을 갖는다는 생각에는 훨씬 더 깊고 보편적인 뿌리가 있다. 심지어 아마존 밀림에 살아서 교육에 접근할 기회가 거의 없는 문두루쿠족도 수가 공간에 규칙적으로 대응됨을 저절로 이해한다(Dehaene et al., 2008).

수의 나열 방식에 대한 직관은 덧셈과 뺄셈에 대한 이해를 강화하기도 하고, 특정 방향으로 영향을 미치기도 한다. 머릿속에서 산술을 하는 동안 공간 부호와 움직이는 느낌이 자동적으로 활성화되기 때문이다(Knops et al., 2009). 두 수의 합이나 차를 어림할 때, 피험자들은 어림 짐작이 지나쳐 정확한 값을 도출하지 못한다. 덧셈을 하는 동안은 큰 수를 향해, 뺄셈을 하는 동안은 작은 수를 향해 '너무 멀리' 움직이기 때문이다. 뿐만 아니라, 컴퓨터 화면에 보이는 몇 가지 그럴듯한 결과 중에서 하나를 고르라고 하면, 피험자들은 덧셈을 하는 동안은 화면의 맨 오른쪽에서, 뺄셈을 하는 동안은 맨 왼쪽에서 답을 선택한다.

수와 공간이 이처럼 상호작용하는 근원은 두정피질(parietal cortex)에 있는 것으로 보인다. 피질의 두정엽내 부위에 있는 양 체계가 크기, 위치, 응시 방향처럼 공간 차원을 부호화하는 다른 뇌 부위들과 현저하게 가깝거나 겹쳐지는 것이다(Hubbard et al., 2005). 어떤 수가 제시되면 그것의 양을 파악하기 위해 두정엽이 활성화되고, 이것은 공간 부호화에 관련된 영역을 활성화시킨다. 이때 작은 수는 왼쪽 공간을 부호화하는 우반구를 더 크게 활성화시키는 반면, 큰 수는 오른쪽 공간을 부호화하는 좌반구를 더 크게 활성화시킨다. 우리가 덧셈을 할 때

마치 우리의 주의를 애초의 수로부터 수직선 오른쪽 방향으로 옮기는 것처럼, 뇌의 활성화 부위도 공간의 오른쪽을 부호화하는 피질을 향해 옮겨가는 것으로 보인다(Knops et al., 2009).

이와 같은 수-공간관계를 강조하는 이유는 이것이 인간의 학습에 관한 보편적 측면을 드러내기 때문이다. 지금까지 우리는 새로운 문화적 수단들을 전할 때 진화적으로 그 이전에 사용하던 뇌 회로를 재활용해왔다. 우리는 진화를 통해 구조화된 피질의 부분을 그대로 재활용해서, 생소하지만 관련있는 용도에 투입한다. 여기서 수와 산술의 개념이 공간과 안구운동을 위해 쓰이는 더 오래된 회로로 확장되는 것이다. 『글 읽는 뇌(Reading in the Brain)』(Dehaene, 2009)에서 나는 읽기능력 또한 대상을 인식하는 데 쓰이는 옛날 회로를 이용해서 습득한 것이라고 기술했다. 두 경우 모두에서 우리는 아이들이 발휘하는 직관의 정도뿐만 아니라 학습에서 직면하는 어려움도 어느 정도 이해할 수 있다. 이는 새로운 개념을 낡은 것에 꿰맞추려는 것과 같다. 아이들에게 수가 공간과 같이 느껴지는 것은 직관적이다. 이와 달리 두 수로 이루어진 분수도 하나의 수라는 개념은 매우 반직관적이다. 기존의 어떤 개념과도 맞지 않기 때문이며 상당한 수준의 개조가 필요하다.

심지어 공간에 대한 수의 대응도 산술적 발달과정에서 상당한 변화를 겪는 것으로 보이고, 이 변화 역시 산술을 깊이 이해하는 데 결정적으로 중요하다. 수-공간 대응 능력은 교육을 받지 않아도 모든 인간에게 존재하지만, 이 대응의 형태는 교육을 받는 과정에서 변화한다

(Siegler & Opfer, 2003). 수를 불러주고 왼쪽에 1, 오른쪽에 100이 표시된 선분 상에 정확한 자리를 표시하라고 하면, 유치원생도 과제를 이해하고 체계적으로 작은 수를 왼쪽에, 큰 수를 오른쪽에 둔다. 그러나 균등하게 선형적(linear)으로 수를 분포시키는 것이 아니라, 작은 수에 더 많은 공간을 할애하면서 갈수록 대응 공간을 좁혀간다. 즉, 간격이 일정하지 않게 로그적(logarithmetic)으로 수를 분포시킨다. 예를 들어, 아이들은 10을 1부터 100 구간의 중간에 둔다. 최근에 나는 동료들과 함께 문두루쿠족 성인을 대상으로 1에서 10까지의 범위로 실험한 결과, 위와 똑같은 현상을 관찰했다(Dehaene et al., 2008). 문두루쿠족도 수를 하나의 선분 위에 체계적으로 대응시킬 수 있기 때문에 수-공간을 대응시키는 강한 직관이 있다고 할 수 있지만, 그들은 숫자 3이나 4를 1부터 10의 중간에 두는 로그적 대응을 한다. 수학적 문화와 교육에 노출된 아이들만이 로그적 대응으로부터 선형적 대응으로 뚜렷이 전환한다. 아이들은 어느 순간 연속되는 수는 간격이 똑같아야 함을 이해하고, 고전적 선형 척도를 가지고 대응하기 시작한다. 이 개념적 변화는 발달과정에서 매우 늦게, 피험자의 경험과 알고 있는 수의 범위에 따라 1학년과 4학년 사이에 일어난다. 그러한 이해는 정확한 수에 대한 이해와 발맞추어 일어난다. 실제로, 선형적 이해와 학교에서 치르는 표준 수학시험의 성취도는 상관관계가 있어서 하나를 훈련하면 다른 하나도 향상된다. 따라서 수를 일종의 공간으로 개념화하고 그 공간의 선형성을 이해하는 것이 산술능력의 인지적 발달에서 필수 단계인 것으로 보인다.

교육에 시사하는 점

나는 아동의 산술능력이 어림수에 대한 기초적인 표상을 토대로 하며, 그 표상은 우리가 진화론적 과거로부터 물려받았고 뇌의 두정엽 내피질 부위에 의존함을 강조했다. 그러나 산술의 발달은 이 양의 표상을 언어 기호나 아라비아 숫자 기호와 연결하는 능력을 비롯해, 공간 표상과 관련된 가까운 피질 부위를 재활용하는 것에도 크게 의존한다는 점 역시 강조했다. 이 표상들이 매우 유창하게 자동적으로 상호작용하도록 하는 것이 수학교육의 본질적인 목표이다. 유창성과 자동성은 특히 우리의 개념을 다듬어서 정확한 선형적 수의 표상으로 이끌기 때문에 둘 다 그 자체로 본질적이고, 전전두피질의 다목적 작업기억 자원을 다른 목적을 위해 쓰도록 해주기 때문에 필수적이다.

다양한 장치를 이용하여 정신적 표상들이 발달과정에서 서로 간에 거는 이 연결고리를 강화할 수 있다. 수 세기 게임, 주판 게임, <뱀과 사다리> 같은 간단한 보드게임도 수 체계 훈련에 매우 효과적일 수 있다. 대조실험에 따르면, 그러한 게임으로 훈련된 아이들이 수와 공간 사이의 선형적 관계를 더 일찍 이해했고, 학교기반 산술에서도 그 효과가 지속되었다(Siegler & Ramani, 2008). 그러한 게임들은 매우 이른 나이에, 그리고 자극이 결핍된 환경에서 자라서 산술적 결함의 위험성이 다분한 아이들에게 사용할 때 더욱 유용한 듯하다. 이 연구결과를 염두에 두고 우리 실험실에서는 무료 오픈소스 컴퓨터게임 <The Number Race>(www.unicog.org/NumberRace)를 개발해서 시험했다. 이

게임은 수의 양 표상, 언어적 표상, 아라비아 숫자 표상이라는 세 가지 주요한 표상들 사이의 연결고리를 굳히고 수의 공간적 이해를 강화할 목적으로 설계되었는데(Wilson et al., 2006), 특히 산술발달에 어려움을 겪을 위험이 있는 미취학 아동의 수리 인지를 향상시키는 데 효과가 있는 것으로 밝혀졌다(Wilson et al., 2009).

이제 우리는 계산의 뇌 기제에 관한 기초연구가 응용연구와 맞물려 초등학교에서 산술을 가르치는 데 효과적인 도구를 개발하는 시대에 도달하고 있다. 그러나 흔히 고학년에서 겪는 어려움의 진정한 출처인 십진기수법, 분수, 대수적 표기법 등의 더 수준 높은 개념들을 다루려면 아직도 할 일이 많다.

저자 소개

스타니슬라스 드앤(Stanislas Dehaene)

파리 고등사범학교(École Normale Supérieure)에서 수학을 전공하고, 소르본대학교로 알려진 파리대학에서 응용수학 및 컴퓨터공학으로 석사학위를 받았다. 이후 신경과학과 심리학으로 관심 영역을 바꿔 파리 사회과학고등연구원(École des Hautes Études en Sciences Sociales)에서 언어심리학자 자크 멜러(Jacques Mehler)의 지도로 실험심리학 박사학위를 받았다. 오리건대학에서 마이클 I. 포스너(Michael I. Posner) 교수의 지도 하에 박사후과정을 하게 되면서 신경영상기법을 활용한 인간능력을 연구하는 인지신경과학으로 관심사를 바꾸었다. 현재 콜레주 드 프랑스(Collége de France)에서 실험인지심리학과 교수로 재직 중이며, 첨단 신경영상연구소 뉴로스핀(NeuroSpin)의 인지신경영상팀 책임자, 프랑스 국립보건의료연구소 인지신경영상팀 책임자로 활동한 바 있다. 지금은 프랑스 교육부의 과학위원회 회장을 맡고 있다. 유럽 신경과학계에 기여한 공로를 인정 받아 그레테 룬드벡상(Grete Lundbeck European Brain Prize)을 수상했으며 세계 8개 아카데미 회원이다.

참고 문헌

Dehaene, S. (1997). *The number sense: How the mind creates mathematics.* New York: Oxford University Press.

Dehaene, S. (2009). *Reading in the brain: The science and evolution of a human invention.* New York: Penguin Viking.

Dehaene, S., Bossini, S., & Giraux, P. (1993). *The mental representation of parity and numerical magnitude.* Journal of Experimental Psychology: General, 122(3), 371–396.

Dehaene, S., Izard, V., Spelke, E., & Pica, P. (2008). *Log or linear? Distinct intuitions of the number scale in Western and Amazonian indigene cultures.* Science, 320(5880), 1217–1220.

Dehaene, S., Molko, N., Cohen, L., & Wilson, A. J. (2004). Arithmetic and the brain. *Current Opinion in Neurobiology*, 14(2), 218–224.

Feigenson, L., Dehaene, S., & Spelke, E. (2004). Core systems of number. *Trends in Cognitive Science*, 8(7), 307–314.

Gelman, R., & Gallistel, C. R. (1978). *The child's understanding of number*. Cambridge, MA: Harvard University Press.

Gilmore, C. K., McCarthy, S. E., & Spelke, E. S. (2007). Symbolic arithmetic knowledge without instruction. *Nature*, 447(7144), 589–591.

Halberda, J., Mazzocco, M. M., & Feigenson, L. (2008). Individual differences in non-verbal number acuity correlate with maths achievement. *Nature*, 455(7213), 665–668.

Hubbard, E. M., Piazza, M., Pinel, P., & Dehaene, S. (2005). Interactions between number and space in parietal cortex. *Nature Reviews Neuroscience*, 6(6), 435–448.

Knops, A., irion, B., Hubbard, E. M., Michel, V., & Dehaene, S. (2009). Recruitment of an area involved in eye movements during mental arithmetic. *Science*, 324(5934), 1583–1585.

Le Corre, M., & Carey, S. (2007). One, two, three, four, nothing more: An investigation of the conceptual sources of the verbal counting principles. *Cognition*, 105(2), 395–438.

McCrink, K., & Wynn, K. (2004). Large-number addition and subtraction by 9-month-old infants. *Psychological Science*, 15(11), 776–781.

Nieder, A., & Miller, E. K. (2004). A parieto-frontal network for visual numerical information in the monkey. *Proceedings of the National Academy of Sciences*, 101(19), 7457–7462.

Piaget, J. (1952). *The child's conception of number*. New York: Norton.

Piazza, M., Facoetti, A., Trussardi, A. N., Berteletti, I., Conte, S., Lucangeli, D., et al. (2010). Developmental trajectory of number acuity reveals a severe impairment in developmental dyscalculia. *Cognition*.

Pica, P., Lemer, C., Izard, V., & Dehaene, S. (2004). Exact and approximate arithmetic in an Amazonian indigene group. *Science*, 306(5695), 499–503.

Siegler, R. S., & Opfer, J. E. (2003). The development of numerical estimation: Evidence for multiple representations of numerical quantity. *Psychological Science*, 14(3), 237–243.

Siegler, R. S., & Ramani, G. B. (2008). Playing linear numerical board games promotes low-income children's numerical development. *Developmental Science*, 11(5), 655–661.

Wilson, A. J., Dehaene, S., Dubois, O., & Fayol, M. (2009). lffects of an adaptive game intervention on accessing number sense in low-socioeconomic-status kindergarten children. *Mind, Brain and Education*, 3(4), 224–234.

Wilson, A. J., Revkin, S. K., Cohen, D., Cohen, L., & Dehaene, S. (2006). An open trial assessment of "The Number Race," an adaptive computer game for remediation of dyscalculia. *Behavior and Brain Function*, 2(1), 20.

Wynn, K. (1992). Children's acquisition of the number words and the counting system. *Cognitive Psychology*, 24, 220–251.

Xu, F., & Spelke, E. S. (2000). Large number discrimination in 6-month-old infants. *Cognition*, 74(1), B1–B11.

10

복잡한 계산을 하는 뇌

뇌는 어떻게 수와 양을 표상하며,
발달적 난산증의 원인과 해법은 무엇인가?

대니얼 안사리(Daniel Ansari)

10강은 복잡한 계산과제를 수행하기 위해 필요한 뇌 회로의 발달을 살펴보면서, 뇌가 어떻게 수를 표상하고 수량 및 암산 문제를 처리하는지 설명한다. 이에 관한 연구는 수학에 어려움을 겪는 사람들의 뇌에 어떤 차이가 있는지를 밝혀내기도 한다. 발달적 난산증은 전체 인구의 약 3~5퍼센트가 겪고 있는 것으로 추정되는데, 발달적 난산증이 있는 아동은 수량의 처리를 어려워한다. 따라서 발달적 난산증이 있는 아동에게 수량을 가르칠 때는 수의 크기를 확실히 이해시키기 위해 기호 형태와 기호가 아닌 형태 둘 다를 이용해 가르치면 도움이 된다. 대니얼 안사리 박사 는 수리능력의 전형적·비전형적 발달에 관심을 두고 활발히 연구하고 있다.

기본적인 수리 및 수학 능력은 우리가 일상생활을 헤쳐가는 데 필수적일 뿐 아니라 직업적 성공에도 결정적인 요인으로 보인다. 최근의 연구들은 어린 시절의 수리 및 수학 성취도가 문해력보다도 훗날의 학문적 성취와 인생의 성공을 더 훌륭하게 예측한다는 암시를 줌으로써 수학적 유창성이 반드시 필요하다는 주장을 뒷받침한다(Bynner & Parsons, 1997; Duncan et al., 2007).

수리 및 수학 능력의 중요성을 보여주는 두드러진 일례가 바로, 이 능력이 환자와 의료 전문가 모두에게서 약 복용량과 같은 건강관리 정보의 사용능력을 예측하는 결정적 요인이라는 연구결과다(Ancker & Kaufman, 2007). 따라서 의료 전문가들에게 기본적인 수리 및 수학 능력이 없으면 환자의 건강에까지 해로운 영향을 미칠 수 있다. 이는 기본적인 수리 및 수학 능력이 우리의 삶에 미치는 극적인 효과를 입증하는 많은 예들 가운데 하나에 지나지 않는다.

기본적인 수리 및 수학 능력이 현대사회에서 그토록 결정적인 역할을 하는데도 불구하고, 국제적인 비교연구를 보면 미국과 독일 등 많은 서구 국가 아동의 수학 성취도가 국제 평균보다 상당히 떨어진다는 사실이 거듭 발견된다(OECD, 2004). 게다가 유럽, 북아메리카, 이스라엘에서 수행한 연구결과로 추정하자면, 줄잡아도 인구의 3~5퍼센트는 흔히 발달적 난산증으로 일컬어지는 수리 및 수학의 학습곤란을 겪는 것으로 보인다(Shalev et al., 2000). 발달적 난산증도 발달적 난독증만큼 흔한 것으로 추정되지만, 그동안 수리 및 수학 능력의 장애는 별로 연구되지 않았다(Berch & Mazzocco, 2007). 전반적으로, 읽기능력의 전형적 발달과 비전형적 발달에 대한 이해가 감동적일 만큼 깊어진 데 비하면, 열거하고 계산하는 능력의 바탕이 되는 심리학적 기제와 뇌 기제에 대한 연구는 상당히 뒤처져 있다.

뇌에서 수가 어떻게 표상되는지, 어떤 뇌 부위가 계산능력의 기반이 되는지, 이 뇌 부위들이 어떻게 발달하는지를 조사하는 연구 건수는 점점 늘어나고 있다. fMRI(기능성자기공명영상)와 같은 신경영상기법이 발달하면서, 난산증의 유무에 따라 뇌의 기능 및 구조 둘 다에 어떤 차이가 있는지 그 모습이 드러나고 있다.

이 장의 목적은 아동과 성인 모두의 '복잡한 계산과제를 수행하는 뇌'에 관해 지금까지 알려진 정보와 데이터가 교육 전문가들의 생각과 실행에 어떤 영향을 미칠지를 검토하는 것이다. 수를 확인하거나 계산하는 능력의 바탕이 되는 기제와 그 기제의 발달에 대한 최근의 통찰도 둘러볼 것이다. 여기서 수를 확인한다는 것은 한 집합에 들어 있는 항목의 수를 세거나 두 집합 가운데 어떤 것이 수적으로 더 큰지 비교하는 것을 말하고, 계산한다는 것은 머릿속으로 산술문제를 푸는 것을 말한다.

도입부에서는 먼저 성인의 수리 및 산술 능력의 기반이 되는 뇌 기제에 대한 여러 연구의 개요를 파악한다. 이 검토는 복잡한 계산과제를 수행하기 위한 뇌 회로의 발달을 살펴보기 위한 기초가 될 것이다. 이어서 수학에 어려움을 겪는 뇌에 관해 신경과학 연구로 무엇이 밝혀지고 있는지, 그리고 역량과 전략 사용상의 개인차는 어떻게 나타나는지도 살펴본다. 그 다음, 향후 방향과 함께 계산하는 뇌에 대한 신경과학적 연구와 수학교육이 얼마나 긴밀히 연계될 수 있는가를 논하면서 마무리할 것이다.

이 장의 일차적 의도는 교사들에게 뇌에 관해 밝혀진 지식을 알려주는 것이 아니라, 복잡한 계산과제 수행에 대한 신경과학의 현주소를 알려주는 것임을 분명하게 짚고 넘어가고자 한다. 신경과학을 교실로 끌어들이는 가장 효과적인 방법은 교사들이 신경과학적 연구에서 발생하는 지식에 접근하도록 해주는 것이라는 게 나의 주장이다. 이 지식이 교사가 아동의 학습이라는 개념을 이해하는 데 영향을 줄 것이고, 그럼으로써 교수법에도 영향을 미칠 것이다(Ansari, 2005; Ansari & Coch, 2006). 나는 이 장을 포함해 이 책을 읽은 독자들이 신경과학자들과 협력함으로써, 교육 관련 경험적 질문에 대한 답을 구하는 새로운 신경과학적 연구들을 설계하는 데 기여하길 바란다.

성인기의 산술적 뇌

뇌의 네 엽(葉, lobe) 가운데 하나인 두정엽(parietal lobe, 도표 10-1 참조)은 20세기가 시작된 이래로 줄곧 수리 및 수학의 처리와 연관되어 왔다. 이 두정피질(parietal cortex)과 수리인지 사이의 연결고리가 처음 드러난 것은 성인 뇌 손상 환자들의 연구를 통해서였다(Henschen, 1919, 1925). 뇌졸중이나 사고의 결과로 두정피질에 손상을 입은 환자들에게서 계산에 결함이 생기는 증상이 발견되었던 것이다. 아마도 가장 유명한 것이 요제프 게르스트만(Josef Gerstmann)의 연구결과일 것이다. 그는 각회(angular gyrus, 도표 10-2 참조)에 병소가 있는 일군의 환자들을 묘사했는데, 그들은 글씨를 쓰지 못하는 실서증(agraphia), 자기 손에 붙은 손가락을 구분하지 못하는 손가락 실인증(finger agnosia), 좌우 감각상실 증상, 그리고 여기에 더해 계산결함 증상을 보였다. 이 여러 증상은 통틀어서 게르스트만 증후군(Gerstmann syndrome)으로 알려지게 되었다(Gerstmann, 1940, 1957). 이 연구 결과는 계산에 가장

도표 10-1 두정피질의 영역

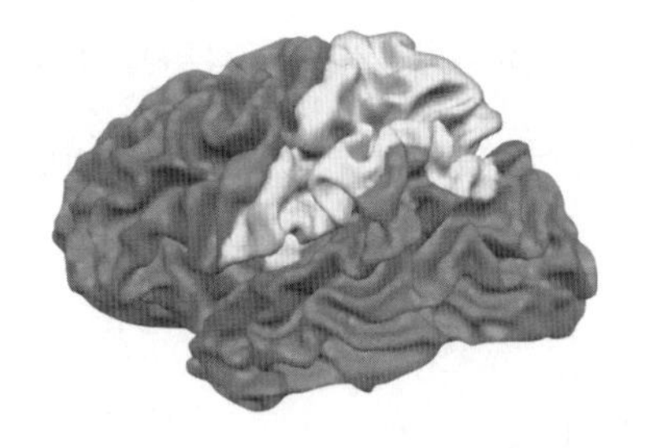

도표 10-2 좌측 각회 및 상변연회

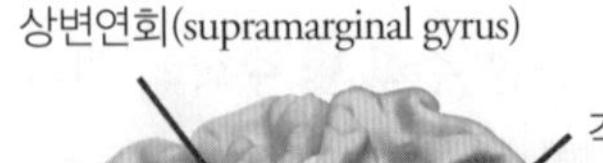

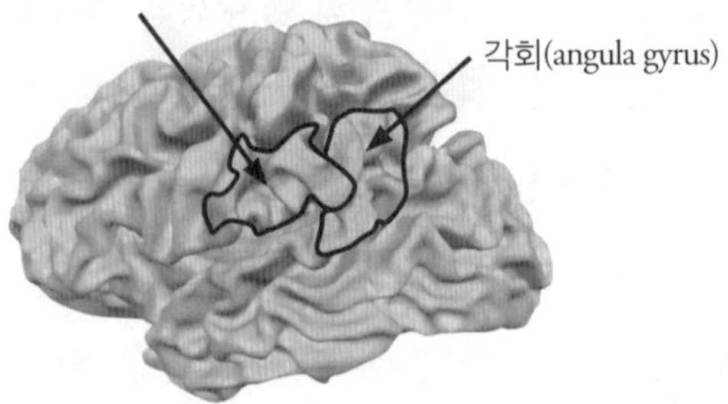

중요한 부위로 두정피질을 지목하면서, 수리 및 수학 능력에 중요한 뇌 부위에 대한 최초의 통찰을 제공했다. 이 선구적인 연구 이래로, 복잡한 계산과제를 수행하는 뇌를 더 깊이 이해하려는 연구가 많이 수행되었다.

1990년대 초반 이래로 기능성 신경영상 촬영법이 나오면서, 건강한 인간의 뇌 안에서 일어나는 수리 및 수학 처리와 관련된 신경 상관물을 연구하는 것이 가능해졌다. PET(양전자방출단층촬영)와 fMRI(기능성자기공명영상)를 사용한 다수의 연구가 피험자들이 계산을 할 때 두정피질 및 전두피질(frontal cortex) 영역이 둘 다 활성화됨을 일관되게 보여주었다(Brubaud et al., 1995; Dehaene et al., 1999; Gruber et al., 2001; Rueckert et al., 1996).

나아가 연구자들은 신경심리 환자로부터 얻은 데이터와 건강한 성인 뇌의 기능성 신경영상 연구로 얻은 데이터를 써서, 산술문제 풀이 및 수학 과제와 그것의 바탕이 되는 뇌 처리과정을 구분해내기 시작했다. 구체적으로 말하자면, 연구자들은 한편으로는 두 개의 수 가운데 어느 것이 더 큰가와 같은 기본적인 수량정보의 처리와 화면의 점이 몇 개나 될지 어림하는 것을 구분하는 연구를 하고, 다른 한편으로는 산술문제 풀이 및 계산과 관련된 신경 처리과정에 관한 연구를 한다. 수량의 처리와 계산은 복잡한 계산과제를 수행할 때 필요로 하는 뇌의 두 가지 서로 다른 측면이라고 할 수 있다.

fMRI를 사용한 획기적인 연구(Dehaene et al., 1999)에서는 정확한 언어적 계산을 할 때와 근사치를 찾는 비언어적 계산을 할 때 뇌가 다른 패턴으로 활성화된다는 것을 보여주었다. 연구진은 피험자에게 산술 문제를 풀 때 정확한 값을 찾거나 근삿값을 찾도록 했다. 정확한 값을 찾아야 하는 조건에서는 피험자가 4+5=? 와 같은 문제를 본 다음 두 가지 가능한 해답을 보았는데, 하나는 정답이고 다른 하나는 오답이었다. 즉, 둘 중 하나는 방해자극이었다는 말이다. 근삿값을 찾아야 하는 조건에서는 문제가 제시된 다음 두 개의 오답이 따라 나왔는데, 하나가 다른 하나보다 정답에 더 가까웠다. 예컨대 문제가 4+5=? 이라면, 8과 3이 가능한 답으로 제시될 수 있다. 8이 3보다 정답인 9에 더 가깝기 때문에, '맞는' 답은 8일 것이다. 정확한 값 계산 및 근삿값 계산과 관련되는 뇌 활성화를 fMRI로 측정하여 비교한 결과, 근삿값 문제에서 더 많이 활성화되는 부위는 뇌 양측의 두정엽내구(intraparietal sulcus, 도표 10-3 참조)였던 반면, 정확한 값 문제에서 더 많이 활성화되는 부위는 좌측 각회와 좌측 전두피질의 여러 부위로 구성된 하나

도표 10-3 좌우의 두정엽내구

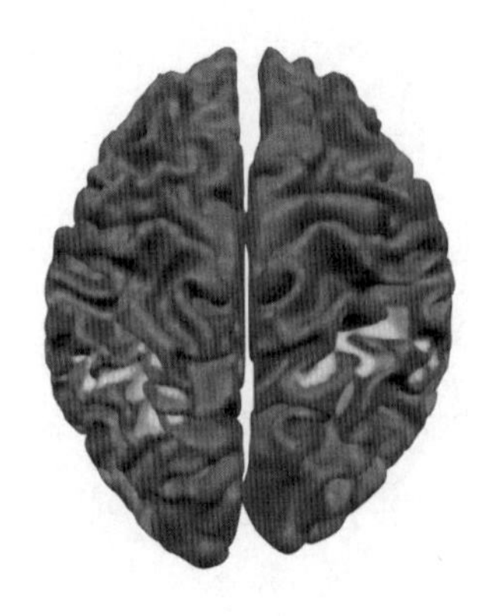

의 네트워크로 드러났다.

피험자들은 아마도 문제 대부분에 대한 정확한 답을 기억으로부터 회상해낼 수 있었을 것이기 때문에, 좌측 전두 부위와 측두두정 부위가 개입된다는 것은 이 영역들이 일반적으로 수의 언어적 처리에, 더 구체적으로는 산술적 사실을 회상할 때 투입될 것이라는 예측과 일치했다. 반면 근삿값 조건에서는 두 해답 가운데 어떤 쪽이 정답에 가까운지 판단하려면 피험자들이 수량을 활성화하여 머릿속으로 조작해야 했다. 이 조건에서 두정 부위가 더 많이 개입된 것은 두정엽내구가 수량의 의미 표상을 담당할 것이라는 예측과 일치한다.

다른 fMRI 연구에서 나오는 증거도 두정엽내구를 수량의 처리와 연관시켰다. 많은 연구가 두 수의 비교과제를 수행하는 피험자의 뇌 활성화를 측정하는 연구였다. 피험자들이 수량을 비교할 때 두 수 사이의 거리가 상대적인 양의 판정 속도와 정확도에 영향을 미친다는 사실은 40년 전부터 알려져 있었다. 두 수의 수치적 차이가 클수록, 두 수의 양을 비교하는 속도와 정확도가 높아진다(Moyer & Landauer, 1967).

다시 말해, 수 비교과제에서 두 수의 수치적 거리와 피험자의 반응시간은 반비례한다. 이 효과를 전형적인 '수치적 거리효과(numerical distance effect, NDE)'라 한다. 이 효과는 수량이 디지털로 표상되는 것이 아니라 근사적인 아날로그로 표상됨을 가리키며, 그 때문에 수치적 거리가 줄어들면 표상되는 특징들이 더 많이 중첩되는 것이라는 주장이었다. 달리 말하자면, 서로 더 가까운 수가 비교적 멀리 떨어진

수보다 표상의 통계적 분산을 더 많이 공유한다(Dehaene, 1992)는 것이다. 거리가 뇌 활성화 패턴에 미치는 효과는 기능성 신경영상 연구로도 측정되었다. 연구자들은 뇌 양측의 두정엽내구 영역에서 거리효과를 발견했다. 이 부위는 비교적 가까운 수량을 비교할 때 가장 많이 활성화된다(Ansari et al., 2006; Pinel et al., 2001). 이 모든 연구결과가 두정엽내구가 수량의 표상 및 처리와 관련되어 있음을 시사한다.

2003년에 연구자들이 fMRI 연구들을 메타분석하여 내놓은 모형에서는 두정피질을 수리 및 수학 처리와 관련시키며, 표상과 처리의 서로 다른 측면에 관련되는 세 가지 회로가 두정엽에 존재할 것으로 예측한다(Dehaene et al., 2003). 첫 번째 회로에 속하는 양측 두정엽내구 부위는 양의 내적 표상을 돕는 것으로 생각된다. 두 번째 회로에 속하는 좌측 측두두정피질의 각회와 상변연회로 구성된 영역(도표 10-2 참조)은 암산과 같은 수치 정보의 언어적 처리에 관련될 것으로 예측하는데, 이는 초기 신경심리학의 모형 및 최근의 신경영상 연구와도 합치된다.

마지막으로, 보고서는 세 번째 회로에 속하는 양측 상두정엽(superior parietal lobe) 부위가 수를 처리하는 동안 필요한 주의 과정을 보조하고 있음을 알려준다. 가령 여러 자리 계산을 하는 동안에는 한 자리 계산을 할 때보다 주의 자원이 더 많이 필요하다. 나아가 이 부위는 흔히 관찰되는 공간적 처리와 수치적 처리의 관련성에 일조하는 것으로 생각된다(Hubbard et al., 2005). 요컨대, 성인기의 산술적 뇌를 연구한 결과 열거와 계산에 관련된 신경과정들이 밝혀졌고, 계산능력의 바탕이 되는 성숙한 뇌의 기제를 예측하는 모형도 윤곽이 잡혔다.

이 신경과학 데이터는 우리가 열거하고 계산하는 방식에 대해 새로운 통찰을 제공한다. 이 데이터는 나무에 앉은 새가 몇 마리인지 추측하는 데 사용하는 심리적 과정과, 투자로 발생할 이자를 정확히 계산하는 데 사용하는 심리적 과정이 서로 다른 뇌 부위와 연관된다는 증거를 제공하기도 한다. 그러나 신경과학적 증거가 교육 전문가들의 생각과 실행 둘 다에 영향을 주려면 반드시 발달과 학습이 복잡한 과제를 수행하는 뇌에 어떤 영향을 끼치는지 평가해야 함을 인정하는 것이 중요하다. 발달과 교육은 뇌의 기능과 구조 둘 다에 극적인 효과를 미치기 때문에(Johnson, 2001), 성인의 신경과학 데이터와 모형이 교육에 시사하는 의미는 조심스럽게 도출해야 하고, 발달적 증거를 신중하게 고려해야 한다. 아동과 성인의 뇌는 기능도 구조도 다르기 때문에 교육에 대해 신경과학 데이터만을 고려해서 도출한 예측은 근본적으로 틀릴 수도 있다. 이를 감안하여, 이 문헌검토에서는 이제 방향을 돌려 열거와 계산능력의 바탕이 되는 뇌 기제들이 발달과정에서 어떻게 변화하는가를 조사한 연구들을 둘러본다.

복잡한 계산과제를 수행하는 뇌의 발달

| 계산능력의 발달에 바탕이 되는 뇌의 기제 |

산술능력 발달에 관한 최초의 신경영상 연구에 속하는 연구(Rivera

et al., 2005)에서는 fMRI를 써서 8~19세 아동과 청소년의 덧셈과 뺄셈에 연관되는 뇌 부위를 살펴보았다. fMRI를 써서 뇌 활동을 측정하는 동안, 피험자들은 5+3=8이나 7−4=2와 같은 덧셈과 뺄셈 문제를 보고 결과가 옳은지 그른지 판정해야 했다. 피험자들은 61059나 93263과 같은 다섯 자리 수에 0이 들어 있는가 그렇지 않은가를 판정해야 하는 대조과제도 풀었다.

산술과제를 할 때 활성화되는 뇌 부위에서 대조과제를 할 때 활성화되는 뇌 부위를 빼면, 계산에 관련되는 뇌 영역을 밝힐 수 있었다. 그런 다음 연구자들은 이 차이의 결과를 아동과 청소년의 나이와 결부시켜서 피험자의 나이에 따라 활성화되는 뇌 부위가 어떻게 달라지는지를 측정했다. 연구진은 이 분석을 통해 연령과 관련해서 뇌의 어느 부위가 더 활성화되고 덜 활성화되는지 알 수 있었다.

이 상관분석으로 암산을 하는 동안 활성화되는 뇌 회로가 드러났는데, 이 회로는 연령에 비례해서 더 많이 활성화되었다. 분석 결과 어린 피험자에게서 더 많이 활성화되는 뇌 부위들도 드러났다. 전각회(anterior angular gyrus, 앞모이랑)(도표 10–2 참조)를 포함한 좌측 하두정피질(inferior parietal cortex, 아래마루겉질)의 활성화가 피험자의 나이에 비례해서 증가하는 것으로 나왔다. 반대로, 전전두피질(prefrontal cortex)과 전대상피질(anterior cingulate cortex)의 영역을 비롯해 해마(hippocampus)와 대뇌기저핵(basal ganglia, 대뇌바닥핵) 같은 부위의 산술과제와 관련된 활성화는 나이에 반비례했다. 이 데이터는 덧셈과 뺄셈에 관한 신경 상관물이 나이에 따라 상당히 달라짐을 시사한다.

좌측 하두정피질의 활성화가 나이에 비례해 증가한다는 것은 발달과정에서 전문화가 이루어진 결과로 성인이 되었을 때 이 부위가 관련되는 것임을 암시한다.

나이에 비례해 좌측 하두정피질의 뇌 활동이 증가하는 반면 전전두피질의 활성화가 감소한다는 것은, 주의나 작업기억 같은 기능이 청소년이나 청년보다는 아동이 계산하는 동안 더 많이 투입됨을 시사한다. 마지막으로, 해마의 활성화가 감소한다는 것은 뇌가 발달하면 계산과정에 기억 시스템이 덜 관여한다는 증거일 것이다.

어린 피험자는 전두피질을, 청소년 피험자는 좌측 두정 부위를 더 많이 활용하는 것으로 보아, 초보자와 능숙한 계산자는 산술과제를 풀 때 매우 다른 뇌 회로를 사용한다는 것을 알 수 있다. 이는 지도할 때 도와주는 방식이 연령에 따라 근본적으로 달라야 함을 시사한다. 어린아이들이 작업기억과 주의에 관련된 영역을 훨씬 더 많이 개입시킨다는 것은 이 연령군에서는 덧셈과 뺄셈 문제를 푸는 데 사용되는 과정이 덜 자동화되어 있어서 더 많은 노력이 필요함을 시사한다.

| 교육에 시사하는 점 |

이러한 연구결과로부터 '나이 관련 뇌 활성화의 전환을 설명하는 요인은 무엇인가'와 같은 교육 관련 질문들이 쏟아져 나온다. 교수법을 어떻게 바꾸면 이 전환에 맞는 것일까? 다시 말해 수학을 가르치는 방법을 달리하면 뇌는 어떻게 달라질까? 연구에 따르면, 성인은 산술문제 풀이에 훈련되면 좌측 두정피질의 활성화가 증가한다(Delazer et al.,

2003; Ischebeck et al., 2007). 아동을 대상으로도 그러한 훈련과 관련해 유사한 전환이 관찰되는지, 만일 그렇다면 다양한 산술 교수법이 두정피질의 활성화에 다르게 영향을 미치는지도 조사해야 한다. 신경영상을 써서 다양한 수학교수법을 비교하면 그 효과를 체계적으로 비교할 수 있다. '동갑내기 아이들에게 나타나는 수학능력의 개인차가 계산 유창성과 연관되는 좌반구 부위를 차출하는 정도에 영향을 줄까?'와 같은 질문도 해볼 수 있을 것이다. 다시 말해, 수학적 역량이 우수한 아이들은 그렇지 않은 아이들보다 좌측 두정피질을 더 많이 활용할까?

요컨대, 계산능력의 발달은 계산에 관여하는 뇌 회로의 역동적 변화 패턴과 연관이 있음을 알 수 있다. 나아가, 연구결과는 좌반구의 언어적 부호가 발달과정을 거쳐 출현함을 가리킨다. 성인에서 계산을 보조하는 것으로 알려진 뇌 부위들은 발달과정을 거치면서 차츰 더 암산에 관여하게 된다는 사실이 중요하다. 앞서 거론했듯이, 성인에게서 나온 경험적 증거와 신경심리학모형에서 나온 예측들이 아동에게, 그것도 특정 과제를 수행하는 동안 활성화되는 뇌 부위에 영향을 미치는 발달과정을 철저히 고려하지 않은 채 적용되는 일이 너무도 흔하다. 연구결과는 어린 아동이 계산을 하는 동안 전전두피질 부위가 결정적인 역할을 한다는 것을 말해준다. 그리고 전전두피질은 전형적으로 인지적 통제, 작업기억, 주의 등 과제수행을 지원하는 인지과정들과 연관되기 때문에, 이 연구결과는 아동이 계산을 하는 동안 이러한 인지적 스킬에 의존할 필요가 있으며, 성인 뇌에서 계산과 연관되는 구조들은 점진적으로만 사용하기 시작함을 시사한다. 지도 관점에서 보자면 이러한 스킬들은 아동의 계산 실수가 반드시 계산능력의 부족을 반영하는 것이 아니라 작업기억 자원이나 주의집중의 부족을 반영할 수도 있음을 예증한다.

| 수의 크기 처리 발달에 바탕이 되는 뇌의 기제 |

산술과제를 푸는 동안 활성화되는 뇌 회로가 성장과정에서 바뀐다는 발견은 더 기본적인 과제들로 시험해봐도 유사한 변화가 관찰될까 하는 의문을 일으킨다. 앞서 거론했듯이 수량을 처리하는 동안 관여하는 뇌 부위는 수치적 거리효과를 사용해서 조사해왔다. 행동연구에 따르면, 발달과 함께 거리효과는 감소하므로(Holloway & Ansari, 2008; Sekuler & Mierkiewicz, 1977), 수치적 거리와 연관된 기능적 신경해부학에도 나이 관련 변화가 있을 수 있다. 이 질문을 다루기 위해 연구자들(Ansari et al., 2005)은 fMRI를 써서 평균 10세인 아동과 성인들이 한 자리 숫자의 양을 비교하는 동안 뇌 활성화를 측정했다. 결과는 수치적 거리가 양측 두정피질 부위를 활성화함을 보여줌으로써 앞의 증거와 일치했다. 그러나 아동집단에서 수치적 거리가 뇌 활성화에 가장 강력한 효과를 미친 곳은 전전두피질이었다. 따라서 처음엔 전전두피질을 많이 투입하다가 발달을 거치면서 두정피질을 더 많이 투입하게 되는 것으로 보이며, 이는 앞서 논한 계산연구(Rivera et al., 2005)의 결과와 일치한다.

후속 연구(Ansari & Dhital, 2006)에서는 피험자들이 기호가 아닌 수량을 비교할 때도 수치적 거리효과의 신경 상관물에서 유사한 나이 관련 변화가 발견되는지를 조사했다. 이번에는 사각형을 두 묶음으로 배열해놓고 성인과 아동 모두에게 어느 쪽이 더 많은지 판정하게 하고, 두 묶음 사이의 수치적 거리를 체계적으로 변화시켰다. 연구결과는 수치적 거리효과가 아동에 비해 성인에게서 두정피질에 더 크게 미치는 것으로 밝혀져, 선행 연구(Ansari et al., 2005) 결과와 일치했다.

종합해보면, 계산처리를 위한 뇌 회로와 수량처리를 위한 뇌 회로가 둘 다 나이와 관련해 전문화됨을 알 수 있다. 상변연회와 각회로 구성되는 좌측 하두정피질(도표 10-2 참조)의 계산관련 활성화는 연령에 비례해 증가한다. 또, 수량을 처리할 때 성인은 아동에 비해 양측 두정엽 내구 부위를 더 많이 사용한다. 다른 연구결과들도 계산처리에 바탕이 되는 활성화와 수량처리에 바탕이 되는 활성화 둘 다에서 이러한

도표 10-4 **어린 시절에는 전두엽이 활성화되다가 나이를 먹으면서 점차 두정피질이 활성화되는 발달적 전환**

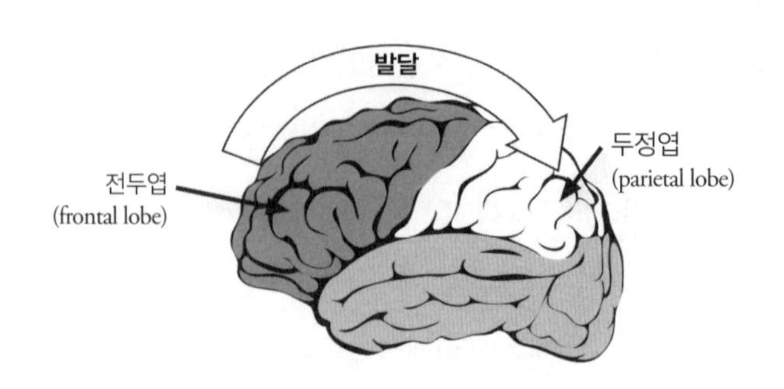

전두-두정 전환이 일어남을 뒷받침한다(Cantlon et al., 2009; Kaufmann et al., 2006; Kucian et al., 2008). 계산처리와 수량처리 둘 다 전두 부위에 의존하다가 점점 두정피질에 의존하게 되는데, 이와 같은 전환을 <도표 10-4>에서 볼 수 있다.

복잡한 계산과제를 수행하는 뇌의 장애

이러한 문헌 검토를 통해 복잡한 계산과제를 수행하는 뇌에 관해 세 가지 주요 통찰을 얻을 수 있다.

1. 두정피질은 수량 및 암산 문제의 처리에 연관된다.
2. 두정피질 안에서도 두정엽내구는 수량의 표상 및 처리와 연관되는 반면, 각회와 상변연회로 구성된 좌측 하두정피질 부위는 성인이 계산을 할 때 관여한다.
3. 양을 판정하고 암산을 하는 동안 활성화되는 뇌의 영역은 발달해 가면서 변화하는데, 나이를 먹으면서 전전두피질의 활성화는 감소하고 두정피질의 활성화가 증가한다.

그렇다면 수학에 어려움을 겪는 사람들은 양 처리와 계산에 관련된 신경구조에 이상이 있다는 뜻일까? 이 장을 시작할 때 언급했듯이, 인구의 약 3~5퍼센트는 전형적으로 발달적 난산증이라 일컫는 특정한 계산장애를 겪는 것으로 추정된다. 발달적 난산증이 있는 사람은 언어검사, 비언어검사, 지능검사에서는 정상범위에 들어가는 점수를 얻지만, 계산검사에서만 특정한 장애를 나타낸다. 최근의 연구에 따르면, 발달적 난산증 아동은 수량의 처리도 어려워하는 것으로 보인다(Landerl, Bevan, & Butterworth, 2004). 발달적 난산증 말고도 다양한 수리 및 수학적 처리의 장애가 유전적 이상과 함께 관찰되어 왔다(염색체 22q11.2 결손 증후군에 관해서는 De Smedt et al., 2009; 터너 증후군에 관해서는 Mazzocco, 2009; 윌리엄스 증후군에 관해서는 O'Heam & Luna, 2009를 참조).

| 신경영상으로 들여다본 발달적 난산증 |

발달적 난산증 아동과 유전적 발달장애 아동이 겪는 수학 어려움의 신경 상관관계를 조사하는 연구는 드물다. 그럼에도 불구하고 수리 및 수학적 처리에 장애가 있는 사람들의 뇌를 연구해보면 두정피질의 기능과 구조 둘 다에 이상이 있을 때 수학 어려움으로 이어진다고 추정해볼 수 있다. 최초로 발달적 난산증을 fMRI로 관찰하면서, 발달적 난산증 아동과 그렇지 않은 또래 아동의 어림셈 계산과 정확한 계산에 연관되는 뇌 활동을 측정한 연구가 있다(Kucian et al., 2006). 발달적 난산증 아동은 정확한 계산과 어림셈 계산을 하는 동안뿐만 아니라 양 비교과제를 하는 동안에도 활성화가 약하고 더 산만했다. 특히 좌측 두정엽내구의 활성화가 또래에 비해 약했다. 이러한 연구결과는 발달적 난산증의 유무에 따라 수리 및 산술 과제를 하는 동안 뇌가 활성화되는 패턴이 다름을 알려준다.

또 다른 fMRI 연구(Price et al., 2007)에서, 발달적 난산증이 있는 아동과 그렇지 않은 아동이 두 사각형 묶음 중 어떤 묶음이 수치적으로 더 큰지 비교하는 동안 뇌 활성화를 측정함으로써, 뇌의 활성화에 미치는 수치적 거리의 효과가 발달적 난산증의 유무에 따라 어떻게 다른지를 조사할 수 있었다. 예상대로, 정상적으로 발달 중인 아동은 수치적 거리가 비교적 먼 사각형들을 비교할 때보다 수치적 거리가 비교적 가까운 사각형들을 비교할 때 우측 두정엽내구가 더 많이 활성화되었다. 예컨대 사각형 두 개와 여덟 개를 비교할 때보다 사각형 다섯 개와 여섯 개를 비교할 때, 즉 차이가 여섯 개일 때보다 한 개일 때 더 많이 활성화되었다. 반대로 발달적 난산증이 있는 아동은 두 경우 모두 우측 두정엽내구가 덜 활성화되었고, 두정피질의 활성화에 미치는 거리효과도 나타나지 않았다.

기호가 아닌 양을 비교하는 동안에도 두정엽내구의 활성화가 이렇듯 저조하고 거리효과도 없다는 것은 심지어 가장 기본적인 수리문제를 풀면서도 두정엽내구가 비전형적으로 작동하고 있음을 시사한다. 더 최근에는 fMRI를 써서, 발달적 난산증이 있는 아동과 없는 아동이 기호 수인 아라비아 숫자를 비교할 때의 뇌 활성화를 조사했다. 난산증 아동은 우측 두정엽내구는 물론 좌측 상측두엽까지 덜 활성화되었고, 이는 선행 연구(Price et al., 2007)의 결과와 일치한다.

유전적 발달장애가 있는 사람의 수학 어려움에 관련된 뇌 부위를 조사하는 연구는 그동안 발달적 난산증 관련 신경 분야에 한정되어 있었지만, 한 연구(Molko et al., 2003)는 fMRI를 써서 터너 증후군(Turner syndrome, 여성에서 발생하는 X 염색체 결손에 의한 유전 질환으로 작은 키, 굵고 짧은 목, 성적 발달 지연 등의 특징이 있음-옮긴이)이 있는 사람들이 계산과제를 수행하는 동안 뇌 활성화를 조사했다. 발달적 난산증의 경우와 마찬가지로 터너 증후군이 있는 사람들도 계산과제를 하는 동안 두정엽내구가 비전형적으로 작동했다.

발달적 난산증이 있는 사람들의 두정피질에서는 기능적 결함뿐만 아니라 구조적 이상도 관찰되었다. 특히, 발달적 난산증이 있는 사람들은 방금 논의한 기능적 이상의 위치와 매우 가까운 우측 두정엽내구의 회질(gray matter) 부피가 더 적음을 발견했다(Rotzer et al., 2007). 앞서 터너 증후군이 있는 사람들의 두정피질 구조에서도 이상을 관찰했다(Molko et al., 2007). 요컨대, 수학에 어려움을 겪는 사람들의 신경영상에서 나오는 증거는 두정엽내구의 기능과 구조가 비전형적임을 가리킨다. 그러므로 수학에 어려움을 겪는 사람들은 수리 및 수학 과제와 관련해서 전문화되어야 할 두정피질 부위가 비전형적으로 발달했을 가능성이 있다.

| 교육에 시사하는 점 |

교육적 관점에서 이 데이터는 여러 면에서 중요하다. 첫째, 수학의 어려움이 뇌의 기능과 구조 측면에서, 즉 뇌 수준의 장애로서 측정이 가능하고 연관이 있음을 분명하게 보여준다. 둘째, 두 사각형 묶음 중 어느 쪽의 수치가 더 큰지 판정하기와 같은 매우 기본적인 수치과제를 수행하는 동안에도 이러한 뇌의 이상을 관찰할 수 있다는 사실은 수학에 어려움을 겪는 아이들의 계산문제가 수량을 처리하고 표상하지 못하는 데서 기원할 수 있음을 시사한다. 이 연구결과는 수학에 어려움을 겪는 아이들에게 수량을 기호 형태와 기호가 아닌 형태 둘 다로 가르치면 도움이 될 것임을 가리킨다. 가령 아라비아 숫자 및 수 단어와 같은 기호 표상을 물체나 점의 집합처럼 기호가 아닌 배열과 짝짓는 활동이 여기에 들어갈 수 있다. 교사는 그러한 활동을 하는 동안 아이들에게 물체의 집합이 아라비아 숫자나 수 단어가 표상하는 수와 대등한지 물어볼 수 있다. 수의 기호 표상과 기호가 아닌 표상이 대등하지 않다면, 왜 무슨 요인 때문에 그 둘이 다른가를 중심으로 대화를 이어갈 수 있을 것이다.

그러한 활동의 초점이 항상 수의 기호 표상과 기호가 아닌 표상의 관계로 아이들의 주의를 끄는 것일 필요는 없다. 번지수와 온도계 또는 체중계의 눈금처럼 상이한 기호 표상을 비교하거나, 종류가 다른 물체의 집합처럼 기호 이외의 표상을 비교하게 함으로써, 상이한 수의 표상들 사이의 유사성을 부각시키는 활동도 포함시킬 수 있을 것이다. 이와 같은 활동은 아이들에게 수치의 크기를 확실하게 이해시킬 것이고, 수는 집합의 추상적인 속성이므로 일곱 개의 사과와 일곱 개의 바나나는 생김새, 무게, 맛 등이 전혀 다른 종류의 과일임에도 불구하고 같은 수라는 점도 확실하게 이해시킬 것이다. 또 많은 보드게임들이 주사위를 굴린 다음 말판 위에서 말을 위나 아래로 해당되는 수만큼 움직이는 것과 같은 간단한 수치 크기의 조작을 필요로 한다.

그러한 간단한 보드게임도 아이들에게 수치 크기를 확실히 이해시키는 데 유용한 것으로 밝혀졌다(Siegler & Ramani, 2008, 2009).

복잡한 계산과제를 수행하는 뇌의 개인차

지금까지 우리는 피험자 집단에서 나온 증거를 검토했고 여러 피험자들로부터 측정한 수행력과 뇌 활성화 패턴의 평균을 내는 연구들을 논했다. 그러나 교육적 관점에서 보면, 그러한 연구는 교실에 있는 아동 수행력의 개인차에 관해서는 거의 아무것도 말해주지 않는다. 실제로 신경과학자들은 일반화할 수 있는 데이터의 패턴을 더 잘 알기 위해 전통적으로 개별 데이터 요소가 아닌 평균에 초점을 둔다.

| 역량 차이 |

교육 관련 과제를 수행하는 동안 뇌 활성화 패턴이 개인차에 따라 어떻게 달라지는가에 대하여 첨단 신경영상기법을 써서 통찰을 얻으려 한 연구가 있다(Grabner et al., 2007). 연구진은 수학적 역량이 낮은 수준부터 높은 수준까지 다양한 성인 피험자들을 선발했다. 수학적 역량은 표준화된 수학적 지능검사로 평가했지만, 동시에 실시한 비수학 지능검사에서는 피험자들 모두 수행력이 정상 범위에 들었다. 연구자들은 이 피험자들이 4×3=12나 5×2=10처럼 한 자리를 곱해 두 자리가 되는 곱셈문제의 답이 맞는지 확인하는 동안 fMRI를 써서 뇌 활동을 측정한 다음, 계산하는 동안의 뇌 활성화와 수학적 지능검사 점수의 개인차의 상관관계를 살펴보았다.

그 결과, 수학적 지능이 높은 사람은 수학적 지능이 낮은 사람보다 곱셈을 하는 동안 좌측 각회를 더 많이 차출하는 것으로 밝혀졌다. 모든 피험자들의 수학적 지능검사 점수가 정상범주에 속했기 때문에 발달적 난산증이라고 말할 수 있는 사람은 아무도 없었다. 이 연구결과는 암산과제를 하는 동안 계산 관련 영역이 활성화되는 정도와 수학적 성취도가 상관이 있음을 가리킨다.

| 전략 활용의 차이 |

역량에서의 개인차 말고도 계산할 때 나타날 수 있는 또 한 가지 중요한 개인차는 전략 활용에 있다. 아동도 성인도 암산문제를 풀 때 다양한 전략을 활용한다는 것은 정설이다(Siegler, 1999). 전략 활용에 따라 뇌 회로가 다르게 투입되는지를 조사하기 위해, 성인 피험자들이 사칙연산 문제를 푸는 동안 fMRI를 써서 뇌 활성화를 측정한 연구(Grabner et al., 2009)가 있다. fMRI 측정을 마친 뒤, 피험자들은 문제의 절반을 다시 풀면서 한 문제를 풀 때마다 어떤 풀이 전략을 활용했는지 표시했다. 피험자는 기억으로부터 답을 인출했는지 아니면 절차적 전략을 사용했는지 선택할 수 있었다. 예를 들어, "그냥 머릿속에 떠올랐다"를 선택할 수도 있었고, "머릿속으로 더 큰 수부터 셌다" 또는 "문제를 여러 단계로 나누었다" 등을 선택할 수도 있었다.

연구자들은 이와 같은 자기보고서를 이용, 피험자가 인출(retrieve)

전략을 썼다고 말한 문제를 풀 때의 영상과 절차적 전략을 썼다고 말한 문제를 풀 때의 영상으로 신경영상을 분류했다. 이들을 비교한 결과, 인출한 경우는 좌측 각회가 더 많이 활성화된 반면 절차적 전략을 활용한 경우는 전두 부위가 더 많이 활성화되었다. 이 결과는 풀이 전략이 다르면 별개의 뇌 부위가 활성화된다는 것을 시사한다. 무엇보다도 이 발견은 전략 활용에 대한 자기보고도 뇌 활성화 패턴을 예측하는 데 쓰일 수 있음을 보여줌으로써, 사람들이 암산과제를 하는 동안 사용하는 풀이 전략에 대해 자기보고라는 방법을 통해 통찰을 얻을 수 있음을 알려준다.

흥미롭게도, 이렇게 밝혀진 뇌 부위들은 아동이 계산을 하는 동안 아동의 나이에 비례하거나 반비례해서 활성화되는 뇌 부위들과 현저하게 닮았다. 이 상관관계에 대해서는 앞서 거론했듯이, 연구자들은 암산과제를 하는 동안의 뇌 활동이 좌측 하두정엽에서는 발달과 함께 증가하는 반면, 전두 부위에서는 발달과 함께 줄어드는 것을 발견했다(Rivera et al., 2005). 이 발견은 인출 전략을 좌측 하두정엽의 활성화와 연관시키고 절차적 전략을 전두피질의 투입과 연관시킨다. 따라서 두 발견을 조합하면 전두엽에서 두정엽으로 활성화가 전환되는 현상이 나이가 들수록 절차적 계산 전략을 덜 사용하고 인출 전략에 더 의존하게 됨을 최소한 부분적으로는 반영한다는 것을 암시한다. 다시 말해, 나이를 먹으면서 산술적 사실들이 차곡차곡 저장되면 그 사실들은 힘든 계산 전략에 의존하지 않고도 인출할 수 있으므로, 나이를 먹을수록 기억에 더 의존하고 계산에는 덜 의존하게 된다는 뜻이다.

이 같은 결과는 계산능력의 개인차가 신경계와 관련이 있다는 사실을 신경영상 연구가 보여줄 수 있음을 시사한다. 지도 전략이 다르면 뇌 활성화의 패턴이 달라진다는 증거도 존재한다(Lee et al., 2007; Sohn et al., 2004). 이 연구들은 전략이 달라도 반응시간과 정확도는 동등하다고 할 때, 풀이 전략이 다르면 뇌 활성화에도 차이가 있다는 사실을 보여준다. 그러한 데이터는 행동 데이터만 보아서는 드러나지 않지만 기능성 영상을 통하면 교육적으로 유의미한 차이를 밝힐 수 있다.

향후 방향

이 장에서는 아동과 성인뿐만 아니라 수학에 어려움을 겪는 사람들의 수 처리와 계산에 바탕이 되는 뇌 기제들을 개관했다. 복잡한 계산과제를 수행하는 능력에 바탕이 되는 뇌 부위는 어디이며, 이 부위들이 어떻게 발달하고, 수학에 어려움을 겪는 사람은 이 부위에 어떤 문제가 있는지에 관해 실질적으로 점점 더 알아가고 있지만, 정답이 없는 질문이 여전히 많이 남아 있다.

복잡한 계산과제를 수행하는 뇌에 관한 신경과학적 연구가 넘어야 할 가장 큰 산의 하나는, 암산과제를 하는 동안 양의 처리와 풀이에 바탕이 되는 뇌의 활성화가 교육과 경험에 의해 어떻게 바뀌는가를 조사하는 것이다. 앞 장에서 거론했듯이, 읽기와 관련된 뇌 연구는 잘 짜인 개입(intervention) 프로그램으로 난독증의 비전형적인 뇌 활성화 패턴을 정상화할 수 있음을 보여주었다(Eden et al., 2004; Shaywitz et al., 2004; Temple et al., 2003). 그러한 발견은 수학에 어려움을 겪는 아동의 계산능력을 향상시키기 위해 고안된 프로그램들도 마찬가지로 신경세포를 바꿀 수 있는가 하는 질문을 제기한다. 또한 여러 발견이 수학 어려움의 특징으로 두정피질의 비전형적 활성화를 지목하므로, 연구자들은 교육적 보정(remediation) 프로그램이 수학에 어려움을 겪는 뇌를 정상적으로 활성화시킬 수 있는지, 수리 및 산술 훈련 프로그램이 뇌 활성화 패턴을 어떻게 바꾸는지 조사할 필요가 있다.

수학 어려움에 관련된 신경망에 관한 연구들은 좀 있었지만, 다양한 수학적 성취도의 뇌 기제를 더 연구해야 한다. 또 수학에 어려움을 겪는 아동을 연구하는 데 더해, 높은 수학적 성취도와 연관되는 뇌 기제에도 관심을 두어야 한다. 현재의 인지신경과학은 수학 어려움을 탐구하는 쪽으로 편향되어 있지만, 교육적 관점에서는 수학에 뛰어난 학생의 능력 발달도 육성해줄 필요가 있기 때문에 수학 영재에 대한 연구도 마찬가지로 중요하다. 신경과학이 수학 영재에 대해 새로운 통찰을 제공한다면, 결국 그러한 영재를 육성하는 교수법에도 영향을 미칠 것이다. 나아가, 복잡한 계산과제의 해결에 관한 일시적 어려움과 영구적 어려움이 뇌 부위 이상의 견지에서 어떻게 다른지 알아보려면, 사람들의 발달과정을 따라가며 뇌 활성화 패턴을 추적하는 종단연구도 반드시 필요하다.

복잡한 계산과제 수행의 바탕이 되는 뇌 기제의 향후 연구는 수학 교수법이 뇌기능에 미치는 효과를 측정할 뿐만 아니라, 수학 불안증 또는 계산에 성공해야 한다는 압박감처럼 교육적으로 의미 있는 변수들을 포착할 필요가 있다. 연구자들이 신경영상 연구를 설계하고 피험자를 선정할 때 동기적 변수와 사회경제적 변수를 감안하는 것도 중요하다. 일부 연구에서는 이미 분수, 대수, 미분처럼 더 복잡한 수학적 처리과정을 조사하기 시작했지만(Jacob & Nieder, 2009; Krueger et al., 2008; Qin et al., 2004), 이러한 수준 높은 처리과정들을 더 많이 조사할 필요가 있다. 이러한 조사를 통해 신경과학 연구는 수학의 전 영역에 걸쳐 수학 교육자들과 연관되고, 뇌가 어떻게 수학을 하는가에 대한 이해를 진일보시킬 것이다.

신경영상기법을 이용하는 대부분의 실험은 시간과 비용이 매우 많이 들어가며, fMRI는 피험자가 강력한 자석의 기계 안에 꼼짝없이 누워 있어야 한다. 이 실험상황은 실제 교실환경과는 전혀 다르므로, 앞으로 신경과학 연구는 실제의 수학수업과 더 비슷한 상황에서 수학적 처리과정을 조사해야 한다. 예컨대, 기능성 근적외선분광법(functional near-infrared spectroscopy, fNIRS)이 교실환경에서 다수의 피험자를 대상으로 사용하기에 적합할 것이다.

신경과학 데이터만으로는 수리 및 수학 능력의 전형적 발달과 비전형적 발달에 수반되는 복잡성을 이해하는 데 한계가 있음을 인정하는 것도 매우 중요하다. 수리와 산술에 관련된 뇌 기제를 통찰한들 이는 퍼즐의 한 조각일 뿐이다. 그러므로 교육자들은 인지과학 자료에서부터 교육 성취기준에 대한 국가간 비교자료에 이르기까지 실행에 영향을 미칠 정보를 다수의 출처에서 얻는 것이 중요하다.

교육자들이 마음·뇌·교육 융합과학 분야에서 해야 할 매우 중요한 역할이 또 있다. 무엇보다도 신경과학을 기반으로 한다는 소위 뇌기반 교수법과 교재들 다수에 비판적으로 의문을 던져야 한다. 시중에 광고되고 있는 책과 교구들이 동료 연구자들의 검토를 거쳤고 경험적 연구결과를 기반으로 하는가? 나아가 교육자들은 뇌에 관한 '명백한 진리'를 듣거나 읽는 순간 경계해야 한다. 학습양식에 대한 통념, 사람을 좌뇌형과 우뇌형으로 구분할 수 있다는 주장 등 잘못되었거나 과도하게 단순화된 정보가 진리인 양 떠돌아다닌다. 뇌에 관한 이론들 중 다수는 엉터리이며 꽤 널리 퍼져 있다. 단지 어떤 상품이나 교재의 광고가 뇌 연구 기반을 주장한다고 해서 자동적으로 그 정보가 믿을 만하고 타당한 신경과학적 연구에서 나왔다는 뜻은 아니다.

이 장에서 거론한 연구는, 교육자들이 동료 교육자와 부모들 사이에 수리 및 수학에서 발달문제로 생길 수 있는 어려움, 즉 발달적 난산증에 관한 지식을 확산시키는 데 도움을 줄 수 있다. 부분적으로는 전형적 발달에 대해서든 비전형적 발달에 대해서든 수리 및 수학에 관한 연구 자체가 읽기에 관한 연구보다 너무도 많이 뒤처져 있기 때문에, 아동이 다른 능력과 아무 상관없이 수학학습에 어려움을 보일 수 있으며 이러한 아동에게도 특별한 주의가 필요하다는 사실이 덜 인식되어 있다. 교육자들은 자신이 공부한 신경과학 지식을 서로 공유할 수 있고, 그럼으로써 아이들이 성공적인 수학학습에 필요한 모든 지원을 받도록 도울 수 있다.

저자 소개

대니얼 안사리(Daniel Ansari)

캐나다 웨스턴대학 심리학과 교수이자 수리인지연구소(Numerical Cognition Laboratory, www.numericalcognition.org) 소장으로 재직 중이다. 이 연구소에서 행동관찰기법과 신경영상기법 두 가지를 모두 이용해 수리 및 수학 능력의 전형적·비전형적 발달의 토대가 되는 뇌 발달 궤적을 탐구한다. 안사리 박사는 특히 학습과학과 교육을 연결하는 데 큰 관심을 갖고 있으며 2014~2016년 국제마음뇌교육학회(International Mind, Brain and Education Society, IMBES) 회장을 역임했고 현재 웨스턴대학 학습과학센터(Center for the Science of Learning) 책임자로서 센터를 이끌고 있다. 캐나다왕립학회 회원이며, 심리과학협회 및 캐나다 고등연구소 펠로우이다. 서섹스대학에서 심리학 학사학위를, 옥스퍼드대학에서 신경과학 석사학위를, 유니버시티 칼리지 런던(UCL)에서 '윌리엄스 증후군 아동의 수리 및 수학 능력'에 관한 연구로 박사학위를 받았다.

참고 문헌

Ancker, J. S., & Kaufman, D. (2007). Rethinking health numeracy: A multidisciplinary literature review. *Journal of the American Medical Informatics Association*, 14(6), 713–721.

Ansari, D. (2005). Time to use neuroscience ndings in teacher training. *Nature*, 437(7055), 26.

Ansari, D., & Coch, D. (2006). Bridges over troubled waters: Education and cognitive neuroscience. *Trends in Cognitive Sciences*, 10(4), 146–151.

Ansari, D., & Dhital, B. (2006). Age-related changes in the activation of the intraparietal sulcus during nonsymbolic magnitude processing: An event-related functional magnetic resonance imaging study. *Journal of Cognitive Neuroscience*, 18(11), 1820–1828.

Ansari, D., Fugelsang, J. A., Dhital, B., & Venkatraman, V. (2006). Dissociating response conflict from numerical magnitude processing in the brain: An event-related fMRI study. *Neuroimage*, 32(2), 799–805.

Ansari, D., Garcia, N., Lucas, E., Hamon, K., & Dhital, B. (2005). Neural correlates of symbolic number processing in children and adults. *Neuroreport*, 16(16), 1769–1773.

Berch, D. B., & Mazzocco, M. M. M. (2007). *Why is math so hard for some children? The nature and origins of mathematical learning difficulties and disabilities.* Baltimore: Paul H. Brookes.

Burbaud, P., Degreze, P., Lafon, P., Franconi, J. M., Bouligand, B., Bioulac, B., et al. (1995). Lateralization of prefrontal activation during internal mental calculation: A functional magnetic resonance imaging study. *Journal of Neurophysiology*, 74(5), 2194–2200.

Bynner, J., & Parsons, S. (1997). *Does numeracy matter?* London: Basic Skills Agency.

Cantlon, J. F., Libertus, M. E., Pinel, P., Dehaene, S., Brannon, E. M., & Pelphrey, K. A. (2009). The neural development of an abstract concept of number. *Journal of Cognitive Neuroscience*, 21(11), 2217–2229.

De Smedt, B., Swillen, A., Verschael, L., & Ghesquiere, P. (2009). Mathematical learning disabilities in children with 22q11.2 deletion syndrome: A review. *Developmental Disabilities Research Review*, 15(1), 4–10.

Dehaene, S. (1992). Varieties of numerical abilities. *Cognition*, 44(1–2), 1–42.

Dehaene, S., Piazza, M., Pinel, P., & Cohen, L. (2003). Three parietal circuits for number processing. *Cognitive Neuropsychology*, 20(3–6), 487–506.

Dehaene, S., Spelke, E., Pinel, P., Stanescu, R., & Tsivkin, S. (1999). Sources of mathematical thinking: Behavioral and brain-imaging evidence. *Science*, 284(5416), 970–974.

Delazer, M., Domahs, F., Bartha, L., Brenneis, C., Lochy, A., Trieb, T., et al. (2003). Learning complex arithmetic—an fMRI study. *Cognitive Brain Research*, 18(1), 76–88.

Duncan, G. J., Dowsett, C. J., Claessens, A., Magnuson, K., Huston, A. C., Klebanov, P., et al. (2007). School readiness and later achievement. *Developmental Psychology*, 43(6), 1428–1446.

Eden, G. F., Jones, K. M., Cappell, K., Gareau, L., Wood, F. B., Zero, T. A., et al. (2004). Neural changes following remediation in adult developmental dyslexia. *Neuron*, 44(3), 411–422.

Gerstmann, J. (1940). Syndrome of fingeragnosia, disorientation for right and Left, agraphia and acalculia. *Archives of Neurology and Psychiatry*, 44, 398–408.

Gerstmann, J. (1957). Some notes on the Gerstmann syndrome. *Neurology*, 7(12), 866–869.

Grabner, R. H., Ansari, D., Koschutnig, K., Reishofer, G., Ebner, F., & Neuper, C. (2009). To retrieve or to calculate? Left angular gyrus mediates the retrieval of arithmetic facts during problem solving. *Neuropsychologia*, 47(2), 604–608.

Grabner, R. H., Ansari, D., Reishofer, G., Stern, E., Ebner, F., & Neuper, C. (2007). Individual differences in mathematical competence predict parietal brain activation during mental calculation. *Neuroimage*, 38(2), 346–356.

Gruber, O., Indefrey, P., Steinmetz, H., & Kleinschmidt, A. (2001). Dissociating neural correlates of cognitive components in mental calculation. *Cerebral Cortex*, 11(4), 350–359.

Henschen, S. E. (1919). Über sprach-, musik-, und rechenmechanismen und ihre lokalisationen im grobhirn. *Zeitschri für die gesamte Neurologie und Psychiatrie*, 52, 273–298.

Henschen, S. E. (1925). Clinical and anatomical contributions in brain pathology. *Archives of Neurological Psychiatry*, 13, 226–249.

Holloway, I. D., & Ansari, D. (2008). Domain-specific and domain-general changes in children's development of number comparison. *Developmental Science*, 11(5), 644–649.

Hubbard, E. M., Piazza, M., Pinel, P., & Dehaene, S. (2005). Interactions between number and space in parietal cortex. *Nature Reviews Neuroscience*, 6(6), 435–448.

Ischebeck, A., Zamarian, L., Egger, K., Schocke, M., & Delazer, M. (2007). Imaging early practice lffects in arithmetic. *Neuroimage*, 36(3), 993–1003.

Jacob, S. N., & Nieder, A. (2009). Notation-independent representation of fractions in the human parietal cortex. *Journal of Neuroscience*, 29(14), 4652–4657.

Johnson, M. H. (2001). Functional brain development in humans. *Nature Reviews Neuroscience*, 2(7), 475–483.

Kaufmann, L., Koppelstaetter, F., Siedentopf, C., Haala, I., Haberlandt, E., Zimmerhackl, L. B., et al. (2006). Neural correlates of the number-size interference task in children. *Neuroreport*, 17(6), 587–591.

Krueger, F., Spampinato, M. V., Pardini, M., Pajevic, S., Wood, J. N., Weiss, G. H., et al. (2008). Integral calculus problem solving: An fMRI investigation. *Neuroreport*, 19(11), 1095–1099.

Kucian, K., Loenneker, T., Dietrich, T., Dosch, M., Martin, E., & von Aster, M. (2006). Impaired neural networks for approximate calculation in dyscalculic children: A functional MRI study. *Behavior and Brain Function*, 2, 31.

Kucian, K., von Aster, M., Loenneker, T., Dietrich, T., & Martin, E. (2008). Development of neural networks for exact and approximate calculation: A fMRI study. *Developmental Neuropsychology*, 33(4), 447–473.

Landerl, K., Bevan, A., & Butterworth, B. (2004). Developmental dyscalculia and basic numerical capacities: A study of 8-9-year-old students. *Cognition*, 93(2), 99–125.

Lee, K., Lim, Z. Y., Yeong, S. H., Ng, S. F., Venkatraman, V., & Chee, M. W. (2007). Strategic differences in algebraic problem solving: Neuroanatomical correlates. *Brain Research*, 1155, 163–171.

Mazzocco, M. M. (2009). Mathematical learning disability in girls with Turner syndrome: A challenge to dening MLD and its subtypes. *Developmental Disabilities Research Review*, 15(1), 35–44.

Molko, N., Cachia, A., Riviere, D., Mangin, J. F., Bruandet, M., left Bihan, D., et al. (2003). Functional and structural alterations of the intraparietal sulcus in a developmental dyscalculia of genetic origin. *Neuron*, 40(4), 847–858.

Moyer, R. S., & Landauer, T. K. (1967). Time required for judgements of numerical inequality. *Nature*, 215(109), 1519–1520.

Mussolin, C., De Volder, A., Grandin, C., Schlogel, X., Nassogne, M. C., & Noel, M. P. (2010). Neural correlates of symbolic number comparison in developmental dyscalculia. *Journal of Cognitive Neuroscience*.

O'Hearn, K., & Luna, B. (2009). Mathematical skills in Williams syndrome: Insight into the importance of underlying representations. *Developmental Disabilities Research Review*, 15(1), 11–20.

Organisation for Economic Co-operation and Development. (2004). *Learning for tomorrow's world: First results from PISA 2003*. Paris: Author.

Pinel, P., Dehaene, S., Riviere, D., & left Bihan, D. (2001). Modulation of parietal activation by semantic distance in a number comparison task. *Neuroimage*, 14(5), 1013–1026.

Price, G., Holloway, I., Räsänen, P., Vesterinen, M., & Ansari, D. (2007). Impaired parietal magnitude processing in developmental dyscalculia. *Current Biology*, 17(24).

Qin, Y., Carter, C. S., Silk, E. M., Stenger, V. A., Fissell, K., Goode, A., et al. (2004). The change of the brain activation patterns as children learn algebra equation solving. *Proceedings of the National Academy of Sciences*, 101(15), 5686–5691.

Rivera, S. M., Reiss, A. L., Eckert, M. A., & Menon, V. (2005). Developmental changes in mental arithmetic: Evidence for increased functional specialization in the left inferior parietal cortex. *Cerebral Cortex*, 15(11), 1779–1790.

Rotzer, S., Kucian, K., Martin, E., Aster, M. V., Klaver, P., & Loenneker, T. (2007). Optimized voxel-based morphometry in children with developmental dyscalculia. *Neuroimage*, 39,

417–422.

Rueckert, L., Lange, N., Partiot, A., Appollonio, I., Litvan, I., left Bihan, D., et al. (1996). Visualizing cortical activation during mental calculation with functional MRI. *Neuroimage*, 3(2), 97–103.

Sekuler, R., & Mierkiewicz, D. (1977). Children's judgments of numerical inequal-ity. *Child Development*, 48, 630–633.

Shalev, R. S., Auerbach, J., Manor, O., & Gross-Tsur, V. (2000). Developmental dyscalculia: Prevalence and prognosis. *European Child Adolescent Psychiatry*, 9 Suppl 2, II58–64.

Shaywitz, B. A., Shaywitz, S. E., Blachman, B. A., Pugh, K. R., Fulbright, R. K., Skudlarski, P., et al. (2004). Development of left occipitotemporal systems for skilled reading in children after a phonologically-based intervention. *Biological Psychiatry*, 55(9), 926–933.

Siegler, R. S. (1999). Strategic development. *Trends in Cognitive Sciences*, 3(11), 430–435.

Siegler, R. S., & Ramani, G. B. (2008). Playing linear numerical board games promotes low-income children's numerical development. *Developmental Science*, 11, 635–661.

Siegler, R. S., & Ramani, G. B. (2009). Playing linear number board games—but not circular ones —improves low-income preschoolers' numerical understanding. *Journal of Educational Psychology*, 101, 655–661.

Sohn, M. H., Goode, A., Koedinger, K. R., Stenger, V. A., Fissell, K., Carter, C. S., et al. (2004). Behavioral equivalence, but not neural equivalence—Neural evidence of alternative strategies in mathematical thinking. *Nature Neuroscience*, 7(11), 1193–1194.

Temple, E., Deutsch, G. K., Poldrack, R. A., Miller, S. L., Tallal, P., Merzenich, M. M., et al. (2003). Neural deficits in children with dyslexia ameliorated by behavioral remediation: Evidence from functional MRI. *Proceedings of the National Academy of Sciences*, 100(5), 2860–2865

11

창의적-예술적 뇌

예술은 창의성을 어떻게 향상시키며,
뇌 친화적 교수모형은 무엇인가?

매리얼 M. 하디먼(Mariale M. Hardiman)

11강은 신경과학이 창의성에 미치는 영향을 논하면서 예술이 어떻게 창의성과 혁신적 사고를 계발하는 데 도움이 되는지 살핀다. 창의성은 타고나는 것이라고 믿는 사람들이 많지만, 창의성은 가르칠 수 있을 뿐 아니라 학교에서 반드시 가르쳐야 하는 요소다. 창의성을 육성하는 강력한 도구는 즉흥성과 협동성인데, 이런 유형의 학습을 가능케 하는 가장 효과적인 방법 중 하나가 바로 예술활동이다. 매리얼 M. 하디먼 박사는 '뇌 친화적 교수모형'을 창안해 뇌과학적 요소를 교수-학습에 접목하는 방안을 알리는 데 집중해왔다. 이 장에서는 특히 뇌 친화적 교수모형을 활용해 예술통합 교육과정을 설계하는 방법을 논한다.

미국의 모든 위대한 성취, 우리의 삶을 풍요롭고 편리하게 만든 모든 혁신, 지속력을 갖는 모든 사회적 변화, 미국의 혁신가들이 절망과 고독, 공포와 폭력에서 벗어날 때 느꼈을 모든 심오한 통찰의 순간, 결국 건국할 때부터 미국을 희망의 세계적 중심지로 만든 그 모든 것들은 창의적인 상상력, 즉 주어진 개념과 정해진 답을 넘어 새로운 세상을 보거나 듣거나 이동하는 새로운 방식에 도달하는 능력의 결실이었다. 혁신적인 해결책, 혁명적인 발명품, 자유와 개혁과 변화로 가는 돌파구, 이런 것들이 이 나라의 역사에서 우리의 제도에 의해, 우리의 정부에 의해, 우리의 지도자에 의해 우리에게 손쉽게 주어진 적은 한 번도 없었다. 마틴 루터 킹 목사가 그 유명한 연설에서 했던 말처럼, 우리는 완전히 새로운 상상력을 발휘해야 한다.

–마이클 셰이본(Michael Chabon), 2009년 오바마 예술정책위원

글로벌 경제에서 성공의 요체가 되는 국가경쟁력은 창의와 혁신의 역량을 갖춘 노동력에 달려 있다. 그럼에도 지도자들이 개탄하듯이, 많은 학생들은 그 필수적인 역량을 갖추지 못한 채 학교를 졸업한다. 내일의 시민을 길러내고자 한다면, 학생들이 단순히 정보를 습득하는 것이 아니라 참신한 방식으로 지식을 적용할 수 있도록 교육정책과 수업방식을 재설계해야 할 것이다. 반갑게도 뇌과학을 통한 새로운 연구들이 창의적 사고에 뇌의 어떤 처리과정이 관여하는지 밝혀주고 있다.

연구에 따르면, 창의적 사고를 할 때에는 통상적인 사고를 요구하는 과제를 할 때에 비해 복잡한 신경망이 개입하는 것으로 보인다. 예술활동이 인지와 학습을 향상시키는 힘이 있다는 사실도 최근의 연구로 입증되고 있다. 교육자들은 예술활동을 교수방법론으로 활용함으로써 학생들을 창의적 사고력과 21세기 역량을 갖춘 인재로 키울 수 있다. 이 장에서는 창의성 연구와 예술에 관해 논하고, 뇌 친화적 교수모형(Brain-Targeted Teaching Model)이라는 교수모델을 제안한다. 이 모형은 교육과정의 성취기준을 충족시키면서 21세기 역량을 육성할 수 있는 효과적인 교수법으로 입증되었다.

학교에서 창의성이 필요한 이유

사회가 빠르게 변화함에도 불구하고 미국 교육은 지난 50년 동안 거의 변하지 않았다. 미국인들은 통신과 미디어 산업에서 급속한 성장, 사업 방식과 기술 활용에서 혁명적 변화, 의학 연구와 질병 치료에서 눈부신 발전을 이룩해왔다. 그럼에도 전국의 전형적인 학교교실은 예나 지금이나 별로 달라지지 않았다. '학교교육은 산업시대 경제에 맞는 노동력을 키우기 위해 노동자를 대량생산하는 역할을 해야 한다'는 공장식 관념이 20세기 초반부터 지금껏 미국의 학교교육 시스템을 지배해온 것이다. 학생은 빈 그릇이고, 교사는 거기에 사실적 지식을 쏟아부은 다음 '제품'의 효율성을 검사하는 사람일 뿐이다. 네모난 교실, 연령별 학년제, 정해진 수업일정, 표준 평가체계로 특징되는 산업시대 기반의 학교는 효율이란 명분하에 공장 시스템을 통한 인재양성을 목표로 운영되었다.

세계는 지식 및 정보기반 시대를 향해 지각변동을 겪어왔는데, 미국 학교들의 정책과 실상은 여전히 예년의 공장식 학교교육 시스템으로 돌아간다. 학교에 학생의 학습에 대한 책무성을 묻기 위해 실시하는 고부담시험은 교육에 대한 관점을 극단적 표준화로 전락시켜 다지선다형으로 성과를 측정한다. 오늘날의 학교에서 소위 교수법이란 매년 정기적으로 치러지는 학업성취도 평가에 맞춰 진도를 나가는 것에 불과하다. 교육자들이 한탄을 쏟아내는 지점이다.

교사는 연례평가 일정에 맞추어 방대한 교과내용 성취기준을 빠짐없이 가르쳐야 한다. 그러한 학업성취도 평가의 성적이 교사의 밥줄뿐만 아니라 동네 집값까지 결정하게 되면서 교육 행정가와 교사들은 성적을 올려야 한다는 압박감을 더 느끼고 있다.

이렇듯 성취도평가에 초점을 맞추게 되면서, 교육과정 구성과 수업시수 편성에서 창의성, 혁신, 비판적 사고, 문제해결을 요구하는 활동에 학습자를 참여시킬 여지가 거의 없게 된다는 데 많은 교사들이 동의할 것이다. 그런데 '21세기 역량 개발을 위한 파트너십(Partnership for 21st Century Skills)'이라는 비영리단체(www.p21.org)에서 정한 21세기 역량이 바로 창의성, 혁신, 비판적 사고력, 문제해결력이다. 급속한 기술의 발달은 어지러운 속도로 직업세계를 바꾸고 있다. 학교교육이 사회에서 요구하는 인재상과 맞지 않으니, 대학을 졸업한 사람도 새로운 글로벌 경제에서 경쟁할 역량이 부족한 것이다. 이를 지적하는 기업의 리더들이 많은 것은 전혀 놀랄 일이 아니다. 교육정책과 가르치는 방식이 이런 새로운 인재를 키울 수 있는 방향으로 바뀌어야 한다. 교육자들은 창의성을 싹틔우고 키울 수 있는 수업설계를 통해 시대의 소명에 답해야 한다.

창의성이란 무엇이며, 우리가 가르칠 수 있을까?

창의성은 가장 흔히, 미적으로든 실용적으로든 어떤 면에서 독창적이면서 유용한 뭔가를 만들어내는 능력으로 정의된다. 창의성은 무언가 참신한 것을 만들어내거나 기존의 것을 변형해 만드는 능력이다(Andreasen, 2005).

창의성은 비범한 재능이나 위대한 지성을 가진 사람들에게서나 볼 수 있다고 믿는 사람들이 많다. 고도의 창의적인 사고능력은 천부적인 예술가, 서른 살 이전에 주요한 발견을 한 아인슈타인, 열아홉 살에 미적분을 개발한 뉴턴 같은 위인들에게나 부여된다는 것이 보편적인 생각이다. 그러나 심리학자 조이 폴 길포드(Joy Paul Guilford)는 지능과 창의성이 같지 않다고 주장한다. 그는 확산적 사고(divergent thinking)가 창의성을 나타낸다고 생각한다. '정답'으로서 단 하나의 해답을 찾는 수렴적 사고(convergent thinking)와 반대로, 확산적 사고는 모두 다 적절한 해답으로 인정할 수 있는 복수의 해답을 낳는다. 길포드는 관찰을 통해 창의성을 측정할 수 있다고 가정한다. 피험자가 생각해내는 새로운 아이디어의 수나 유창성, 참신성, 다양한 유형의 아이디어를 생산하는 능력인 사고의 유연성을 보면 된다는 것이다(Guilford, 1962). 가장 널리 쓰이는 창의성 평가도구를 만든 폴 토랜스(Paul Torrance)는 다음과 같이 설명한다.

> 나는 창의적 사고를 어려움, 문제점, 정보 간의 격차, 빠진 요소를 감지하고, 이들 결함에 관해 추측하거나 가설을 세우고, 그 가설을 검증하고 재검증하고, 마지막으로 그 결과를 타인과 소통하는 과정에서 일어나는 것으로 설명한다(1965, p. 8).

창의성을 정의내리는 방법은 다양하지만, 대개 평범한 문제해결과는 다른 패턴의 사고를 필요로 하는 돌파구(breakthrough) 또는 '고정관념의 틀에서 벗어난(outside-the-box) 사고'로 창의성을 정의한다(Perkins, 2001). 예컨대 막다른 길에서 다른 경로를 찾는 것은 분명히 문제해결이지만, 그것을 창의적인 행위로 여길 사람은 없을 것이다.

창의성에 대한 정의 중에 내용지식이 어느 정도 숙달된 이후에 참신한 아이디어와 결과물을 만들어낼 수 있는 능력이 생긴다는 말이 있다. 미하이 칙센트미하이(Mihaly Csikszentmihalyi)에 따르면, 창의적인 사람들은 한 분야의 지식이나 스킬에 확실히 숙달된 다음에야 확산적 사고와 아이디어의 유창성을 발휘해 그 지식을 새로운 차원으로 끌어올리는 능력이 생긴다(1966). 칙센트미하이가 정의하는 창의성의 가장 뚜렷한 한 가지 특징은 '몰입(flow)'을 경험하는 능력인데 창의적인 행위를 하는 동안 시간 가는 줄 모르고 그 과제에 몰입하게 되는 것을 뜻한다. '몰입'은 어떤 활동에 너무도 열중한 나머지 그 일에 완전히 빠져드는 집중 상태에 도달하는 경험을 일컫는다.

창의성을 이렇게 묘사하면 사람들은 흔히 창의성이란 타고나는 것이지 개발되는 것이 아니라고 믿는다. 우리는 전통적으로 창의성을 좋은 유전자를 물려받은 사람들에게 부여되는 타고난 자질로 보아왔다. 창의성 전문가 켄 로빈슨(Ken Robinson)을 포함한 일부 학자들은 창의성이 어떤 사람들에게는 자연적으로 생겨나는 것이라는 데 동의하지만, 그럼에도 창의성은 가르칠 수 있고 가르쳐야 한다고 주장한다(2001). 교육자들이 안고 있는 문제는 학교에서 주로 가르치고 제대로 배웠는지를 측정하는 잣대로 사용되는 수렴적 사고 과제를 뛰어넘어야 한다는 것이다. 그러자면 교사들은 수업을 설계할 때 학생들을 확산적 사고로 끌어들여 문제해결에 다각도로 접근시키는 방향으로 나아가야 한다.

신경과학과 창의성

신경학자 케네스 헤일먼(Kenneth Heilman)과 연구진도 창의성의 징표로 확산적 사고가 포함된다는 데 동의한다. 그들이 볼 때, 확산적으로 사고하려면 보통 때는 강하게 연결되어 있지 않은 뇌 부위들이 동시에 활성화되어 서로 교신해야 한다. 그들은 매우 창의적인 사람들은 높은 수준의 전문지식을 가지고 있고, 전두엽의 중재로 확산적 사고를 할 능력이 있다고 믿는다(Heilman et al., 2003). 창의성에는 작업기억과 주의의 지속처럼 전두엽 처리와 연관된 능력이 필요하다는 것이다(Fink et al., 2007). 하지만 폴 하워드 존스(Paul Howard-Jones)가 지적하듯이, "우리 뇌에 창의성을 전담하는 단일 부위 같은 것은 없다. 창의적 사고는 다른 많은 인지기능을 요구하고 뇌 전체에 분산되어 있는 다른 많은 부위를 필요로 하는 복잡한 사고과정이다."(2008, p.7)

창의성 연구가 확장되면서, 창의적 사고와 관련된 활동이 뇌의 다양한 부위에 걸쳐 구별되는 패턴의 활동을 일으킨다는 사실이 일반적으로 인정되고 있다. 뇌전도(EEG)를 써서 뇌 활동을 측정한 앤드리아스 핑크(Andreas Fink)와 연구진은 상투적이거나 습관화된 사고를 요구하는 과제보다 매우 창의적으로 여겨지는 과제를 수행하는 동안 더 많은 뇌 영역이 활성화되는 것을 발견했다(Fink et al., 2007). 또 다른 연구진(Chavez-Eakle et al., 2007)도 창의성 수준이 높은 사람들의 뇌 활동에서 차이를 발견했다. 이들은 아이디어의 유창성, 독창성, 유연성을 평가하는 토랜스의 창의적 사고 검사(Torrance Tests of Creative Thinking, TTCT)를 써서, 매우 창의적인 사람들과 평균적인 대조군의 대뇌 혈류 차이를 측정했다. TTCT 검사 결과 매우 창의적인 범위에 들어간 피험자들은 인지, 감정, 작업기억, 신기한 것에 대한 반응에 관련된 뇌 구조에서 활동이 유의미하게 더 활발한 상태를 보임으로써, 창의적 사고에 특정 신경망이 연관된다는 증거를 보여주었다.

캘리포니아대학의 브루스 밀러(Bruce Miller)가 얻은 연구결과는 창의성 연구에 새로운 시각을 보여주는 또 하나의 사례이다. 그는 전두엽 손상을 경험한 환자들이 창의성이 폭발적으로 높아진 사례를 기록했다. 그는 전두엽 손상으로 언어능력과 사회성스킬을 잃은 환자들이 억제력(거리낌, 망설임)마저 잃어버렸는데 이것이 다수의 영역에 걸쳐 창의적 활동을 촉발했다고 적었다(2007).

억제력 상실과 높은 창의성 사이의 연결고리는 존스홉킨스대학의 찰스 림(Charles Limb)과 미국국립보건원(National Institutes of Health)의 앨런 브라운(Allen Braun)의 연구(2008)에서도 발견되었다. 림과 브라운은 fMRI(기능성자기공명영상)를 써서, 전문 재즈 피아니스트들이 재즈 즉흥연주를 하는 동안 뇌 활동을 관찰했고, 이 조건을 그 피아니스트들이 악보를 암기해서 연주하는 조건과 비교했다. 연구자들은 두 조건의 뇌 활동에서 유의미한 차이를 발견했다. 즉흥연주를 하는 동안 촬영한 뇌 사진은 전형적으로 자기조절(self-regulation), 자기검열(self-monitoring), 주의집중(focused attention), 억제(inhibition)와 연관되는 외측전전두피질(lateral prefrontal cortex, 가쪽이마앞겉질)에서 광범위하게 활성화가 줄어들었음을 보여주었다. 이는 '계획되지 않은 즉흥적인 연상과 갑작스러운 통찰이나 깨달음을 가능하게 하는 이완된 집중 상태'와 관련이 있다. 연구자들은 자기표현 및 개성과 연관되는 내측전전두피질(medial prefrontal cortex, 안쪽이마앞겉질)에서 활동이 증가하는 모습도 포착했다.

즉흥성과 창의성의 연결고리를 보여주는 연구들은 즉흥성이 혁신과 창의적 문제해결을 촉진한다는 가설을 강하게 변론하는 키스 소여(Keith Sawyer)의 연구결과(2006)와 일치한다. 소여는 재즈그룹과 극단을 연구하면서, 집단작업의 협동적이고 즉흥적인 성격이 참신한 작품을 연출하도록 촉진하는 것을 관찰했다.

즉흥성과 협동성은 아동의 창의성을 육성할 수 있는 강력한 도구이다. 이 유형의 학습을 위해 학생들이 협동하게 하는 가장 효과적인 방법 가운데 하나가 예술활동이다. 시각예술과 행위예술은 학생들에게 새로운 패턴으로 사고하고 학습할 기회를 제공한다.

창의성으로 가는 입구로서의 예술

예술교육파트너십(Arts Education Partnership)의 전 단장 리처드 디시(Richard Deasy)는 『Critical Links(결정적 고리)』(2002)와 『Third Space(제3의 공간)』(2005)에서, 학생에게 새로운 차원의 학습경험을 통해 상상력, 창의성, 혁신을 육성하는 예술의 힘을 보여준다. 디시는 예술활동이 아래와 같은 학습능력을 강화하는 것을 확인했다.

- 과제에 주의집중력을 유지하는 끈기
- 여러 양식과 상징을 써서 생각을 표현하는 능력
- 좌절과 실패를 극복하는 회복력
- 내용에 빠져들어 학습에 열중하는 능력

- 모둠의 일원으로 지식을 습득하고 표현하는 과정을 통한 협업능력

행동·인지·신경과학 연구자들도 예술활동이 학습의 다양한 영역을 지원한다는 것을 입증하기 시작했다. 예를 들어, 엘렌 위너(Ellen Winner)와 로이스 헤틀런드(Lois Hetland)는 보스턴 학군에서 예술 프로그램이 학생의 학습에 미치는 효과를 연구했다(2007). 그들은 예술활동이 읽기와 수학의 표준점수를 향상시킬지 모른다는 생각을 바로잡기 위해, 예술에서는 다루지만 다른 교육과정에서는 거의 다루지 않는 사고스킬들을 분석했다. 그들은 강도 높은 예술 프로그램에 참가했던 학생들에게 비판적인 사고 습관이 생겼음을 확인했다. 연구자들은 예술활동을 통해 배울 수 있는 기교 말고도 창의적 사고를 위한 필수적 사고과정 또는 '작업실 마음습관(studio habits of mind)'을 배울 수 있다고 믿는다. 이 전문화된 역량은 다음과 같은 것들이다.

- 일정 기간 동안 프로젝트에 지속적으로 참여하는 끈기
- 자기 목소리 표현하기
- 학교 공부를 바깥세상과 관련짓기
- 지각된 심상을 새로운 방식으로 구현하기
- 주변세계 탐색을 통한 혁신
- 계획을 분석·판단·수정하기 위한 반성적 자기평가

저자들은 이러한 사고스킬이 다른 교육과정에도 적용되며 평생 지

속될 수 있다고 말한다.

인지 및 신경과학 연구는 예술이 비예술 분야에 영향을 미치는 방식에 연결되기 시작했다. 예컨대, 음악과 춤이 거울신경(mirror neuron, 타인의 행동을 보거나 듣기만 해도 그 행동을 직접 할 때와 똑같이 활성화되는 신경세포 유형-옮긴이)의 중재를 통해 기억 처리를 돕는다는 것이 입증됐다(Cross et al., 2006). 피험자가 어떤 동작을 수행할 때나 같은 동작을 수행하는 다른 누군가를 지켜볼 때도 거울신경이 활성화되는 수준은 비슷한 것으로 보인다. 다나재단 예술 및 인지 컨소시엄(Dana Foundation Arts and Cognition Consortium)에서 공개한 연구결과(2008)에 따르면 예술에 노출되는 경험과 학습을 위한 인지 및 주의 능력의 향상 사이에는 밀접한 상관관계가 있다(www.dana.org).

교실에서의 창의성

모든 아이들에게 성악과 기악, 시각예술, 연극, 무용, 창작을 포함한 광범위한 예술수업을 받을 권리가 있다는 데에는 의문의 여지가 없다. 예산 압박이나 학업성취도 평가 준비 때문에 예술교사 고용과 읽기수업 전문가 고용을 놓고 양자택일을 해야 하는 학교가 있어서는 안 된다. 학생들이 온갖 예술·문화활동을 경험하도록 하는 것을 학생들의 시험성적 못지않게 좋은 학교의 평가기준으로 삼아야 한다(Hardiman, 2009).

| 뇌 친화적 교수모형 |

여기서 내가 주장하는 것은 예술 및 문화 프로그램 자체만으로는 충분치 않다는 것이다. 효과적인 수업이 되려면 창의적, 확산적 사고를 키우는 효과적인 방법으로서 예술활동을 교수방법론에 통합시켜야 한다.

교사의 예술통합 교육과정 설계에 도움이 되는 시스템은 많이 있지만, 뇌 친화적 교수모형(Hardiman, 2003; 2006)은 실제 이용해본 교사들이 그 효과를 입증했다. 즉, 예술을 다른 과목에 적용하면서 학습목적에 맞게 예술을 잘 활용하게 하는 데 이 모형이 효과적이라는 것이다.

뇌 친화적 교수모형을 전통적인 교수법과 비교한 한 연구에서는 이 모형으로 지도를 받은 아이들이 실제로 교과내용을 더 깊이 이해하고 학습목표에 잘 도달한다는 것을 입증했다(Bertucci, 2006).

뇌 친화적 교수모형은 교육과정도 아니고 시중에 판매되는 제품도 아니다. 그것은 신경과학과 인지과학에서 나온 인지이론과 연구결과가 일러준 대로 효과적인 수업을 계획하기 위한 틀이라 할 수 있다. 이 모형은 내가 교장으로 재직하는 동안 설계한 것으로, 연구를 기반으로 한 최고의 실습과 다양한 학교, 학년, 과목을 대표하는 최고의 교사들의 경험에서 우러나온 것이다. 뇌 친화적 교수모형은 <도표 11-1>에 제시된 것처럼 교수 및 학습 과정의 여섯 단계로 이루어지며, '뇌 친화적 수업전략'과 일맥상통한다.

도표 11-1 뇌 친화적 교수모형

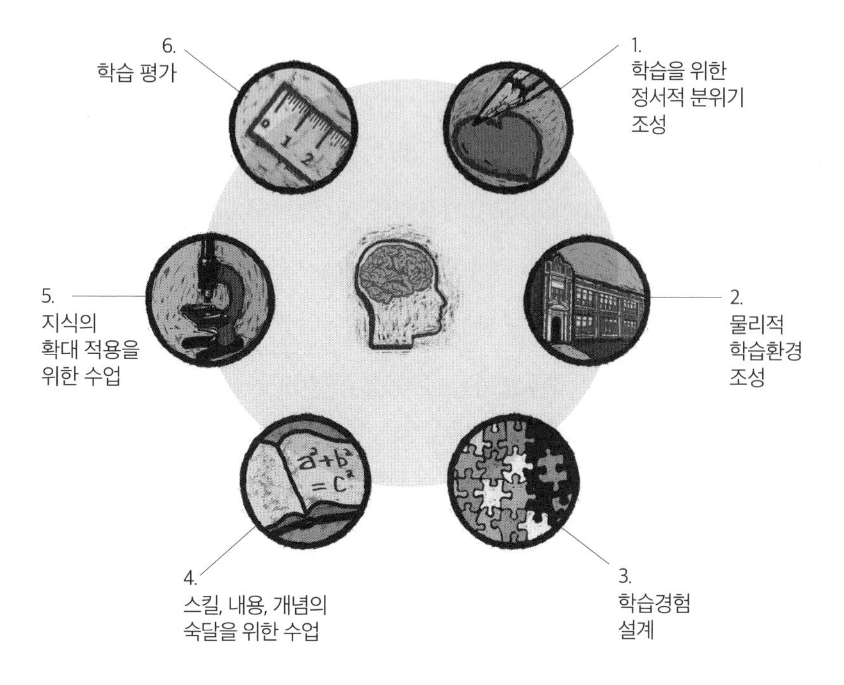

다음에는 각각의 뇌 친화적 수업전략을 묘사하면서, 자신의 교실에서 실제 적용해본 교사들의 말을 인용한다. 이 뛰어난 교사들은 뇌 친화적 교수모형의 수업전략을 구현하기 위한 최고의 경험과 비결을 진심으로 공유하고 싶어 한다. '전문가 조언'이라는 제목의 글에서는 실제 경험과 현장 검증을 거친 학습활동들을 제시함으로써 창의적이고 예술적인 교육활동을 구현하고자 하는 동료 교사들에게 길잡이가 될 것이다.

뇌 친화적 수업전략 1: 학습을 위한 정서적 분위기 조성

신경과학자들은 감정 뇌와 인지 뇌 시스템 사이에 복잡한 상호작용이 존재함을 입증해왔다(Immordino-Yang & Damasio, 2007; Posner & Rothbart, 2007). 조지프 르두(Joseph LeDoux)는 뇌의 감정중추인 변연계(limbic system)가 맡고 있는, 사고와 학습에 영향을 주는 중요한 역할을 집중 조명했다(1996). 교실에서 스트레스를 줄이고 긍정적인 정서적 분위기를 확립하는 것은 수업을 하는 데 가장 중요한 일이라고 할 수 있을 것이다(이 책의 4장 참조).

따라서 뇌 친화적 교수모형은 수업의 루틴(routines)과 의식(rituals), 긍정적 의사소통을 통해 정서적인 안정감을 주는 교실 분위기를 조성하려는 의도적 전략들로 시작된다. 교사는 여기에 추가해 새로운 학습단원마다 학생들이 학습내용에 정서적으로 몰입할 수 있는 활동을 설계한다. 시각 및 행위 예술을 수업에 도입하는 것은 아이들의 정서적 반응체계에 접근해 학습효율을 높이는 효과적인 방법이다.

전문가 조언 **초등학교 1학년 교사, 캐서린**

학습 상태에 맞게 정서적 분위기를 조성하는 뇌 친화적 수업전략 1은 뇌를 타깃으로 향을 풍기는 향수와 같다. 감정은 학습이 이루어지는 데 필수적인 요소이므로 뇌 친화적 수업의 모든 영역에 영향을 미친다. 뇌 친화적 수업을 설계할 때 명심해야 할 것은 '나는 안전하게 보살핌을 받고 있다'는 정서적 분위기를 조성함으로써 학생들이 자신의 무지를 드러내도 괜찮겠다고 느끼면서 수업에 편히 참여할 수 있도록 하는 것이다. 정례화된 수업 루틴과 의식은 학생들도 이미 알고 있으므로 학생들이 좀 더 안정감을 갖고 수업에 참여할 수 있게 해준다. 일례로, 나는 조회시간을 정해놓고 학생들이 서로 인사를 나눈 다음 가장 즐겨 먹는 아침식사가 뭔지와 같은 화제로 기분 좋은 생각을 공유하게 한다. 이 의식은 하루 2~3분밖에 걸리지 않지만, 급우들 간이나 교사와의 관계에 끈끈한 유대감을 만들어낸다. 수업시간에도 이러한 정서적 유대감을 유지함으로써 학생들이 수업에 집중하면서 어려운 과제에 도전할 수 있도록 해준다.

수업시간에 학생의 참여를 높이려면 긍정적인 정서적 분위기가 조성되어야 한다. 그래야 수업 결과물을 만드는 데 각자 기여하도록 장려할 수 있다. 그러려면 학생들의 불안도가 낮고 몰입도가 높아야 한다. 나는 수업마다 포스터 만들기, 공연하기, 편지쓰기 등 적절한 예술통합 활동을 선택한다. 학생들은 지지를 받는다고 느끼면 자신감을 가지고 비판적 사고를 요구하는 활동에 더 열심히 참여하려 한다. 나는 학생의 학습을 평가할 때도 학생들이 그 순간을 '내가 아는 것을 보여줄' 기회로 여기도록 일러주는데, 이때에도 무엇보다 중요한 것은 학생들과 정서적 유대감을 유지하는 것이다. 나의 교실에서 평가란 학습을 축하하는 잔치다. 뇌 친화적 수업 전 과정에 정서적 분위기가 학습 성공에 가장 결정적이다.

뇌 친화적 수업전략 2: 물리적 학습환경 조성

뇌 친화적 수업전략 2도 긍정적인 분위기의 확립을 지원한다. 이 전략은 창의성과 예술성을 향상시키기 위해 물리적 학습환경을 활용할 것을 권한다. 인지과학자들에 따르면, 뇌의 시각적 주의 기제는 환경에 새로운 것이 있을 때 강하게 영향을 받는다(Posner & Rothbart, 2007). 조명과 같은 물리적 요소들도 학생의 학업수행에 중요하다. 예를 들어, 연구자들은 자연광에 가장 가까운 전파장 조명의 교실에서 학습한 학생들이 차가운 백색 형광등 조명의 교실에서 학습한 학생들보다 학업성취도가 18퍼센트까지 높아짐을 보여주었다(Kosik & Heschong, 2000).

뇌 친화적 교수모형에 맞춰 수업을 할 때, 물리적 학습환경은 예술적 학습을 구현하는 공간이 된다. 교실은 학생의 배움을 입증하는 질서와 아름다움을 보여주고, 학생들이 만드는 예술작품이 교대로 전시되는 공간으로 활용된다.

전문가 조언 **초등학교 3학년 교사, 아만다**

수업 첫날부터 나는 학생의 입장이 되려고 애쓴다. 아이들은 집에서 보내는 것보다 더 많은 시간을 교실에서 보낸다. 뇌 친화적 교수모형을 수업에 활용하기 시작한 이래로 이 생각은 내 마음을 떠나지 않는다. 물리적 학습환경의 조성은 학생들이 느끼는 편안함과 자신감에 영향을 미치기 때문에 학생들에게 매우 중요하다.

나는 수업 시수마다 교실 분위기를 바꾼다. 게시판을 다시 디자인하고, 자리 배치를 바꾸고, 뜻밖의 자료를 전시하면 학생들의 관심과 흥미를 끌 수 있다. 아이들은 설레는 마음으로 수업에 들어오고, 다음 시간에는 교실이 어떻게 바뀌었을지 기대감을 갖게 된다. 많은 학교가 그렇듯 나의 교실에도 눈부신 형광등만 달려 있어서 나는 부드러운 조명등을 더 달고, 가능한 한 많은 자연광이 들어오도록 항상 창문의 차양을 올려둔다. 교실 안에서 페퍼민트나 바닐라처럼 강렬한 향이 나게 하고, 학생들이 일상적인 활동에 열중할 때는 차분한 클래식 음악을 틀어준다. 학생들이 수학문제 풀이처럼 고차원적 사고를 필요로 하는 과제를 하고 있을 때는 주의를 흩뜨리는 소음과 자극을 최소화하여 최대로 집중하게 한다. 또한 화분, 양탄자, 그림 등을 배치해 교실에서 안락한 '내 집 같은' 느낌이 들게 한다. 교실에 배치하는 모든 것은 그 본래의 목적에 부합하는 것이 중요하므로 과도한 자극은 피하려고 항상 조심한다. 내 수업에 오는 학생들은 신기한 것을 기대하고 아름다운 것을 경험하게 된다.

뇌 친화적 수업전략 3: 학습경험 설계

뇌 친화적 수업전략 3은 학습경험을 전체적이고 시각적으로 사고하는 인지과정에 적합한 방식으로 설계하는 것과 관련 있다. 교사들이 전통적인 교수법에 입각해 작성하는 수업계획서는 정보를 순차적으로 제시한다. 전형적으로 교육과정 지침이나 교과서의 목차에 따라 정보를 제시하고, 교과내용에 대해 시험을 치고, 다음 단원으로 넘어간다. 그 단원에 들어 있는 응용활동이나 다른 내용으로는 연계시키지 않는 일이 비일비재하다. 이런 접근법은 뇌의 자연스러운 학습 시스템을 제대로 이용하지 못한다. '패턴화(patterning)'란 새로운 자극을 익숙한 개념 또는 신기한 개념으로 범주화한 다음, 범주화된 개념들을 결합하여 새로운 패턴으로 사고하고 이해하는 인지과정을 가리킨다. 학생들은 기존의 경험을 토대로 새로운 의미를 만든다. 생물학자 존 메디나(John Medina)가 지적하듯이, 뇌는 우선 전체적인 개념을 처리한 연후에 세부사항에 초점을 맞춘다. 메디나는 전체적인 개념을 먼저 가르치면 학생들의 이해도가 40퍼센트 정도 향상되는 것을 눈으로 확인할 수 있을 것이라고 말한다(2008).

따라서 교사는 공부할 단원의 성취기준과 학습목적을 정한 뒤, 그래픽 오거나이저와 같은 시각적 표상을 통해 학생들에게 단원의 개요에 해당하는 '큰 그림'을 보여주는 것이 좋다. 단편적 정보 조각을 가르치는 것은 학생들에게 전체 이미지를 본 적도 없이 퍼즐을 맞추라고 하는 것과 같다. 그렇게 가르치면 학생들은 결국 개념을 이해하지도 못하고, 연결되지 않는 온갖 단편 지식과 세부사항을 머릿속에 담고 있지도 못할 것이다. 대니얼 핑크(Daniel Pink)가 지적하듯이, '관계들 간의 관계'를 이해하는 능력은 21세기 학습을 위한 가장 중요한 역량 가운데 하나이다(2006).

전문가 조언 **중학교 2학년(8학년) 교사, 수전**

역사수업에서 미국 남부와 북부 간의 갈등 고조로 남북전쟁을 촉발시킨 요인이 무엇인지를 다루는 단원을 처음 가르치면서 나는 1차 사료, 음악, 사진, 역사유물 형태의 자료가 많다는 것을 알게 되었다. 이 시청각 자료들을 모두 활용해서 학생들을 심도 있는 학습경험으로 끌어들이는 한편, 교육과정의 범위와 학습순서 지도안에 학습내용과 학습목표를 잘 맞춰 넣어야 했다. 그 과정에서 단원의 세부항목들을 엮을 수 있는 구조를 만드는 것이 중요하겠다는 생각이 들었다. 나는 뇌 친화적 교수모형의 수업전략 단계를 따라 수업을 설계하면서, 단원을 하나의 전체로 생각하고 전체와 세부의 관계를 보여주는 비주얼 웹(visual web)을 구성하는 것이 우리가 '무엇을 어떻게' 학습할 것인지를 나 자신은 물론 학생들에게도 명료하게 이해시키는 데 도움이 됨을 알게 되었다. 그렇게 설계한 수업은 학생들에게 단원의 큰 그림 개념과 함께 수업활동과 교과내용의 연결관계를 알게 해주었고, 창의적 사고를 키우는 데 적합한 시각적 사고를 하게 만들었다. 동작, 드라마, 노래, 다양한 형태의 창작 글쓰기, 심지어 요리까지 활용해 남북전쟁 시대의 미국역사를 배웠다. 그 결과 학생들은 단원의 핵심 개념을 더 잘 이해하고, 단원의 구성요소들 간의 관계를 명확히 파악하고, 활동과 학습의 관련성을 이해하고, 각 활동의 평가기준을 예측했다. 이 사전계획 덕분에 학생들이 단원을 훨씬 즐겁게 학습하게 됨으로써 내용에 대한 개념적 이해도 훨씬 깊어졌다.

뇌 친화적 수업전략 4: 스킬, 내용, 개념의 숙달을 위한 수업

단원의 목적과 목표를 정하고 단원의 큰 그림을 설계하고 나면, 뇌 친화적 교수모형의 다음 단계는 내용과 스킬의 학습을 심화할 활동계획에 초점을 맞추는 것이다. 뇌 친화적 수업전략 4는 장기기억을 자극하는 다양한 예술활동을 통해 내용의 숙달을 촉진한다.

기억 분야의 선도적인 연구자로서 노벨상을 수상한 에릭 캔델(Eric Kandel)은 장기기억이 형성되려면 새로운 정보를 뇌의 장기기억으로 부호화(encoding)하고 응고화(consolidation)해야 한다고 설명한다(2006). 장기기억이 형성되려면 시냅스(synapse)가 새로이 연결되고 단백질도 새로이 합성되어야 한다는 것이다. 보통 장기기억이 만들어지려면 정보가 간격을 두고 반복해서 입력되어야 한다. 래리 스콰이어(Larry Squire)는 우리가 정보를 얼마나 잘 기억하느냐를 결정하는 가장 중요한 요인은 바로 우리가 그 정보를 시연하고(rehearse) 반복하는(repeat) 정도라고 말한다(2004).

교육자들은 주요 학습목표를 충분히 반복시키는 동시에 그렇게 하는 과정에서 다중전략을 사용해 학생들의 관심과 주의를 끌어야 하는 과제를 안고 있다. 정보를 다양하고 풍부한 방식으로 제시하는 한 방법이 바로 예술기반 학습활동이다. 예술활동을 수업에 통합시키면 새로운 방식의 학습이 가능해지고 자연스럽게 창의성을 계발할 수 있다(Stevenson & Deasy, 2005).

전문가 조언 **중학교/고등학교 과학교사, 조지아**

예술활동을 교육과정에 통합시키는 방법은 교사들에게 가장 중요한 수업스킬 가운데 하나이다. 예술활동은 전통적인 교수법으로는 얻기 어려운 사고방식으로 내용을 생각해보게 한다. 과학도 얼마든지 창의적으로 가르칠 수 있지만, 다뤄야 할 내용이 너무 많다 보니 과학수업은 과학이 장려하는 실험방식이 아니라 절차와 사실의 암기가 되기 일쑤다. 과학을 가르치기 시작했을 때만 해도 예술활동이 과학수업을 보완하리라곤 생각조차 못했지만, 이제 예술활동은 창의적 학습을 위한 강력한 도구가 되었다. 예컨대, 식물학 단원에서는 학생들이 다윈(Darwin), 캐이츠비(Catesby), 오듀본(Audubon)과 같은 과학자, 박물학자, 화가들의 식물 삽화들을 통해 교과내용을 공부한다.

식물 삽화는 전통적인 식물화의 엄격한 규칙들을 통해 과학적 지식을 드러냄으로써, 과학과 예술활동이 밀접하게 연관되어 있다는 것을 보여준다. 학생들은 식물 종의 수명과 진화과정의 변화를 공부하는 동안 식물 표본을 절개하는 방법을 썼으며, 식물의 다양한 형태를 관찰한 그림을 그려 독창적인 식물화와 조각을 창작해냈다. 이 단원을 전통적 교수법으로 가르쳤을 때와 비교하면 학생들의 참여도가 더 높았고, 평가 결과 깊이 있는 이해를 보였으며, 과학수업에서 관찰과 발견의 즐거움이 살아났다.

뇌 친화적 수업전략 5: 지식의 확대 적용을 위한 수업

배운 내용의 숙달을 위해 예술활동을 사용하는 단계는 수업에서 제대로 된 학습이 이루어지도록 하기 위해 중요하다. 뇌 친화적 교수모형의 다음 수업전략은 학생들이 문제해결을 요구하는 과제에 지식을 적용할 수 있을 때 평생학습이 가장 잘 일어난다는 개념을 구현한 것이다. 따라서 뇌 친화적 수업전략 5는 학생들이 아이디어를 내고, 다양한 해법을 찾아내고, 행동 계획을 설계하고, 배운 내용을 실생활에 적용하는 과정에서 확산적 사고를 장려한다. 지식을 의미 있게 사용하려면 학생들은 개념의 원리를 더 깊이 이해하고 더 분석적으로 살펴봄으로써 사고를 확장해야 하는데 그 과정에서 뇌는 지식을 인출하고 통합하는 여러 복합적인 시스템을 사용하게 된다.

전문가 조언 **중학교 사회교사, 알렉산더**

고대문명 단원을 가르칠 때는 이 내용이 학생들의 삶에 어떻게 연결될 수 있을까를 알아내는 것이 난제이다. 우리는 지리 정보의 개념을 활용해서 지리가 문화 발전에 미치는 영향을 학생들이 깨닫도록 도와줄 수 있다. 단원의 주요 주제 일부를 배우고 나면 학생들은 이 지식을 응용하여 모둠별로 각자 그들만의 원시문화를 창조한다. 학생들은 자신의 '부족'을 위해 주거지를 짓고, 식량공급 방식을 결정하고, 종교적 믿음과 종교용품을 만든다. 이런 방식으로 수업하면 단순히 교과서를 읽을 때보다 단원의 내용을 더 깊이 이해하고, 학생들 자신의 문화적 경험과 더 깊이 연결되기도 한다. 배운 지식을 실생활에 적용시켜보는 마지막 활동에서는 학생들이 거주하고 있는 도시의 지리가 인근 지역 및 이웃, 가족 전통, 그들의 삶을 어떻게 형성해왔는지를 살펴본다.

뇌 친화적 수업전략 6: 학습 평가

뇌 친화적 수업전략 6이 뇌 친화적 교수모형의 마지막 단계이긴 하지만, 실은 각 단계마다 평가활동이 포함된다. 평가의 목적은 과제수행에 대한 적절한 피드백을 제공함으로써 학생은 제대로 배웠는지 확인하고 교사는 잘 가르치고 있는지 확인하는 데 있다. 인지과학은 교사들이 경험을 통해 알고 있는 것을 지지한다. 특히 즉각적으로 피드백하고 목적에 맞게 정보를 인출하는 것은 학습의 응고화를 강화하고 장기기억을 촉진한다(Karpicke & Roediger, 2008). 뇌 친화적 교수모형은 단원의 목표와 활동에 맞는 창의적 평가척도를 다양하게 사용할 것을 지지한다.

전문가 조언 **초등학교/중학교 과정 예술통합교육 전문가, 클레어**

과목 교사들과 협력하는 예술통합교육 전문가로서, 뇌 친화적 교수모형에서 학습 평가는 나의 교수방식에 부합한다. 즉 확산적으로 사고하고, 정답이 없는 문제를 해결하고, 교육과정과 자신의 실제 삶과의 연결성을 드러내는 것을 촉진시킨다. 예술활동은 오래전부터 대안적 평가전략으로 자리잡아 왔다. 우리는 교사들과 협력하여 뇌 친화적 수업을 설계하면서 학생들의 활동과 실력 향상을 보여줄 수 있도록 포트폴리오를 폭넓게 활용한다. 포트폴리오 내용은 학생과 교사가 상의해서 선택하며, 학습하고 있는 내용과 관련해 성찰적 글쓰기와 자기평가를 포함시킨다. 단원을 학습하면서 학생들은 자신의 포트폴리오를 검토할 수 있다. 이를 통해 지속적인 피드백을 얻고, 자신의 성장을 인식하게 되고 목표를 재설정할 수 있다.

퀴즈나 시험 같은 전통적 방법도 여전히 뇌 친화적 교수모형에 사용되지만, 학생의 학습 평가는 주로 창작, 공연, 작곡, 디자인과 같은 실제 과제수행에 기반을 둔다. 개개인의 성장을 측정하는 루브릭(rubric, 채점기준표-옮긴이)을 개발해 개인별 학습 차이에 맞게 적용한다. 평가기준인 루브릭을 설계할 때 과제의 구성요소를 정하고, 기대하는 과제수행의 수준을 기술하고 성취도 수준을 정한다. 학생들에게는 과제를 시작할 때 루브릭을 제공해서 학습의 목적 및 결과물을 숙지하도록 한다. 예술활동은 진정한 평가를 위한 완벽한 수단이다.

새로운 패러다임

뇌 친화적 교수모형 수업사례들이 입증하듯이, 교사들이 예술통합

수업을 계획하고 이행하는 6단계 과정에 맞게 수업을 하면 창의성 교육이 이루어질 수 있다. 그러나 교사들에게 그러한 모형을 그냥 제공한다고 해서 아이들을 가르치는 방식이 실질적으로 바뀌지는 않을 것이다. 교사들에게는 도구뿐만 아니라 실행할 수 있도록 훈련도 필요하고, 무엇보다도 혁신적 교수법을 지원하는 교육정책이 절실하다 (Rotherham & Willingham, 2009).

정책입안자들은 교사들이 한 학년 동안 가르치기 적합한 학습량과 학업성취도를 가장 잘 측정할 수 있는 방안을 면밀히 검토해야 한다. 연구자들은 신경과학과 인지과학의 융합적 연구의 지평을 넓혀서 예술이 어떻게 창의적 사고의 토대를 제공하는지 연구해야 할 중요한 역할이 있다. 고등교육 및 교사양성 프로그램에서도 창의적 사고기반을 지원하는 수업을 필수과정으로 제공해야 한다. 학부모와 이해관계자들도 아이들이 전통적 교과목 내용을 잘 아는 것 못지않게 창의성 계발이 중요하며 그러한 교육을 기대하고 있다는 의견을 교육계에 분명하게 전해야 한다.

미래에 맞는 교육을 하려면 현재의 교육방식과 결별하고 패러다임을 전환해 다양한 분야의 전문가들과 활발하게 협력해야 할 것이다. 창의력과 혁신역량이 아이들의 미래를 약속할 수 있다. 교육자들은 앞선 생각을 하는 사람들이다. 바로 그 창의적인 사고력을 발휘하여 교육을 새롭게 상상하고 바꾸어야 할 책무가 있다.

저자 소개

매리얼 M. 하디먼(Mariale M. Hardiman)

존스홉킨스대학 교육대학 교수이며, NEI(Neuro-Education Initiative, 신경교육이니셔티브)의 공동 설립자이자 이사이다. NEI는 존스홉킨스대학 의과대학 뇌과학연구소(Brain Science Institute)와 동대학 교육대학의 협업으로 설립되었으며 '학습과학과 교육을 잇는다'는 기치를 내걸고 신경교육(neuroeducation) 분야를 선도하고 있다. 하디만 박사는 존스홉킨스 교육대학 부학장을 지냈고 임시 학장을 두 번 역임했다. 2006년 존스홉킨스대학에 합류하기 전에는 볼티모어시 공립학교에서 30년 이상 근무하며 교육 리더십 및 행정 관련 다양한 역할을 수행했다. 하디먼 박사가 교장으로 재임하는 동안 롤랜드파크 초등/중학교(Roland Park Elementary/Middle School)는 탁월한 성과를 인정 받아 최우수학교(Blue Ribbon School of Excellence)로 지정되었다. 당시 하디먼 박사가 개발한 '뇌 친화적 교수모형(Brain-Targeted Teaching Model)'은 연구 기반의 효과적인 교수법과 뇌과학 연구결과를 접목한 혁신적인 교수모형으로 수많은 교사들에게 영향을 미쳤다. 신경과학 연구가 예술통합교육을 비롯한 효과적인 교수전략에 의미 있게 활용될 수 있는 방안을 주로 연구하며 현재 학습과학 지식이 교사 효능감에 미치는 영향을 조사하고 있다. 학사학위와 석사학위는 로욜라대학에서, 박사학위는 존스홉킨스대학에서 받았다.

참고 문헌

Andreasen, N. C. (2005). *The creating brain: The neuroscience of genius.* New York: Dana Press.

Bertucci, P. (2006). A mixed-method study of a brain-compatible education program of grades K–5 in a Mid-Atlantic inner-city public elementary/middle school. *Unpublished doctoral dissertation,* Johnson & Wales University.

Chávez-Eakle, R. A., Gra-Guerrero, A. G., García-Reyna, J. C., Vaugier, V., & Cruz-Fuentes, C. (2007, November). Cerebral blood flow associated with creative performance: A comparative study. *NeuroImage*, 38(3), 519–528.

Cross, E. S., Hamilton, A. F., & Graon, S. T. (2006). Building a motor simulation de novo: Observation of dances by dancers. *NeuroImage*, 31(3), 1257–1267.

Csikszentmihalyi, M. (1996). *Creativity: Flow and the psychology of discovery and invention.* New York: HarperCollins.

Deasy, R. J. (Ed.). (2002). *Critical links: Learning in the arts and student academic and social development*. Washington, DC: Arts Education Partnership.

Fink, A., Benedek, M., Grabner, R. H., Staudt, B., & Neubauer, A. C. (2007). Creativity meets neuroscience: Experimental tasks for the neuroscientic study of creative thinking. *Methods*, 42(1), 68–76.

Guilford, J. P. (1962). Potentiality for creativity. *Gifted Child Quarterly,* 6(3), 87–90.

Hardiman, M. (2003). *Connecting brain research with effective teaching: The Brain-Targeted Teaching Model*. Landam, MD: Scarecrow Press.

Hardiman, M. (2006). Teaching model for the brain. In S. Feinstein (Ed.), *The Praeger handbook of learning and the brain* (pp.473–481). Westport, CT: Greenwood Publishing Group.

Hardiman, M. (2009). The arts will help school accountability. *Arts Education in the News*, 7(2), 1–2.

Heilman, K. M., Nadeau, S. E., & Beversdorf, D. O. (2003, October). Creative innovation: Possible brain mechanisms. *Neurocase*, 9, 369–379.

Howard-Jones, P. (2008). *Fostering creative thinking: Co-constructed insights from neuroscience and education*. Bristol, United Kingdom: The Higher Education Academy, Education Subject Centre.

Immordino-Yang, M. H., & Damasio, A. (2007). We feel, therefore we learn: The relevance of affective and social neuroscience to education. *Mind, Brain, and Education,* 1(1), 3–10.

Kandel, E. R. (2006). *In search of memory: The emergence of a new science of mind.* New York: W. W. Norton.

Karpicke, J. D., & Roediger III, H. L. (2008). The critical importance of retrieval for learning. *Science*, 319(5865), 966–968.

Kosik, K. S., & Heschong, L. (2000). *Daylight makes a difference: Daylight in the classroom can boost standardized test scores and learning.* (ERIC Document Reproduction Service No. ED451683)

Kra, U. (2007). Unleashing creativity. In F. E. Bloom (Ed.), *Best of the brain from Scientific American: Mind, matter, and tomorrow's brain* (pp. 9–19). New York: Dana Press.

LeDoux, J. (1996). *The emotional brain: The mysterious underpinnings of emotional life.* New York: Simon & Schuster.

Limb, C. J., & Braun, A. R. (2008). Neural substrates of spontaneous musical performance: An fMRI study of jazz improvisation. *Public Library of Science One*, 3(2), 1–9.

Medina, J. (2008). *Brain rules: 12 principles for surviving and thriving at work, home, and school.* Seattle: Pear Press.

Perkins, D. (2001). *The eureka effect: The art and logic of breakthrough thinking*. New York: W. W. Norton.

Pink, D. H. (2006). *A whole new mind: Why right-brainers will rule the future*. New York: Penguin Group.

Posner, M. I., & Rothbart, M. K. (2007). *Educating the human brain*. Washington, DC: American Psychological Association.

Robinson, K. (2001). *Out of our minds: Learning to be creative*. West Sussex, United Kingdom: Wiley & Sons.

Rotherham, A. J., & Willingham, D. (2009). 21st century skills: The challenges ahead. *Educational Leadership*, 67(1), 16–21.

Sawyer, R. K. (2006, April). Educating for innovation. *Thinking Skills and Creativity*, 1(1), 41–48.

Squire, L. R. (2004, November). Memory systems of the brain. A brief history and current perspective. *Neurobiology of Learning and Memory*, 82(3), 171–177.

Stevenson, L. M., & Deasy, R. J. (2005). *Third space: When learning matters*. Washington, DC: Arts Education Partnership.

Torrance, E. P. (1965). *Rewarding creative behavior: Experiments in classroom activity.* Englewood Clis, NJ: Prentice Hall.

Winner, E., & Hetland, L. (2007). Arts for our sake: School arts classes matter more than ever—but not for the reasons you think. *Boston Globe*. Accessed at www.boston.com/news/globe/ ideas/articles/2007/09/02/art on December 8, 2008.

12

교육신경과학의 미래

교육신경과학은 앞으로 교육계에 어떤 변화를 가져올 것인가?

커트 W. 피셔(Kurt W. Fisher)
케이티 하이키넨(Katie Heikkinen)

12강은 지금까지 살펴본 신경과학과 교육학의 만남이 앞으로 우리 교육계에 어떤 변화를 가져다줄 것인지를 논한다. 2004년에 출범한 국제마음뇌교육학회(International Mind, Brain, and Education Society, IMBES)의 활동목표를 소개하면서, 신경과학적 연구성과가 교실현장에 직접적으로 미치는 긍정적인 영향에 대해 설명한다. 특히 인간 뇌의 발달과정을 상세히 알게 되면서 이와 관련된 지식이 학생들의 발달 수준에 맞는 학습설계는 물론, 개별 학생들의 차이를 고려한 교수학습을 가능케 하고 있다는 점은 교육계에 시사하는 바가 크다. 커트 W. 피셔 박사와 케이티 하이키넨 박사는 하버드 교육대학원의 마음·뇌·교육 프로그램에 직접 참여한 학자이자 연구자로서 신경과학과 교육학의 만남을 누구보다 가까이에서 지켜본 사람들이다.

하루 수업을 마치는 종이 울린 뒤 교사가 교실에 홀로 앉아 있다. 그는 구글 학술검색(Google Scholar)에 접속해 읽기장애에 관해 재빠르게 검색을 한 다음, 최신 연구보고서를 대충 훑어보고 있다. 과학실험 연구의 기초 정도는 그도 이해하지만, 실험 내용과 그가 교실에서 경험하는 일상은 여전히 단절되어 보인다. 어찌 된 것인지 그가 진짜 관심을 갖는 문제를 연구하는 사람은 아무도 없는 것 같다. 낙심한 그는 옆에 뜬 광고를 클릭한다. "뇌기반 읽기 프로그램! 결과 보장! 단돈 199달러!" 이 현란한 웹사이트의 서비스 제공자는 그가 교실에서 직면하는 문제를 최소한 이해는 하고 있는 것 같다. 하지만 과학적이라는 이 미심쩍은 주장을 믿어도 될까?

건너편의 지역 의과대학 부속병원에서는 다른 장면이 펼쳐지고 있다. 큰 테이블에 둘러앉은 의사, 간호사, 생물학자들이 긴급 현안을 토론하고 있다. 의료진은 어떤 신약에 대부분의 사람들과 다르게 반응하는 일군의 환자들을 만난 것이다. 생물학 연구자들과 함께 그들은 그 차이점을 밝힐 유전적 기반을 조사할 목적으로 새로운 연구를 계획한다. 의사와 간호사들의 통찰력 덕분에 생물학자는 흥미진진한 새 연구과제를 얻는다. 이 과제는 생물학적 처리과정의 기반을 밝히면서 의사와 환자에게 새로운 치료법을 선사하게 될 것이다.

의료 분야와 교육 분야의 연구는 그동안 서로 다른 길을 걸어왔다(Fischer, 2009). 교육과 연관되는 연구는 양적으로 많지만 교육 분야의 연구자와 교사들은 서로 단절되어 있다. 교사들은 연구결과에 접근하기 힘들고 연구팀의 일원이 되는 경우가 드물기 때문에 그들 자신의 특정 필요와 문제를 다룬 연구를 찾기 힘들다. 특히 신경과학이나 인지과학과 같은 소위 자연과학 분야의 연구자들은 그들 나름대로의 현안이 있으므로, 설사 자신들의 연구가 교육과 연관이 있다 해도 그것이 당장 교육에 미칠 영향력에 대해서는 거의 생각해보지 않는다. 연구자들은 실제 교육현장과는 멀리 떨어진 연구소에서 자신들의 관심사를 연구할 뿐이다.

이와는 대조적으로, 의대 부속병원에서는 과학자들이 하는 연구가 의료시술에 즉각적인 영향을 미치는 경우가 많다. 제약, 화장품, 자동차 산업 등과 같은 분야의 연구협력도 그 작동방식은 비슷하다. 연구는 소비자의 실용적 필요에 따라 이루어지고, 제품은 그 연구에 의해 만들어지는 과정에서 상호 피드백 고리로 연결된다. 이런 과정이 교육에서는 일어나지 않는다. 다른 분야에서와 달리, 교육에서 연구와 교육현장 사이에 생산적인 상승효과가 일어나 교실을 혁신하거나 새로운 방향의 연구가 이루어진 일은 거의 없다. 1896년에 존 듀이(John Dewey)가 교육연구의 연결고리로서 실험학교(laboratory school, 대학이나 연구소 부설학교로, 학교로서의 기능 외에도 교사양성, 교육적 실험, 교육연구 등의 장으로서 기능함 - 옮긴이)의 설립을 제안했지만, 소위 실험학교조차 그 이름에도 불구하고 교육연구를 하지는 않았다(Hinton & Fischer, 2008). 대체적으로, 교육은 연구와 교육현장의 협업으로 성과를 내본 경험이 없다고 보면 된다.

미국의 '아동낙오방지법(No Child Left Behind, NCLB)'에서부터 유럽을 비롯한 여타 지역의 국제학업성취도평가(Programme for International

Student Assessment, PISA)에 이르기까지, 대부분의 학교 시스템에서 연구과제로 선정되는 것들은 대규모의 표준화시험 구상으로부터 나오는 것들이다. 이런 연구계획들은 귀중한 데이터를 제공하기는 하지만, 다른 협동연구에서 추구하는 표준에는 한참 미치지 못한다. 자동차 제조업체가 자동차 성능을 경주트랙에서 1년에 단 두 번 시험하는 것으로 만족할 리가 있겠는가? 자동차가 실제 도로 위에서 주행할 때 어떻게 작동하느냐는 생사가 달린 문제다. 학교교육의 효과 역시, 특히 교육계의 의과대학 부속병원에 해당하는 소위 '연구학교(research school)'에서는 연구자, 교사, 학생 모두가 연구설계에 기여하는 가운데 실제 교육현장과 동일한 조건에서 평가되어야 한다(Fischer, 2009; Hinton & Fischer, 2008).

교육에서 연구개발이 소홀했던 것과 동시에, 현장의 교사와 부모들은 뇌 연구로 학습에 관해 무엇이 밝혀졌다는 봇물 같은 주장들에 휩쓸려 다녔다. 뇌에 '불이 켜진' 사진들이 대중지에 넘쳐난다. 정신과 감정의 특정 현상을 일으키는 뇌의 부위를 발견했다는 소식이 신문의 헤드라인을 거의 날마다 장식하는 것 같다. 이러한 뇌 열풍이 교육으로 확산되어 수많은 '뇌기반(brain-based)' 교육 제품과 서비스를 내놓고 있는 실정이다. 교육자들은 과연 그중 합리적인 주장과 불합리한 주장을 구분할 수 있을까? 뇌 연구가 교육에 관해 정말로 하려는 말은 무엇일까?

마음 · 뇌 · 교육

교육연구 분야는 분명 혁신과 발전이 필요하고, 대중적 관심사가 된 신경과학과 유전학이 그 역할을 하기에 적합하다. 이러한 요구에 부응해 전 세계적으로 새로운 학문 분야가 출현했다. 1998년, 파리, 도쿄, 케임브리지(미국 매사추세츠 주의 도시)에서 연구자와 교사들로 구성된 독자적인 집단에 의해 생물학과 인지과학을 교육과 연계하려는 주목할 만한 시도가 있었다(della Chiesa, Christoph, & Hinton, 2009; Fischer, Immordino-Yang, & Waber, 2007; Koizumi, 2004). 2~3년 만에 이 세 도시의 연구집단이 서로 협력하기 시작했고, 2004년에는 다른 집단들을 동참시켜 IMBES(International Mind, Brain, and Education Society, 국제마음뇌교육학회)를 창립했고, 2007년에는 『마음·뇌·교육(Mind, Brain, and Education)』이라는 학술지를 창간했다.

마음·뇌·교육, 즉 MBE 융합과학은 최신 연구방법들을 교육문제에 적용시키는 동시에 교사 등 교육 실무자들의 지혜를 연구과제에 포함시키는 것을 목표로 하는 학제적(interdisciplinary) 연구 분야이다(Coch et al., 2009; Fischer et al., 2007; Fischer, 2009; Goswami, 2006; Kuriloff et al., 2009). 마음·뇌·교육의 핵심 요소는 바로 연구자가 교육현장에 영향을 주고 현장의 교사가 연구에 영향을 주는 쌍방향 관계다.

교육자는 대부분의 인지 및 신경과학 연구에서처럼 부차적인 존재가 아니라, 연구과정에 없어서는 안될 존재다. IMBES(국제마음뇌교육학회)가 표방하는 주요 목적은 '신경과학, 유전학, 인지과학, 인지발달과 교육 사이에 역동적인 관계를 조성함으로써 각 분야가 질문 제기, 현상 해결, 연구방법 채택에 이르는 타 분야의 성과를 활용하고 또한 영향을 미치는 것'(http://imbes.org)이다. 따라서 마음·뇌·교육은 교수법 향상을 도모하는 융합적 성격이 강한 교육신경과학의 발달을 지원한다.

협업을 가로막는 장애물과 새로운 사고방식

이 새로운 유형의 협업을 통한 융합적 연구는 어떤 성격을 갖는지, 이 분야를 지원할 방안은 무엇인지를 살펴보기 전에 우리는 먼저 어떤 장애요인이 있는지 알아보아야 한다. 무엇이 연구자와 현장 교사들 사이의 생산적 관계를 방해할까? 교육연구를 효과적이지 못하게 만드는 요인은 무엇일까?

지난 50년 동안 인지과학이 남긴 공적 가운데 중요한 것 한 가지는 생각을 묘사하는 데 사용하는 언어를 분석한 것이다. 사람들이 자신의 생각을 전달하는 데 사용하는 언어를 정밀하게 분석하면 어떤 사람의 정신모형(mental model), 가령 뭔가에 대해 한 사람이 갖고 있는 개념의 바탕이 되는 핵심 메타포(metaphor)가 무엇인지를 알 수 있다. 연구를 통해 이런 정신모형 또는 사고방식이 다수 밝혀졌다. 예컨대, 언어분석을 통한 정신모형의 연구기반을 닦았고(Lakoff & Johnson, 1980), 20세기 전반에 걸쳐 개발된 뇌의 작동방식에 관한 정신모형들을 논하기도 했다(Vidal, 2007). 정신모형 수립은 불가피한 측면이 있고 대부분은 나름의 역할을 한다. 하지만 우리가 바라는 결과에 방해가 되는 모형이 있는데 이것들은 교육과 교육연구에 확실히 방해가 된다. 이 바람직하지 못한 정신모형들을 극복하려면 우리 모두는 '마음을 바꾸어야' 한다. 학습, 마음, 발달, 연구에 관해 새로운 방식으로 생각할 필요가 있는 것이다.

| 양동이 속의 뇌에서 몸속의 뇌로 |

현재 서구사회에서 주류를 차지한 인간의 정신모형은 뇌를 의식과 학습의 대부분을 실행하는 핵심 기관으로 본다. 뇌를 개성과 자아의 근원으로 보는 이 모형을 '뇌성(腦性, brainhood)'모형이라 부른다(Vidal, 2007). 이 정신모형의 영향으로 서구에서는 사람들을 그들의 뇌와 동일시하는 경향이 있다. 적절한 생명유지 장치를 고안해낼 수만 있다면, 양동이에 담긴 메리의 뇌는 곧 메리와 동일하다고 볼 수 있지 않겠느냐는 식이다. 뇌에 지식을 집어넣고, 나중에 필요하면 마치 컴퓨터가 하드 드라이브에 담긴 데이터에 접속하듯이 뇌에 접속해 꺼낼 수 있다는 것이다.

이 모형은 대중매체에서 보는 뇌의 이미지들이 왜 그토록 관심을 끄는지 설명한다. 뇌를 자아가 존재하는 자리, 즉 현대적 영혼으로 본다면 뇌에 접속한다는 것은 큰 관심거리다. 하지만 뇌에 불이 켜지는, 즉 다양한 활성화 패턴을 경험하는 때는 뇌가 몸이라는 전체 시스템 안에 있을 때뿐이다. 당연한 것 같지만, 우리는 뇌가 몸의 일부이지 그 반대가 아니라는 사실을 종종 잊어버린다. 뇌는 전적으로 우리의 신체적 건강, 영양 상태, 호르몬 시스템, 인간관계에 의해 영향을 받는다. 뿐만 아니라 뇌의 기능은 직접 만지거나 볼 수 있는, 즉 몸으로 구체화되는 행위에 의해 발달한다. 우리는 단순히 세상에 관해 생각하거나 듣기만 하는 게 아니라 세상에 대한 직접적인 행위를 통해 학습한다.

학습을 몸으로 구체화되는 행위로 바라보는 관점은 중요한 면에서 교육연구를 진전시킬 수 있다. 이 관점은 학습에서 신체적 건강이 하는 역할을 충분히 인정함으로써 학교기반 영양관리 및 운동 프로그램에 대한 논의를 촉발한다. 학습에서 행동의 중요성을 중시함으로써 평가에 행동도 포함시키도록 권유한다. 이 관점은 날마다 몸으로 가르친다는 교사들의 관점이 타당함을 입증한다. 교사들은 반드시 신체를 포함한 아동의 전면적 발달을 이해해야 하며, 그것은 연구자들이 연구를 하면서 몸과 마음을 분리하여 보지 않도록 하는 데도 도움이 될 수 있다.

| 지식 전달 매개체에서 지식의 구성으로 |

또 한 가지 강력한 비유는 학습을 수도나 가스의 도관(conduit)에 비유하는 것이다(Lakoff & Johnson, 1980). 이 비유에 따르면 학습은 한 사람이 다른 사람에게 지식을 직접 전달하는 일이다. 교사가 지니고 있던 지식을 학생들에게 전달하면, 학생들이 그것을 갖게 된다는 것이다. 도관 비유는 학습을 수동적 과정으로 본다. 지식이 간단히 전달될 수 있는 무엇이라면, 학습자는 그것을 전달받기만 하면 된다. 그렇게 전달받은 개념을 제대로 보여주지 못한다면 그건 학생이 게으르고 멍청해서이거나, 교사가 제 역할을 하지 못해서다.

물론, 학습은 그렇게 간단한 것이 아니다. 지식은 활동에 기반하고, 그 활동은 뇌의 작동방식을 결정한다. 이제 도관모형(conduit model)은 지식의 능동적 구성에 중점을 두는 모형으로 대체되어야 한다(Baldwin, 1894; Fischer & Bidell, 2006; Piaget, 1952; Singer, 1995). 정보는 간단히 건네받을 수 없다. 직접 조작을 해보고, 의문을 품고, 적용해볼 필요가 있다. 그런 면에서 교실은 학생들이 수업의 원자재를 자기에게 맞게 변형하고, 직접 적용하고 확인해보며 나름의 이해를 구축하는 건설현장과도 같다.

이런 관점에서 학습은 능동적이고, 구체화되며 맥락적이다. 훌륭한 교사는 이것을 알고 있다. 이를 평가할 수 있는 좋은 평가방안이 나와야 한다. 마찬가지로 가장 생산적인 교육연구라면 맥락 안에서, 즉 사람들이 실제로 지식을 구축하는 상황 속에서 학습을 연구해야 한다. 표준화된 시험을 넘어 앞으로는 실제적인 학습과제를 포함하거나 교실에서 실시간으로 학습 여부를 확인하는 연구를 설계해야 한다는 뜻이다.

| 사다리에서 그물망으로 |

피아제(Piaget)의 4단계 인지발달론 강의를 들은 교사들이 많을 것이다. 이 이론에서는 인지발달을 영아의 감각운동기(sensorymotor stage),

유아의 전조작기(preoperational stage), 아동의 구체적 조작기(concrete operational stage), 청소년의 형식적 조작기(formal operational stage)의 4단계로 나눈다. 선형적으로 단계를 설명하는 이 단순한 견해는 사다리의 구조처럼 발달을 한 단계에서 다음 단계로 올라가는 것으로 해석한다. 피아제가 인지발달 이해에 엄청난 공헌을 한 것은 사실이지만 지금의 과학은 좀 더 섬세하게 설명한다. 즉 지식의 능동적 구성을 강조하고, 학습자에 따라 학습에 동원되는 영역에 다양한 차이가 존재한다는 점을 강조하는 방향으로 나아가고 있다(Dawson & Stein, 2008; Fischer & Bidell, 2006; Mascolo & Fischer, 2010).

심리학자들이 수십 년 동안 능동적인 지식의 구축을 연구해오다 최근에 방법론이 발달하면서 학습경로(learning pathway)를 분석하는 도구들이 생겨났다. 학습경로란 어떤 스킬이 공통 척도, 즉 보편적인 눈금자를 따라 어떻게 발달하는지 그 양상을 묘사한 것이다. 이 공통 척도는 증가하는 복잡성을 표시한다. 단계가 올라갈수록 더 많은 구성요소를 구별하고 조합할 수 있어야 한다는 뜻이다. 예를 들어, 덧셈을 이해하려면 수직선의 원리를 이해해야 하고, 곱셈을 이해하려면 기본적으로 덧셈을 이해해야 한다. 각 스킬이 더 단순한 스킬을 토대로 구축되는 것이다. 보편적인 눈금자의 단계가 올라갈수록 특정한 스킬들의 조직을 지원하는 다양한 신경망 조직들을 필요로 한다(Fischer & Bidell, 2006).

다른 유형의 스킬도 보편적인 눈금자의 동일한 단계를 거쳐 발달되기 때문에 연구자들은 다양하면서도 공통 척도를 공유하는 학습경로를 구축할 수 있다. 예를 들어, 한 학생의 세계사 추리력은 고급인 반면, 물리학 추리력은 초급이고, 곱셈 추리력은 그 사이 어디일지도 모른다. 그렇다면 이 학생은 어느 단계의 추리력을 갖는 것일까? 사람마다 보여주는 전문지식의 편차가 엄청나게 크기 때문에 이 질문은 거의 무의미하다. 대신 연구자들은 발달을 독립적인 여러 갈래 혹은 학습경로들로 이루어진 하나의 그물망으로 생각한다.

<도표 12-1>의 발달그물망(developmental web)은 다중스킬 또는 학습경로를 묘사한다. 각자 같은 발달단계를 통과하지만, 대체로 자기 나름의 속도로 통과한다. 하나의 스킬이 두 갈래의 하부 스킬로 갈라져 다르게 발달할 수도 있고, 아니면 두 갈래의 스킬이 발달하다가 통합되어 하나가 될 수도 있다.

도표 12-1 **덧셈과 곱셈 분야의 발달그물망과 범위**

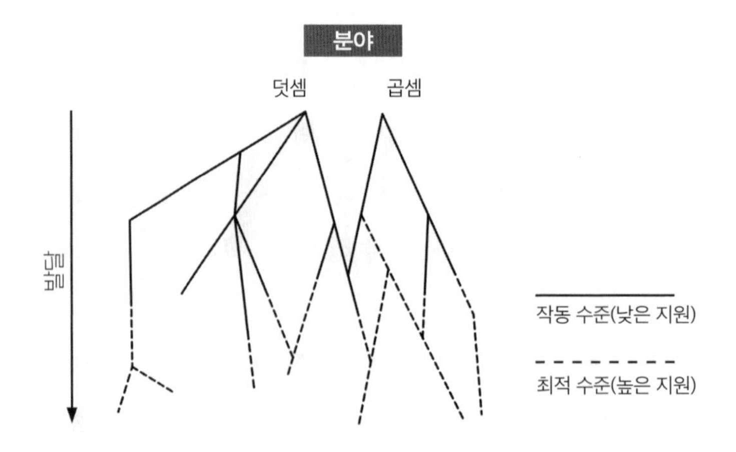

도표에서 각 경로를 표시하는 선은 스킬의 현재 최고 수준에서 자른 것이다. 스킬마다 잘리는 지점이 다른 것은 사람마다 전문지식의 편차가 있기 때문이다. 학습경로는 지원의 중요성도 강조한다. 대개 학생들은 혼자서 또는 연습 없이(작동 수준) 수행하면 낮은 수준의 수행력을 보이는 반면, 맥락적 지원이 있는 조건(최적 수준)에서는 높은 수준의 수행력을 보인다. 간단히 말해 어떤 스킬의 핵심 부분을 맥락적 힌트로 주면 높은 수준의 수행력을 보일 수 있다. 예를 들어, 곱셈의 정의를 들려주면 학생은 그 정의를 사용해 곱셈을 더 잘 설명할 수 있다. 그러나 그 높은 수준의 수행력은 겨우 2~3분 동안 유지되다가 지원의 효과가 사라지면 다시 떨어진다.

그물망 비유는 사다리 비유에 비해 몇 가지 중요한 장점이 있다. 그물망 비유는 개인 내에서의 편차를 강조하며, 맥락적 지원이 있을 때 하나의 갈래 내에서 발생하는 변화는 물론, 여러 갈래에 걸쳐 개인마다 어떻게 고유한 스킬 발달 패턴을 갖게 되는지 보여준다. 하나의 갈래 또는 내용 분야에서도, 한 사람의 스킬들 각각은 복잡성의 수준이 다를 것이고, 그 복잡성도 지원의 정도에 따라 변할 것이다. 그물망은 사람들 사이의 편차도 강조한다. 어떤 사람의 가장 덜 발달된 스킬이 다른 사람에게는 가장 발달된 스킬일 수 있다는 말이다.

동시에 그물망은 공유되는 패턴을 정확히 담아낸다. 편차가 아무리 커도 같은 수준의 같은 스킬에는 모든 사람에게 공통된 중요 속성들이 있다. 복잡성이 같을 뿐만 아니라 개념이 비슷하고 개념들 사이의 관계도 비슷하다. 뿐만 아니라 같은 수준의 각기 다른 스킬들은 속성을 공유한다. 가장 두드러지는 속성으로는 스킬의 복잡성, 구성요소 사이의 관계, 여러 수준에 걸쳐 스킬이 구축되는 방식 등이 있다. 공통 척도 덕분에 공유되는 패턴도 담고 학습의 차이도 담아내는 학습경로를 만들어낼 수 있다.

이 학습경로에 맞추어 교육과정, 과제의 특성, 교수기법을 짤 수 있다. 예를 들어, 한 연구(Dawson & Stein, 2008)에서는 물리학 개념 발달을 연구하고 한 팀의 교사들과 협업으로 중학교 교실용 평가체계를 만들었다. 이 공동연구는 교수학습법에 영향을 미치는 연구를 가능하게 하는 연구과정의 사례가 될 수 있다.

공동연구의 과정은 연구자와 교사들의 관계를 구축하는 데서 시작된다(도표 12-2 참조). 공동연구자들은 학습목적을 정한 뒤 교육과정에 평가를 넣어서 특정 학습경로의 발달을 연구하기 위한 기반으로 삼는다. 위 연구에서는 학생들에게 통통 튀는 공의 반응을 설명하라는 짧은 퀴즈, 또는 '맛보기 문제'를 주고 아이들이 에너지의 개념을 알고 있는지를 조사했다. 연구진은 중학교 1학년 아이들이 공이 튀는 이유를 "튀는 성질을 안에 가지고 있어서요!"라고 답하는 것을 발견했다. 위치에너지나 운동에너지와 같은 개념은 학습을 시작한 한참 뒤에서야 비로소 의미가 있었다.

학습의 순서를 개발한 다음, 학습하는 주요개념에 관한 정보를 교육과정에 기술할 수 있다. 예를 들어, 에너지 보존의 개념은 흔히 중학교를 마칠 무렵에 배우는 주제로서 주(州) 교육과정의 기본 틀에 들어 있다. 그러나 이에 대한 완전한 개념은 매우 수준 높은 사고를 요구하기 때문에 중학교 1학년이나 2학년, 심지어 3학년 학생조차 이해 수준에도 도달하지 못한다. 이 연구는 학생들의 발달과정에서 언제, 어떤 경로로 개념들이 가장 전형적으로 구축되는지를 파악해 이것을 교육과정 틀에 더 정확하게 반영할 필요가 있음을 시사한다.

학습순서는 평가에도 영향을 미칠 수 있다. 연구진은 교육에서의 연구와 수업의 순환과정(도표 12-2) E단계에서 교사들과 협력하여, 교사들이 루브릭(rubric)을 사용해 학생들의 발달 수준에 맞는 수행도를 등급화할 수 있는 평가를 만들었다.

도표 12-2 교육에서의 연구와 수업의 순환

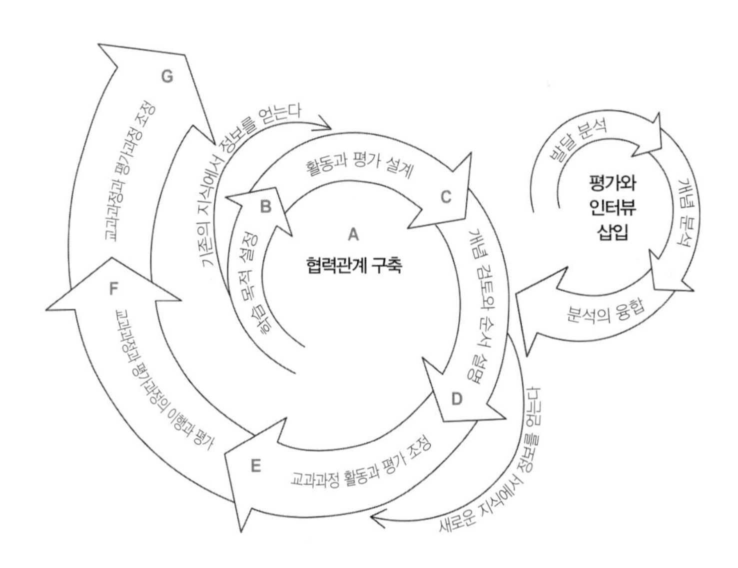

출처: Dawson & Stein, 2008. 허락을 얻어 전재.

루브릭은 교사가 학생들의 다양한 지적 이해 수준을 알고 그 수준에 맞추어 수업을 조정하도록 돕는 유용한 도구로 활용되었다. 교사가 평가를 실행하면서 새로운 데이터를 얻고, 평가방식을 그에 맞추어 조정함으로써 연구와 수업의 순환과정이 계속 이어진다.

발달과정을 사다리가 아니라 그물망으로 보는 관점을 갖게 되면서 교육자와 연구자들은 학습이 어떻게 일어나는지에 대한 중요한 통찰을 얻게 되었다. 배우는 내용과 학생에 따라서도 차이가 있다는 통찰도 그중 하나다. 이러한 통찰을 바탕으로 개인의 학습요구에 맞춘 개입이 가능해졌고 공동의 학습경로에 기반을 둔 교육과정과 수업도구를 더 잘 만들 수 있게 되었다.

| 선형적 성장에서 동적 시스템으로 |

사다리 비유는 발달이 선형적으로 진행된다는 견해와 긴밀하게 연결되어 있다. 이 견해에 따르면, 아동은 표준적인 발달 순서를 철저히 혼자서 밟아 올라가는 존재다. 성장의 선형적 모형은 또한 누적적이다. 다시 말해서, 변화는 점진적으로 증가하고, 어떤 변화든 이는 다수의 변화가 추가되면서 마치 끊임없이 변하는 모래사장에 임의의 선이 만들어지는 것과 같은 것이지, 결코 불연속적인 단계와 같거나 갑작스럽게(비선형적) 일어난 것이 아니다. 그러나 연구자들은 동적 시스템 이론(dynamic system theory)을 사용하면 발달의 많은 부분이 설명될 수 있음을 보여주었다(van Geert & van Dijk, 2002; Schwartz & Fischer, 2005; Thelen & Smith, 1994). 이 이론은 비선형 동적 시스템의 수학적 모델링을 사용해서 성장, 발달, 학습의 모형을 만든다.

일반적으로 사람들은 대부분 선형적으로 생각하기 때문에 빨대를 올라가는 액체의 운동과 같은 비선형 현상을 설명하는 데 애를 먹는다. 우리는 흡입이 액체를 끌어올린다고 생각하지만, 실제로는 흡입이 빨대 안의 기압을 낮춤으로써 힘의 복잡한 동적 시스템 안에서 액체가 밀려 올라가는 것이다. 그러므로 '흡입=액체를 끌어올림'이라는 선형적 모형은 '흡입=빨대 안의 기압을 낮춤 → 액체에 상대적으로 더 높은 압력이 가해짐 → 액체가 상대적으로 압력이 낮은 영역으로 밀려들어감'이라는 비선형적 모형으로 바뀌어야만 한다(Grotzer, 2004).

교육에서도 마찬가지다. 우리가 복잡한 발달과정의 변화를 설명하는 데 애를 먹는 이유는 선형성, 단일 요인의 인과관계, 극단적 이분법에 초점을 맞춘 단순한 설명을 찾기 때문이다. 그 예가 지능을 고정적인 것으로 보는 관점, 그리고 본성 대 양육(nature vs. nurture) 논쟁이다. 지능은 행동을 설명하는 고정된 속성으로 간주된다. 그리고 본성과 양육은 복잡하게 서로 얽힌 요인이 아니라 단순 대립 요인으로 여겨진다. 발달과정을 동적 시스템으로 보는 견해에서는 발달 중인 개인을 특정 기능별로 연구하는 것에 초점을 둔다. 로즈(Rose)와 피셔(Fischer)는 이 접근법이 "(1) 사람과 맥락의 여러 특성이 공통으로 작용해서 모든 행동 양상을 만들고, (2) 수행에서의 변동성이 행동과 발달을 이해하기 위한 중요한 정보를 제공한다."(2009, p.264)는 두 원리에서 출발한다고 설명한다.

개인적 특성과 맥락이 얽혀서 행동을 만들어낸다는 말이 무슨 뜻일까? 간단히 말하자면, 어떤 행동도 그 사람만을 보아서는 이해할 수 없으며, 맥락과 절대 분리할 수 없다는 말이다. 행동을 이해하려면 맥락을 이해하는 것이 필수적이다. 그런데 행동을 정적인 것, 변치 않는 것, 또는 "저 아이는 활동 과다야."라는 표현에서처럼 그 사람의 성격이라고 가정하는 일이 너무도 흔하다. 이 접근법은 행동을 형성하는 데 맥락의 중요한 역할을 무시한다. 어쩌면 "어린이집 환경이 아이에게 잘 맞지 않아."라는 표현이 더 적절할지도 모른다. 비선형 동적 시스템에서는 언제나 맥락이 행동을 형성하는 동시에 행동이 맥락을 형성한다. 다시 말해, 특정한 행동은 사람과 맥락의 결합으로부터 새롭게 나타난다.

창발(創發, emergence)은 동적 시스템의 중요한 성질이다. 창발이란 "시스템 자체에서 끊임없이 진행 중인 과정들을 통해 새로운 형태나 속성이 생겨나는 것을 가리킨다."(Lewis, 2000, p.38) 창발과 함께 일어나는 변화는 연속적이지 않다. 시스템이 변하면서 새로운 형태가 생겨난다는 말이다. 이렇듯 커다란 비선형의 질적인 재조직은 많은 맥락에서 볼 수 있다. 예를 들어 걷기는 기어다니기 단계로부터 근육시스템과 지각시스템의 협동이 증가한 결과로서 창발한다. 이는 점진적 변화가 아니라 보행의 질적 전환이다. 여기에는 명시적 지도도 선천적인 프로그래밍도 필요하지 않다(Thelen & Smith, 1994). 유사하게, 추상적 사고도 표상들의 공동작용에서 발생한다(Fischer & Bidell, 2006). '공평함'과 같은 추상 개념은 일반적인 무형의 특성을 가리키며, '자기 차례 기다리기' 또는 '사탕을 똑같이 나누기' 또는 '똑같은 규칙 따르기' 등 그 개념이 포괄하는 구체적 표상들과는 질적으로 다르다.

동적 시스템 접근법의 두 번째 특성은 연구할 때 변동성에서 정보를 찾는다는 점이다. 전통적인 선형적 모형에서는 아동의 '진정한' 능력을 찾는 데 주목하고 변동성은 무시하거나 오류로 취급한다. 반면에 동적 시스템에서는 변동성이 정보원으로서, 즉 행동에 영향을 미치는 요인을 규명해줄 패턴이 발견되는 곳으로서 환영을 받는다. 예를 들어 수행력에 변동성을 낳는 중요한 요인의 하나는 지원의 존재 또는 부재이다.

사람들은 지원이 없을 때보다 지원이 있는 조건에서, 즉 수행의 주요 성분을 점화(priming, 시간적으로 먼저 제시된 자극이 나중에 제시된 자극의 처리에 영향을 주는 현상 - 옮긴이)해주면 수행력이 훨씬 높아진다. 이 변동성을 귀중한 정보로 보면, 지원의 역할이 부각되면서 성장 패턴의 차이가 해명된다. 다시 말해 높은 지원 조건에서 평가를 받는 학생들은 수행하는 동안 확실하게 불연속적으로 단계적 도약을 하거나 하강하면서 질적인 재조직을 보이는 반면, 낮은 지원 조건에서 평가를 받는 학생들은 흔히 선형적인 연속 성장을 보인다(도표 12-3 참조). 따라서 불연속적인 단계적 변화가 일어나는 것은 지원의 유무에 달려 있다.

변동성의 또 다른 주요 출처는 미세발달(microdevelopment)의 과정으로서, 이 과정을 통해 구축된 스킬상의 소규모 변화들이 발달과정에서 누적되어 대규모 변화를 일으킨다(Schwarz & Fischer, 2005). 미세

도표 12-3 최적 수준과 작동 수준에서의 발달 패턴: 급성장 대 연속성장

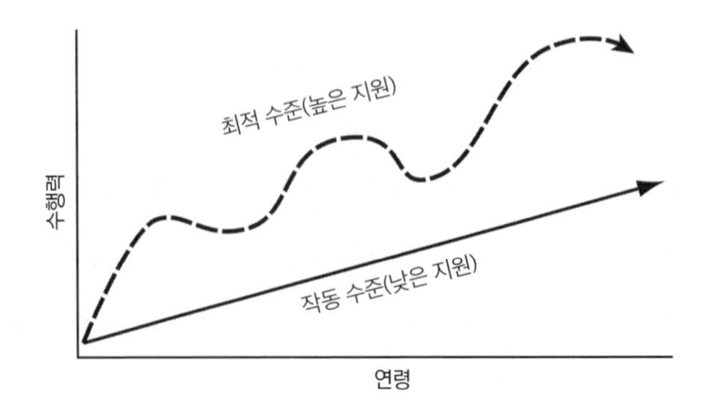

발달을 통한 변화들은 단기적으로 일어나는데 비교적 안정된 지식들이 점차 대규모 변화로 확립된다. 예를 들어, 그래놋(Granott, 2002)은 작은 로봇의 행동을 설명하려는 사람들을 연구했다. 처음 로봇과 상호작용을 시작할 때 사람들은 생소한 로봇을 이해할 수 없었으므로, 가장 기초적인 스킬을 써서 로봇의 동작을 분석했다. 그들은 이렇듯 낮은 수준의 스킬을 사용해 로봇을 알아갔고, 새롭게 알게 된 더 복잡한 지식을 로봇의 행동과 통합시키기 시작했다. 그들이 하는 설명의 복잡성은 낮은 수준에서 시작해 점차 높아졌지만, 어느 순간 로봇이 새로운 방식으로 움직여 조건이 변하면 다시 떨어지면서, 학습하는 동안 오르락내리락했다. 스킬 수준이 오르내릴 때마다 순간적으로 학습이 일어나는데 이것이 변동성이다. 이 단기적인 이해의 변화들은 동시에, 오랜 세월 학습과 발달을 거쳐 일어나는 장기변화로 귀결된다.

발달에 대한 동적 시스템 접근법은 선형적 접근법에 비해 몇 가지 중요한 장점이 있다. 동적 시스템 접근법은 개인의 특성과 학습자의 맥락 둘 다를 정보로 채택한다. 또한 변동성에 관한 정보를 써서 새로운 속성의 창발과 학습의 순간에 일어나는 미세발달적 전환을 설명할 수 있다. 요컨대 이 관점은 학습자의 실생활 맥락을 포함해 학습자를 더 현실적으로 보게 해주고, 학습자가 전진도 하고 후퇴도 하는 존재라는 사실을 인식하게 해준다.

| 미신에서 과학으로 |

이 장의 앞부분에서 교사의 눈을 빌려 살펴보았듯이, 장사꾼들은 신경과학을 이용해 뇌에 관심이 있는 부모와 교사들에게 상품을 파는 데 혈안이 되어 있다. 불행히도 이 뇌기반 제품의 대부분이 이용하는 것은 '뇌에 관한 미신', 즉 매력적으로 들리지만 대부분 잘못된 믿음이다. 존 브루어(John Bruer)는 시냅스 생성(synaptogenesis), 결정적 시기(critical period), 자극이 풍부한 환경(enriched environment)과 관련된 신경생물학적 발견들이 부적절한 교육적 조언의 지렛대 역할을 했다는 데 주목했다(1997). 그 이후로 뇌에 관한 미신은 더욱 더 흔해졌다. 신경과학 연구의 폭발로 설득력이 실린 신경영상이 대중매체에 유포되었고(McCabe & Castel, 2008; Weisberg et.al., 2008), 뇌와 교육의 연계 프로젝트에 노출되지 않은 교육자가 거의 없을 정도였다(Pickering & Howard-Jones, 2007). OECD는 뇌기반 학습과학에 관한 2007년 보고서에서, 시중에 널리 퍼져 있는 다음의 8가지 미신을 모두 다 틀린 것으로 기술했다.

1. 태어나서부터 세 살까지가 다른 어떤 연령대보다 학습에 중요하다.
2. 언어학습에는 결정적 시기가 있다.
3. 우리는 뇌를 10퍼센트밖에 사용하지 않는다.
4. 어떤 사람은 좌뇌형이고, 어떤 사람은 우뇌형이다.
5. 남자의 뇌와 여자의 뇌는 매우 다르다.
6. 어린아이들은 한 번에 한 가지 언어밖에 배울 수 없다.
7. 기억력을 전반적으로 개선할 수 있다.
8. 사람들은 잠자는 동안에도 학습할 수 있다.

뇌에 관해 널리 퍼져 있는 미신들은 부분적으로는 '양동이 안의 뇌'라는 정신모형에서 유래한 것으로 보인다. 하지만 뇌를 몸의 일부로 보고 맥락에 좌우되는 역동적인 것으로 본다고 해도, 교육에서 신경과학이 해야 하는 정확한 역할은 여전히 불분명하다. 뇌에 관한 미신의 유행은 교사들에게, '저기 바깥에' 발견되어 전해지기를 기다리고 있는 진실이 있고, 우리는 그 진실을 찾기만 하면 된다는 잘못된 희망을 준다. 사람들은 뇌를 이해하려 한다면서 흔히 당장 효과를 보이는 마법의 치료약을 찾는다. 일부 학자들은 이러한 신화와 그것을 팔러 다니는 행상인들을 마주하고, 신경과학과 교육에 관한 담화 자체에 반발했다. 이 '신경과학을 부인하는 사람들'은 뇌기반 교육을 둘러싼 과대광고를 믿을 수 없다는 것을 알고, 대신 신경과학과 교육의 관계를 끊고자 한다. 브루어(Bruer, 1997)는 신경과학과 교육을 다리로 연결하기에는 거리가 너무 멀기 때문에 신경과학은 교육에 가치 있는 기여를 하지 않을 것이라 주장한 것으로 유명하다. 이건(Egan, 2002) 또한 신경과학과 인지과학 둘 다 교육연구에 기여할 일이 없다고 주장했다.

그러나 신경과학 신봉자도 신경과학 거부자도 둘 다 잘못된 주장을 하고 있다. 신경과학은 교육에 실질적인 공헌을 할 수 있지만, 그 과정은 느리고 점진적이다. 신경과학이 교육정책과 교수법에 관련된 연구를 하기 위해서는 중요한 조건이 전제되어야 한다. 즉, '특정한 기능을 특정한 교육 목적이나 과제에' 연결한 다음 그 기능을 '특정한 뇌기능과 구조로' 연결하는 반증 가능한 이론이 있어야 교육신경과학이 엄정한 학문이 될 수 있다(Katzir & Paré–Blagoev, 2006, p. 57). 다음으로, 적합한 실험적 방법론을 사용해 검증을 거침으로써 경쟁 이론이나 가설들과 차별되어야 한다. 마지막으로, 경험적으로 뒷받침된 이 이론에서 유래하는 교육 관련 해석을 실제로 이행하고 평가해야 한다. 이렇게 한다면, 신경과학에서 나오는 데이터가 교육적 변화를 뒷받침하는 증거의 합류점의 하나로서 역할을 할 수 있을 것이다.

난독증에서 찾은 것

난독증 연구는 신경과학의 연구결과가 교육에 적절히 활용된 예다(Fischer, Goswami, Geake, & Task Force on the Future of Educational Neuroscience, 2010). 난독증 연구 분야에서는 특정 기능이 읽기 수행에서 하는 역할에 관한 유력한 가설들이 크게 다뤄지는데, 그러한 기능들은 대체로 뇌의 기능과 구조로 연결된다. 일례로 난독증에서 음운처리가 담당하는 역할을 들 수 있다. 난독증은 흔히 시각결함 탓으로 여겨지고, 일부 연구(Schneps, Rose, & Fischer, 2007)가 이 관점을 뒷받침하기 때문에 난독증에서 청각의 역할은 분명하지 않다.

영어와 같은 알파벳 언어의 경우, 대부분의 "난독증 아동은 글에서든 말에서든 단어가 음소, 어두자음군, 각운, 음절과 같은 작은 소리 단위로 분해된다는 것을 제대로 인식하지 못함"을, 다시 말해 음운처리에 어려움이 있다는 것을 시사하는 증거들이 존재한다(Katzir & Paré-Blagoev, 2006, p. 59). 따라서 음운처리라는 특정 기능과 읽기 사이에 명확한 연관성이 있음을 알 수 있다. 이 특정 기능은 난독증 유무에 따른 뇌 활성화 패턴의 차이와 연관된다. 두 집단의 뇌 활성화 패턴이 음운처리의 개입으로 인해 다르게 보이기 때문에, 이것은 적어도 음운처리의 문제를 난독증의 한 요인으로 보는 모형이 옳다는 추가적 증거가 된다. 이는 교육현장에 도움이 될 정보를 제공한다(Fischer, Goswami, Geake, & Task Force on the Future of Educational Neuroscience, 2010). 알파벳으로 읽기를 학습할 때 음운처리가 큰 역할을 하므로 교실에서 구두언어의 비중을 높이면 대부분의 아이들에게 도움이 될 것이 틀림없다.

<세서미 스트리트(Sesame Street)>는 연구가 수업을 개선하는 데 도

움을 준 또다른 사례다. <세서미 스트리트>는 처음 만들 때부터 아이들이 TV 프로그램을 보도록 동기를 유발하고, 학습에 어떤 것이 효과적인지를 결정하기 위해 실제적인 연구를 바탕으로 제작되었다. <세서미 스트리트>의 첫 제작자 가운데 한 명인 제럴드 레서(Gerald Lesser)는 종합적인 연구 프로그램을 만들어 실습해보고 효과를 평가했다(1974). 예를 들어, 작가들이 '아이들은 동물보다는 사람에게 정서적으로 더 잘 반응할 것'이라고 믿었기 때문에 애초에는 프로그램에 출연하는 모든 주인공을 사람으로 할 예정이었다. 그러나 물망에 오른 손인형을 아이들에게 시험해본 후 그들은 자신의 생각과 달리 아이들이 괴물 같은 꼭두각시 인형에 강하게 열중하고 그것을 통해 효과적으로 학습한다는 사실을 발견했다. 학습환경을 연구하면 이와 같은 많은 종류의 실제적 질문을 검증할 수 있고, 따라서 교육적 효과를 향상시키는 데 도움이 된다.

교육신경과학 비전 실현 방향

지금까지 개략적으로 설명한 다섯 가지 새로운 사고방식(양동이 속의 뇌에서 몸속의 뇌로; 지식 전달 매개체에서 지식의 구성으로; 사다리에서 그물망으로; 선형적 성장에서 동적 시스템으로; 미신에서 과학으로)은 교육신경과학의 미래를 위해 필수적이다.

신경과학, 인지과학, 발달과학은 일찍부터 교육 분야에 귀중한 통찰을 제공해왔고 연구자와 교육자의 협업에 더 기여할 만반의 준비가 되어 있다. 하지만 이러한 서로 다른 학문 사이의 협업으로 가는 길에는 확실한 변화가 필요하다. 교육신경과학에는 새로운 사고방식뿐만 아니라 새로운 종류의 연구를 지원하기 위한 현실적인 하부 구조도 필요하다(Fischer, 2009). 연구에 실제적 기반을 둔 교육이라는 꿈을 실현하려면 과학자와 교육자들 사이에 연구에 관한 정보를 교환할 소통체계를 확립하고, 연구학교를 설립하고, 학습과 발달에 관한 데이터베이스를 공유하고, 교육공학자라는 새로운 직업을 자리잡게 하는 등 제반 여건을 개선해야 한다.

| 일방적 관계에서 쌍방향 관계로 |

현재의 교육연구 모델은 교육자를 연구결과의 수동적 수용자 위치에 두는 경우가 아주 일반적이다. 그러나 생산적인 공동연구를 통해 유용한 지식을 만들어내고 그 혜택을 누리는 분야도 많다. 우리는 이들 분야에서 벌어지는 연구와 현장의 통합을 기반으로, 과학자와 교육자들이 함께 참여하는 튼튼한 인프라를 갖춘 교육환경 속에서 효과적인 교수학습법을 연구해야 한다. 과학과 교육현장은 둘 다 교육개선에 강력한 도구가 될 만한 것들을 많이 제공하지만, 교육신경과학이 교육에 진정으로 기여하려면 두 분야의 적극적인 협업이 필요하다. 연구자와 교육자들이 쌍방의 호혜적 관계를 확립하고 과학과 교수법 두 가지 모두를 진전시킬 연구과제와 연구방법을 함께 정립해야 한다. 이러한 상호 협업만이 교육 분야도 제약, 화장품, 농업 분야처럼 정기적으로 창출되는 유용한 연구지식의 혜택을 볼 수 있는 유일한 방법이다.

| 학교에서 연구학교로 |

연구학교는 연구자와 의사가 함께 일하며 의학적 기술을 다듬고 연구와 시술에 관련된 의학지식을 구축하는 의대 부속병원과 비슷한 개념이다(Hinton & Fischer, 2008). 연구학교는 교육자와 연구자가 공동작업으로 교육정책과 교수법을 조명하는 연구를 창출하고 미래의 연구자와 교사를 훈련시키는 곳으로서 대학과 긴밀한 관계를 맺고 있는 실제 학교여야 한다.

| 부족한 데이터에서 풍부한 데이터로 |

연구학교는 학생의 학습 데이터를 축적하는 데이터베이스 구축에 앞장설 수 있다. 이 데이터베이스는 궁극적으로 국내는 물론 국제 수준에서도 공유되어야 한다. 아동낙오방지법(No Child Left Behind) 관련 주(州) 데이터베이스, NICHD(National Institute of Child Health and Human Development, 미국국립아동보건인간발달연구소)의 국립보육시설연구(National Daycare Study, 2006), OECD가 만든 국제학업성취도평가(PISA) 등이 이 방향으로 나아가고 있다. 하지만 우리는 단순히 표준화시험 수준을 넘어서 개인차와 학습경로에 관한 풍부한 데이터를 통합하면서, 실생활의 학습환경에서 학습이 일어나는 방식에 관한 정보를 얻어야 한다.

| 교육자에서 교육공학자로 |

마지막으로, 새로운 부류의 교육전문가, 즉 연구와 실행 사이에서 가교 역할을 할 교육공학자가 필요하다. 교육공학자는 인지과학과 신경과학의 연구결과를 교수학습에 적용하는 데 도움을 줄 수 있으며, 연구에 기반을 두고 학습을 촉진하는 교재와 활동들을 공학적으로 설계할 수 있다.

결론

학습의 생물학적, 인지적, 발달적 측면에 관심이 있는 교사가 이제더는 홀로 교실에 앉아 구글 학술검색만을 유일한 자원으로 삼아서는 안 된다. 더욱이 교사로서의 자신을 교육 관련 연구와는 유리된 채 그저 지식을 전달하는 수동적인 수용자로 보아서도 안 된다. 교사는 연구과정에 능동적으로 참여해야 한다. 의사의 통찰이 기초의학 연구에 영향을 미치듯이, 교사의 현장지식은 학습과학을 발전시킬 수 있는 필수적 통찰을 제공한다. 교육 관련 주제에 관심이 있는 연구자는 이런 현장지식을 받아들여 자신의 연구 프로그램이 실제적 필요에 부응하도록 해야 한다. 연구자와 교사가 함께할 때 진정한 학습과학의 기초를 쌓을 수 있을 것이다.

저자 소개

커트 W. 피셔(Kurt W. Fisher)

인지과학과 신경과학을 교육에 연결하는 국제적인 운동을 주도했으며, 세계적 학회 IMBES(International Mind, Brain, and Education Society, 국제마음뇌교육학회)의 창립자이자 교육신경과학 분야의 선도적 저널로 인정받고 있는 학술지 『마음·뇌·교육(Mind, Brain, and Education)』의 창간 발행인이다. 하버드 교육대학원 마음·뇌·교육 프로그램의 총괄 책임자이자 교육학 석좌교수였다. 이 프로그램은 교육신경과학 분야를 선도하고 있는 대학원 과정으로 피셔 박사가 1990년대에 동료교수 하워드 가드너(Howard Gardner), 데이비드 로즈(David Rose)와 함께 설립했다. 또한 피셔 박사는 인지·감정·학습의 생물학적 발달 및 교육적 평가와의 관계를 연구했다. 분야와 상관없이 학습 및 발달을 평가할 수 있는 일반적인 척도를 발견하기도 했다. 예일대학에서 학사학위를, 하버드대학에서 박사학위를 받았다.

케이티 하이키넨(Katie Heikkinen)

하버드대학에서 심리학 전공으로 학사학위를, 하버드 교육대학원 마음·뇌·교육 프로그램에서 석사학위를, 동대학원에서 인간발달 연구로 박사학위를 받았다. 하이키넨 박사는 주로 성인의 발달 평가에 초점을 맞춰 연구했다. 하버드 교육대학원에서는 명상 전문가들의 시각적 주의를 연구하기도 했고, 켄 윌버(Ken Wilber)의 통합연구소(Integral Institute)에서 일하기도 했다. 특히 온라인 학습과 효과적인 학습설계에 관심이 많으며 스웨덴에서는 대안교육 분야에 종사하기도 했다.

참고 문헌

Baldwin, J. M. (1894). *Mental development in the child and the race: Methods and processes with seventeen figures and ten tables*. New York: Macmillan.

Bruer, J. T. (1997). Education and the brain: A bridge too far. *Educational Researcher*, 26(8), 4–16.

Coch, D., Michlovitz, S. A., Ansari, D., & Baird, A. (2009). Building *mind*, brain, and education connections: The view from the Upper Valley. *Mind, Brain, and Education*, 3(1), 26–32.

Dawson, T. L., & Stein, Z. (2008). Cycles of research and application in education: Learning pathways for energy concepts. *Mind, Brain, and Education*, 2(2), 90–103.

della Chiesa, B., Christoph, V., & Hinton, C. (2009). How many brains does it take to build a new light? Knowledge management challenges of a transdisciplinary project. *Mind, Brain, and Education*, 3(1), 16–25.

Egan, K. (2002). *Getting it wrong from the beginning: Our Progressivist inheritance from Herbert Spencer, John Dewey, and Jean Piaget*. New Haven, CT and London: Yale University Press.

Fischer, K. W. (2009). Building a Scientific groundwork for learning and teaching. *Mind, Brain, and Education*, 3(1), 2–15.

Fischer, K. W., & Bidell, T. R. (2006). Dynamic development of action and thought. In W. Damon & R. M. Lerner (Eds.), *Theoretical models of human development: Handbook of child psychology* (6th ed., Vol. 1, pp. 313–399). New York: Wiley.

Fischer, K. W., Daniel, D. B, Immordino-Yang, M. H., Stern, E., Battro, A., & Koizumi, H. (2007). Why mind, brain, and education? Why now? *Mind, Brain, and Education*, 1(1), 1–2.

Fischer, K. W., Goswami, U., Geake, J., & Task Force on the Future of Educational Neuroscience. (2010). The future of educational neuroscience. *Mind, Brain, and Education*, 4(2), 68–80.

Fischer, K. W., Immordino-Yang, M. H., & Waber, D. P. (2007). Toward a grounded synthesis of mind, brain, and education for reading disorders: An introduction to the field and this book. In K. W. Fischer, J. H. Bernstein, & M. H.

Immordino-Yang (Eds.), *Mind, brain, and education in reading disorders* (pp. 3–15). Cambridge, United Kingdom: Cambridge University Press.

Goswami, U. (2006). Neuroscience and education: From research to practice? *Nature Reviews Neuroscience*, 7(5), 406–413.

Granott, N. (2002). How microdevelopment creates macro-development: Reiterated sequences, backward transitions, and the Zone of Current Development. In N. Granott and J. Parziale (Eds.), *Microdevelopment: Transition processes in development and learning* (pp. 213–242). Cambridge, United Kingdom: Cambridge University Press.

Grotzer, T.A. (2004, October). Putting science within reach: Addressing patterns of thinking that limit science learning. *Principal Leadership*, 5, 16–21.

Hinton, C. , & Fischer, K. W. (2008). Research schools: Grounding research in educational practice. *Mind, Brain, and Education*, 2(4), 157–160.

Katzir, T., & Paré-Blagoev, E. J. (2006). Applying cognitive neuroscience research to education: The case of literacy. *Educational Psychologist*, 41(1), 53–74.

Koizumi, H. (2004). The concept of "developing the brain": A new natural science for learning and education. *Brain & Development*, 26(7), 434–441.

Kurilo, P., Richert, M., Stoudt, B., & Ravitch, S. (2009). Building research collaboratives among schools and universities: Lessons from the eld. *Mind, Brain, and Education*, 3(1), 33–43.

Lako, G., & Johnson, M. (1980). *Metaphors we live by*. Chicago: University of Chicago Press.

Lesser, G. S. (1974). *Children and television: Lessons from Sesame Street*. New York: Random House.

Lewis, M. D. (2000). The promise of dynamic systems approaches for an integrated account of human development. *Child Development*, 71(1), 36–43.

Mascolo, M. F., & Fischer, K. W. (2010). The dynamic development of thinking, feeling, and acting over the lifespan. In R. M. Lerner & W. F. Overton (Eds.), *Handbook of lifespan development: Biology, cognition, and methods across the lifespan* (Vol. 1). Hoboken, NJ: Wiley.

McCabe, D. P., & Castel, A. D. (2008). Seeing is believing: The effect of brain images on judgments of scientific reasoning. *Cognition*, 107, 343–352.

National Institute of Child Health and Development, Early Child Care Research Network. (2006). Child-care effect sizes for the NICHD study of early child care and youth development. *American Psychologist*, 61, 99–116.

Organisation of Economic Co-operation and Development. (2007). *Understanding the brain: The birth of a learning science*. Paris: Organisation of Economic Co-operation and Development, Centre for Educational Research and Innovation.

Piaget,J.(1952). *The origins of intelligence in children*. New York: International Universities Press.

Pickering, S. J., & Howard-Jones, P. (2007). Educators' views on the role of neuroscience in education: Findings from a study of UK and international perspectives. *Mind, Brain, and Education*, 1(3), 109–113.

Rose, L. T., & Fischer, K. W. (2009). Dynamic systems theory. In R. A. Shweder (Ed.), *The child: An encyclopedic companion* (pp. 264–265). Chicago: University of Chicago Press.

Schneps, M. H., Rose, L. T., & Fischer, K. W. (2007). Visual learning and the brain: Implications for dyslexia. *Mind, Brain, and Education*, 1(3), 128–139.

Schwartz, M. S., & Fischer, K. W. (2005). Building general knowledge and skill: Cognition and microdevelopment in science learning. In A. Demetriou & A. Raapoulos (Eds.), *Cognitive developmental change: Theories, models and measurements* (pp. 157–185).

Cambridge, United Kingdom: Cambridge University Press.

Singer, W. (1995). Development and plasticity of cortical processing architectures. *Science*, 270(5237), 758–764.

Thelen, E., & Smith, L. B. (1994). *A dynamic systems approach to the development of cognition and action*. Cambridge, MA: MIT Press.

van Geert, P., & van Dijk, M. (2002). Focus on variability: New tools to study intra-individual variability in developmental data. Infant *Behavior & Development*, 25(4), 340–374.

Vidal, F. (2007). Historical considerations on the brain and self. In A. Battro, K. W. Fischer, and P. Lena (Eds.), *The educationed brain: Essays on neuroeducation* (pp. 20–42). Cambridge, United Kingdom: Cambridge University Press.

Weisberg, D. S., Keil, F. C., Goodstein, J., Rawson, E., & Gray, J. R. (2008). The seductive allure of neuroscience explanations. *Journal of Cognitive Neuroscience*, 20(3), 470–477.

용어 풀이

경두개자기자극(transcranial magnetic stimulation, TMS) 해당 부위가 특정 과제의 수행에 미치는 효과를 관찰하기 위해 두피에 짧은 자기 펄스를 가해서 신경망의 일부를 교란시키는 비수술적 자극법

구문론(syntax) 단어의 올바른 배열을 통해 구, 절, 문장을 구성하는 규칙이며 이와 관련된 문법 분야

기능성자기공명영상(functional magnetic resonance imaging, fMRI) 뇌로 가는 혈류를 측정해서 영역별로 신경세포 활동의 높고 낮음을 기록하는 장치 또는 검사

난독증(dyslexia) 글자를 읽거나 인식하는 데 어려움이 있는 읽기 학습장애

난산증(dyscalculia) 수의 처리에 미숙해 계산에 어려움을 겪는 수학 학습장애

뇌에 관한 잘못된 통념(neuromyth) 뒷받침하는 과학적 증거가 거의 또는 전혀 없이 세간에 돌아다니는 뇌에 관한 잘못된 지식

뇌자도(magnetoencephalograpy, MEG) 두피에 부착한 전극을 통해 뇌 자기장에서 일어나는 변동을 측정하는 장치 또는 검사

뇌전도(electroencephalograph, EEG) 두피에 부착한 전극을 통해 뇌의 전기적 활동에서 일어나는 변동을 용지에 그려내는 장치 또는 검사

대뇌(cerebrum) 뇌의 주요 부위 중 가장 큰 부위로 감각의 해석, 사고, 기억을 통제함

도파민(dopamine) 운동, 주의, 학습, 뇌의 쾌감 및 보상계와 연관되는 신경전달물질

두정엽(parietal lobe) 감각의 지각뿐만 아니라 읽기, 쓰기, 언어, 계산에 연관되는 뇌의 부위

망상활성계(reticular activating system, RAS) 뇌간에 신경세포가 밀집되어 형성된 구조로, 주요 신체 기능들을 조절하고 뇌의 각성을 유지함

베르니케영역(Wernicke's area) 언어의 이해기능과 연관되는 뇌의 부위로 대개 좌반구에 위치함

브로카영역(Broca's area) 뇌의 좌측 관자놀이 뒤에 위치하며 언어의 표현기능과 연관됨

비의식적(nonconscious) 자신이 무언가를 하고 있다는 의식적 자각 없이 행동하거나 반응하는 정신 상태

사건관련전위(event-related potential, ERP) 뇌가 어떤 사진이나 단어와 같은 자극에 반응하여 방출하는 전기적 신호. 신호는 두피에 부착한 전극으로 검출함

수 감각(number sense) 숫자, 숫자의 크기, 숫자 사이의 관계 등을 직관적으로 파악하는 능력

수리력(numeracy) 수와 기타 수학적 개념을 가지고 추론하는 능력

수상돌기(dendrite) 신경세포의 세포체로부터 뻗어나오는 가지들로, 근처의 신경세포들로부터 시냅스 접촉을 통해 신경자극을 받음

시각단어형태영역(visual word form area) 단어와 글자에 반응하는 뇌의 부위

시냅스(synapse) 한 신경세포의 축삭과 다른 신경세포의 수상돌기 사이에 있는 미세한 틈새

신경가소성(neuroplasticity) 새로운 경험을 통해 뇌의 신경세포가 평생 자라고 변할 수 있는 능력

신경생성(neurogenesis) 새로운 신경세포가 발생하고 성장하는 것

신경세포(neuron) 뇌와 신경계를 구성하는 기본 세포로 세포체, 신경자극을 전달하는 긴 섬유인 한 개의 축삭, 자극을 받아들이는 짧은 섬유인 다수의 수상돌기로 구성됨

신경전달물질(neurotransmitter) 축삭의 주머니 안에 저장되어 있는 수십 가지 화학물질의 일종으로, 시냅스 틈을 건너 이쪽 신경세포로부터 저쪽 신경세포로 신경자극을 전달함

실독증(alexia) 눈으로 보고도 단어를 읽지 못함

양전자방출단층촬영(positron emission tomography, PET) 양전자를 방출하는 방사성 의약품을 인체에 투여하여 방사능으로 표지(標識)된 당이 인체 조직 내에서 대사되는 과정을 추적하여 인체의 생리화학적·기능적 과정을 영상으로 찍는 장치 또는 검사

운율(prosody) 일정하게 반복되는 리듬, 박자, 강세 패턴, 음의 높이

음소(phoneme) 구어를 구성하는 소리의 최소 단위

음운인식(phonological awareness) 음소를 알아보고 조작하는 능력을 비롯해 문장이 단어들로 구성되며 단어는 음절로 구성되고 음절은 음소로 분해될 수 있다는 사실을 아는 것

음운론(phonology) 음소가 조합되어 단어를 형성하는 방식을 비롯해 타이밍, 강세, 억양을 포함한 언어의 소리 패턴을 연구하는 문법 분야

의미론(semantics) 단어와 기타 텍스트 형태로부터 어떻게 의미가 도출되는지 연구하는 문법 분야

자기공명영상(magnetic resonance imaging, MRI) 자기장 안에서 전자파를 써서 인체의

원자 배열을 교란시켜 내부 구조를 촬영한 다음 컴퓨터로 처리하여 영상을 만들어내는 장치 또는 검사

자소(grapheme) 한 언어의 문자 체계에서 음소를 표시하는 최소의 변별적 단위

작업기억(working memory) 뇌가 어떤 일을 수행하는 동안 필요한 정보를 짧은 시간 동안 기억하는 능력

전두엽(frontal lobe) 뇌의 앞부분으로, 고차원적 사고를 담당하고, 문제해결을 지휘하고, 과도한 감정을 통제함

전전두피질(prefrontal cortex, PFC) 이마 바로 뒤에 위치한 뇌 부위로 의사결정, 고차원적 사고, 정서적 반응의 통제를 포함한 인지적 처리를 담당함

축삭(axon) 신경세포를 이루는 곁가지 없는 긴 섬유로, 이웃 신경세포로 신경자극을 전달함

측두엽(temporal lobe) 기억과 청각 처리를 담당하는 뇌의 양 측면 부위

컴퓨터단층촬영(computerized tomography, CT) 엑스레이 사진을 컴퓨터로 처리해서 뇌와 기타 몸 구조의 단면을 자세히 보여주는 장치 또는 검사

편도(amygdala) 뇌의 변연계에 있는 아몬드 모양의 구조로, 감정을 처리하며 감정자극을 장기기억으로 부호화함

피질(cortex) 대뇌를 덮고 있는 얇지만 질긴 세포층으로, 인지와 운동을 처리하는 모든 신경세포가 들어 있음

해마(hippocampus) 작업기억에 있던 정보를 장기기억으로 부호화하는 뇌의 부위

후두엽(occipital lobe) 주로 시각 처리를 담당하는 뇌의 뒷부분

찾아보기

4MAT 모형 25
COMT 유전자 68
DRD4 유전자 68

ㄱ

각운탐지(rhyme detection) 과제 187
거울신경(mirror neuron) 339
게르스트만 증후군(Gerstmann syndrome) 298
결정적 시기(critical period) 39
경두개자기자극(transcranial magnetic stimulation, TMS) 65, 390
구성주의(constructivism) 267, 276
국재화(localization)모형 146, 147
근접발달영역(zone of proximal development, ZPD) 80, 81

뇌의 10년(Decade of the Brain) 20, 23
뇌자도(magnetoencephalograpy, MEG) 176, 181, 186, 390
뇌전도(electroencephalogram, EEG) 60, 104, 335, 390
뉴런 재활용(neuronal recycling) 179

다시읽기(regression) 213
다중 시각계(multiple visual system) 213
단속안구운동(saccade) 212~213
단어처리 내부코드이론(Theory of Internal Codes in Word Processing) 51
대상 분류(object file) 체계 283
동적 시스템 이론(dynamic system theory) 372
동적 시스템(dynamic system) 접근법 375, 377
두정엽내구(intraparietal sulcus) 149, 272~274, 276, 300~302, 308~312

ㄹ

린다무드-벨(Lindamood-Bell) 프로그램 191
린다무드 음소인지 절차 훈련(Lindamood Phoneme Sequencing) 프로그램 192

ㅁ

마음이론(theory of mind) 145
마태 효과(matthew effect) 215
망상활성계(reticular activating system, RAS) 83~90, 390

ㅂ

발달그물망(developmental web) 368
발달성 난독증(developmental dyslexia) 170, 187
발달적 난산증(developmental dyscalculia) 274, 294~295, 309~312, 315, 320
방추상회(fusiform gyrus) 54~55, 155, 210~211
베르니케영역(Wernicke area) 17, 55~56, 145~148, 390
분할 뇌(split-brain) 25
브로카영역(Broca area) 17, 145~148, 157, 390

ㅅ

사건관련전위(event-related potential, ERP) 61, 176, 181, 186, 229, 390
사회인지신경과학(social cognitive neuroscience) 32
삼원지능이론(triarchic theory of intelligence) 28
손가락 실인증(finger agnosia) 298
수-공간 공감각(synesthesia) 284
수렴적 사고(convergent thinking) 332, 334
수상돌기(dendrite) 90, 96, 99, 101~102, 391
수치적 거리효과(numerical distance effect, NDE) 301, 307~308
순수단어맹(pure verbal blindness) 173
스키마(schema) 222~224
시각단어형태영역(visual word form area) 17, 54~56, 61, 65, 173, 177~179, 186, 211~212, 219, 391

시냅스 생성(synaptogenesis) 377
신경가소성(neuroplasticity) 34, 76, 79, 92, 96, 100~103, 391
신경전달물질(neurotransmitter) 66~67, 79, 91, 103, 390~391
실독증(alexia) 172, 173, 177, 391
실산증(acalculia) 274
실서증(agraphi) 298
실험학교(laboratory school) 360

ㅇ

아이오와 도박 과제(Iowa Gambling Task) 122
어휘집(lexicon) 220~221
예술교육파트너십(Arts Education Partnership) 337
유수신경섬유(myelinated fiber) 59
유인가 123
음운경로(phonological route) 174~176
음운인식(phonological awareness) 179~181, 214~215, 217, 391
응고화(consolidation) 98, 347, 351
응시(fixation) 51~52, 65, 212~213, 285
이야기 문법(story grammar) 152
이해 가능한 입력(comprehensible input) 81
일화기억(episodic memory) 149~150

ㅈ

전대상회(anterior cingulate gyrus) 52~53, 55~58, 62, 67
정서신경과학적(affective neuroscientific) 128
정의적 사고(emotional thought) 119, 120
정의적 여과장치 가설(Affective Filter Hypothesis) 82
주의통제 신경망(executive attention network) 58, 67
주제중심 통합교수(integrated thematic instruction) 25
즉시기억(immediate memory) 34

직접경로(direct route) 174~176

ㅊ

창발(emergence) 374, 377
철자읽기 명료성(orthographical transparency) 182~183
총체적 언어교육(whole language approach) 223
축삭(axon) 90, 96, 190, 391~392

ㅌ

텐서(tensor) 58
토랜스의 창의적 사고 검사(Torrance Tests of Creative Thkinking, TTCT) 335

ㅍ

파블로프(Pavlov) 21, 28
패스트포워드(Fast ForWord®) 프로그램 191
패턴화(patterning) 97, 100, 346
포노-그래픽스(Phono-Graphix) 192
피드백(feedback) 89, 91~95, 98, 225, 351~352, 360

ㅎ

해마(hippocampus) 17, 33, 98, 158, 172, 304~305, 392
형성평가(formative assessment) 93
확산텐서영상(diffusion tensor imaging, DTI) 190~192

엮은이 소개

데이비드 A. 수자(David A. Sousa)

데이비드 A. 수자 박사는 교육신경과학(educational neuroscience) 분야의 세계적 컨설턴트로 인지신경과학학회(Cognitive Neuroscience Society) 회원이며, 세계 유수의 학회에 기조연설자로 초청받아 왔다. 이제까지 미국과 캐나다를 비롯해 유럽, 호주, 뉴질랜드, 아시아 전역에서 20만 명 이상의 교육자들에게 강연을 했으며, '뇌과학 지식을 교수전략으로 바꾸기(translating brain research into classroom practice)'라는 기치 아래 최신 신경과학 연구결과를 교육에 접목해 효율적인 교수학습 전략 및 방안을 전파하는 데 누구보다 앞장서 왔다.

수자 박사는 전통 있는 사범대학으로 유명한 매사추세츠 주 브릿지워터 주립대학에서 화학 전공으로 학사학위를, 하버드 교육대학원에서 과학교육으로 석사학위를, 럿거스대학에서 박사학위를 받았다. 뉴저지의 고등학교에서 과학교사로 근무했고, K-12(유치원 및 초중등교육) 과학교육분과 연구부장을 거쳐, 뉴저지 지역교육청 장학사 및 교육감에 이르기까지 교육현장과 교육행정 분야에서 다양한 직책을 두루 경험했다. 시튼홀대학에서 교육학 겸임교수로 10년 동안 강의했으며 럿거스대학 객원교수로도 출강했다.

뉴저지에서 교육자로 활동하기 전에는 프랑스 파리의 대표적인 미국계 국제학교(American School of Paris)에서 학생들을 가르쳤으며, 외무공무원으로서 스위스 제네바와 오스트리아 비엔나 주재 미국외교사절단에서 5년 동안 과학분과 고문을 맡기도 했다.

수자 박사는 여러 권의 과학서적을 편집했고, 교원능력개발, 과학교육, 교육연구에 대한 수십 편의 논문을 저명한 학술지에 발표했다. 교육자와 학부모들이 최신 뇌 연구결과를 효과적인 학습전략으로 바꿀 수 있는 방법을 다룬 서적 16권을 출간했으며, 그중 가장 인기있는 책으로는 『뇌는 어떻게 학습하는가(How the Brain Learns)』, 『장애아의 뇌는 어떻게 학습하는가(How the Special Needs Brain Learns)』, 『영재의 뇌는 어떻게 학습하는가(How the Gifted Brain Learns)』, 『뇌는 수학을 어떻게 배우는가(How the Brain Learns Mathematics)』, 『두뇌는 어떻게 영어를 습득하는가(How the ELL Brain Learns)』, 『뇌를 알면 문제행동 해결이 보인다(How the Brain Influences Behavior)』, 『뇌과학을 적용한 개별화 수업(Differentiation and the Brain)』 등이 있다. 교사들을 위한 책 외에도 교육행정가들을 위한 책 『뇌 친화적인 교육리더(The Leadership Brain)』를 출간하기도 했는데, 이 책에서 수자 박사는 학교를 효과적으로 운영하기 위해 교육자들이 어떤 자세를 취해야 하는지 제시한다. 수자 박사의 저서는 프랑스어, 스페인어, 중국어, 한국어, 러시아어, 아랍어 등 각국의 언어로 번역 출간되었다.

수자 박사는 여러 전문가협회, 학구, 교육재단으로부터 연구, 교원능력개발, 과학교육에 헌신한 공로로 수많은 상을 받았고, 전미교원능력개발위원회(National Staff Development Council) 의장을 역임했다. 모교인 브릿지워터 주립대학에서 자랑스러운 동문상과 명예박사학위, 필라델피아 그라츠대학으로부터 명예박사학위를 받았다.

수자 박사는 미국공영라디오방송(NPR)과 NBC <투데이(Today)> 쇼의 유명 앵커 맷 라우어(Matt Lauer)와의 인터뷰 등 각종 매체를 통해 신경과학 연구결과에 근거한 교수법을 널리 알리는 데 앞장서고 있다.

마음•뇌•교육 MBE 융합과학

세계 최고 전문가들의
학습과학특강

2014년 12월 10일 초판 인쇄
2022년 12월 20일 번역개정판 발행

엮은이 데이비드 A. 수자
옮긴이 이찬승 · 김미선

펴낸이 이찬승
펴낸곳 교육을바꾸는책

출판등록 2012년 4월 10일 | 제313-2012-114호
주소 서울시 마포구 양화로 7길 76, 평화빌딩 3층
전화 02-320-3600(경영) 02-320-3604(편집)
팩스 02-320-3608

홈페이지 http://21erick.org
이메일 gyobasa@21erick.org
유튜브 youtube.com/user/gyobasa
포스트 post.naver.com/gyobasa_book
트위터 twitter.com/GyobasaNPO
인스타그램 instagram.com/gyobasa

ISBN 978-89-97724-19-2 (93370)

• 이 책은 『21세기 교수·학습과학의 새 패러다임, 마음·뇌·교육』(2014)의 번역개정판입니다.
• 책값은 표지 뒤쪽에 적혀 있습니다.
• 잘못 만든 책은 구입하신 서점에서 바꾸어 드립니다.